KB262716

야마모토 유조의 문학과 휴머니즘

야마모토 유조의 문학과 휴머니즘

야마모토 유조의 문학과 휴머니즘

김 환 기 지음

도서출판 **역락**

책을 내면서

　다이쇼(大正)라고 하면 메이지 자연주의 문학에 이어 반 자연주의적 지적 풍요가 만개한 시기로, 나쓰메 소세키와 모리 오가이에 이어 미적 세계를 추구한 탐미파 문학과 이상적 개인주의를 표방한 시라카바(白樺)파 문학이 문단을 화려하게 장식하던 때였다. 한편으로는 신현실주의 문학의 대두로 신사조파와 기적파, 그리고 자본주의의 모순이 표출되면서 사회주의 문학이 꿈틀거리며 자리를 잡아가던 시기이기도 하다. 이 무렵 대부분의 작가들은 제각기 문단사의 한 축을 형성하면서 소세키 산방(山房)을 드나들거나 『묘성』, 『시라카바』, 『신사조』의 동인 내지는 프롤레타리아 문학으로 자신들의 문학적 역량을 저울질하며 지적 발산을 만끽하였다. 즉 다이쇼에서 쇼와(昭和)로 넘어가는 격동기에 작가들은 사회적 급물살의 느낌을 담아내는데 역량을 집중시켰던 것이다. 물론 야마모토 유조도 예외는 아니었다. 『신사조』 동인으로서 기쿠치 간, 아쿠타가와 류노스케 등 제일고등학교 동기생들과 교제하며 나름대로 목소리를 내고자 노력하였다.

　그러나 유조는 당대의 작가와는 확연히 다른 일면을 보여주었다. 문단의 시류에 영합하며 인기 대중작가의 길보다는 인간적인 문제로 홀로서기를 추진했다는 점에서 그렇다. 이른바 이상주의적 『시라카바』와 프롤레타리아 문학을 넘나들면서 현실을 중시하는 그의 문학은 휴머니즘이라는 인간 본연의 소리에 철저하게 귀 기울였다 하겠다.

　이 책은 그러한 현실주의적 휴머니스트의 목소리를 학문적으로 더듬어본 연구서이다. 즉 메이지 시대 처녀작 『탄광』 이래, 다이쇼와 쇼와 시대를 거치면서 수많은 희곡과 소설을 발표한 유조의 현실주의적 휴머니즘을 다각도로 다루어본 문학 평론이면서, 당대의 문단과 작가들의 동정을 집어본 사랑방 소리라 하겠다. 이런 의도에서 이 책은 크게 1, 2부로 구성되었는데, 제1부는 필자가 일본에서 제출한 박사 학위논문의 일부로서 『시라카바』와 프롤레타리아 문학 틈새에서 홀로서기를 시도한 유조의 문학성을 살펴보았고, 제2부는 학회에 발표한 유조 문학의 '진실'과 '향일성'을 현실주의적 휴머니즘 측면에서 정리해 보았다. 전체적으로 시야가 좁다는 느낌도 없지 않지만 학위 논문의 우리말 정리라는 점을 위안으로 삼으며 관심 있는 많은 일본 문학 연구자들의 질책과 성원을 기다려 본다.

사실 필자가 야마모토 유조 문학을 연구하게 된 데는 사연이 있었다. 1991년 7월 어느 날 스가모(巢鴨)의 허름한 초밥집에서 우연히 만난 지도교수 스기자키 도시오(杉崎俊夫) 선생님으로부터 "자네 이력서를 보았네. 야마모토가 어떤가?"라는 물음이 그 계기였다. 당시 일본에 도착하면서 곧바로 석사과정에 입학했던 필자로서는 짧은 어학 실력에 그날 그날의 발표가 여간 힘든 게 아니었다. 당연히 갈등과 좌절감에 휩싸일 수밖에 없었고 추락하는 자신을 실감하면서도 속수무책으로 암담한 날들을 이어가야 했다. 바로 그때 선생님께서 제시한 인물이 야마모토 유조였던 것이다. 필자와 유조는 같은 검정(檢定) 출신으로서 자신의 의지를 살려가는 점이 공통분모라는 것이었다. 그 날 이후 필자는 문학 수업은 물론 매사에 유조와 경쟁이라도 하듯 스스로를 채찍질해 왔다.

그 결과가 이번에 자그마한 책으로 나오게 된다고 생각하니 기쁜 마음과 함께 지난날의 자신의 치부가 드러나는 듯해 왠지 쑥스럽기도 하다. 그리고 한편으로는 이제 본격적으로 일본 문학 연구자의 반열에 올라섰다는 뿌듯한 마음과 함께, 그 책임감의 무게가 느껴지는 것도 사실이다. 끊임없는 노력으로 좋은 학문적 성과를 내놓는 길만이 지금까지 걱정해

주신 모든 분들께 보답하는 길이라고 생각한다. 이 자리를 빌어 그 동안 물심양면으로 도와주신 많은 분들께 깊은 감사의 말씀을 올린다.

특히 일본 유학을 성공적으로 마칠 수 있게끔 지도와 독려를 아끼지 않으셨던 고 스기자키 도시오 선생님, 세세한 부분까지 일일이 논문을 지도해 주신 미타 히데아키(三田英彬) 선생님, 일본 유학에서 지금에 이르기까지 친자식처럼 챙겨주시고 계시는 홍윤식 박사 내외분께 머리 숙여 감사의 말씀을 올린다. 그리고 유학 이후 줄곧 보따리 장사(?)를 할 수 있게끔 도와주시고 계시는 공로명 소장님, 항상 충고와 격려를 아끼지 않으시는 이법산 원장님께도 감사의 말씀을 드린다. 또한 선뜻 책 출판을 결정해 주신 역락 이대현 사장님과 편집부 식구들, 그리고 어려운 상황에서도 혹시나 남편의 마음에 상처가지 않을까 조심하며 한결같은 뒷바라지로 가정을 지켜주고 있는 아내 정연이에게도 고맙다는 인사를 덧붙인다. 언젠가는 그동안 신세진 많은 교수님과 주변 인연들에게 갚음할 날 있을 것으로 믿으며 글을 줄인다.

2001년 12월
동국대학교 일본학연구소에서
김환기

목 차

제1부
현실참여와 순수에의 지향

제1장

야마모토 유조 문학의 재조명과 그 의미

문학 속에는 인간이 살아가면서 구하고 지켜야만 할 모럴이 살아 숨쉬고 있다. 그것은 시대를 초월하여 때로는 우직하게 때로는 강렬하게 우리들과 함께 한다. 또한 그것은 교통신호등처럼 질주하는 자동차에 급브레이크를 걸게도 하고 사람들의 발걸음을 묶어놓고 초조하게 만들기도 한다. 그러나 인간은 누구나 빨강, 노랑, 청색의 신호등만은 지키기 마련이다. 그것은 절대적인 가치이기 때문이다. 그렇다면 인류사를 유지하고 지켜온 그 절대적 가치란 무엇인가? 그것은 두 가지로 나누어 생각할 수 있다. 하나는 인류의 질서를 지키기 위한 법리적 논리, 즉 공생을 위한 인위적, 강제적 집단 규율이며, 다른 하나는 인간 본성에 기초한 마음의 법칙, 즉 윤리적 규범이다. 물론 후자도 전자와 마찬가지로 법률적인 강제성이 배제된 것은 아니지만, 역시 인간 스스로의 본성에 기초한 자율적인 논리, 즉 인류 역사의 연속성을 담보하기 위한 보편·불변적 모럴일 수밖에 없다. 이를 야마모토 유조(山本有三, 1887~1974)의 말을 빌린다면 "인간은 해야만 하는 일을 반드시 하지 않으면 안 되는 것", 즉 정의, 진실, 향일성, 인간 존중 등으로 정리할 수 있겠다. 이러한 모럴은 인간이 존재하는 한, 때와 장소에 상관없이 강조되고 지켜져야만 한다. 그것은 인간주의를 담보해 낼 수 있는 최소한의 규범이면서 인류 연속성에 근간이 되는 동력이기 때문이다.

문학은 그러한 인간이 인간답게 살 수 있는 원동력을 제공해 준다. 예컨대 문학은 실의에 빠진 자에게 용기와 힘을 주고, 목마른 자에게 따뜻한 음료 역할을 할 수 있는 윤활유로서 존재해 왔다. 그리고 이따금씩 문명에 파묻혀 잊어버렸던 유소년 시절의 서정을 그리워할 수 있는 낭만의 공간으로서도 한 몫 해왔다. 이를테면 한 인간의 부귀 영화를 통한 간접 체험과 대리 만족이 담긴 겐지모노가타리(源氏物語)를 비롯한, 메이지(明治) 초기 정치 소설의 민중 길들이기 작업, 눈오는 날 나카라이 도스이(半井桃水, 1860~1926)와의 낭만적 정서를 대변한 여류 작가 히구치 이치요(樋口一葉, 1872~1896), 지식인의 고뇌를 통한 인간의 존재성을 끊임없이 되물었던 나쓰메 소세키(夏目漱石, 1867~1916)며 모리 오가이(森鷗外, 1862~1922)가 그랬다. 또한 다이쇼 시대의 지성과 모럴을 강조했던 시라카바(白樺) 작가들 무샤노코지 사네아쓰(武者小路實篤, 1885~1976), 시가 나오야(志賀直哉, 1883~1971), 아리시마 다케오(有島武郎, 1878~1923), 가난한 민중의 정서를 대변하고자 한때 불길처럼 일어섰던 프롤레타리아 작가들 등등이 그랬다. 이들은 문학을 통하여 인간사의 희로애락을 밀도있게 묘사했고, 우리들은 그 맛을 직·간접적으로 경험하며 웃고 울기를 반복하였다.

그리고 어느덧 역사 저편의 고대와 중세를 거쳐 에도 시대의 서민들의 애환을 섭렵하고, 근대를 거쳐 현대의 감각적 난타전까지 맛볼 수 있는 시대를 맞이하였다. 이른바 20세기로 접어들면서 급성장한 자본주의 사회는 인간사의 대변인 문학 자체를 경시하는 풍조로 흘러, 메이지 선각자의 향도적 의식이나 다이쇼 문학의 지성과 교양주의는 해묵은 유물로 치부되면서 감각주의와 쾌락주의적 경향만이 비대해져 인간적이라는 용어 자체가 진부하게 들리는 시대를 맞이하였다. 그렇다면 왜 시대를 초월하여 교통신호등처럼 인간사에 윤활유나 청량제로 기능해야 하고, 인간사의 중요한 가치로 존중되고 지켜져야 할 모럴이 실제로는 그렇지 못한 것일까? 더욱이 오늘날 정의, 진실, 향일성, 인간 존중이라는 용어가 시대에 뒤쳐진, 고리 타분한 샌님들 입에나 오르내릴 법한 묵은 시대의 유물처럼 치부되는 걸까? 굳이 비유하자면, 오늘날 인간주의적 모럴은 도회지 한복판 고층 콘크리트 빌딩 숲 사이에 움츠리고 있는 색 바랜 기와집과 같다. 야마모토 유조는 그러한 소외된 보편·불변적인 모럴을 일생에 걸쳐 문학과 자신의 삶을 통해 실천하고 구현하며 지켜왔던 인물이다. 특히 그는 제1, 2차 세계대전이란 직·간접적 전쟁 체험을 통하여 모럴에의 집념과 열의를 현실주의적 입장에서 보여주었고 실제로 그렇게 행동하길 주저하지 않았다.

본고에서는 유조 문학을 통하여 그러한 정의, 진실, 향일성, 인간 존중 등, 소위 교양주의적 모럴을 한 겹씩 벗겨봄과 동시에, 이 모럴이 휴머니즘의 핵으로 이어질 수밖에 없는 당연성을 고찰해 보고자 한다.

휴머니즘이란 일반적으로 인간성을 중시하고 이를 속박하고 억압하는 것으로부터 인간의 해방을 지향하는 사상에 붙여진다. 따라서 어의(語意)도 다양해서 인간주의, 인본주의, 인도주의 등으로 불리워지고, 르네상스 휴머니즘[1] 이후 철학, 문학 방향에서 다양한 지향성을 가진 학자들에 의해 연구 발전되어 왔던 것이 사실이다. 예를 들면 마르크시즘, 자연주의, 실용주의, 실존주의 등으로 광범위하게 퍼져갔던 것이다. 하지만 그와 같은 다양한 지향성을 지니고 있음에도 불구하고 휴머니즘이라고 하는 하나의 명칭으로서 인식되는 것은 무슨 연유일까. 여기에는 상호간에 공통점이 있기 때문이라 할 수 있다. 에릭 프롬Erich Fromm[2] 은 그것을 하나의 공동체로서의 신념, 자기 자신을 성장 완성시키려는 인간 능력, 이성과 객관성, 그리고 평화의 강조로 요약하고 있다.

---

1) 인간의 해방 차원에서 중세 봉건제도의 비인간적인 억압으로부터 인간 그 자체를 구출하고 인간성을 본래의 그 모습으로까지 회복시키려 했던 것
2) 에릭 프롬(Erich Fromm, 1900~1980), 독일 출신의 미국의 정신분석학자. 사상가로서 나치 탄압을 피해 미국으로 망명·귀화하였다. 사회 구조의 변혁과 인간의 심리적인 해방을 연동시키는 「인간주의적 정신분석」을 주장하고 신프로이드 학파의 창시자의 한 명으로서 활약하였다. 주요 저서로서는 『사회주의와 휴머니즘』, 『건전한 사회』, 『선(禪)과 정신분석』 등이 있다.

　우선 필자가 야마모토 유조와 휴머니즘을 연계해서 고찰하고자 하는 것은 그의 문학이 이러한 휴머니즘 정신에 전적인 보조를 취하고 있다고 생각하기 때문이다. 이를테면 작가의 만년의 작품에 『평온한 사람(無事の人)』이 있는데, 그 평온한 사람이란 자신이 믿는 길을 향해 맹렬히 달리는 사람을 가리킨다. 그것은 마치 팽이가 최고조로 회전했을 때 정점에 이르듯, 그의 문학은 항상 '팽이가 서는' 경지를 추구했던 것이다. 추구하는 길은 달랐지만 마지막 도달점은 그곳이었다. 현실주의자였던 작가가 일생에 걸쳐 구하고자 했던 '서는' 경지. 그의 문학의 출발점은 그곳이었고, 그 경지에 도달하고자 고독한 자아탁마(自我琢磨)를 반복하였다. 그러나 참의원 의원으로 진출하면서 작가에 대한 평가는 급격히 소원해지고 만다. 작가의 창작 활동이 희곡 시대부터 소설 시대까지 26년임을 감안하면, 결코 짧다고 할 수 없건만 세간으로부터의 평가는 그다지 높지 않았다. 이는 당대 문필가들이 작가에서 국회의원 유조의 신분 변화를 배타적으로 보는 견해에서 생긴 당연한 결과인지도 모른다. 하여간 일단 작품이 완성되어 작가의 손을 떠나면 그 순간부터 작품은 작품성으로 평가받기 마련이다. 물론 그러한 평가는 긍정적이든 부정적이든 자의적인 평가일 수밖에 없는데, 그렇다면 당시 작가의 작품은 어떠한 평가로 인구에 회자된 것일까.

　먼저 긍정적인 평가로서는 기쿠치 간(菊池寬, 1888~1948)의 "신문소설로서 이 정도의 철저한 준비와 함축성 있는 소설은 나쓰메 소세키(漱石) 사후(死後) 처음이라고 해도 과언이 아니다"[3]란 호의적 평가를 비롯해, 산구 마코토(山宮允, 1892~1967)의 "야마모토는 처음부터 작품이 건강했다. 그것은 역시 진실과 정의를 존중하고 사곡(邪曲)을 싫어하는 그의 합리주의, 인도주의의 결과"[4]란 평을 들 수 있다. 또한 다카하시 겐지(高橋建二, 1902~　), 나메카와 미치오(滑川道夫, 1906~　) 등의 설도 대체적으로 긍정적이다. 그리고 부정적인 평가로서는 미야모토

---

3) 菊池寬 「『生きとし生けるもの』を讀む」(『生きとし生けるもの』, 新潮社, 1955), p.217
4) 山宮允 「『日の出前』の山本有三」, 『近代文學鑑賞講座』 第十二卷, 角川書店, 1959, p.259

유리코(宮本百合子, 1899~1951)의 "이 작자가 지닌 문장의 평이함은, 선명한 묘사로 독자의 마음에 야기되는 입체적으로 발랄한 형상의 신선함을 주지 못하고, 친절하고 자상하게 작자의 의도를 독자들에게 들려주는 설명식 문장으로 납득하기 쉬운 점이 문제이다. 정말이지 문학적인 향기가 빈약하다"5)란 지적을 들 수 있다. 또한 희곡에 관해 언급한 가라키 준조(唐木順三, 1904~)의 "『사이고와 오쿠보(西鄉と大久保)』의 마지막 장면에서 오쿠보는 사이고가 쓴 '盡人事俟天命'란 족자를 자신의 방에 걸게 한다. 이는 극으로서 갈 때까지 간 더 이상 진행할 수 없는 극한점이다.(중략) 그 극한점에서 극은 소설로 해소시킬 수밖에 없는 숙명을 갖는다"6)는 지적도 들 수 있다.

하지만 아라 마사히토(荒正人, 1913~)가 『길가의 돌(路傍の石)』을 둘러싸고 "고이치(吾一)가 도쿄로 상경한 후의 생활은 파란만장했다. 자기의 주변뿐만이 아닌 일본 전체를 조망하고 있다. 이것은 교양 소설로서도 충분히 성공을 보고 있다"7)고 언급한 것처럼, 유조 작품을 둘러싼 평가는 단락적이긴 하지만 대체적으로 긍정적이다. 한편 문학사적으로 보면 기쿠치 간, 구메 마사오(久米正雄, 1891~1952), 아쿠타가와 류노스케(芥川龍之介, 1892~1927), 도요시마 요시오(豊島与志雄, 1890~1955) 등과 함께 도쿄대학 계열의 동인 잡지 『신사조』의 동인으로 활동하였고, 기쿠치 간, 구메 마사오와 마찬가지로 극작가로서 데뷔하여 후일 소설로 진로를 바꾸었다는 점. 소위 신현실주의8) 작가의 한 사람으로서 『시라카바(白樺)』적인 향일성으로 인간의 근본적 삶을 추구해 온 점, 1

---

5) 宮本百合子「山本有三氏の境地」, 『近代文學鑑賞講座』第十二卷, 角川書店, 1959, p.278

6) 唐木順三「山本有三」, 『現代日本文學大系 44』築摩書房, 1972, p388

7) 荒正人「山本有三 作家と作品」, 『日本文學全集 27卷』, 集英社, 1966, p.518

8) 신현실주의에는 『신사조파(新思潮派)』와 『기적파(奇蹟派)』가 있다. 『신사조파』는 도쿄대학교 학생의 동인 잡지 『신사조』의 제3차, 제4차 동인들을 일컫는다. 근대 정신에 입각한 문학으로서 다이쇼 시대를 대표한다고 할 수 있다. 그리고 『기적파』는 『신사조』 계열과는 다른 형태로 현실적 경향이 강하고, 자연주의의 전통으로 이어지는 문학적 경향을 나타내는데, 이지성(理知性)이 빈약했다. 『신와세다파(新早稻田派)』라고도 불렀다.(稻賀敬二・竹盛天雄『簡明日本文學史』, 第一學習社, 1983, p.125)

년에 한 작품이라는 양이 아닌 질적 추구, 극작가 출신 특유의 긴밀한 구성과 평이한 문장을 특징으로 한다는 점 등이 작가에게 붙여진 문학사적 평가이다.

그러나 작가는 그러한 문학사적 평가에 대해 개의치 않았다. 오히려 그 나름대로의 독특한 현실주의적 문학 활동으로 일관했다. 예컨대 하층 민중의 삶을 무대로 삼으면서도 결코 어둡지 않은 건강한 인간상을 그려내는데 골몰했다. 그리고 현실적, 항일적, 실천적 작가로 남고자 작품뿐만이 아닌 자신의 행동 역시 그러한 방향으로 이끌었다. 이러한 작가의 의지는 앞에서 언급한 동료 작가들의 평가에서도 충분히 엿볼 수 있다. 그러나 후일 그를 문학자가 아닌 정치가로 기억하는 사람들이 적지 않음은 무슨 연유일까. 그 이유를 단순히 1947년『길가의 돌』(개정판) 발간 직후, 현실정치 참여, 즉 참의원 의원으로 당선되면서 창작 활동을 중지하고 국회로 전직했기 때문이라고 한마디로 치부해 버리면 그것으로 그만일지 모른다. 그러나 유조 문학에 대한 평가가 지엽적이고 폭넓게 이루어지지 못한 점을 작가의 전직(轉職) 탓으로만 돌릴 수 있을까? 우리는 여기에서 고바야시 히데오(小林秀雄, 1902~1983)의 "풍경과 풍속의 묘사는 거의 보이지 않는다. 작자의 관찰력은 철저히 인간을 향하고 있지만, 그 인간의 묘사라곤 해도 어떤 인간의 얼굴을 하고 있는지, 어떤 옷을 입고 있는지, 한마디로 말하면 회화적인 묘사가 거의 생략되어 있다"[9]는 평가를 떠올릴 필요가 있다. 그리고 가와바타 야스나리(川端康成, 1899~1972)가 "야마모토 유조는 가운(家運)의 혜택은 받지 못했지만 국운(國運)의 혜택을 받아 작품의 해설 없이도 이해할 수 있는 작품을 많이 집필하였다"[10]고 했듯이, 읽기 쉽고 이해하기 쉽게 쓰여진 문장 표기법을 간과해서는 안 된다. 이른바 쉬운 표기법이 일부 지식인과 비평가들 사이에서 환영받기보다 오히려 배척될 수 있는 요인으로 작용할 수

---

9) 小林秀雄「『眞實一路』を廻って」, 『小林秀雄全集』 第四卷, 新潮社, 1978, p.136
10) 荒正人「山本文學の意味」, 『近代日本文學鑑賞講座』 第十二卷, 角川書店, 1959, p.322-
 323

있다는 것이다. 다시 말해 후리가나(振リ仮名) 폐지를 위해 도입한 쉬운 한자, 쉬운 문체 표기법은 당시 지적 자존심을 중시했던 문필가들에게 거부감으로 작용했다는 점이다. 또한 예술가의 정치적 활동을 달갑게 여기지 않는 문필가의 정서를 생각할 때, 유조를 유치한 변절자로 생각한 자들도 없었다고 할 수는 없다.

이유야 어찌되었건, 유조 문학이 『길가의 돌』(개정판) 간행 직후부터 문단으로부터 멀어지게 된 것은 유감이다. 특히 다이쇼 시대의 몇몇 역사극과 쇼와의 개막과 함께 시작된 작가의 소설 창작이 전직으로 인해 평가받지 못한 부분이 있었다면 재고되어 마땅하다. 그것은 그의 문학에는 인간이 지키고 따를 수밖에 없는 교통신호등처럼 중요한 모럴이 살아있다고 생각하기 때문이다. 그러니까 그의 문학은 교육적, 인도주의적 차원에서 제 목소리를 내고자한 현실주의자의 대쪽같은 삶이며, 이는 건강한 인류사를 위한 평가의 대상이지 외면의 대상일 수 없다는 것이다.

본고에서는 이상과 같은 대아적 차원에서 유조 문학을 정의, 진실, 향일성, 인간 존중 측면에서 분석해 보고, 이를 바탕으로 그의 문학에서 인간주의적 몸부림이 휴머니즘과 어떻게 상통하는지를 고찰해 보고자 한다. 그러한 과정에서 시대를 초월해 존재할 수밖에 없는 인류사의 모럴의 현주소를 확인하고, 동시에 오늘을 살아가는 인간들에게 살아가는 이유를 묻고자 한다. 이를 위하여 먼저 제1부에서는 작가의 현실참여와 순수에의 지향을 고찰해 보고 제2부에서는 순문학의 현대적 미학 세계를 유조문학의 현실주의적 휴머니즘 속에서 조명해 보고자 한다.

우선 제1부에서는 작가와 작품 사이를 들여다보면서 작가의 삶과 철학을 실증적 측면에서 고찰하기로 한다. 특히 그의 문학에서 자전적 요소가 짙은 작품과 동향인들의 증언, 그리고 하나코 부인 사이에 오간 편지글을 중심으로 작가의 내면 세계를 묻기로 한다. 또한 극작가로서 이론적 틀을 구축한 희곡 시대를 비롯한 소설 시대를 통시적으로 살펴보며 사회적 비판 의식과 인간존중 사상, 인간의 내면적 진실과 갈등의 세계를 심층분석하기로 하였다. 그리고 제2부에서는 작품 속에서 정의, 진실, 향일성, 인간 존중 사상을 도출해 유조 문학의 순문학에 대한 현대적 미학 세계를 고찰해 보기로 하였다. 따라서 작가의 대표작뿐만이 아닌 희곡에서 소설까지 전작품을 연구대상으로 삼았고, 물론 간간이 발표했던 수필과 평론도 범위에 넣어 생각하기로 하였다. 그래서 역사 전기적 방법론과 문학 작품이 사회 역사성의 반영물이란 차원에서 문학 사회적 방법론을 병행하기로 하였다. 이른바 작가가 20세기초부터 1947년 쇼와 중기에 이르기까지 당대의 시대성을 어떻게 읽고 수용하였는지 어떠한 모럴로 작품 활동에 임했는지 그 실체와 성격을 규명해 보기로 한다. 그리고 유조 문학이 인간의 공동체적 신념, 자기 자신을 성장 완성시키려는 인간 능력, 이성과 객관성, 그리고 평화의 강조라는 휴머니즘의 공통 분모에 얼마나 충실했는지 그 정신 세계를 고찰해 보고자 한다.

이러한 작업이 문단 외곽에서 독자 노선을 걸었던 작가만의 특유한 문학 세계, 즉 교양주의적 자아에 기초한 그의 현실주의적 휴머니즘이 세상의 양식으로 작용하는데 일조하고 물질 문명에 식상해하고 정신적 기근에 목말라하는 자들에게 청량제일 수 있길 기대한다. 아울러 늦게나마 유조 문학이 독자들 틈에 새롭게 자리매김 할 수 있는 계기가 되길 바란다.

제2장

개인 혁명과 사회 혁명의 시대

제1절 유조 문학의 총체적 비평

1. 성장·교양 소설로서의 출발

1) 외아들과 대립적 구도

야마모토 유조(山本有三, 1887~1974)는 1887년 7월 27일 도치기현(栃木縣) 시모쓰가군(都賀郡) 도치기초(栃木町) 도치기 71번지에서 아버지 겐키치(元吉)와 어머니 나카(ナカ) 사이에서 장남으로 태어났다. 호적 등본에는 출생일이 9월 1일로 기재되었고 이름은 유조(勇造)로 붙여졌다. 이후 '유조(有三)'란 필명은 1814년 27세 때부터 사용하기 시작한 필명이다. 어머니 나카는 1885년 7월말 여자아이를 출산했었는데 불행하게도 그 아이는 곧바로 죽고 만다. 때문에 나카는 유조가 태어났을 때 허약하다는 소리에 많은 걱정을 했다고 한다. 유조는 의사로부터 죽음을 선고받을 정도로 허약하긴 했지만 나카의 일편단심 기도 덕분인지 88세라는 짧지 않은 삶을 영위하게 된다. 이후 유조에게는 동생이 생기지 않았고 외동아들로서 가족의 사랑을 독차지하며 자라게 된다.

먼저 작가 스스로 외동아들에 대하여 어떻게 생각하고 있는지 살펴보기로 하자.

> 이것은 사람들로부터 자주 듣는 이야기인데, 내 작품에는 형제가 많이 등장하는 것 같다. 나는 특별히 의식해서 형제를 취급한 적은 없는데 그러고 보니 오래된 소품에 『형제』라는 것이 있다. 그리고 『쓰무라 교수』, 『생명의 관』, 『살아있는 모든 것』의 형제, 번역서 『맹인 동생』, 『우미히코 야마히코』와 같은 비교적 형제를 다룬 작품이 많다. (중략) 내게 형제가 없기 때문에 형이 있었으면 하는 잠재 의식의 발동으로 영원히 얻을 수 없는 형제를 작품 속에서 구하려 했는지도 모른다. 그러나 반드시 그렇다고는 나 자신도 단언할 수 없다. 전반적으로 형제, 자매, 아름다움과 추함, 혹은 영원과 순간, 강함과 부드러움과 같은 대립이라는 것은 인생에 있어 중요한 현상이며 계기이다. 특히 희곡은 이러한 대립적 개념 없이는 거의 성립할 수 없다고 해도 과언이 아니기 때문에, 자연히 대립의 가장 전형적인 형제라는 형태가 요구되는 지도 모른다. 또는 나에게 형제가 없었기 때문에 잠재적으로 형제를 구하는 마음과 희곡 본래의 특질인 대립적인 것이 합쳐져서 이상과 같은 결과를 낳았는지도 모른다.[1]

일반적으로 형제에 대한 동경의 세계를 작품화한다고 할 때, 형제간의 싸움은 물론이고 서로간의 친밀감이나 경쟁 의식 등, 여러 상황을 상정해 볼 수 있다. 유조 문학에서도 예외는 아닌데, 그의 작품은 실제로 형제가 없었기 때문이라기보다 오히려 실제 있었던 경험을 작품화했다고 보는 것이 옳을 것이다. 왜냐 하면 그에게는 유소년 시절 형제와 다름없이 한 지붕 밑에서 살았던 동거자가 몇 명인가 있었기 때문이다.

흔히 외동아들이라고 하면 부모와 자기밖에 없는 집안을 일컫는데 작가의 경우는 그러한 의미의 외동아들과는 상당한 거리가 있다. 작가와 최초의 동거자로서 형제와 다름없이 생활했던 사람은 구니(クニ)와 다케

---

1) 山本有三「『海彦山彦』について」(『現代』, 1935.2) 山本有三全集 第十一卷, 新潮社, 1976, p.95

(武)이다(가계도 1참조)2). 겐키치의 막내 동생 가메사부로(龜三郎)는 3명의 아이를 남겨두고 세상을 떠났다. 따라서 미망인 도요(トク)는 시어머니 분(ブン)과 겐키치와 상담한 결과, 자식들을 호적상으로는 의붓자식으로 하고 친정 오시마(大島)로 이적, 구니, 다케, 분 3명은 나카 부부의 신세를 지는 것으로 결정한 것이다. 이는 유조 나이 6살 때의 일이다. 유조로서는 혼자 귀여움을 독차지하던 차에 연하의 사촌과 같이 살게 된 것이, 한편으로는 즐겁고 한편으로는 시기심의 대상으로 받아들일 수밖에 없었을 것이다. 이후 이따금씩 사촌과의 불화가 생길 때마다 유조로서는 남이 아닌 육친의 형제를 그리워할 수밖에 없는 고독한 시간도 있었을 것이다.

그리고 유조가 두 번째로 맞이한 동거자는 이종 사촌 4명이었다. 나카의 여동생 데이 린(出井りん)의 딸 쓰루(ツル), 그리고 언니였던 데이지(貞次)의 딸 미네(ミネ), 시마(シマ), 다키(タキ)이다(가계도 2참조)3). 그들은 교대로 소위 예절을 배우러 왔었고 바느질과 꽃꽂이 등, 결혼 전 제반 예절교육을 익히고 있었다. 쓰루, 미네, 시마는 연상이었기에 누나처럼 가까웠고, 다키는 한살 아래로 남다른 정감을 표시했던 사이였다. 그러면 작가의 작품에는 형제에 대한 동경과 형제 아닌 형제들과의 동거 모습을 어떻게 묘사하고 있는가. 먼저『형제』,『우미히코 야마히코』부터 살펴보기로 하자.

　　잔디 위에 떨어져 있는 형의 모자를 주웠다. 그리고 그것을 형에게 건네주려고 했다. 그러자 형은 모자는 받지 않고 갑자기 동생의 따귀를 후려갈겼다. 형이 왜 그런 짓을 했는지 그 자신도 알 수 없었다. 물론 할아버지로부터 맞았다고 그 분풀이로 동생을 때린 것은 아니다. 알 수는 없지만 아랫사람으로부터 친절하게 모자를 주워 받은 것이 형으로서는 참을 수 없었던 것이 아닐까. 동생은 형의 갑작스런 폭력에 전보다도 더 격하게 울기 시작했다. 그러자 동생의 우는 소리에 그때까지 울지 않고 있

---

2) 永野賢『山本有三正伝上卷』, 未来社, 1987, P.25
3) 永野賢『山本有三正伝上卷』, 未来社, 1987, P.50

던 형도 '와아'하고 울어버렸다. 그렇게 둘은 한참을 울었다. 처음에는 소리를 내어 울었지만 끝에 가서는 기계적으로 눈물을 흘렸을 뿐이었다. 그리고 온기 서린 눈물 방울이 쉴새없이 흐르는 사이, 두 사람은 볼이 뭔가 부드러운 것으로 쓰다듬어지는 듯한 기분에 휩싸인다. 동생은 작은 소리로 말했다.

　형아야, 용서해 줘.
　음.4)

　　(야마히코는 조금 전부터 움직이지 않고 모닥불 옆에 가만히 않은 채)
우미히코　(갑자기 벌떡 일어나) 언제까지 너는 거기에 매달려 있을거냐. 멍청이 같으니라구.(갑자기 동생을 마구 때린다)
　　　　　(중　략)
야마히코　무슨 짓이야.(저항한다)
우미히코　아직도 모르겠다는 거냐.(목덜미를 꾹꾹 눌러대면서) 어떠냐. 이래도 모르겠단 말이야! 이래도!
야마히코　(말이 없다)
우미히코　야아. 왜 말이 없는 거냐. 이렇게까지 두들겨 맞고도 모르겠단 말이야! 멍청아! ……이놈. 이놈.(또다시 때린다.)
야마히코　(봉당에 엎드린 채 아무 말도 하지 않는다)
우미히코　고집이 장난이 아닌 놈이군. 두들겨 맞고도 어째서 울지 않는 거냐! 왜 '와아'하고 울지 않는 거냐구! 그렇게 근성이 비뚤어 졌기에 너에게는 가만 있을래야 가만있을 수가 없다는 거다. ……'미안하다'고 한마디만 하면 아무 것도 아닌걸 가지고.5)

　실제로 어린 시절에는 성의 구별보다 감정이 앞설 때이기에 그 대상이 남자냐 여자냐의 문제는 그다지 중요하지 않다. 유조의 어린 시절 동거자로서 남자는 다케 혼자밖에 없었기에, 자연히 다케와의 싸움이 잦았을 것이고, 그러한 과정에서 때리고 싶거나 윽박지르고 싶을 때도 있었을 것이다. 또한 이 아이가 친동생이었으면 하는 바램도 없지 않았을 것이다. 유조는 그러한 막연한 친동생에 대한 상념, 하고 싶었지만 할 수 없었던 형

---

4) 山本有三全集 第四卷 『兄弟』, 新潮社, 1976, p.194
5) 山本有三全集 第二卷 『海彦山彦』, 新潮社, 1976, p.100-101

제간의 싸움, 그러한 형제애를『형제』,『우미히코 야마히코』를 통해 보여
준 것은 아니었을까. 바꾸어 말하면 작가는『형제』,『우미히코 야마히코』
를 통하여 다케나 외사촌 사이에 있었던 어린 시절의 한 단면을 보여준
것이라 하겠다. 위 작품 외에도 형제간이 다투는 장면을 찾는 일은 어렵
지 않다.

예를 들면『쓰무라 교수』에서 형 쓰무라가 이혼을 하려고 하자 이혼에
동의할 수 없다며 반발하는 동생 슈고(俊五)와의 대립,『생명의 관』에서
통조림 공장 주인인 아리무라 고타로(有村恒太郎)와 동생 긴지로(金次
郎)가 벌이는 대립이 그것이다. 한편 이러한 형제간의 대립이 정의와 불
의, 진실과 위선이라는 대립적 구도를 만들어내는 모티브로 작용함도 부
인할 수 없다. 그리고 요시노 겐자부로(吉野源三郎)가 "작품『형제』,『우
미히코 야마히코』의 경우는 물론이고,『살아있는 모든 것』의 이사하야
(諫早) 형제의 경우에도, 그 형제간의 싸움은 한결같이 심각한 증오심에
서 비롯되는 것이 아닌 오히려 스치는 듯한 애정의 발로"6)라고 언급한
바와 같이 유조 문학의 형제간 대립은 작가 자신이 하고는 싶었지만 할
수 없었던 것에 대한 선망으로서, 작가의 내면 이해라는 측면에서 받아들
이는 것이 바람직할 것이다.

이러한 형제간의 대립은 소설에서도 마찬가지이다. 예컨대『살아있는
모든 것』에서 형 세이이치로(精一郎)가 동생 레이지(슈二)의 학비를 지
원하면서 자신은 어떠한 고생을 하더라도 동생만은 지켜내겠다는 형제애
가 그렇다. 그러나 동생 레이지는 형의 고생이 자신 때문에 비롯된 것을
자책하며 그 호의에 반발하는데 이 역시 작가의 혈육에 대한 동경과 몇몇
사촌과의 동거에서 느낀 거리감의 표출이 아닐까 한다.

여기에서 한가지 간과할 수 없는 것은 작가의 친누나 요네(ヨネ)의 죽
음이다. 친형제가 아닌 형제와 생활하면서 혈육에 대한 작가의 심정은 앞
에서 언급한 대로이겠지만 작가의 내면에는 누나 요네에 대한 사모의 정
이 남달랐다. 이러한 추측은 1908년 9월 아버지 겐키치의 1주기에 모토

---

6) 吉野源三郎『山本有三全集 第八卷』(附錄月報第四號) 永野賢『山本有三正傳 上卷』, 未來社,
1987, p.45 再引用

코마쓰이시(本小松石)에 묘비를 세울 때 그대로 나타난다. 바로 아버지의 묘비에 처음으로 〔知覺童女〕와 〔요네〕라는 이름을 새겨 넣었기 때문이다. 또한 요네라는 문자가 유조의 이름과 나란히 같은 크기로 새겨져 있음을 감안하면, 작가의 혈육에 대한 사모의 정이 단순한 정 이상이었음은 쉽게 짐작할 수 있을 것이다.

山本惣左衛門（安永二—嘉永二）
よ祢（安永八—嘉永七）
見目安右衛門（文化一〇—明治六）
鈴木重郎右衛門（未詳—安政六）
元七（文化九—明治一九）
ブン（文政五—明治四一）
鈴木幸助（天保二—明治四〇）
勇七（天保八—明治四四）
トミ（天保七—明治四四）
大島平作
多見吉（安政五—大正一三）
トヨ（明治四—昭和一五）
英郎（明治三—大正一五）
宝井豊吉（明治六—昭和三四）
亀三郎（慶応二—明治二六）
エイ（文久三—大正三）
竹四郎（安政六—明治二一）
安四郎（安政元—慶応四）
松三郎
ナカ（安政六—昭和一六）
元吉（嘉永五—明治四〇）
女（嘉永三—夭折）
トフ（天保一一—大正四）
強（明治一六—昭和五）
庸太郎（明治三一—昭和五九）
みつ子（明治四二—）
豊（明治三七—昭和五六）
有一（大正一四—）
マッ（鈴木）（明治二五—昭和四四）
武（明治三三—昭和三五）
クニ（明治二一—昭和三三）
横井館一（明治三三—昭和二〇）
源一郎（大正三—昭和二二）
勇造（明治二〇—昭和四九）
井岡はな（明治三〇—昭和五三）
ヨネ（明治一八—夭折）
有三
浴子（大正四—）
トミ子（昭和三—）
耕一（大正一五—）
雅子（田村）（昭和一七—）
鞠子（瀬戸）（昭和三—）
玲子（植山）（昭和二—）
朋子（大正一四—）
永野賢（大正二—）
有一（大正一〇—昭和五八）

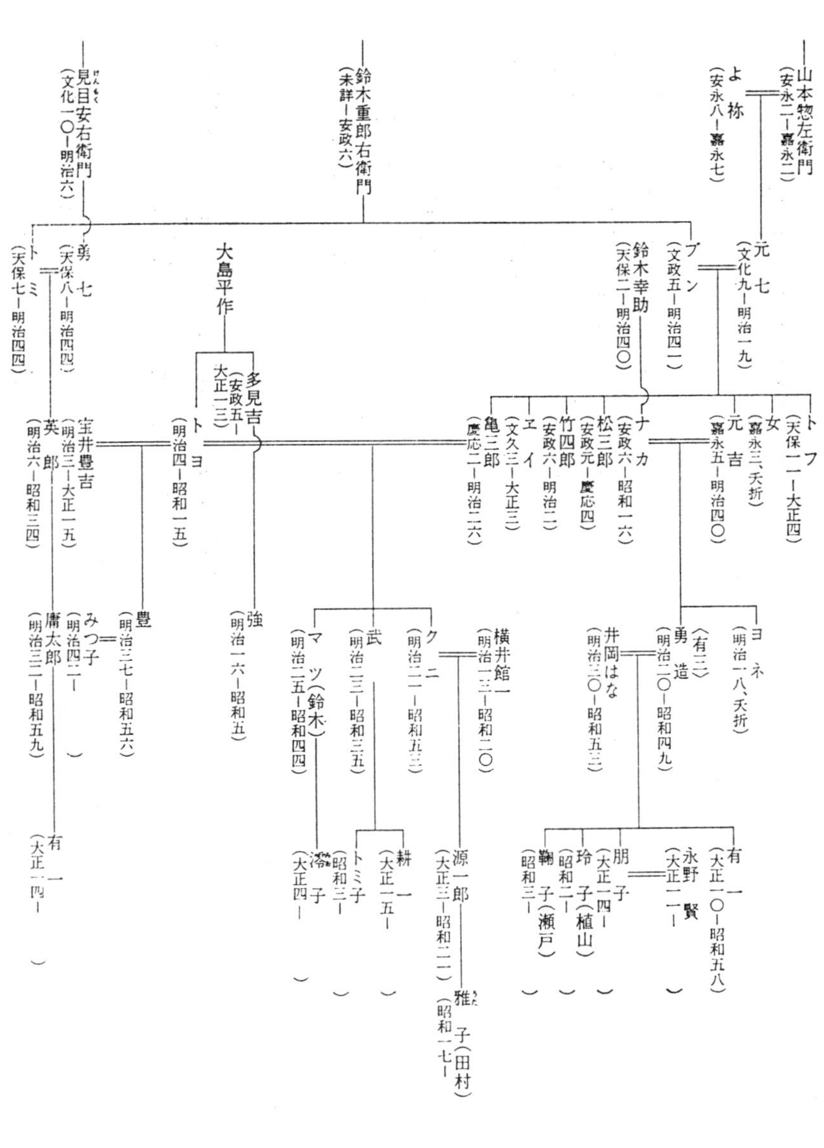

〈가계도 1〉

鈴木長兵衛（文化六ー明治一三）
（関口）リノ（文化八ー明治三〇）
タキ（天保九ー明治二）
（川中子）幸助（天保二ー明治四〇）
（天野）ツネ（天保一三ー大正六）
勝吉（明治五ー昭和一八）
（渡辺）テウ（明治六ー昭和三二）
六郎（慶応三ー昭和六）
（滝沢）きよ（明治七ー昭和一〇）
リン（出井）（文久元ー昭和一四）
ナカ（安政六ー昭和一六）
山本元吉（嘉永五ー明治四〇）
貞次（安政四ー昭和九）
（稲葉）ハマ（安政六ー昭和三）
捨吉（明治四〇ー）
貞二郎（渡辺）（明治三四ー昭和五七）
政一（昭和六ー）
一平（明治三〇ー昭和三五）
きみ（大日方）（大正五ー）
とく（小林）（明治四一ー）
八重子（昭和二〇ー）
政志（明治二三ー昭和三〇）
雄司（大正一一ー）
ツル（安田）（明治一四ー昭和四四）
信子（大正二ー昭和五二）
明子（長谷川）（明治四一ー）
有三（明治二〇ー昭和四九）
（井岡）はな（明治三〇ー昭和五三）
鞠子（瀬戸）
玲子（植山）
朋子
永野賢
有一
庄助（明治一四ー昭和七）
ミネ（大島）（明治一六ー昭和五一）
シマ（土渕）（明治一九ー昭和三二）
フミ（大正一四ー）
タキ（大内）（明治二一ー昭和四九）
弘（大正四ー）
サト（山中）（明治三一ー昭和六一）
正（昭和二〇ー）
登美子（昭和二一ー）
貞一（明治四三ー昭和四八）
健夫（昭和九ー）
チヨ（明治三九ー）

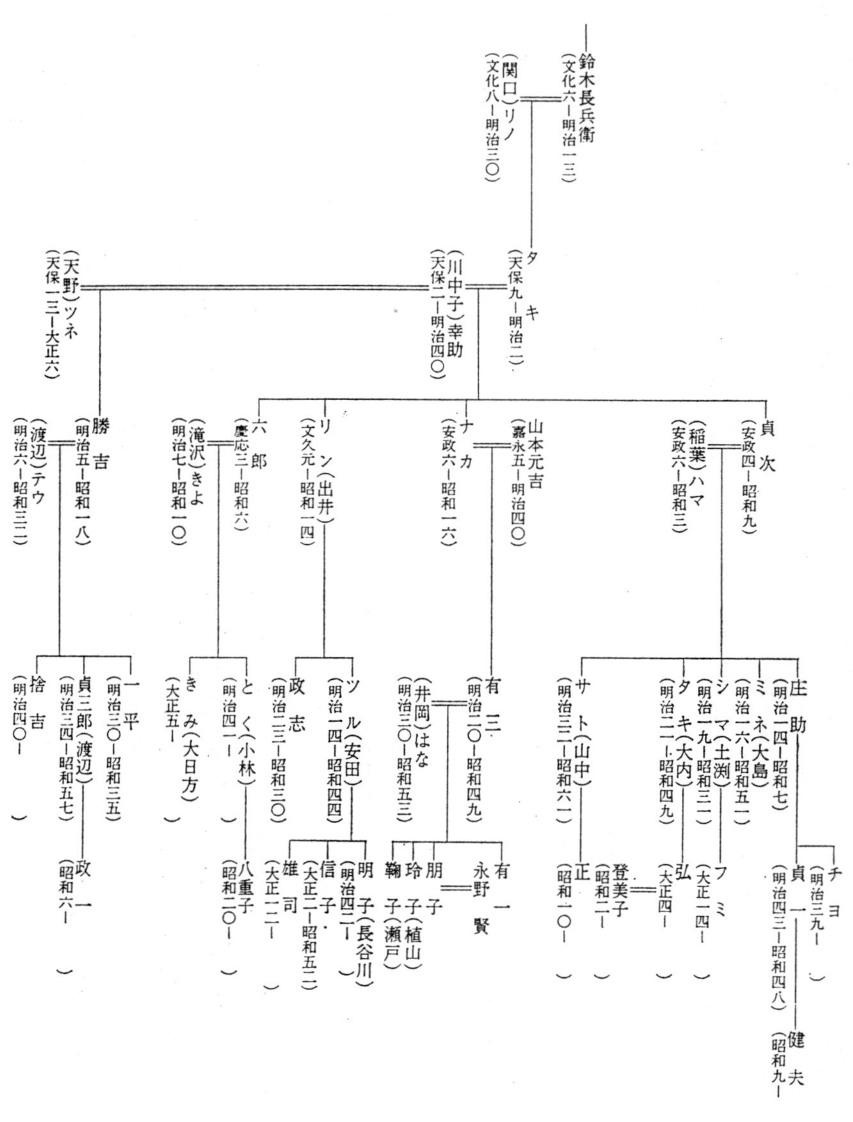

〈가계도 2〉

2) 대립과 갈등 그리고 무사도(武士道)

『길가의 돌』은 어디까지가 작가의 자전적인 부분을 다루고 있는 것일까. 작가와 주인공 고이치를 비교해 보면서 작가의 청년 시대와 그의 문학의 성장·교양 소설로서의 출발점을 되짚어보기로 하자. 작가와 『길가의 돌』의 고이치는 다 같이 중학교 진학에 실패하고 포목전 종업원으로 내몰렸다. 단순 비교 차원에서 보면 작가의 소년기 체험이 고이치 소년을 통하여 고스란히 되살아났다고 말할 수 있다. 그런데 이들 아버지의 교육열이나 경제적인 면을 살펴보면 유조와 고이치는 많은 차이를 보이고 있는 것이 사실이다.

> 고이치는 어머니 앞에서 종이 봉투를 붙이는 작업을 해 보였다. 그 손놀림이 제법인지라 어머니는 내심 만족스러운 미소를 지어 보였다. 오렌(おれん)은 어떤 일이 있어도 고이치에게는 종이 봉투를 붙이는 따위의 일은 시키고 싶지 않았다. 이런 생각은 해본 일조차도 없었다. 하지만 실제로 그녀는 피로에 지칠대로 지쳐 있었다. 졸 생각은 추호도 없었지만 기운이 빠지면 이내 꾸벅꾸벅 졸고 말았다. (중략) 아직도 오늘 중으로 마무리짓지 않으면 안될 일이 산더미처럼 남아 있었다. 그녀는 조바심 나는 마음을 감당할 수가 없었다.[7]

인용문처럼 고이치 집안은 참담할 정도로 가난한데 비해 작가의 집안은 그렇지 않았다. 종이 봉투를 붙여야할 정도의 고이치와는 달리 식모의 보살핌을 받으면서 도치기에 처음 생긴 유치원을 다니고, 한학숙에서 소독(素讀) 했던 작가와는 큰 차이가 있다. 그러니까 당연히 고이치는 작가가 아니라고 말할 수 있는데, 그렇다면 고이치처럼 경제적인 어려움이 없었음에도 불구하고 왜 작가와 아버지 겐키치는 부자간 단절이란 극한 상황을 맞이해야만 했던 걸까?

먼저 결론부터 말하자면 겐키치가 아들에게 기대했던 장래는 유조가

---

7) 山本有三全集 第九卷『路傍の石』, 新潮社, 1976, p.39

걷고자 했던 미래와는 정반대의 상인의 길에 있었기 때문이라고 할 수 있다. 1894년 4월 도치기읍에서 설립한 도치기 소학교에 입학한 작가는 1898년 3월 그곳을 졸업하고, 같은 해 4월 도치기 고등소학교로 진학하여 1902년 졸업한다. 작가와 똑같이 공부한 인물로서 전 도치기 시장 오시마 사다키치(大島定吉)가 있는데, 오시마씨는 단순히 작가와 소학교를 같이 다녔을 뿐만 아니라 1947년 작가가 전국구로 참의원 의원으로 입후보하였을 때, 그는 도치기현 지역구로 입후보하여 나란히 당선한 인물이기도 하다. 그는 "야마모토 선생의 아버님은 원래 우쓰노미야 번(宇都宮藩)의 사족(士族)이었다가 메이지유신과 함께 한때 공무를 담당했었다. 그리고 이후 도치기초 요로즈마치(万町)에 정착하여 포목전을 경영하게 되었다. 고급 교토(京都) 포목을 취급하는 외상(外商)이 대부분이었다"[8]며 작가의 가정을 소개하고 있다. 그리고 그는 "야마모토 선생과 나와는 소학교에 같이 입학한 이래, 줄곧 한 책상에서 나란히 공부했다. 야마모토 선생의 성적은 발군이었다. 예컨대 8년간 1등을 놓친 적이 한 번도 없다. 그것도 1등과 2등의 성적 차는 큰 차이를 보였었다"[9]고 작가와의 8년간[10]을 술회한다. 또한 작가는 공부는 물론이고 책을 좋아했기에 아버지 겐키치의 배려로 한학숙에 다니며, 사서(四書), 문장궤범(文章軌範), 일본외사(日本外史) 등 소독을 배웠고, 겐키치의 교육열은 타의 추종을 불허할 정도였다고 한다. 그러나 겐키치의 교육열은 어디까지나 자신이 메이지유신 이후 일구어놓은 포목전의 후계자로서 훌륭한 상인이 되어주길 바라서였지 결코 학문을 권장하기 위함이 아니었다. 부자간의 긴 갈등은 여기에서부터 시작되는데 이처럼 근본적인 부분에서 기인한 이유였던 만큼 치유되기까지는 상당한 인내를 요구하게 된다.

한편 중학교 진학을 당연시하고 있던 작가로서는 갑작스런 부친으로부터의 진학 불허가 충격일 수밖에 없었다. 이른바 겐키치의 "어중간하게

---

8) 桑原月穗 「山本先生と栃木」 山本有三全集 第九卷 附錄, 新潮社, 1976, p.1
9) 上揭書, p.2
10) 당시 수상(壽常)소학교 4년, 고등소학교 4년을 말한다.

중학교 같은 데서 학문을 하면 건방지게 되고 훌륭한 상인이 되지 못한다"는 이유를 수용할 수 없었던 것이다. 작가가 아버지를 미워하고 오랫동안 단절로 일관했던 근본적인 원인은 여기에서 출발한다. 그러나 『길가의 돌』의 고이치는 종이 봉투를 붙일 수밖에 없는 가난한 가정 환경에서 중학교 지망이 유일한 희망이었다. 유조의 경우와는 달리 고이치에게는 근본적으로 현일성이 없는 일이었던 셈이다. 예컨대 유치원, 한학숙을 통하여 공부를 잘해 자신의 능력을 믿고있던 차에 갑자기 도쿄의 포목전 종업원으로 내몰린 작가는 참담한 심경을 쓸어내려야 했고, 애초부터 실현성이 없었던 중학교 지망을 동경할 수밖에 없던 고이치는 분노 아닌 체념으로 우회로를 모색해야만 했다.

『길가의 돌』에서는 고이치의 담임 쓰기노(次野) 선생이 이나바야(稻葉屋)의 야스키치에게 고이치의 학자금을 간청하러 찾아간다. 그러나 무사 출신인 고이치의 아버지 체면을 생각하지 않을 수 없다며 학자금 원조를 거부한다. 물론 여기에 등장하는 고이치의 아버지 쇼고(庄吾)의 모델로 겐키치를 삼았음은 짐작하기 어렵지 않다. 실제로 겐키치는 재산도 직업도 없는 고이치의 아버지와는 상당한 차이가 있다. 하지만 작가는 부친을 모델로 당시 대다수의 몰락 사족들의 실상을 고발하였고, 쇼고 대 겐키치, 고이치 대 유조라는 부자간의 대립 구도를 통하여 자전적 작품을 구상했을 것이란 점에는 이견이 없다. 왜냐하면 인물 구도의 대치성이나 포목전을 둘러싼 종업원 생활 등의 적지 않은 대목에서 작가의 실생활이 그대로 옮겨져 있다고 볼 수 있기 때문이다.

여기에서 우리는 겐키치가 포목전을 폐업하기까지의 과정을 좀더 살펴볼 필요가 있다. 야마모토 집안이 선대로부터 우쓰노미야 번주(藩主) 도다후(戶田侯)의 무사였다는 것은 오시마씨의 증언에서도 확인된다. 겐키치의 아버지 겐시치(元七)는 그곳에서 분대장 정도의 계급이었는데, 1868년 보신(戊辰)전쟁11) 때 장남 겐키치와 차남 마쓰자부로(松三郎)

---

11) 메이지유신에서의 내란. 1868년 1월3일 도바(鳥羽)·후시미(伏見)의 싸움에서 1969년 5월 하코다테(箱館)전쟁이 끝나기까지 약 1년 반에 걸친 신정부군과 막부군 간의 전쟁의

를 전쟁터로 내보내 그곳에서 차남을 잃고 만다. 그리고 1869년에 다케지로(竹次郎)도 11살의 어린 나이로 죽어 버린다. 그 후 1869년 판적봉환(版籍奉還)에 의해 번사(藩士)들은 대체지로서 가와무카이(川向)의 택지를 받게 되는데, 이때 겐시치와 겐키치는 상당히 넓은 대지를 양도받게된다. 이러한 양도는 우쓰노미야에서만 일어난 일은 아니다. 당시 무사들은 몰락 사족이라 하여 대체로 신 정부의 관리, 교사, 그리고 귀농 내지는 장사의 길을 택할 수밖에 없는 처지였다. 메이지유신에 의해 번으로부터의 녹을 잃어버린 상태였기에 그들로서는 무슨 직종이든 선택해야만했다. 그래서 겐시치도 도다번주(戶田藩主)의 양잠 사업에 참가하게 되었고, 겐키치는 도치기현 아래의 오다하라(小田原) 재판소의 서기로 근무하는 관리가 되었던 것이다. 겐키치는 관리 생활을 하면서 아버지의 중개인상을 익혔고 상인의 길로 발을 들여놓게 되는데, 유조가 태어날 시점에는 가와무카이로부터 도치기로 옮겨 무사의 옷을 벗어 던지고 작은 포목전을 운영하기에 이른다.

　이 같은 겐키치의 결단력12)과 추진력은 아들 유조에게도 그대로 이어진다. 이른바 1905년 유조가 학문에 뜻을 품고 도치기를 떠나 도쿄로 향하는 장면이 그렇다. 뒤돌아보지 않고 결정한 사안을 곧바로 실천에 옮기는 무사 기질을 그대로 보여준다. 이러한 결단력과 추진력에서 작가의 정의심과 진실이 싹트지 않았을까. 『길가의 돌』에서는 이러한 부자간의 무사적 기질을 다음과 같이 그리고 있다.

　　　"그런 일은 평민들이나 하는 짓이야. 우리 집안에는 대대로 그런 부업을 한 여인네는 단 한 명도 없었다." (중략)
　　　"어이! 왜 아무 말이 없는 거야! 당신은 도쿄로 가는 것보다 언제까지나 여기에서 종이봉투나 붙이고 싶은 모양이로군."
　　　"……"

───────────────

총칭이다.(吉田精一·時枝誠記 編 『國語中辭典』, 角川書店, 1973, p.1932)
12) 이를테면 가와무카이로부터 도치기로 이주하면서 관리 생활을 벗어 던지고 상인의 길을 택하는 과감한 행동을 말한다.

"그런 짓을 하고 있으니까 세상 사람들이 업신여기는 거야. 술 마시고 있는데 봉투 따위나 붙이고 있으면 술맛이 떨어지지 않겠냔 말이야! 어이! 그만두라면 그만둬야지 왜 그만두지 않는 거야!"13)

여기에서 일반 백성들과는 근본적으로 출신이 다르다며, 굶어죽더라도 사족 출신으로서의 자존심만큼은 지켜야한다는 것이 겐키치의 정신이다. 그리고 남들의 도움을 받아서라도 중학교에 가고 싶어하는 고이치에게 무사의 아들이 그런 거지 근성으로 살아 무엇을 하자는 것이냐며 강하게 질책한다.

> 너는 하쿠세키(白石)가 어떻게 해서 그렇게 위대한 학자가 되었는지 그 내막을 알고 있는 거냐? ……뭐라 모른다고. 그럴 테지. 알면 지금 마냥 멍청한 소릴 할 리가 없지. 하쿠세키는 말이다. 물론 어릴 때부터 공부도 잘했고 열심히 했다. 그러나 그것이 다는 아니다. 하쿠세키에게는 기개가 있었던 거야. 무사로서의 기개가 있었던 게지. 그것이 하쿠세키를 그러한 대학자로 만든 것이다. 알겠냐? 잘 들어보거라. 하쿠세키도 젊었을 땐 가난했다. 그야 입에 풀칠하기도 어려웠을 정도로 가난했었다.
> 그런데 가와무라 즈이켄(河村瑞賢, 1618~1699)은 미쓰이(三井)에도 지지 않을 정도의 갑부인데 그 즈이켄이 하쿠세키를 보고 자신의 집안 사위로 삼으려 했던 것이다. 마침 혼기에 찬 친형의 딸이 있어 그와 결혼해 준다면 학문을 연구하는데 필요한 3천 양을 주고 집도 마련해 준다고 했다는 것이다. 알았냐. 어이!, 3천 양이다! 3천 양! 3천 양이라면 오늘날로 쳐도 엄청난 금액인데, 당시 3천 양이라면 일생동안 풍족하게 살고도 남을 정도의 재산이었다. 그것을 연구비로 낸다는 것이다. 그런데 하쿠세키는 그때 어떻게 했다고 생각하느냐. '후의는 감사합니다만'이라며 딱 잘라 거절해 버렸던 것이다.14)

이렇게 쇼고는 아라이 하쿠세키(新井白石, 1657~1725)의 기개를 강조하면서 아들을 꾸짖는다. 그리고 술에 취해 선조의 무사 정신을 들려주

---

13) 山本有三全集 第九卷 『路傍の石』, 新潮社, 1976, p.118
14) 上揭書, p.120

면서 "너는 뭇 백성들과는 태생이 다르다. 탐내지 말고 대범해야 한다. 그리고 좀더 당찬 곳이 있어야 한다"고 무사적 기개를 고취시킨다. 고이치 역시 아버지의 '기개'라는 말이 무엇을 뜻하는지 통절히 와 닿았고, "인두질을 하는 것처럼 심장에 찌릿찌릿 울렸다." 그것은 작가가 아버지 겐키치로부터 귀가 아프게 들어왔던 "사상의 심원함은 철학자처럼, 의지의 견실함은 겐로쿠(元祿) 무사처럼"에서 느꼈던 정신적 충격과 다르지 않았다.

하여튼 고이치든 유조든 아버지로부터 받은 정신적 교훈이 일생동안 그들 내면에 자리했음은 부인할 수 없다. 또한 그러한 정신이 구체적으로 유조와 고이치의 삶에 어떻게 되살아나고 있는지도 확인할 수 있다. 예컨대 비록 절실했던 중학교 지망을 실현하지는 못했지만, 부친의 가르침은 고이치에게는 간난신고(艱難辛苦)와 함께 성공의 길을 열어주었고, 작가에게는 문학가로 성공할 수 있는 거름이 되어주었던 것이다. 작가 입장에서는 학업 성적이나 가정 형편상 여건이 충족되었는데도 불구하고 부친으로부터 포목전 후계자로 지명되었다는 것이 분명 충격이었을 것이다. 그리고 상급학교 진학이 묵살됨과 동시에 낯선 도쿄에서의 포목원 종업원 생활은 고통이었을 것이다.

실제로 작가는 고이치처럼 자포자기 상태에서 철교건널목 침목에 매달려 열차가 통과하기를 기다리는 무모한 행동을 하지는 않았지만, 포목전을 벗어나기 위한 탈출구를 모색했던 것은 사실이다. '어쩌면 죽어버릴지도 모른다'는 극단적인 생각도 전혀 안했다고 할 수는 없다. 그것이 『길가의 돌』에서는 철교 침목 사건과 이세야(伊勢屋)로부터 탈출이라는 극단적 행동으로 나타났다고 말할 수 있다. 고이치의 자포자기와 유조가 상인의 길을 포기한 것은 인생에 대한 포기가 아닌, 실은 "누구에게도 지고 싶지 않은 자신의 의지대로 살아간다"는 무사도 정신의 표출이며 기개였던 것이다. 이 같은 작가의 정신은 다카하시 겐지(高橋健二)의 지적에서도 그대로 드러난다.

그 장사 법은 상인적이지 않아 품질 좋고 값비싼 교토 포목만 취급했
다. 사족적 엘리트적인 데가 있었다. 악덕으로 돈만 벌면 된다는 식이 아
닌 칼날처럼 산뜻한 취향이 있었다. 논리 정연한 예의, 언제나 자신이 취
급하는 물품에 책임질 준비가 되어있는 각오, 그러한 장사 법은 유조의
작풍에도 그대로 전해지고 있다. 무사적인 풍격이 아닐 수 없다.15)

이처럼 겐키치가 일으킨 포목전의 분위기는 유조 문학에 커다란 영향
을 끼쳤다. 그리고 포목전을 운영하면서 경제적으로 안정을 찾은 겐키치
는 장사의 길이야말로 최고의 선택이라 믿게 되었고, 결국 어지러운 세상
에서 살아남는 길은 장사밖에 없다는 결론을 내리게 된다. 하지만 그러한
겐키치의 뜻은 아들에게 전달되지 못했다. 유조가 학문이란 독자적 길을
선택하면서 아버지와는 다른 길을 걷게 되기 때문이다. 겐키치가 기대했
던 상인의 길과 유조가 선택한 학문의 길을 놓고 어느 쪽이 올바른 선택
이었는지 가늠할 수는 없지만, 부자간에 마찰과 대립이 유조의 인생에
직·간접적으로 커다란 영향을 끼친 것만큼은 틀림없는 것 같다.

2. 청년 시절의 홀로서기

1) 독학과 자아탁마(自我琢磨)

1902년 3월 고등소학교를 졸업한 유조는 같은 해 4월 아버지 겐키치
에 의해 도쿄 아사쿠사(淺草) 고마가타초(駒形町) 35번지 이세후쿠(伊勢
福) 포목전 종업원으로 내몰리게 된다. 그 이유는 "중학교에 간다는 것은
주제 넘는 일이라는 것이 한결같은 생각"이었기 때문인데, 이는 겐키치가
유조에게 항상 주지시킨 "중학교 같은 데서 학문을 하면 건방지게 되고 훌
륭한 상인이 될 수 없다"는 사고에서 버릇된 것이다. 또한 이는 당시 팽배
해 있던 '실학' 사상을 일컫는 것이다. 하여튼 뜻하지 않게 내몰린 종업원

---

15) 高橋健二 「山本有三集解說」 日本近代文學大系 41卷 『久保田万太郎·山本有三集』, 角川
    書店, 1973, p.27-28

생활은 작가로서는 고난의 시작이었으며, 아버지와의 긴 줄다리기를 알리
는 신호탄이었다. 어쩔 수 없이 아버지의 뜻을 수용하긴 했지만 체질에 맞
지 않는 포목전 생활에 당시 작가의 생활은 말 그대로 고통의 연속이었다.
유조는 당시 도쿄에서의 종업원 생활을 다음과 같이 술회한다.

> 고등 소학교를 졸업한 후 곧바로 도쿄 아사쿠사구 고마가타초 이세후
> 쿠라는 포목전의 종업원으로 내몰렸다. 심부름을 나서면 세 가지 용무
> 중 한가지는 꼭 잊어버린다. 종업원으로서 전혀 도움이 되지 않는 종업
> 원이었다. 그래서 창고지기로 내몰렸고 나는 그것이 오히려 좋았다. 그
> 속에서 자주 잡지를 읽었다. 그리고 발각되어 그 속의 모든 책을 빼앗기
> 기도 했다. 상인의 생활이 너무너무 싫어 결국 이듬해 그곳을 도망쳐 집
> 으로 돌아왔다. 아버지에게 학문을 하고싶다고 부탁했지만 학교 같은 데
> 다니게 되면 건방져 못쓰게 된다며 허락 받지 못하고 가업을 도와주는
> 일이 주어졌다.16)

이렇게 도망쳐 돌아온 고향집에는 엘리트 상인으로서 기대를 걸고 있
던 부친의 놀라움과 실망만이 기다리고 있었다. 끝까지 조르면 어떻게 해
줄 것으로 믿었던 유조의 생각은 여지없이 빗나가고만 셈이다. 결국 유조
는 학문에 대한 마음만 조아렸을 뿐, 현실적으로 가업을 도와줄 수밖에
없는 신세가 되고 만다. 당시의 작가의 절망감과 부친에 대한 반감은 극
에 달했다 하겠는데, 『길가의 돌』에서는 당시 이세야의 고통스러웠던 종
업원 생활을 다음과 같이 그리고 있다.

> 넓은 가계였지만 종업원이 많았기 때문에 각자가 이불을 깔면 고이치
> 가 누울 공간은 거의 남지 않았다. 그는 얇은 이불을 반은 다다미 위에
> 반은 마루귀틀에 위에 펴야만 겨우 누울 수 있었다. 잠자리에 들면 눅눅
> 한 공기가 훅 토방 쪽에서 올라왔다. 고이치는 뭐라 표현할 수 없을 정도
> 로 비참한 기분에 휩싸였다. 눈물은 닦아도 닦아도 그칠 줄을 몰랐다. 그

---

16) 現代日本文學全集 46 (『山本有三集·倉田百三集』 年譜, 改造社) 永野賢 『山本有三正傳
   上卷』, 未來社, 1987, p.79 再引用

는 잠자리를 뒤척였다. 뒤척일 때마다 이불 밑 마루귀틀이 탁하고 등뼈
로 울려왔다. (중략)

　"인사를 시키는데 눈물을 흘리는 놈이 어디에 있느냐! 장사를 하려는
놈이 인사가 시원찮아서 어떻게 하겠다는 거냐!"

　"……"

　"고스케! 오늘 이렇게 아무 걱정 없이 밥을 먹을 수 있는 게 누구 때문
이라고 생각하느냐. 잘 생각해 봐! 그러면 너의 인사도 조금은 변하게
될 거다."

　걸레 떼가 긴 마루방에 얼굴을 문지르며 그는 주인의 설교를 듣고 있
었다. 그것은 철교 건널목 침목에 달라붙어 머리를 누르고 기차가 지나
가기만을 기다리던 때보다도 훨씬 더 고통스러웠다.17)

　물론 여기에서 고이치의 눈물은 작가가 도쿄 이세후쿠에서 쌓은 경험
을 형상화한 것이라 생각된다. 그리고 고이치가 교조(京造)에게만 도쿄
행을 알리고 이세야를 도망치는 장면도 작가의 실제 경험을 살린 대목일
것이다. 또한 고이치가 "여기에 갇혀 있는 것은 인질과 다름없다. 난 저
당물이 아니다. 저 흙벽으로 둘러 쌓인 광속에 갇혀있다간 등짝에 곰팡이
가 나고 말 것이다. 양지 바른 곳으로 나가고 싶다. 그가 고개를 들고 다
리에 힘을 주고 스스로에게 그렇게 위로하며" 보자기를 풀어 책 한 권을
꺼내들고 도쿄로 향하는 모습은 작가의 도쿄행과 크게 다르지 않다. 그러
나 고이치나 유조 모두 자신의 길을 당당하게 걷기는 했지만 앞길이 순탄
치만은 않았다.

　이후 겐키치는 아들로 지목했던 포목전 후계자를 다케로 삼으려 했다.
겐키치로서도 아들의 저항에 더 이상 어쩔 수 없었기 때문이다. 결과적으
로 보면, 겐키치의 집요함도 대단했지만 유조는 자신의 꿈을 끝까지 포기
하지 않음으로서, 포목집 종업원의 서러움을 달래가며 좌절하지 않고 틈
틈이 읽은 『중학세계』가 현실에서 결실을 맺게 되었다. 바로 1902년 15
세 되던 4월부터 포목전 생활 만 3년째 되던 1905년 1월에야 비로소 부
친으로부터 상경 허락이 떨어졌던 것이다. 물론 부친과의 불화도 여기에

---

17) 山本有三全集 第九卷 『路傍の石』, 新潮社, 1976, p.145

서 일단락 되는데, 그렇다고 그동안의 부자간 앙금이 완전히 사라졌다고
는 할 수 없었다. 하여튼 부자간은 각자의 길로 당분간 헤어져 살게 되면
서 유조는 이제부터 자신의 학력을 객관적으로 검증 받을 수 있는 기회를
얻게 되고, 겐키치는 아들 없는 포목전 유지가 가능한지 어떤지를 실험하
게 된다.

상경한 유조는 곧장 어머니 나카의 주선으로 니혼바시(日本橋) 사카모
토(坂本) 공원 가까이서 살면서 간다구(神田區) 니시키초(錦町)의 세이
소쿠(正則) 영어학교18)와 그 부속 예비교를 다니게 된다. 이 학교는 영
어의 조직적 소양을 기르는 것을 목적으로 한 최신식 학교였는데, 보통
과, 보습과, 고등과, 문학과가 설치되어 있었고, 유조는 그곳에서 영어와
중학교의 보통 과목을 초보 단계부터 배우기 시작했다. 물론 남다른 학문
적 열의를 불태웠음은 두말할 것도 없다. 한때 상경하면서 곧바로 가인
(歌人) 가네코 군엔(金子薰園, 1876~1951)을 찾았음을 보면 단카(短
歌) 공부도 고려했던 것 같은데, 그곳은 방문으로 끝났다. 이후 공부에만
열중했던 유조이고 보면, 당시 그의 학문에 대한 방향과 열정이 어떠했는
지 짐작하기 어렵지 않다.

그리고 이듬해 1906년 6월, 간다 오가와초(小川町)로 집을 옮겨 노무
라(野村)라는 친구와 수험 공부에 매진하게 되는데, 당시 어머니 나카는
아들을 위하여 자취방이며 생활비 등, 뒷바라지에 최선을 다했었다고 한
다. 당시 유조의 자취 생활과 노무라와 수험 준비에 노심초사하던 심경은
『된장국』에 잘 나타나 있다.

나는 제법 무리하게 공부를 했다. 지금도 가끔씩 그때처럼 해보았으면
할 때가 있지만 도저히 그렇게 지독하게는 할 수 없을 것같다. 그것은 학
문의 길을 반대했던 아버지에 대한 반발심 때문이겠지만 또 하나는 함께
있던 노무라라는 좋은 라이벌이 있었기 때문이기도 하다. 노무라와는 세
이소쿠(正則) 영어학교에서 알게되었다. 둘 다 가난했었기 때문에 방 값

---

18) 세이소쿠(正則) 영어 학교는 당시의 영어 교육장으로서는 유명했으며 많은 명사들을 배
   출하였다.

을 반으로 줄이기 위해 6조 다다미방에 함께 자취를 하기로 했다. 방은 간다 오가와초 골목길 구석의 목수 집 2층이었다. (중략) 밥은 밑에서 준비하고 반찬은 위에서 만들기로 했다. 하지만 서로가 수고가 드는 일은 싫어했기에 매일 콩자반과 생선 조림으로 때웠다. 반찬을 사러 가는 것이나 식사 후의 설거지는 노무라와 하루씩 교대로 했다.19)

이렇게 수험생 라이벌 노무라와 자취를 시작한 유조는 8월에 도쿄중학교 보결 시험을 치렀고 9월 신학기부터 5학년으로 편입하는 그야말로 파격적인 진학을 보여준다. 유조는 시험 마지막날 심경을 다음과 같이 술회한다.

내가 가장 걱정했던 것은 시험 마지막날 된장국을 엎질렀다는 것이었다. 시험 전후에는 누구나 운수에 신경을 쓰는 법인데 시험장에서 돌아오자마자 냄비를 엎지른 것은 도저히 좋은 전조라고 생각할 수 없었던 것이다. 우선 기하학에서 한 문제를 확실히 풀지 못했고, 그 외 시험장에서 풀었다고 생각한 것도 잘 생각해 보니 하나같이 불확실한 것이 많아 불안감은 점점 더해 갔다. 역시 단 1년 정도밖에 공부하지 않고 5학년급에 들어가려는 것은 근본적으로 너무 뻔뻔한 생각이다. 이번에 낙제하는 것은 당연하다. 이런 생각을 하면서도 이 사실이 아버지께 알려지면 "그 봐라. 그러니까 학문은 그만두는 것이 나은 거다"고 한마디 듣지나 않을까 생각하니, 걱정이 되어 견딜 수가 없었다. 시험 성적이 발표된 날 나는 조심조심 도쿄중학교 게시판 앞으로 걸어갔다. 그런데 의외로 합격자 명단에 내 이름이 들어있었다. 그 날 밤 노무라와 아래층 주인 아주머니께 분명히 돈까스를 한 턱 냈던 것으로 기억한다.20)

유조의 걱정은 단순한 기우로 끝났지만 그의 남다른 학구열과 부친에 대한 마음 씀씀이를 엿볼 수 있는 대목이다. 이른바 '아버지에 대한 반발심'과 '노무라와의 경쟁심'에 힘입어 마침내 열린 학문의 길, 그것은 앞에서 언급한 무사적 기질에서 비롯된 당연한 결과였다고 하겠다. 몰락 사족

---

19) 滑川道夫編 『山本有三讀本』, 學習硏究社, 1959, p.57
20) 上揭書, p.62

의 자녀들에게 입신 출세라는 관념이 메이지 시대의 일반적인 사고였음을
감안한다면, 그의 입장도 예외는 아니었을 것이고, 당연히 '뭔가 해 보이
겠다'는 의욕이 있었음도 가히 짐작하기 어렵지 않다. 이렇게 우여곡절 끝
에 들어간 도쿄중학교는 어머니의 막내 동생 스즈키 로쿠로(鈴木六郞)의
집에서 다니게 되었고, 그곳에서 어머니 나카의 여동생 데이 린(出井り
ん)의 아들 세이지(政志)와 함께 고교 수험준비를 하게 된다. 물론 이모
의 신세를 지게 된 것은 나카의 부탁으로 이루어졌음은 말할 것도 없다.
그렇게 시작된 유조의 학문의 길은 이모 키요(きよ)의 헌신적인 보살핌
덕택으로 마침내 1907년 우수한 성적으로 도쿄중학교를 졸업하게 된다.
  그리고 졸업과 동시에 이루어진 징병검사에서 심한 근시안으로 병
종21)을 받고 병역을 면제받게 된다. 군에 입대하지 않고 학업을 계속할
수 있었던 것은 그동안 동료들에게 상대적으로 뒤쳐진 시간을 생각할 때
그에게는 행운이 아닐 수 없다. 그리고 1907년 7월 그토록 갈망했던 고
등학교(제6고등학교)에 입학을 하게 되는데, 이 소식은 어머니 나카는
물론 학문의 길을 끝까지 탐탁치 않게 생각했던 부친에게도 기쁨의 선물
이 되었다. 이는 또한 단절된 부자간의 감정을 풀어주는 결정적 계기가
되었고, 한편으로는 자신의 성취감 못지 않게 온갖 뒷바라지를 마다하지
않은 어머니를 실망시키지 않았다는 만족감도 컸을 것이다. 이러한 작가
의 기쁨을 『길가의 돌』과 연관시켜 본다면, 주인공 고이치가 이세야를 도
망쳐 나와 도쿄행 열차 안에서 책 한 권을 꺼내보며 "하늘은 사람 위에
사람 만들지 않고 사람 아래 사람 만들지 않는다"는 문장을 읽으며 솟구
쳐 오르는 힘을 느끼던 감정과 다르지 않았을 것이다.
  하지만 끊임없이 고난과 싸워온 작가의 의욕, 인내, 노력에 의한 결실
은 그만이 일궈낸 성취는 아니었다. 이는 작가가 걸어온 학문의 길이 성
공했다기보다 부친이 그토록 바라던 실학적 기풍의 결실 측면도 적지 않
다. 부친으로부터 받은 현실에 기초한 실학적 기풍, 그러한 정신이 작가

---

21) 당시 갑종(甲種)과 을종(乙種)은 입대. 병종(丙種)과 정종(丁種)은 불입대 판정을 받았
   었다.

와 고이치에게 '학자'와 '사장'이라는 길로 매진케 하는 기반으로 작용하였다고 볼 수 있기 때문이다.

그러나 같은 해 9월 겐키치가 뇌출혈로 갑작스런 죽음을 맞은 이후, 작가의 생활은 급변하게 된다. 부친의 죽음은 작가의 고등학교 입학 허락이 떨어진지 정확히 2개월 뒤의 일이었다. 겐키치의 죽음은 야마모토 집안에서는 기둥이 무너진 것과 다름없었고, 작가의 제6고등학교 입학 취소는 당연한 귀결이었다. 그리고 부친의 죽음은 작가로 하여금 무언의 낙향을 암시하였다. 아버지의 죽음. 그것은 작가에게는 만감이 교차하는 일대 사건이었음에 틀림없다. 예컨대 자신의 앞길을 사사건건 방해하던 '벽'으로부터의 해방, 그리하여 이제부터 자신의 의지로 미래를 열어가야 한다는 책임감이라는 두 가지 의미가 있었을 것이다. 이는 곧 고향의 포목전 경영과 학업이라는 양쪽을 동시에 이끌고 갈 수밖에 없는 작가로서는 다소 무거운 짐이기도 했다.

그러나 허약하기로 소문난 작가에게 그 짐은 간단한 문제가 아니었다. 물론 그 무렵 17세였던 사촌 다케가 포목전 지배인을 맡아주었기에, 어머니 나카가 "가계 일은 다케에게 맡기고 안심하고 고등학교에 들어가라"고 격려해 줄 정도로 상황이 어렵지만은 않았다. 하지만 작가는 어머니 옆에서 포목전을 거들면서 입시준비를 하였고 끝까지 나카의 곁을 떠나지 않았다. 그러나 포목전과 진학이란 양쪽 길은 그에게 있어 선택의 대상이었지 공유할 수 있는 사안은 아니었다. 이는 1908년 제일고등학교(一高) 급제라는 영광과 신체 검사 불합격이라는 양면이 잘 말해준다. 그리하여 그 이듬해를 기약할 수밖에 없었고, 3번째 입시에서 비로소 제일고등학교 입학의 꿈을 이루면서 긴 수험생의 여정에 마침표를 찍는다. 말하자면 소학교 졸업 4년 만에 중학교에 진학하여 20세에 중학교를 졸업하고, 3년째에 고등학교에 입학하는 고행이었던 셈이다. 이후 고향의 포목전은 입학과 동시에 어머니와 다케에게 일임하고 하숙을 하게 되는데, 당시 일고의 같은 반에는 이노우에 다케시(井上赳), 고노에 후미마로(近衛文麿, 1891~1945), 고토 류노스케(後藤隆之助, 1888~1984), 산구 마코토, 다카하시 데이지

(高橋禎二, 1891~1953), 쓰치야 분메이(土野文明, 1890~1990), 도요시마 요시오 등, 훗날 이름을 날린 명사들이 적지 않았다. 그 중의 한 사람인 산구 마코토는 유조에 대해서 다음과 같이 말한다.

> 동급 신입생 중에서 누구보다도 빨리 친하게 된 사람은 야마모토였다. 그리고 야마모토에 대한 나의 첫인상은 머리가 명석하고 확실히 어른스러운 청년이라는 것이다. (중략) 그 무렵 야마모토는 연극에 남다른 데가 있었기 때문에 그 방면에 아무 것도 모르는 시골출신인 나를 깨우쳐 주려고 가부키좌(歌舞伎座), 메이지좌(明治座), 신토미좌(新富座), 유락쿠좌(有樂座)를 비롯하여, 지금은 없어진 혼고좌(本鄕座), 미사키좌(三崎座), 이치무라좌(市村座) 등 좋은 극장을 돌아다니며 신극 무대로 데려다 주곤 했다. (중략) 또한 야마모토가 나를 순천당 가까이의 혼고(本鄕) 2가 에치마사루(江知勝) 뒤에 살고 계시던 가네코 군엔(金子薰園) 씨 집과 원래 후지초(富士町)로 옮겨와 백마회(白馬會)란 연구소에 다니며 서양화를 배우고 있던 이노우에 마사오(井上正夫, 1883~1950) 집에 데려가 주곤 했던 것도 그 무렵이다.22)

작가의 도쿄 생활은 본격화되어 제일고등학교에 입학하던 1909년부터 1913년까지 4년간, 모자는 도쿄와 도치기에서 헤어져 살아야만 했다. 물론 사촌 다케가 포목전의 실질적인 일을 담당했음은 두말할 것도 없다. 그리고 작가는 도쿄제국대학 독문과 선과에 입학했고, 1913년 도치기로부터 어머니를 모시고 올라와 혼고구 고마고메(駒込) 신메이초(神明町) 83번지23)에 정착하고 본적까지 그곳으로 옮기게 되었다. 작가의 긴 도쿄 생활은 여기에서부터 본격화된다. 물론 포목전은 나카의 상경과 동시에 폐업하게 되는데, 그것이 나카에게는 만감이 교차하는 느낌이었을 것이다. 고인이 된 남편의 유지를 받들어 포목전을 끝까지 유지시키고 싶은 마음과 현실적으로 조카의 힘에 전적으로 의지할 수밖에 없었던 어려움 사이에서의 갈등은 짐작하기 어렵지 않다. 또한 마음 한편으로는 시골에서

---

22) 山宮允「『日の出前』の山本有三」, 『近代文學鑑賞講座』第十二卷, 角川書店, 1959, p.254
23) 도쿄에 있는 지금의 분쿄구(文京區)에 해당하는 곳이다.

혼자 외아들의 객지 생활을 걱정만 하기보다 아들의 장래를 위해 남편의 유지를 포기하는 것도 나쁘지 않다는 생각도 있었을 것이다.

　그리고 유조로서도 부친이 일으킨 포목전을 폐업한다는 것은 여러 가지 복잡한 의미로 다가왔을 것이다. 우선 부친과의 불화의 발화처였던 포목전 문제가 일단락 되었다는 점에서 심적으로 홀가분하지 않았을까. 긴 세월동안 '실학'과 '학문' 사이에서 고뇌해야했던 작가로서는 부친의 사후에도 문제의 포목전은 무거운 짐일 수밖에 없었는데, 그 짐이 자의든 타의든 깨끗하게 청산되었다는 일종의 안도감은 있었을 것이다. 또한 약 20년간의 도치기 생활의 청산은 새로운 생활에 대한 기대감과 홀로 남은 어머니를 모셔야 한다는 가장으로서의 또 다른 책임감을 느끼게 하는 사건이었다 하겠다. 하여튼 작가는 포목전 폐업이 갖는 의미를 놓치지 않고 부친 겐키치가 사족 출신으로서 장사의 길을 택했을 때처럼, 남다른 신념으로 도쿄 생활을 통한 신천지를 열어갔던 것이다.

2) 문학에 대한 자각

　유조에게 문학에 대한 흥미를 일깨워 준 것은 연극을 좋아했던 어머니 나카 덕택이라고 할 수 있다. 야마모토 포목전 가까이에는 유조와 나카가 즐겨 찾던 메이지좌(明治座)가 있었다. 당시 메이지좌에 대한 추억을 오시마 사다키치는 "야마모토 선생과 나는 대단히 사이가 좋았다. 야마모토 씨가 어머니를 따라 가까운 메이지좌로 연극을 보러갈 때면 항상 같이 가자고 권했었다. 그렇게 함께 다니면서 귀가길이 늦어지면 야마모토 선생 댁에서 자고 온 적도 있었다. 당시 메이지좌에서 상연된 상연물은 『센다이하기(先代萩)』, 『주신구라(忠臣藏)』을 비롯한 거의 대부분이 시대극이었다"24)고 술회한다.

　이렇게 볼 때, 작가의 문학적 출발점은 어머니와 함께 한 관극에 대한 남다른 경험에 부친의 한학에 대한 취미와 후쿠자와 유키치(福澤諭吉,

---

24) 桑原月穗「山本先生と栃木」山本有三全集 第九卷 附錄, 新潮社, 1976, p.2

1834~1901) 숭배라는 가정 환경, 그리고 소학교 시절에 다녔던 한학숙에서의 사서, 문장궤범, 일본외사의 소독에서 찾는 것은 지극히 당연한 일이다. 그것은 앞의 요소가 작가에게 문학적 감수성을 고취시킬 수는 있었겠지만, 역시 학문 선택의 직접적 계기는 유소년 시절의 책과 같이했던 시간일 것으로 생각되기 때문이다. 작가의 말에 의하면 그의 마음이 문학 쪽으로 이끌리게 된 결정적 계기는 수상소학교 시절 노구치(野口)라는 선생으로부터 『헤이케모노가타리(平家物語)』와 『겐페이(源平) 성쇠기』를 듣고 나서부터라고 한다. 이에 대해서 오시마 사다키치는 "우리들 소학교 시절의 담임은 노구치 선생님이셨는데, 선생님께서 국어 시간에 헤이케모노가타리를 들려주신 적이 있다. 야마모토 선생은 그때부터 문예를 좋아해 『수재 문단』과 『소년 세계』 등을 애독했다. 그리고 단카를 지어 잡지에 투고 입상했다"[25]고 당시를 술회하는데, 작가가 문학에 대해 적극적인 관심을 보이기 시작한 것은 분명 그때부터인 것 같다. 그 후 중학교 진학 문제는 앞에서 언급한 대로인데, 이세야 포목전 시절부터 도치기 고향집에서의 작가의 활동상을 보면, 노구치 선생의 영향력이 어느 정도였던지, 그리고 작가가 진실로 갈구했던 장래의 길이 어떤 방향이었는지 가늠하기에 충분하다.

한편 『길가의 돌』에서는 고이치의 문학에 대한 관심을 "현상을 낸 잡지에 활발하게 투고했지만 쉽게 당선되지 않았다. 그러나 그는 끈기 있게 투고를 계속했다"고 적고 있다. 그리고 고이치의 논문은 『소년 문단』에 3등으로 당선되어 소액환으로 현상금 2엔을 받아들고 기뻐하는 장면을 그리고 있다. 이는 작가가 실제로 포목전에서 생활하면서 사사키 노부쓰나(佐佐木信綱, 1872~1963)의 죽백회(竹柏會)에 입회하여, 와카(和歌)를 읽고 『문장 세계』의 「청년 문단」란과 『만조보(滿朝報)』의 「신파와카(新派和歌)」란에 투고했던 경험을 되살린 것으로 생각한다. 그렇다면 16세인 작가에게 투고라는 문학적 열정의 직접적 계기는 무엇이었을까. 그 동기를 나가노 마사루(長野賢)는 메이지좌에서 상연한 『오셀로』에서 찾

---

25) 上揭書, p.2

고 있다.

포목전 종업원 시절 관극과 틈틈이 쌓은 지식 축적을 통한 예술에 대한 동경과 문학에 대한 관심은 역시 강한 자아 인식에서 출발했다고 하겠다. 만약 작가에게 문학에 대한 열정이상의 분명한 의식이 부재했다면 부친과 그렇게까지 대치할 이유도 없었을 뿐 아니라, 고향 도치기로 돌아와 몇 번씩이나 학문의 길을 허락해 달라고 매달릴 이유도 없었을 것이다. 끝까지 뜻한 바 있는 자신의 의지를 굽히지 않았던 것은 나름대로 물러설 수 없는 목적 의식과 확신이 있었기 때문이 아닐까. 그 의지의 표출이 사사키 노부쓰나의 죽백회(竹柏會) 입회였고, 『중학 세계』, 『만조보』의 투고라 하겠는데, 그 과정에서 몇 편의 와카 입선은 그에게 용기와 자신감을 심어주는 결정적 계기로 작용했다 하겠다. 그리고 본격적인 극작가의 세계로 들어서기 위해서는 전문 지식을 쌓아야 했고 이를 위한 학문의 길은 필수적일 수밖에 없었다. 부친과의 충돌은 그 과정에서 빚어진 불가피한 결정전이었다.

결과적으로 보면 어머니 나카의 배려로 도쿄에서의 학문의 길은 열렸고, 작가의 꿈은 현실로 이어지게 되지만, 여기에서 그로 하여금 문학에 눈뜨게 한 또 하나의 요인으로 볼 수 있는 소학교 시절 이야기로 돌아가 보자.

> 내가 소학교 3학년 무렵의 일이었다. 와타나베라는 선생은 여느 때처럼 미나모토(源) 삼미(三位) 요리마사(賴政)의 와카를 가르쳐 주었다.
> 　　매목이 꽃피는 일이 있을 리도 없는데
> 　　내 몰골이 슬프기도 하여라.[26]
> 지금 보면 이 노래가 조금도 좋아 보이지 않는데 당시의 나에게는 인상 깊은 노래였다. ──요리마사는 싸움에서는 패배하였다. 그러나 싸움에서 승리한 쪽 사람들은 도대체 어떻게 되었는가. 어디에 살고 있는가. 요리마사는 싸움에서 패배하고 평등원(平等院) 사릿문 잔디에서 할복해

---

26) 헤이케 모노가타리(平家物語)에서의 원문은 (埋もれ木の花咲く事もなかりしに, みのなる 果てぞてかなしかりける)인데, 의역을 하면 '매목 같은 이내 몸은 꽃 피는 일이 있을 리도 없는데 굳이 행동을 취해 이와 같은 결과가 되어버려 슬프기 그지없다'는 뜻이다.

버렸다. 그는 비록 할복해 버렸지만 그의 이 노래는 지금도 우리들 곁에 살아 있다. ——무력이 있으면 적을 무너뜨릴 수가 있다. 그러나 그것은 당시만의 판단이다. 큰 시각에서 보면 어느 쪽이 이겼는지 금방 알 수 있다. 요리마사를 완전히 이긴 자는 거의 세상에 알려져 있지 않다. 오히려 패배한 요리마사 쪽이 지금도 「매목」 노래에 의해 우리들 곁에 살아 있다. 그 때 와타나베 선생이 말씀하신 것을 지금 외우고 있을 리도 없지만, 어쨌든 이렇게 말한 의미가 어슴푸레하나마 나의 작은 머리에 스며든 것이다. 그것이 나로 하여금 문학에 뜻을 두게 하였다. 물론 그것이 전적인 원인이라고는 할 수 없지만 분명 하나의 원인임에는 틀림없다.27)

위의 기사를 보면, 소학교 시절부터 작가의 내면에는 인간이 살아가는 길은 반드시 힘의 논리에 지배되는 승부의 세계가 아닌, 오랫동안 보람을 느낄 수 있는 길이 존재한다는 분명한 자아 인식이 있었던 것 같다. 물론 그러한 의식이 주체성이 강한 성숙된 자아였느냐에 대한 의문은 남지만, 막연하나마 포목전 종업원 시절부터 쌓아왔던 절실했던 의식이었음엔 분명한 것 같다. 이렇게 볼 때 작가의 예술 장르에 대한 일련의 접촉은 큰 의미를 갖는다 할 수 있고, 그의 도쿄중학교 졸업과 제일고등학교 입학, 그리고 작가로서의 여정은 그러한 자의식의 실천장으로 해석할 수 있을 것이다.

3. 신극의 세계로

1) 처녀작 『탄광』

1909년 7월 제일고등학교 문과에 입학한 유조는 같은 해 11월 오사나이 가오루(小山內薰, 1881~1928)·이치카와 사단지(市川左團次, 1880~ 1940) 등의 극단 『자유극장』 제1회 공연 『존 가브리엘 볼크맨』28)을 구경

---

27) 滑川道夫 「山本有三氏に廳く」, 『實踐國語敎育』(1936.11号) 永野賢 『山本有三正傳 上
   卷』, 未來社, 1987, p93 再引用

했다. 그에게 있어서 『존 가브리엘 볼크맨』(John Cabriel Borkman)은 아주 특별한 의미가 있다. 작가는 그 날의 인상을 『대담 현대 문단사』의 「다카미 준(高見順, 1907~1965)과의 대담」에서 다음과 같이 말한다.

나는 자유극장의 제1회 상연물을 매우 들뜬 기분으로 보러 갔었지요. 오사나이 가오루씨가 밖으로 나와 자유극장의 취지를 설명하는 것이 정말이지 대단했었지요. 연극보다도 그 쪽이 훨씬더 멋질 정도였답니다. 입센의 『존 가브리엘 볼크맨』이었답니다. 나는 미쓰이 고야(三井光彌)와 둘이서 보러 갔었습니다. 내 옆에 외국인 여자가 둘 있었는데 이들이 얼마나 재잘거리며 웃고 난리인지 몰랐답니다. 우리들은 엄숙한 기분으로 보고 있는데 말입니다. 굉장히 불쾌하게 생각했었습니다.

얼마나 기대를 걸고 있었는지 짐작하기 어렵지 않은데, 한편 다니자키 준이치로(谷崎潤一郎, 1886~1965)도 『청춘 이야기』에서도 그 날의 생생한 분위기를 다음과 같이 술회한다.

『존 가브리엘 볼크맨』을 상연하던 날 밤, 개막에 앞서 개회 인사를 하러 무대에 올라온 오사나이 가오루씨는 정장차림의 우아한 모습으로 장신을 구부리고서 막이 쳐져 있는 무대 전면을 약간 흥분된 발걸음으로 왔다 갔다하면서 천천히 입을 열었다. "우리들이 자유극장을 일으킨 목적은 다름이 아니라 살고 싶었기 때문입니다." 오사나이씨의 입에서 나온 첫마디는 이러했었다. 오사나이씨의 혈색은 빛을 받아 벌겋게 타오르고 있었다. 그 날만큼 오사나이씨가 젊고 고상하고 아름답게 빛났던 적을 목격한 적은 없었다. (중략) 그 유락좌 계단 계단에 빈틈없이 몰려든 관객들 중 그의 풍채와 언변에 매료되지 않았던 이는 아마 한사람도 없었을 것이다. 그들은 모두 그 날 밤 연극과 배우를 보는 것과 동일한 호기심으로 오사나이 가오루씨를 쳐다보며 그가 말하는 것을 듣고 있었다.29)

---

28) 입센 로랑(Henrik Issen, 1828~1906)의 『존 가브리엘 볼크맨』(모리 오가이(森鷗外) 역 『국민신문』)은 1896년에 발표된 작품이다. 오사나이 가오루 · 이치카와 사단지 등의 극단 『자유극장』의 제1회 공연물이었다. 「유락좌」에서 공연된 이 작품은 모리 오가이의 『청년』에서도 언급된다.
29) 日本現代文學全集 17 『谷崎潤一郎集 1』, 講談社, 1969, p.476

 '매우 들뜬 기분으로' 구경했던 유조의 마음에는 일찍이 포목원 종업원 시절에 『오셀로』를 보았을 때의 감동보다 훨씬 몸에 스며드는 그 무엇인가가 있었던 것 같다. 다나카 에이조(田中榮三, 1886~1968)도 "문예협회의 쓰보우치 박사의 행보와는 반대로, 전문가를 초보자로 기용한다는 오사나이 가오루씨의 의도는 이치카와 사단지 이하의 가부키 배우를 거의 신극의 초보 배우자로 부리고 있었다. 대사도 사실적이었다. 불안해했던 가부키 냄새는 전혀 나지 않았다"[30]고 말했는데, 유락좌(有樂座)에 모여든 관객들은 모두 전통적인 가부키 냄새가 나지 않는 새로운 극풍에 감동했던 것 같다. 특히 신극에 뜻을 두고 있던 작가는 이 작품을 계기로 그쪽 방면 인물들과 적극적인 접촉을 하게 된다는 점에서 큰 의의가 있다. 제일고등학교 시절의 작가는 이미 연극에 대해서만큼은 일가견이 있었던 것 같다. 학교를 자주 쉬며 가부키에서 신극까지 두루 섭렵했다고 하는데, 그 무렵 친해진 사람 중의 하나가 다나카 에이조였다. 그리고 다나카 에이조와 가와무라 가료(川村花菱, 1884~1954), 사토 소노스케(佐藤惣之助, 1890~1942) 등과 함께 매월 각본연구회를 통하여 전문적인 연극에 대한 지식을 쌓아갔던 것이다.

 한편 제일고등학교 2년째 되던 해, 유조는 어느 독일어 교사의 비상식적인 채점에 의해 학년 시험에서 낙제점을 받았다. 그때 30여명 중 열몇 명이 낙제되었는데 그 속에 그가 끼게 된 것이다. 이는 학문에만 매진했던 작가에게 있어서는 충격이 아닐 수 없었다. 이 충격에서 벗어나기 위하여 찾았던 곳이 아시오 광산(足尾鑛山)이었다. 이후 작가는 공부보다 신극 쪽에 관심을 보이게 되는데, 아마도 극장을 자주 찾게 되고 연구하는 사이 어린 시절 어머니와 자주 찾았던 극장에 대한 추억이 되살아 신극에 대한 새로운 각오를 하게 된 것은 아닐까. 하여튼 아시오 광산을 방문하고 광산촌 광부들의 억척스런 삶의 현장을 관찰하면서, 작가의 시야는 점차 사회성 짙은 부분으로 범위가 확대되었다고 하겠다. 그리고 그 경험을 살려 내놓은 것이 처녀작 『탄광』임을 감안하면 극작가 유조의 탄

---

30) 田中榮三『明治大正新劇史資料』, 演劇出版社, 1963, p.159

생을 촉진시킨 것은 오히려 고마운(?) 독일어 선생의 비상식적 채점이었다고 할 수 있다. 또한 이곳에서의 경험은 쇼와의 출범과 함께 시작된 소설에서도 그대로 되살아나는데, 이른바 첫 장편소설『살아있는 모든 것(生きとし生けるもの)』의 서두 부분이 그것이다. 이렇게 볼 때 작가에게 있어 독일어 낙제점은 개인적으로 충격적이면서도 인생의 진로를 근본적으로 돌려놓은 결정적 역할을 담당한 사건이라 아니할 수 없다.

이러한 과정을 거쳐 집필한『탄광』을 그 무렵 알게 된 가와무라 가료에게 보여주자, 가와무라씨는 그것을 이하라세이 세이엔(伊原靑靑園, 1870~1941)에게 보내주었고, 그는 이 작품을 자신이 주재하는『가부키』에 실어주었다.『탄광』이 활자화되고 1910년 3월호『가부키』129호에 게재되기까지의 뒷이야기는 작가가 친구 다나카 에이조 앞으로 보낸 자필 서간문을 통하여 자세히 설명하고 있다.

> 요즈음 하나 더 썼습니다. 이것은 당신과 이나가키(稲垣) 군과 셋이서 처음으로「도요쿠니(豊國)」31)에서 회식을 했을 때의 이야기로서 캄캄하기 짝이 없는 연극입니다. 장소는 광산의 갱내로 선택했습니다. 요전에 아시오 광산에 간 것도 이 때문입니다. (중략) 현지를 보았기 때문에 쓰는데는 문제가 없었습니다. 저로서는 아무 것도 할 말이 없습니다. 원고를 보내드릴 테니까 보신 후 비평을 부탁드리겠습니다. (중략) 어쨌든 읽으신 후 회신을 부탁합니다. 이번 12일은 망부의 기일32)이기 때문에 이 일을 끝내고 상경 할 생각입니다. 이 각본을 보신 후 가와무라 씨에게 송부를 부탁합니다. 그리고 상경하면 제가 직접 받으러갈 테니까요. (중략) 과감한 비평을 부탁드립니다. 일전의 가와무라 씨의 비평은 저에게는 대단히 유익했습니다. 바쁘시겠지만 꼭 유의했으면 하는 점을 말씀해 주십시오.33)

『탄광』은『가부키』에 게재되기 1개월 전 2월에 도쿄 배우학교34) 생도

---

31) 혼고(本鄕) 3가에 있었던 고급 소고기 요리집인데, 제일고등학교 시절의 유조는 나이가 23세였기에 연극계의 젊은 배우들과 사교장으로서 이 가계를 자주 드나들었던 것 같다.
32) 유조의 아버지 겐키치는 1908년 9월 12일 사망했다.
33) 永野賢『山本有三正傳 上卷』, 未來社, 1987, p.99

들에 의해 연예관에서 공연되었다. 유조 나이 스물네 살 때의 일인데, 그때의 감격은 어떠했을까. 그리고 1개월 후 활자화되어 세상에 자신의 작품이 첫선을 보였을 때 그 기분은 또 어떠했을까. 분명 용기와 자신감으로 충만했을 것이고 작가로서의 앞날에 장밋빛 꿈을 꾸었음에 틀림없다.

그런데 여기에서 한가지 주목해야만 할 부분이 있다. "요즈음 하나 더 썼습니다"라는 부분이다. 문장 그대로라면 『탄광』 이전에 이미 몇몇 습작이 이루어지고 있었음을 암시하는 대목인데, 그렇다면 그로서는 몇몇 습작 중에서 가장 자신 있는 작품 하나를 선택하여 다나카 에이조에게 건넸다는 이야기가 된다. 이는 곧 작품 『탄광』이 유조의 최초의 작품이 아닐 수도 있다는 것을 시사하는 것이기도 하다. 어쩌면 작가로서는 자신의 이름으로 발표되는 최초의 작품, 즉 데뷔작의 선정에 골몰했음은 당연한 일인지도 모른다. 또한 신선하면서도 신중한 선택이었던 만큼 이 작품에 거는 기대는 두려움과 기쁨, 그리고 흥분과 긴장감이 교차했을 것이다. 하여튼 결과적이긴 하지만 작가는 이 작품을 통하여 극작가로서 정식 데뷔를 하였고 대가들 틈에 끼어 활동할 수 있는 기반을 구축하게 된다.

『탄광』 발표 이후 유조는 학업을 포기하다시피 하며 극장을 찾아다니며 연극 보는 횟수를 늘렸다. 그리고 『신시대극 협회』를 세운 이노우에 마사오(井上正夫, 1881~1950)와 친분 관계를 쌓기 시작하면서 그의 연극에 대한 열정은 급속도로 고조된다. 이러한 상황에서 새롭게 맞이하게 되는 신학기에 독일어에서 함께 낙제하게 된 쓰치야 분메이를 비롯한 아쿠타가와 류노스케, 기쿠치 간, 구메 마사오, 마쓰오카 유즈루(松岡讓, 1891~1969) 등과 함께 다니게 된 것은 행운이었다. 이들과는 그때부터 같은 문학가의 길을 걸으며 때로는 동료로서 때로는 경쟁자로서 서로의 문학

---

34) 배우 학교는 배우로서 필요한 실기 및 기초지식을 교수하는 학교. 일본에서는 메이지 말기 신극운동의 부흥과 함께, 예를 들면 가와카미 오토지로(川上音二郎, 1864~1911) 부부에 의한 〈제국 여배우(帝國女優)양성소〉(1908), 후지사와 아사지로(藤澤淺次郎, 1866-1917)의 〈도쿄 배우학교〉(1908), 쓰보우치 쇼요(坪內逍遙) 등에 의한 〈문예협회 연극연구소〉(1909), 6세 오노에 기쿠고로(尾上菊五郎, 1885~1949)의 〈일본 배우학교〉(1930), 이노우에 마사오의 〈이노우에 연극도장〉(1936) 등이 있다.(『世界大百科事典 17』, 平凡社, 1968, p.749)

열기를 고조시키는 동반자 관계로 발전하게 되기 때문이다. 그는 제일고
등학교 2년째의 생활을 "학교를 쉬면서 극장에 들러 자주 연극을 보았다.
이전에는 제법 근면한 학생이었는데 낙제 이후 공부할 마음을 상실해 버
렸다. 이러한 상태는 대학을 졸업할 때까지 계속되었다"35)고 술회한다.
이렇게 볼 때, 독일어 과목의 낙제는 작가로 하여금 극작가로서 확실히
자리를 굳히게 하는 결정적 계기로 작용하였다는 점에서 결코 마이너스
적인 요소만은 아니었던 셈이다.

그 무렵 이노우에 마사오를 소개받은 작가는 제일고등학교 여름방학
때 홋카이도 사하린(樺太)을 여행하던 중, 때마침 하코다테(函館)에서
공연 중인 이노우에 마사오를 만나 그와의 관계는 더한층 돈독해진다. 당
시 작가는 사하린청 제1부장이었던 나카가와 고주로(中川小十郎)36)의
신세를 지며 견문을 넓혔었는데, 그 여행은 단순한 견문 이상의 것으로
작가적 출발을 위한 수양적 의미가 깊은 중요한 경험이었다. 이후 그곳에
서의 체험을 살린 작품이 『생명의 관』이고 수필 『도상(途上)』 역시 그곳
에서의 생생한 체험담임은 주지하는 바이다. 이러한 일련의 과정을 거치
면서 작가의 사회적 극작가로서의 입장도 조금씩 변화하게 되는데, 특히
사할린에서 만난 당대 연극계의 대부격 이노우에 마사오와의 인연이 후
일 『생명의 관』을 초연(初演)할 정도로 돈독해 진 것은 다행스런 일이다.

1912년 제일고등학교 2년을 마치고 곧바로 도쿄제국대학 독일 문학
과에 입학한 작가는 혼고구 고마고메 신메이초에 일가를 꾸리고, 1913
년 도치기에 있는 어머니를 모시게 된다. 고향 도치기의 포목전은 자연히
폐업되었고 작가는 홀가분한 마음으로 극작가로서 매진한다. 나카의 포
목전 폐업 결정이 아들의 장래를 위한 불가피한 선택이었다는 점은 이미
앞에서 언급한 바 있다. 하지만 포목전 폐업이 나카에게는 남편에 대한
미안함과 섭섭한 감정으로 남았을 것이고, 유조에게는 아버지에 대한 일
정부분 청산의 의미와 함께 가장으로서의 책임감을 동시에 느낄 수 있는

---

35) 現代日本文學全集 46 『山本有三集・倉田百三集』 年譜, 改造社, 1929, p.386
36) 후일 교토 소재의 리쓰메이칸(立命館) 대학교 총장을 지냈다.

계기였다 하겠다. 그리고 작가로 하여금 극작가의 길 외에는 선택의 여지가 없다고 하는 강한 자의식과 함께, 극작가로서 다채로운 변화를 시도할 수 있는 기회의 제공이란 큰 의미를 지닌 사건이 아닐 수 없다.

그 무렵 유조는 신메이초 근처에 살고 있던 이노우에 마사오, 게쓰모토 기요시(傑本淸) 등과 상담하여, 1913년 다바타(田端)의 사타케 저택(佐竹邸)에서 일본 최초의 야외극을 개최하게 된다. 이는 신극계에 선풍을 몰고 왔다는 의미에서 작가를 논할 때 간과할 수 없는 부분이다. 당시 야외극 무대에 올려진 첫 작품은 이즈미 교카(泉鏡花, 1873~1939)의 『고쿄쿠(紅玉)』였다. 오자키 고요(尾崎紅葉) 문하생 출신으로서 "반항과 동경의 독자적인 낭만적 세계를 펼치고 자연주의 융성기를 지양하며 개성적인 작품에 쇠퇴함을 보이지 않았던 교카는 다이쇼 시대로 들어와서 마침내 다시 한번 신인으로서 경모와 지지를 얻고 있던"37) 시절이었다.

이 야외극에는 『자유 극장』의 주재자였던 오사나이 가오루를 필두로, 작가 이즈미 교카, 이시바시 시안(石橋思案, 1867~1927), 오카다 야치요(岡田八千代, 1883~1962), 하세가와 시구레(長谷川時雨, 1879~1941), 다무라 도시코(田村俊子, 1884~1945) 등 300여명의 관객들이 객석을 빼곡히 메웠다. 이 첫 야외극을 보고 나카우치 초지(中內蝶二, 1875~1937)는 "이 정도의 줄거리가 이렇게 재미있게, 그것도 아주 자연스럽고 의미 깊게 연출되었던 것은 첫 시도 치고 대단한 성공이라고 하지 않을 수 없다"(『만조보(萬朝報)』)고 평하였다. 그리고 유조는 야외극과 관련해서 독일 야외극의 소개와 평론을 『연극 화보』, 『신소설』, 『연극 구락부』 11월호에 각각 「야외 극장 이야기」, 「야외 극장」, 「독일의 야외 극장」이란 타이틀로 미부유(壬生融)와 「み・ゆ・生」이란 펜 네임으로 발표하여 주목을 끌었다. 극작가로서의 활동이 돋보이는 시기가 아닐 수 없다.

---

37) 滑川道夫 『山本有三讀本』, 學習硏究社, 1959, p.66

2) 제3차 『신사조』의 동 인들

1913년 11월 야외극이 끝나고 이듬해 2월에는 동인지 제3차 『신사조』를 창간한다. 동인은 유조 외에 산구 마코토, 도요시마 요시오, 쓰치야 분메이, 미쓰이 고야(三井光彌, 1890~1952), 구메 마사오, 아쿠타가와 류노스케, 마쓰오카 유즈루, 나루세 세이이치(成瀬正一, 1892~1936), 사노 후미오(佐野文雄)인데 누가 동인지 이야기를 최초로 꺼냈는지는 분명하지 않다. 그런데 여러 정황으로 보아 유조가 깊숙이 관련했음은 틀림없는 것 같다. 산구 마코토는 제3차 『신사조』에 대해서 「『일출 전(日の出前)』의 야마모토 유조」에서 "1913년 야마모토가 도쿄제국대학 독문과 선과 2학년이 된지 얼마 안 되어, 그와 내가 제3차 『신사조』 발간을 기획하고, 이듬해 2월부터 9월까지 매월 국판 150항 내외의 잡지를 계성사(啓成社)에서 내기로 했다"고 술회한다. 또한 스즈키 시코(鈴木氏亨, 1885~1948)의 「기쿠치 간 전(菊池寛傳)」에서는 "원래 제3차 『신사조』는 산구 마코토씨가 야마모토씨에게 이야기한 것이 동기가 되었다"고 적고 있다. 그리고 다카미 준의 『대담 현대 문단사』에서는 다음과 같은 내용을 싣고 있다.

> 야마모토 『신사조』의 발간에 대해 가장 먼저 말을 꺼낸 건 구메 마사오가 아니었을까 하는데요. 아마도 구메가 산구 마코토에게 얘기했을 것으로 생각하는데, 무샤노코지 사네아쓰씨나 시가 나오야씨 작품에 자극을 받음과 동시에 그것과는 다른 것을 써보고 싶다는 생각에서······.
> ──결국 그때까지의 자연주의 문학만으로는 만족스럽지 못한 데가 있었는데 거기에 『시라카바』가 나왔던 겁니다. 그 동료격인 현실파적 문학, 그러한 문학의 시작이 『신사조』였던 것이지요.
> 야마모토 음, 특히 『신사조』로서 강령은 내걸지 않았지만 마음 속으로는 그런 기분이었던 거죠. 그것을 내는데 우리 동인들은 아마도 5엔을 냈다고 생각하는데 말이에요.
> ──상당한 금액이 아닙니까?

> 야마모토 2엔이었던가 5엔이었던가 어쨌든 상당한 금액이었지요. (중략) 같은 반에 이노우에 다케시(井上赳)란 친구가 있었는데 후일 문부성에 들어가 훌륭한 일본어 교과서를 만든 친구인데, 이 이노우에군이 자신은 동인으로 참가하지 않았지만 '그런 계획이 있다면 책방에서 내면 좋지 않겠어'라며 계성사의 엔도(遠藤)란 사람과 연결시켜준 거지요. 그러자 엔도 씨는 '돈벌이가 안 되는 일이긴 하지만 젊은이들의 뜻이 정 그러하다면 우리가 펴내 드리지요'라고 해서 우리들이 돈을 주고 잡지를 발간하기에 이른 겁니다.[38]

누가 먼저 제안을 했든지 간에 유조는 제3차 『신사조』 발간호에 「시마무라 호게쓰(島村抱月, 1871~1918) 선생에게──예술좌의 『바다의 부인』을 보고」를 시작으로, 연이어 극평 3회, 희곡 『어머니(女親)』 등, 자신이 참가한 동인지를 통하여 왕성한 활동력을 자랑한다. 거기에서 유조는 시마무라 호게쓰에게 『바다의 여자』를 본 소감을 논하면서 "선생은 무대 감독이라는 것을 전혀 이해하지 못하고 있을 뿐 아니라 실제로 감독을 할 능력도 갖추지 못하고 있다"[39]고 전제하고, 무대 감독은 단순히 극평가가 아닌 특별한 역할을 해야 하는데 그것이 창작[40]이 아니냐고 주장했다. 그리고 『바다의 부인』에는 그러한 창작이 없고 "무대 감독의 임무 가운데 각본 및 배우의 선택이라는 것을 잊고 있다"고 지적하였다. 또한 엉터리 연출법이 아니냐며 혹평도 서슴치 않았음을 볼 수 있다.

1914년 여름, 유조는 이노우에 마사오 일단과 모리오카(盛岡)에 갔다가 돌아오는 길에 센다이(仙台)에 남게 된다. 그곳에서 고향 도치기의 선배이자 제2고등학교 출신 가인 한다 료헤이(半田良平, 1887~1945)[41]

---

38) 永野賢 『山本有三正傳 上卷』, 未來社, 1987, p107 再引用
39) 山本有三 「島村抱月先生に──藝術座の『海の夫人』を見て」 山本有三全集 第九卷, 新潮社, 1976, p.109
40) 극을 연출하는데 있어서 이해한 각본의 내용, 기분을 무대 위에서 그대로 살려나가는 방법을 연극의 창조로 봄
41) 한다 료헤이(半田良平)는 우쓰노미야 중학교를 졸업하고 제2고등학교를 거쳐 도쿄대학교 영문과를 졸업했다. 1914년 잡지 『국민문학』 창간과 함께 주요 동인이 되어 작품과 평론

의 권유로 제2고등학교에서 검정고시를 치르고 대학의 본과생이 된다. 한편 그 무렵 작가는 경제적으로 상당히 어려웠던 것으로 보이는데, 같은 고향 오쓰카 도시베(大塚利兵衛)로부터 10개월 분의 생활비를 빌린 사실을 볼 때, 당시 생활고가 어느 정도였는지를 잘 말해 준다. 이후 한다 료헤이의 소개로 「아카기 총서」 제53편에 하프트 만의 희곡 『일출 전』의 줄거리를 싣고 원고료를 받기도 하지만, 생활비를 충당하기엔 한계가 있었고 그로서도 경제적 궁핍에서 특별히 탈출할 수 있는 묘안은 없었던 것 같다. 하기야 학생 신분으로서 도치기에서부터 어머니를 불러 모신 마당에 고정 수입이 없던 터라 경제적인 곤란은 당연한 귀결일 수밖에. 그리고 경제적 어려움은 곧바로 작가로 하여금 희곡에서 소설로 붓을 옮기게 하는 역할을 하였고 그러한 궁핍은 『파도』가 발표되기까지 길게 지속되었다. 그러나 유조는 앞에서 언급하였듯이 극평만이 아닌, 『신사조』 4월호에 3막 극 『어머니』의 발표를 비롯해 『죽음의 무도』를 출간하였고, 9월호에는 「『복수』와 스틸」을 실었다. 이후에도 그는 시마무라 호게쓰 연출의 『복수』에 대해서 다시 한번 논쟁하는 등, 경제적으로 시달리면서도 극작가로서의 그의 거침없는 활동은 조금도 수그러들지 않았다.

그러한 상황에서도 그는 1915년 7월 28세의 나이로 도쿄제국대학 독일문학과를 졸업한다. 졸업 논문은 「하프트 만의 희곡 『직공(織匠)』의 형식에 대해서(ü: ber die Borm von Ge rhart Hauptmanns Drama "Die Weber")」였다. 아마도 이 작품의 주인공이 개인이 아닌 민중이라는 점이 작가의 마음을 사로잡았을 것이다. 그리고 『직공』이 프롤레타리아 문학의 선구적인 의미를 가진다는 점에서 다이쇼 시대의 사회 분위기를 대변하고, 작가의 민중적 일면과 현실 사회에 대한 비판적 견지를 가늠해볼 수 있다는 측면에서도 그 의미를 찾을 수 있다.

졸업 후 작가가 최초로 다룬 작업은 아사쿠사 오쿠니좌(御國座)에서의

을 발표한다. 1915년 사립 도쿄중학교 교사가 되고 말년까지 그 양쪽 길에 몰두했다. 아이들이 줄줄이 죽어갔고 자신도 결핵으로 쓰러지는 비참한 삶을 살았다. 노래집(歌集)으로서 『사이기(幸木)』와 평론집 『단카신고(短歌新考)』, 『단카사장(短歌詞章)』이 있다. (『朝日人物事典』, 朝日新聞社, 1990, p.1332)

연쇄극이었다. 이 극단의 전속 작가가 되어 행동을 같이 하게 되었으나, 이노우에와 의견이 맞지 않아 불과 1개월만에 그곳을 탈퇴하고 만다. 작가는 당시를 회상하며 이노우에 군의 태도는 실로 냉담했고, 도저히 함께 일을 도모한 사람으로 생각할 수 없을 정도였다고 했는데, 아마도 각본을 둘러싼 서로간의 의견 대립이 팽배했던 것 같다. 그러나 유조는 극단 전속 작가의 길을 포기하지 않았다. 그리하여 11월에는 아키즈키 게이타로(秋月桂太郎, 1871~1916)·가와카미 사다얏코(川上貞奴, 1871~1946)·기타무라 로쿠로(喜多村綠郎, 1871~1961)의 극단 전속 작가가 된 것이다. 그때 신파삼각동맹 일단에서 무대에 올린 작품은 무샤노코지 사네아쓰(武者小路實篤, 1885~1976)의 『두 마음』이었는데 이 작품은 단막극으로서 사네아쓰에게도 대단한 관심사였던 것 같다. 당시 무대 감독이었던 유조에게 사네아쓰가 보내온 편지는 그 관심의 정도가 어떠했는지 잘 묻어난다.

> 안녕하세요. 『두 마음』의 동향이 알고 싶어 아내에게 전화를 걸게 했었는데 형씨를 불러주지 안길래 화를 내고 돌아왔습니다.
> 동향은 어떠했습니까?
> 난 코감기가 들어 좀 쉬고 있습니다. 대단한 것은 아닙니다. 2일에는 갈 수 있으리라 생각합니다. 연극이라도 끝나면 시간을 갖고 한번 들러주세요.

1915년 12월 1일 사네아쓰가 유조 앞으로 보낸 편지 내용이다. 그로서는 작품에 대한 반응이 어떠했는지 상당히 궁금했던 것 같다. 이 극단은 1916년 1월 오사카 로카좌(浪花座)에서 공연을 마치고, 2월 이후는 범위를 넓혀 큐슈 지방을 순회하게 되는데, 그때 유조도 극단 전속 작가로서 동행하지 않을 수 없었다. 그러나 공연을 둘러싼 막내 생활이 자신의 의도와는 다른 방향으로 흐르는 것에 불만을 품고 2월 중순 전속 작가라는 타이틀을 던져버리고 도쿄로 돌아와 버린다. 그것은 어떤 마음에서일까?

여기에는 먼저 작품의 각색 측면에서 단원들과의 충돌을 생각할 수 있다. 그리고 극단 전속 작가로서 느낄 수밖에 없는 한계성과 자신의 미래에 대한 불안감이 존재하지 않았을까. 이를테면 전속 작가보다는 극작가로서 좀더 폭넓은 전문적 실력을 갖추지 않으면 안되겠다는 자의식. 이른바 어중간한 극작가로서는 자신의 장래 또한 어중간해질 수밖에 없다는 나름대로의 진단이 그러한 반발감으로 이어졌다고 할 수 있다. 초심으로 돌아가 처음부터 시작하겠다는 결심이었는데, 유조로서는 이러한 선택이 결코 쉽지만은 않았을 것이다. 왜냐하면 극단 전속 작가로서 받게되는 120엔이란 거액을 던져버리는 것은 곧바로 경제적 궁핍으로 이어진다는 사실을 누구보다도 잘 알고 있었기 때문이다.

그렇다면 굳이 경제적인 부담을 감수하면서까지 도쿄로 돌아올 수밖에 없었던 다른 특별한 이유가 있었던 걸까. 필자는 당시 미모의 여인 기노시타 유리코의 존재에 주목하고 싶다. 왜냐하면 작가가 도쿄로 올라온 후 유리코를 찾았을 때 고독감이 여간 아니었음이 이를 반증하기 때문이다. 물론 유리코에 대한 기대가 전속 작가직을 그만두게 된 전적인 이유는 될 수 없겠지만 그녀와의 일련의 관계는 당시 작가의 마음을 흔들어놓기에 충분했던 것이었음은 분명하다. 어쨌든 유리코 때문에 돌아왔든, 학문 정진을 위해 돌아왔든 작가의 도쿄 생활은 오카모토 이치타로(岡本市太郎) 부부로부터 또다시 10개월 분의 생활비를 빌려야하는 처지로 내몰릴 수밖에 없었다. 이렇게 볼 때 극단의 전속 작가로부터의 탈퇴는 작가에게 새로운 과제를 안기는 또 다른 출발점이었다고 할 수 있다. 이른바 희곡 연구를 통한 자기 개발과 경제적 궁핍성 해결이란 이중 과제를 떠맡아야 했던 것이다.

당시의 희곡 연구는 스트린드 베리, 슈니쓰 레르 등, 서구의 극작가들의 작품 위주로 이루어졌는데, 『죽음의 무도』는 무샤노코지 사네아쓰의 소개로 곧바로 낙양당(洛陽堂)에서 출판된다. 이른바 생활고의 타개책의 일환이란 측면이 강하게 작용했는데, 그때 『죽음의 무도』를 둘러싸고 다른 작가들과 교환한 엽서에는 이런 내용이 적혀 있다.

  엽서 잘 받아보았습니다.
  낙양당에는 형편대로 당신에게 연락하도록 일러두었습니다.
  전화해 보시는 것도 좋을 것으로 생각합니다.
  답장 기다리겠습니다.

  답장 드립니다.
  『죽음의 무도』 오늘 받아보았습니다.
  대단한 성과물이라고 생각됩니다.
  새삼스럽습니다만 그 연극의 시작은 정말로 좋았던 것 같고 장정도 좋
았다고 생각합니다.
  우선 축하 인사드립니다.42)

  전자는 『죽음의 무도』가 낙양당으로부터 출판이 이루어지기까지 과정
을 일러주는 무샤노코지 사네아쓰로부터의 엽서이고, 후자는 아쿠타가와
류노스케가 이 책을 받은 후 보낸 고맙다는 인사말이다. 물론 생활고를
타개하기 위하여 번역본을 냈다는 의미도 있지만, 이 시기가 작가에게는
신극의 세계로 진출하기 위한 자복기(雌伏期)였던 만큼, 『죽음의 무도』
번역은 상당히 중요한 의미를 갖는다고 할 수 있다. 훗날 작가는 이 자복
기를 이렇게 술회하였다.

  졸업을 전후하여 수개월간 신파극에 관계했지만 깊이 깨달은 바 있어,
막내 생활을 정리하고 조용히 스트린드 베리의 『죽음의 무도』의 번역에
전념했다. 문학은 어린 시절부터 좋아했었지만 진지하게 문학에 뜻을 두
게 된 것은 그때 이후였다고 해야할 지도 모른다.43)

  스트린드 베리 작품의 번역과 함께 하우프트 만, 슈니쓰 레르 등, 서구
극작가들에 대한 연구는 유조를 더욱더 큰 무대로 내보내는 원천이 되었
음은 두말할 것도 없다. 그리고 같은 해 3월말 무대 협회의 무대 감독이

---

42) 永野賢『山本有三正傳 上卷』, 未來社, 1987, p.136 再引用
43) 山本有三『現代戱曲全集』第十二卷, 國民圖書, 1926, p.286

되어, 아카사카(赤坂) 로얄관에서 다시 한번 무샤노코지 사네아쓰의 『그 여동생(その妹)』을 연출하여 호평을 얻게 된다. 또한 가을부터는 은사 우에다 세이지(上田整次), 야마기시 미쓰노부(山岸光宣) 박사의 소개로 와세다대학교 독일어 강사가 되어 강의를 맡게 되는데, 이는 희곡 연구에 전념할 수 있게 되는 계기였다는 점에서 소중한 시간이 아닐 수 없다. 그러니까 서구 문학 중심의 희곡 연구는 본격적인 창작품을 쏟아내기 위한 전단계로서 작가에게는 소중한 시간임과 동시에 기회였던 셈이 된다.

4. 사랑과 진실

1) 스즈키 다키와의 만남

유조는 부인 하나코(井岡華子)와 결혼하기 전 세 명의 여자와 사귄 적이 있다. 첫사랑 사촌 스즈키 다키(鈴木タキ), 신극 여배우 기노시타 유리코(木下八百子)44), 가네마루 데루코(金丸てる子)가 그들이다. 그런데 그 사랑이 모두 실패로 끝났다고 하지만, 유조로서는 세 여자와의 사랑이 자신의 위치를 확인하면서 미래의 길과 진실의 실체를 직접 체험할 수 있었다는 점에서 중요한 의미를 갖는다고 할 수 있다. 그럼 먼저 첫사랑부터 살펴 보기로 하자.

그녀는 약간 올라갔으나 그 위 가지엔 손이 닿지 않았다. 더 이상은

---

44) 「독립극장」에서 나온 여배우이다. 「독립극장」은 1907년 후지사와 아사지로가 창설한 도쿄 배우학교의 제1회 졸업생 곤도 슈야(近藤主彌)가 동창들과 관서지방에 여행한 후 혼자서 독립해 만든 극단이다. 다나카 에이조의 「신극 그 옛날」에 의하면 유리코가 중앙의 연극계에서 일하게 된 것은 무라타 미노루(村田實, 1894~1937)·아오야마 스기사쿠(靑山杉作, 1889~1956) 등이 결성한 극단 「도리데샤(とりで社)」에 참가하면서부터라고 한다. 같은 다나카의 『明治大正演劇史資料』를 보면, 「도리데샤」의 공연에서 1913년 12월 유락좌(有樂座)에서 『환상의 바다(幻の海)』(입센 작), 『오렌부인의 직업』(버나드 쇼 작) 등 많은 역을 맡았었다. 그 외에도 가와무라 가료의 「창작시연회」, 이정효(李庭孝)의 「신극사」, 마쓰이 쇼요(松居松葉, 1870~1933)의 「공중극단」 등에도 출연했다.

좀처럼 오를 수가 없었다. 쇼지로(昌次郎)는 그 광경을 보고 위에서 약
간 내려와 마사코(允子)에게 상냥히 손을 내밀었다.
 "마사코 이걸 잡아. 끌어 올려줄 테니까. ……"
 "괜찮아. 그렇게까지 해주지 않아도 되는데."
 "고집 부리지 말고 잡으라니까, 괜찮으니까 잡아."
 마사코의 눈에는 뭔가 생동감이 넘치고 있었다. 그녀는 아무 말 없이
그의 손을 꽉 잡았다. 몸이 저절로 위로 뻗어졌다. 그리고 그녀의 왼손은
드디어 위 가지를 잡을 수 있었다. 큰 비파나무의 중간 왼쪽 가지엔 쇼지
로가 걸터앉았고 오른쪽 가지엔 마사코가 앉았다. 둘은 같은 나무 가지
양쪽에 나란히 걸터앉아 정답게 익은 과실을 따 먹었다. 그 옆 삼나무로
부터 비파나무 쪽으로 쭉 뻗은 가지 끝에는 두 마리 달팽이가 사이좋게
더듬이의 미동도 없이 오도카니 앉아 있었다.45)

 작가의 연애 시절을 소설로 형상화 한 것으로 알려진 『여자의 일생』의
첫 도입부는 사춘기 첫사랑의 상대이자 스즈키 다키와의 추억이 그려져
있다. 그것은 그의 집 앞에 감나무가 있었고 그 무렵 이종 사촌들이 줄줄
이 그의 집을 드나들던 시기였기 때문이다. 앞에서 언급하였듯이 작가에
게는 형제와 다름없이 스스럼없이 지낸 사촌이 몇 명 있었다. 그 중 최초
의 동거자는 구니와 다키이고, 다음이 어머니 나카의 여동생 데이 린의 딸
쓰루, 그리고 오빠 스즈키 데이지(鈴木貞次)의 딸 미네, 시마, 다키였다.
 다키는 1888년 7월 10일에 태어났기 때문에 나이로 보면 작가와는
불과 한 살밖에 차이가 나지 않았다. 그녀는 쓰루, 미네, 시마에 이어 야
마모토 집안에 가장 오랫동안 신세를 졌고 1908년 가을 무렵까지 머물
렀다. 당시를 좀더 구체적으로 살펴보면, 작가가 도쿄의 포목전 종업원으
로 내몰린 것이 1902년이고, 그 생활을 견디지 못하고 도망쳐 고향으로
돌아온 것이 1903년 3월이다. 이어 2년간 본가에서 포목전 일을 거들었
고 1905년 3월 학문에 뜻을 품고 겨우 상경하게 된다. 그리고 제6고등
학교 합격, 아버지의 죽음, 고등학교 입학 포기, 가업 계승으로 이어진
시기가 1907년 9월이었다. 그러니까 제일고등학교 입학이 1909년 9월

---

45) 山本有三全集 第七卷 『女の一生』, 新潮社, 1976, p.8

임을 감안한다면, 다키가 유조 집에 머무른 시간과 그가 고향 도치기에서 가사를 돕던 시기는 거의 일치함을 알 수 있다. 그러니까 그 무렵 일고 입학이 실현되기까지 수년간이 둘의 관계가 돈독했던 시기라고 할 수 있다. 그것은 작가의 일고 입학이 22세 때였으니까 한창 사춘기로서 그 절정기에 만난 다키와의 5년간이 남다른 가슴앓이로 자리할 수 있는 충분한 조건이었다고 보기 때문이다.

훗날 다키의 아들 오우치 히로시(大內弘)는 "어머니는 유조 선생과 주고받은 편지를 간직하고 있었던 것 같다. 그걸 볼 때 두 분은 서로 좋아했던 사이가 아닐까요"라고 했는데, 당시 사회적인 분위기에서 연애 편지를 교환할 정도였으니까 둘의 관계는 보통 사이와는 달랐을 것이란 생각이다. 그러나 둘 사이가 사촌 관계였다는 점은 부담으로 작용했을 것이다. 이른바 타인을 의식할 수밖에 없는 사랑이었다 하겠는데, 그러한 의식이 내재했던 만큼 다키의 혼담 성사로 인해 둘의 관계도 쉽게 정리된다. 당시 작가의 행동을 보면 전적으로 다키와의 사랑에만 매달릴 수 없는 절박함이 있었던 것도 사실이다. 다시 말해 사랑이라는 정열만큼이나 학문에 마음을 쏟았던 시기였기에 다키의 혼담 성사는 홀가분한 마음과 아쉬움이 교차하는 심경이었다고 생각할 수 있다. 결국 이러지도 저러지도 못하는 사랑 앞에 작가는 그녀를 붙들어야 한다는 감정보다 담담하게 떠나보낼 수밖에 없다는 생각이 지배적이었을 것이다.

훗날 다키의 여동생 사토는 "유조와는 막내 언니가 가장 친했어요. 한 살 차이였었고 키가 작고 예뻤었지요. 연애 편지라고 할까 그런 것도 간직하고 있었던 것 같던데요. 아무튼 언니는 '유조야말로 내가 시집 간 후에도 우쓰노미야(宇都宮)에 오면 이야기 상대로 자주 불러냈었다'고 말했었지요"라고 술회하면서, "어머니가 반대하지 않았더라면 지금쯤 유조의 아내가 되어 있을 텐데"라고까지 말했다고 한다. 여기에는 법률적으로 근친상간의 혼인이 허락되지 않는 한국식 사고로는 사촌과의 연정이며 편지글 등, 다소 이해하기 어려운 부분이 적지 않다. 특히 다키의 어머니가 유조와의 관계를 "학문뿐만이 아니라 아무것도 모르는, 갖추지 못한 것이

문사의 아내가 된들 잘 될 리 없고, 상인의 아들은 출신이 좋으니까"라는 이유로 혼인을 반대했다고 하니까, 유교적 사고로는 이해하기 어려운 면이 없지 않다. 다시 말해 그것은 일반적으로 사촌 관계라도 결혼이 성립할 수 있다는 것을 의미하고, 근친상간의 결혼이 사회적인 티가 될 수 없다는 점을 간접적으로 일러주는 말이기 때문이다. 어쨌든 좋아했던 다키가 시집가던 날 작가는 자신의 감정을 다음과 같이 피력한다.

> 살짝 물어보았더니 우쓰노미야로 가게 되었다는 사실, 축하한다고 말하고 싶지만 나로서는 슬프고 가슴 아픈 일이다. 특별히 원망스럽게 생각하지는 않지만 새삼 절절히 인생의 비통함을 느꼈다. 그러나 나는 정말로 아무렇지 않으니까 마음 편히 시집가는 것이 좋아. 괜한 행동은 오히려 좋지 않으니까. 내가 다키를 사랑한 것은 그 정신이지 육체가 아니다. 따라서 다키의 육체가 어디를 가더라도 나에게는 그다지 한스럽지 않다. 나는 내 머리 속에 지금까지의 다키를 그려보는 것으로 만족한다. 따로 산다고 해서 둘 사이가 종전보다 더 멀어질 리 만무하다. 다키는 그럴지 모르지만 나는 결코 그럴 리 없어. 이따금씩 꿈속에서 나를 만나주길 바래.

이 내용은 1908년 9월경 작가가 다키 앞으로 보낸 편지글인데, 같은 해 7월 제일고등학교에 지원해 합격하고 신체검사에서 불합격 처리된 직후 도쿄에서 보낸 글이다. 이 외에 "헤어진다고 생각하면 무척 가슴 아프다. 그럼 편안하게 시집 잘 가길 바란다. 생각이 날 때면 언제든지 연락 주길 바래. 언제까지나 오누이로서 지내고 싶다. 1월부터 도쿄로 갈 생각이야. 용무가 있으면 익명으로 스즈키 씨 집으로 편지 보내주길 바란다"는 편지도 있다. 편지글로 미루어 짐작해 볼 때, 둘의 관계는 보통 사이가 아니었음은 분명하다. 또한 입시 준비로 인하여 작가에게 다키의 사랑을 거두어들일 만큼 마음의 여유46)가 없었던 것도 짐작하기 어렵지 않다. 이렇게 다키와의 첫사랑은 실패로 끝나고 말았다. 그러나 사춘기 첫

---

46) 당시 작가의 심경은 학문에 대한 열의로 가득했겠지만 한편으로는 아버지의 죽음(1907) 과 조모의 죽음(1908)에 따른 슬픔도 채 정리되지 않았을 것이다.

사랑은 작가에게 사랑을 일러줌과 동시에 애틋한 가슴앓이를 통한 장래에 대한 재점검의 계기가 되었음도 부인할 수 없다. 결국 작가는 그 양 길목에서 사랑보다는 학문의 길을 우선으로 잡았던 것이다.

2) 기노시타 유리코와의 세속적 인연

1914년은 유조에게 의미 깊은 해였다. 우선 문학적으로는 2월에 창간된 제3차 『신사조』에 「시마무라 호게쓰 선생에게 ― 예술좌의 『바다의 부인』을 보고」를 비롯하여, 『어머니』(4월호), 「미술 극장과 무명회」(6월호), 「미래파의 극장」(7월호), 「『복수(復讐)』와 stil ― 시마무라 호게쓰 씨에게 보낸다」(8월호) 등을 발표했다. 또한 아카기 총서에 『일출 전』(8월호), 『명예』(9월호), 그리고 『제국문학』에 『석산(蔓珠沙華)』(12월호)도 발표했다. 2년 후 1916년 간행된 『죽음의 무도』 번역도 그 해 시작하였다. 이른바 창작·평론·번역 등, 왕성한 활동을 보여준 분주한 한 해였는데, 한편으로는 작가에게 돌이킬 수 없는 사랑이 찾아든 시기이기도 하다.

작가가 신극 여배우 기노시타 유리코를 알게 된 것은 가까운 사이인 게스모토 기요시(傑本清)가 무대 감독으로 있던 『신시대극 협회』의 공연을 통해서였다. 필자는 두 사람의 교섭의 경위를 작가가 남긴 한 권의 노트를 중심으로 정리해 보았다. "Y와의 관계를 있는 그대로 적어본다"로 시작하는 작가의 노트에는 유리코를 처음 본 것은 12월 21일[47]이고, 그 때 그는 특별한 감정이 없었다고 적고 있다. 그리고 두 번째 만난 것이 『와이즈미야(和泉屋)』의 오켄 역을 맡으며 공연 연습을 할 때였다고 한다. 어느 눈 내리는 날, 작가는 공연장 분장실에서 유리코와 마주쳤고, 그녀로부터 구메 마사오와 함께 『와이즈미야』 오켄의 그림 엽서와 명함

---

47) 유리코는 1914년 4월 18일부터 5일간 혼고좌(本鄕座)에서 공중 극단의 공연물 마쓰이 쇼요(松居松葉)의 『12월 21일(暮の二一日)』에서 조쿠리(屬吏)의 여동생 오유키(お雪) 역을 맡았었다.

그리고 뒷면에 손톱으로 번지수를 표시한 메모지를 받게 된다. 몇 일 후, 작가가 게쓰모토 기요시 집에 들리자 때마침 유리코도 왔었고, 우연히 다음날 밤 상연되는 제국 극장의 『클레오파트라』 이야기가 나와 함께 보러 가기로 했다는 것이다. 그 때 이미 작가의 마음은 미인 유리코에게 푹 빠졌던 것 같은데, 오사나이 가오루, 아키즈키 게이타로, 게쓰모토 기요시 등과 친한 관계였던 유리코에게 접근하는 것이 그렇게 간단하지 않다는 것도 인식하고 있었던 것 같다. 그러나 동료들을 의식하면서 몇 번인가 만남이 거듭되는 사이, 둘의 관계는 깊어져 갔고, 그렇게 맺어진 관계는 급속도로 진전하여 세속적 방향으로 흘러버리는 상황을 맞게 된다.

여배우로서 성공하고 싶으니까 밀어달라며 어떻게든 배우로서 튀고 싶어하는 유리코의 안달. 그것은 스폰서를 잡아야 한다는 일념에 안달하던 그녀로서는 작가의 감각적 극작가 기질이 매력적일 수밖에 없었을 것이다. 그러니까 그녀에게 작가는 계산 위에 올려진 인물이었지 절대적 존재는 아니었던 셈이다. 그러나 분명한 것은 우연한 둘의 만남이 깊은 관계로 발전하였고, 그것이 작가에게는 "둘 관계가 이렇게 된 것은 둘이 특별히 그렇게 되고자 해서 된 것이 아니다. 지금까지 많이 만났어도 한번 손을 잡거나 키스 한 번 한 적도 없다. 둘 사이가 언제까지나 순수할 수는 없겠지만 이렇게 빨리 이런 관계로 치닫게 될 줄이야……"라는 후회 섞인 한탄을 만들어 냈다는 사실이다. 그리고 그렇게 얽힌 관계는 욕정으로 불탔고, 마침내 작가는 아기 엄마 유리코가 집은 내팽개치고 자신과 밤을 지세우는 걸 지켜보며 연민의 정에 어찌할 줄 몰라한다.

결국 둘의 관계는 어머니 나카에게 발각되고 어머니로부터 "너는 언제 처를 얻을 생각이냐. 대학에 다니면서 얻을 생각이냐 졸업을 한 후에 얻을 생각이냐"는 질타를 받기에 이른다. 한때 "어딘가에 살림을 차리려고 둘이서 고이시카와(小石川)의 2층 단독 주택을 찾아다녔던" 적도 있는 작가로서는 둘의 관계가 이렇게 된 이상, 이 여자를 돌보지 않으면 안 된다고 생각했던 것 같다.

한편 유리코가 자기 집으로 돌아가자 작가는 이따금씩 만나 시름을 달래면 된다고 생각하면서도, 그녀에게 책임을 다해야 한다는 생각과 그녀로부터 벗어나야 한다는 이중적 태도를 버리지 못했다. 일종의 윤리적 책임과 현실적 도피라는 양면에서 고민하면서도 이따금씩 생각나는 유리코의 미모와 육체에 대한 욕정을 잠재울 수 없었던 것이다. 그리고 실제로 작가는 심적 갈등에 번민하면서도 유리코와의 육체적 교감을 통한 밀회를 포기하지 않았다. 여기에는 작가의 무사적 기질에 근거한 결단력은 어디에서도 찾아볼 수 없으며 타락의 연속으로서 비판적 대상만이 존재했을 뿐이다. 그러나 다른 한편에서 보면 정략적으로 접근해 왔던 유리코의 유혹이 집요했던 만큼 작가의 순수한 마음이 그렇게 움직일 수밖에 없었던 불가피한 부분도 없지 않았다. 하여튼 그 후 둘의 관계는 1916년 3월까지 길게 지속되었다. 그리고 둘의 관계가 소원해 진 것은 유리코가 마음을 돌리면서부터이다. 즉, 1915년 11월 작가가 아키즈키 게이타로(秋月桂太郎)·가와카미 사다얏코(川上貞奴)·기타무라 로쿠로(喜多村綠郎)의 극단 신파삼각동맹 일단에서 극단 전속 작가가 되어 1916년 1월 오사카에서 큐슈로 순회 공연을 떠나 도쿄를 비우면서부터였다. 당시 그녀의 변심을 작가는 어떻게 받아들였을까? 그리고 지방 순회 공연의 막내 생활이 자신의 의도와 빗나가 전속 작가를 집어치우고 도쿄로 돌라온 그를 반겨준 사람은 누구였을까?

밤12시에 도쿄에 도착했다. 기차를 내렸지만 손님은 적었다. 밖은 정말이지 추웠다. 그리고 Y의 모습은 보이지 않았다. 자동차를 타고 눈이 내린 길을 따라 집으로 돌아갔다. 그러나 자신은 아직 여자를 버리지 않았다. (중략) 집 주인 아주머니가 나와서는 "요즈음 밖에서 자고 들어오는 일이 잦으니까 오늘밤도 들어올지 어떨지 모르겠네요." 나는 들고 있던 계란 바구니며 하카다(博多)에서부터 털레털레 들고 온 다테마키(伊達卷)도 땅바닥에 내던지고 싶단 생각이 들었다. (중략) "어제 밤 없었다고 한 건 찾아오는 손님들을 모두 거절해 달라고 부탁해서 아주머니가 당신인줄 모르고 그렇게 한 거예요. 보시다시피 이런 상태로 외출이 가능했겠어요"라며 머리에 얼음을 댄 채 말했다. 과연 그렇겠다고 생각했다.

둘은 밤늦게까지 이야기를 나누었다. (중략) 나는 억지로 아무렇지 않

은 것처럼 이야기를 듣고 있었다. 2,3일 후 또 만났다. 법학사의 이야기
도 자세하게 물었다. Y도 숨김없이 이야기해 주었다. 그리고 이번에는
자신 역시 화를 낼 생각이 나질 않았다. 여자는 살아있다고 생각했다. 큐
슈에서 여자가 돈을 보태주는 꿈을 꾼 것은 이즈미 교카의 작품에서 등
장하는 여자를 생각했기 때문인데, 자신으로서도 한심하단 생각이 들었
다. 여자는 살아 있다. 처음으로 여자가 살아 있다고 느끼는 동시에 지금
까지와 같은 생각을 하며 여러 모로 안달했던 자신에 비해, 결국 이 여자
는 나만을 생각하고 있던 것이 아니라는 것을 알게 되었다. 여자의 변심
을 탓하기 전에 나는 자신의 한심함을 책하지 않을 수 없었다.48)

그녀의 변심을 확인한 작가는 지금까지의 친구들조차도 모두 자신으로
부터 등을 돌렸다는 사실을 알고 무기력함에 빠져 한동안 두문불출로 일
관한다. 심리적으로는 추락할 뿐이었고 자신감은커녕 자신의 무의미한
존재성에 회의하고, 인간과 세상에 혐오감을 느끼며, 세상 사람들과의 대
면 자체를 기피하기에 이른다. 작가는 당시의 무력감과 고독감을 다음과
같이 밝히고 있다.

결국은 혼자라는 감정이 뼈 속 깊이 스며들었다. 큐슈에서 앓았을 때
도, 눈 내리던 날 도쿄 역에 내리던 밤에도, Y의 변심을 알았을 때에도,
우연히 후쿠자와(福澤)씨가 병에 걸렸다는 사실을 알았을 때에도, 그리
고 이노우에, 구메 마사오 등 친척처럼 가깝게 지냈던 친구들의 태도와
말투를 접했을 때도 쓸쓸하고 비통했다. 그리고 강하게 Einsam(고독)
이라는 회색 구름이 주위를 온통 쥐색으로 뒤덮어버렸다는 느낌이다. 나
혼자만을 그 한가운데 세워둔 것 같았다. 나와 주위는 완전히 단절되었
다. 나의 의지와 주위의 세계는 전혀 다른 세계상이다. 지구와 달 이상으
로 달랐다. 별개의 세계였다. Einsam Einsam Einsam!49)

그리고 시간이 지나면서 "나는 이 고독으로부터 나를, 나의 힘을, 나의
인격을 발전시키지 않으면 안 된다. 타인과의 이별은 그런 의미에서 고마

---

48) 永野賢『山本有三正傳 上卷』, 未來社, 1987, p.125
49) 上揭書, p.242. 독일어에서 was는 무엇을 wie는 어떻게 Einsam는 고독을 의미한다.

운 일인지도 모른다. 다소 참된 자신의 모습이 보이는 것 같다"며 마음을 가다듬는다. 또한 작가는 고독과 절망 속에서 진정한 자아를 발견하고, "자신의 인격을 처음으로 구축하지 않으면 안 된다. 경험만으로는 아무런 가치가 없다. '무엇을was'이 아닌 '어떻게wie'가 아니면 안 된다"고 생각한다. 즉 스스로 자신의 인생에 대해 자문하고 작가로서 새로운 각오를 다져가게 된 것이다.

이른바 희곡 연구(하프트 만, 스트린드 베리, 슈니쓰 레르)로 신극의 세계에서 살아 남기 위한 준비 작업에 충실하면서 새날을 기약하는 일명 정공법을 택하였다. 이러한 정공법은 '무엇을'이 아닌 '어떻게' 살아가야만 하느냐는 작가 자신에게 던지는 화두로 나타난다. 마치 『길가의 돌』에서 고이치가 "우리 같은 사람들에게는 'How to live?'가 훨씬 더 중요한 문제"라고 했듯이, 작가는 자신의 삶은 적어도 이래야만 한다는 방향을 분명히 설정하게 된다.

그렇다면 작가는 1914년 9월부터 1916년 3월까지 약 1년 6개월간 유리코와의 관계에서 무엇을 얻고 무엇을 잃은 것일까? 인간 관계를 놓고 얻고 잃는다는 산술적 개념을 적용시킨다는 것이 다소 부자연스럽긴 하지만, 그녀에 대한 작가의 관심이 남달랐던 만큼 그녀를 둘러싼 작가의 당시 의식을 검토해 보는 것은 의미 있는 일이다. 그녀에게는 정부와 딸린 자식이 있었기에 생활을 위한 수단으로서 여배우가 되지 않으면 안되었던 절박함이 존재했다. 그리고 작가 역시 생활고로부터 자유롭지 못했음에도 극작가로서 자리를 굳혀야한다는 강박감에 시달렸던 것도 사실이다. 그런 만큼 이러한 양자간의 절박감은 그들로 하여금 특별한 길을 걷게 만들었던 것도 사실이다. 이른바 작가에게는 신파삼각동맹에서 탈퇴하고 도쿄로 돌아왔을 때의 고독감, 그 혼자만의 시간을 통하여 스스로를 투시할 수 있는 기회가 되었으며, 유리코로써는 한층 더 유명세를 타야겠다는 초조함에 불륜의 종국을 여지없이 맛보는 계기가 되었다. 작가는 벌거벗은 투시도를 통하여 세상과 자신 사이에 가로놓인 얽히고 설킨 고리의 실체와 그 느낌까지도 응시할 수 있었고, 그녀는 유조가 능력의 한계를 실험하는 선에서 중단해야 했던 잠깐의 꿈이었던 셈이다.

하여튼 작가가 나눈 미모의 여인과의 육체적인 밀회, 그리고 양심상 책임지고자 했던 남자로서의 의무감 이면에 현실적으로 고려할 수밖에 없었던 경제적 궁핍. 그러한 심한 갈등 속에서 잠재울 수 없었던 욕정. 이러한 끈적끈적한 모순의 반복은 그가 도덕적 모럴을 강조한 작가임을 감안할 때 비난받아 마땅할 것이다. 특히 유조 문학의 중요한 모럴의 하나가 진실일로임을 상기할 때, 유리코와의 단순한 육체적 밀회, 즉 '이따금씩 만나 시름을 달래면 된다고 생각했던' 그의 사고는 철저한 무책임의 소치 그 이상도 이하도 아닌 일그러진 자화상에 지나지 않기 때문이다.

그러나 여인과 친구들로부터 외면당하고 외톨이가 된 작가의 끊임없는 세속적 번뇌, 고통. 그것은 작가에게 '진실'의 실체를 깨우치게 하는 결정적 계기였고, 인생의 옳고 그름과 참된 자아를 구축할 수 있는 신선한 기회였음도 부인할 수 없다. 이런 생각을 갖게 된 것은 그녀와의 세속적인 사랑이 적어도 작가에게는 자아와 맞물린 정신적 그루터기로 작용했다고 보는 견해가 지배적이기 때문이다. 하여튼 작가가 유리코와의 세속적 접촉을 통하여 진실에 한발자국 다가섰다는 점은 틀림없는 사실이다. 그리고 작가와 유리코와의 밀회는 그로 하여금 여성관과 결혼관을 정착시킬 수 있는 기회가 되었고 한차원 성숙한 정신적 힘을 축적할 수 있는 계기였다 하겠다. 유리코의 자유분방한 개방적 사고는 근대적 개념과 맞물려 유조 작품에 적지 않게 등장한다.

> "누구나가 그 누군가를 사랑하고 싶은 거예요. 그리고 실제로 몇 명인가를 사랑하고 있지요. 비단 나만 그런 것은 아닙니다. 당신도 그렇고 다른 모든 사람들도 그렇답니다. 하지만 그렇게 되면 문제가 복잡해지니까 할 수 없이 대부분은 홀로 가만히 있는 것이지요. 하지만 서로의 이해가 있다면 누가 누구와 사귄들 무슨 상관인가요. 그래서 저는 아무 것도 감추지 않고 말한답니다. 당신이라면 이해해 줄 수 있을 거라 생각하니까요."
> "자. 안녕!" (중략)
> "당신은 저쪽으로 가세요. 저는 이쪽으로 갈 테니까. 서로 뒤로 돌아보지 않기로 해요. 뒤돌아보거나 하면 마음 속에 늘 남게 되어 싫으니까요."

　그리고 둘은 한번 더 악수를 나누고, 고스케는 북쪽을 향해 교바시(京
橋) 쪽으로 향했고, 슈코(襲子)는 남쪽을 향해 신바시(新橋) 쪽으로 걸
어가기 시작했다.50)

　위 인용문은 작가의 두 번째 장편 소설 『파도』에서 주인공 고스케와
그 애인 노노미야 슈코(野野宮襲子)가 헤어지는 대목이다. 여기에서 슈
코의 모습은 역시 기노시타 유리코를 떠올리게 하기에 충분하다. 이를테
면 고스케와 헤어지면서 독신을 주장하며 자유 분방한 사생활을 피력하
는 점이나 남자 관계에 대한 가벼운 인식 등은 유리코의 개방적 근대성으
로 볼 수 있을 것이다. 물론 이 점을 당시의 여성 해방이나 인권 옹호 측
면에서 다룰 수도 있겠지만 먼저 유리코를 통하여 근대적 개방 의식을 거
론하는 것이 보다 타당하다고 본다. 하여튼 작가의 신극 여배우 유리코와
의 세속적 연애는 작가에게 보다 깊은 삶의 성찰의 기회를 제공하였고,
인간적 성숙을 통한 참된 자아를 발견할 수 있는 계기로 작용했다는 점에
서 반드시 부정적으로 볼 사안만은 아니었다 하겠다.

3) 가네마루 데루코와의 필연적 결별

　제일고등학교에 입학하기까지 약 5년간의 첫사랑 다키와의 체험이 사
춘기 감정을 싹트게 만들었다면, 신극 여배우와의 세속적 경험은 여자의
본성에 대한 관찰과 함께 이성간에 느낄 수 있는 진실을 발견하게 되는
계기였다 하겠다. 작가에게는 이 두 번에 걸친 이성적 교제가 '진실'의 실
체와 자신의 현위치를 되돌아볼 수 있는 대단히 소중한 경험이었다. 그리
고 1916년부터 극작가로서 몰두하게 된 변모는 그러한 자신의 자아를 찾
는 내면적 실천적인 행동이었다. 다시 말해 그때까지 잃었던 것을 되찾고
자신이 가야할 길을 철저히 살리면서 자신을 추스르고 새로운 자아 구축
을 위해 일대 변신을 시도하게 되는데, 다름 아닌 극작가로서 이론 공부에

---

50) 山本有三全集 第五卷 『波』, 新潮社, 1976, p.221-227

몰두하는 자복기의 설정이다. 작가에게 있어서 이 무렵 쌓은 학문적 이론은 이후 문필 활동의 기반이 되었고 그러한 심기일전의 결과에서 스트린드 베르의『죽음의 무도』번역서가 나왔다는 점은 이미 언급한 바 있다.

그러나 유조 개인사에서 두 번 다시 떠올리고 싶지 않은 혼담이 추진된 것도 이 무렵의 일이다. 그것은 이미 유조와 유리코의 관계를 알고 있던 어머니 나카의 적극적인 추진에 의한 혼담이었다. 나카는 외아들의 학문의 길을 열어주기 위하여 도치기의 포목전을 폐업하고, 도쿄로 본적까지 옮기는 적극성을 보였었다. 이는 앞에서 언급하였듯이 포목전의 유지보다 아들의 장래를 생각했기 때문이었으므로 작가 역시 이러한 홀어머니의 헌신적인 뜻을 모를 리 없었다. 아마도 유리코와의 세속적인 관계가 들통났을 때, 작가의 심경은 홀어머니에 대한 죄의식과 함께, 지금까지 자신을 위하여 무조건적 헌신을 아끼지 않았던 어머니에 대한 참회의 마음도 없지 않았을 것이다. 또한 50중반인 어머니에게 더 이상 걱정을 끼쳐서는 안되겠다는 나름대로의 각오도 있었을 것이다. 그리고 그러한 자의식에서 오로지 희곡 연구에 몰두하고 재기의 기회를 잡음으로서 어머니를 안심시킬 수 있다고 생각했을 것이다. 그러나 그러한 배려는 어디까지나 유조의 생각이고 나카로서는 여전히 언제 다시 유리코와 같은 일을 벌일지 모른다는 생각에 노심초사했으리라. 나이 서른을 넘겼다고는 하지만 여전히 어머니로서 아들을 믿지 못하는 마음, 여기에는 작가의 미덥지 못한 과거 행동들이 어머니로 하여금 철저히 불신하도록 했다고 봐야 할 것이다. 물론 나카로서도 서른 나이의 아들에게 이러쿵저러쿵 일일이 간섭하는 것도 쉽지 않았을 테고 따라서 궁리 끝에 생각해 낸 해결책이 결혼이 아니었을까.

유리코와의 관계가 파국으로 끝난 지 1년 후, 나카는 아들의 결혼을 위해 동분서주한다. 그 결과 작가는 1917년 4월 구면인 엔도 구니지로(遠藤國次郎)51)의 중매로 야마나시현(山梨縣)의 가네마루 헤이스케(金丸平

---

51) 유조가 1905년 4월부터 간다의 세이소쿠 영어학교 예비교에 다닐 때 니혼바시(日本橋) 사카모토공원 가까이에서 안과의를 열고 있던 엔도 구니지로(遠藤國次郎)의 집에 신세를

甫)의 차녀 가네마루 데루코와 정식으로 결혼을 하기에 이른다. 그러나 유감스럽게도 히비야(日比谷)의 대신궁에서 호화롭게 거행된 결혼식은 채 반년도 지나지 않아 별거 상태로 접어들었고, 끝내는 합의이혼이란 딱지를 남긴 채 갈라서고 만다. 아마 3막극『쓰무라 교수』는 그 무렵의 작가의 심경을 읽는 데 가장 적합한 작품일 것이다. 특히 결혼과 이혼, 그리고 사랑과 진실을 둘러싼 쓰무라 교수와 구로카와(黑川) 사이의 대화는 주목할 필요가 있다.

구로카와 한마디로 말씀드리면 그렇습니다. 저로서는 도저히 처를 사랑할 수가 없습니다.

쓰무라 오늘날 결혼이란 서로 모르는 사람들이 하룻밤 새에 결혼해 버리기에 그렇게 곧바로 헤어지는 것도 이상한 일이 아니다. 오히려 결혼해서 사는 쪽이 이상하다 하는데 그렇다고 자네처럼 교육을 받은 자가 마음이 맞지 않는다는 이유로, 이혼한다는 건 나로서는 찬성할 수가 없네.

구로카와 이혼이 죄악이 된다는 사실은 저도 잘 알고 있습니다. 하지만 사랑하지도 않는 여자를 사랑하는 척하며 살아가는 것은 더 큰 죄악이라고 생각합니다. (중략)

구로카와 이 세상에서 부모 자식 사이란 쉽지 않은 관계입니다. 그런 데 이런 불화를 겪고 있는 부부 사이에 자식이 생긴다면 그 아들은 어떤 아들이 될까요. 불구자와 저능아가 이러한 관계에서 생겨나는 게 아닐까 합니다. 설령 그렇지 않다고 하더라도 자신의 혼이 자신이 사랑하지도 않는 사람 가운데서 생기는 것은 축생의 길과 다름없지 않습니까.

쓰무라 부인을 얻어놓고 그런 말을 하는 것은 무책임한 게 아닌가.

구로카와 그렇게 말씀하신다면 더 이상 드릴 말씀이 없습니다. 그러나 저는 책임을 회피하고자 드린 말씀이 아닙니다. 결혼 절차를 소홀히 한 불투명한 죄는 이혼자의 지울 수 없는 낙인이자 일생동안 새기며 살아가야 할 죄일 것입니다. 그러나 일단 그 수속이 잘못되었음을 자각해도 그 잘못을 끝까지 지속해 나가

지게 된다.

야 하는 건지요. 한 번 결혼했다고 해서 본질적으로 서로 맞지
않는데도 끝까지 헤어져서는 안 되는 건지요. 사랑하지도 사
랑 받지도 않는 자가 일생동안을 무의미하게 살아가는 것이
과연 정당한 것 인지요.52)

쓰무라 교수와 구로카와의 이러한 대화를 보더라도 작가가 가네마루 데
루코와 결혼하고 이혼하기까지의 심경, 그리고 그의 진실일로적 삶을 잘
보여준 자전적 성격이 강한 작품임을 알 수 있다. 병상에서 쓰무라 교수는
자신의 젊은 처 지사코(知佐子)가 우지(宇治)와 오래 전부터 사랑하는 사
이였음을 알고 어떠한 행동을 취해야 할 지 고민하게 된다. 그러던 중 쓰
무라는 이혼을 상담하러 온 구로카와를 향해, 스승으로서 제자에게 "이혼
은 한 여자를 죽이는 것"이라며 그 부당성을 피력한다. 하지만 구로카와의
말들은 결국 쓰무라 교수 자신이 하고 싶었던 말이었고 이는 곧 가네마루
데루코와의 결혼 후 작가 자신의 심경을 우회적으로 밝힌 것임에 틀림없
다. 물론 쓰무라 교수는 작가가 아니며 작중 복잡한 연인 관계로 헤어지는
예와 같이 실제로 데루코에게 애인이 있어서 헤어진 것은 아니었지만, 작
품에서 쓰무라와 구로카와가 나눈 대화는 작가가 생각했던 두 마음53)의
대립의 표출이었음에는 틀림없다. 어쨌든 작가는 쓰무라 교수와 구로카와
의 대화를 통해 자신의 진실54)을 피력하면서 그들이 이혼의 길을 선택케
하는데 주저하지 않았다.

여기에서 한가지 생각할 수 있는 것은 그토록 완벽주의에 가까운 전
근대적인 사고를 가졌던 작가가 어째서 성격에 맞지 않는 결혼을 했느냐
하는 점이다. 진실된 다키와의 첫사랑을 추억으로 간직하고 유부녀 유리
코와 세속적 관계를 청산하면서 오로지 자신만의 연구에 몰두했을 무렵,
갑작스런 결혼은 하나의 사건이었음에는 틀림없다. 또한 갑작스런 일이

---

52) 山本有三 第一卷『津村教授』, 新潮社, 1976, p.56-57
53) 이혼을 해야한다는 마음과 이혼은 당사자에게 지장을 주게 된다는 생각 사이에서 마음을
    정하지 못했던 작가의 마음.
54) 남을 의식하여 자신의 삶을 살아가는 것이 아니라 무엇이든 자신을 원점으로 삼아 스스로
    가 옳다고 믿는 길과 인생관에 즈음해서 살아가고자 하는 강한 주체성 의식을 말한다.

었던 만큼 작가의 판단력과 냉철함 이전에 불가피한 개인적 사정이 있지 않았나 하는 의문도 없지 않다. 일종의 데루코와의 결혼을 수용할 수밖에 없었던 특별한 사정, 이를테면 그녀와의 결혼이 바람직하지 않다는 걸 알면서도 어머니 나카의 간절함을 뿌리칠 수 없었던 자식으로서의 도리가 아니었을까.

또한 여기에는 어머니와 친분 관계가 돈독했던 엔도 씨의 몫도 무시할 수 없었으리란 점도 충분히 고려할 수 있다. 그의 결혼은 바꾸어 말하면 서른이 되기까지 철저히 받아온 유교적인 도덕적 개념과 현실 세계에서의 근대적 개념을 기반으로 미래를 펼쳐나가고자 하는 욕망 사이에서, 어쩔 수 없이 전자를 따를 수밖에 없었던 비극적 선택이었다. 특히 유럽의 근대 문학을 통하여 도덕적 전통적 관념을 앞서는 개아(個我) 사상을 접하고, 유럽의 근대 야외극을 직접 시도했던 작가로서는 어머니와 엔도씨의 의지에 자신의 삶을 맡겨야 할지 어떨지를 놓고 많은 고민을 했을 것이다. 따라서 자신의 의지에 따른 결혼이 아니었던 만큼 신혼 생활이 평탄하지 못했음도 짐작하기 어렵지 않다. 허나 작가로서는 본격적으로 무대에 근대적 감각을 보여줘야 했던 시기여서 가부키 풍의 전통과 의리가 아닌 근대적 자아 속으로의 투신의 필연성 또한 무시할 수 없었을 것이다. 이렇게 볼 때, 이혼은 작가 나름대로의 절박함에서 선택할 수밖에 없었던 비극이었으며, 이러한 작가의 내면 갈등을 쓰무라 교수, 구로카와, 공동연구자 우지의 이름을 빌려 작품화 한 것이『쓰무라 교수』라 할 수 있겠다. 그리고 이러한 작가의 내면 갈등은 희곡뿐만이 아닌 소설에서도 그대로 나타난다. 특히 5번째 장편 소설『진실일로』에서 요시헤이가 자신의 삶을 실패로 규정하고, 딸 시즈코에게 전통과 근대 속에서 방황했던 자신의 지난 날들을 유서로 남기며, 자아에 찬 삶을 주문하는 대목에서 특히 그러하다.

남자로서 한번 결정한 이상 남편으로서의 책무를 다하지 않으면 안 된다고 생각했고, 나로서는 나름대로 그 임무에 척선을 다했다고 생각한다. 다만 여기에서 네게 꼭 남기고 싶은 말은 결혼은 결코 타인에 이끌려

서 해서는 안 된다는 것이다. 결혼 적령기인 너에게 거듭 부탁하고 싶은
것은 오로지 이 한마디뿐이다. (중략) 결혼이라는 것은 무엇보다도 서로
간에 마음이 맞는 것이 중요하다. 오코시(大越) 집안과의 결혼만 해도
그때 나만 좀더 낮추고 사죄했더라면 어쩌면 전처럼 원상회복이 가능했
겠지만 서로 마음이 맞는 것이 중요하다고 생각했기 때문에 비굴한 사죄
는 하지 않았던 것이다. 이점 네겐 면목 없는 일이라고도 생각하지만 결
혼은 단연코 그런 흉내를 내면서까지 취할 사안이 아니다. 한번 약속했
기 때문에 라는 세속적인 생각에 고민하는 것을 가장 경계해야만 한다.
부디 너를 진정으로 보살펴주는 사람, 너와 정말 성격이 맞다고 생각하
는 사람과 인생을 동반해 주길 바란다. 그것이 네가 가장 진지하게 살아
가는 길이다.55)

　　요시헤이가 딸 시즈코에게 남긴 부탁은 주체적 인생을 살라는 근대적
자아의 강조라고 할 수 있다. 물론 이러한 자아 개념은 작가 자신의 경험
이며, 또한 근대적 자아의 실체를 간접적으로 일러주는 대목이기도 하다.
그리고 더 솔직하게 말하면 작가의 가네마루 데루코에 대한 감정이 어떠
했었는지를 짐작할 수 있는 부분이기도 하다. 이러한 근대적 자아 개념은
요시헤이와 결혼 후 사랑하는 스미다 곁으로 가 버린 무쓰코의 행동에서
도 그대로 나타난다. 즉, 무쓰코가 "의리는 의리, 애정과는 차원이 다르
다. 의리에 속박되어 10년간이나 참아 왔지만 이젠 도저히 더 이상 참을
수 없다"며 "여자는 사랑하는 사람과 함께 하는 것"이라고 말하는 대목이
그렇다. 이는 무쓰코 자신의 믿음이자 진실이고, 또한 작가 자신이 언급
하고 싶었던 부분이기도 하다. 이처럼 근대적 자아 개념에서 본다면, 무
쓰코가 요시헤이와 이혼하고 스미다 곁으로 간 것이나 요시헤이가 주체
적인 삶을 못살았다고 후회하는 것은 인생 후반부이긴 했지만 그들 나름
대로는 취할 수밖에 없었던 진실일로였다. 이러한 작가의 근대적 사고가
데루코와 이혼할 수밖에 없는 필연성으로 이어졌다고 말할 수 있다.
　　하지만 작가가 근대적 자아 개념을 좀더 빨리 정신적인 지주로 받아들
였더라면 그 개인사에 이혼이라는 불명예는 없었을지도 모른다. 그것은

---

55) 山本有三 第八卷 『眞實一路』, 新潮社, 1976, p.196

개아(個我)를 중시하는 개념이 부족했기 때문에 작품에 전통과 의리를 다룰 수밖에 없었던 필연성이 동반되기도 하지만, 반대로 작가 나름대로의 진실이 뿌릴 내릴 수 있는 계기로 작용했다는 점에서는 이혼이 전혀 무의미했던 것만은 아니라고 볼 수도 있다. 이러한 측면에서 보면 전통과 의리에 얽매일 수 밖에 없는 부분과 근대적 자아의 확립이라는 내부 갈등은 오히려 작가를 진보적 사고로 이끌어내는데 긍적적인 역할을 담당했다고 말할 수 있겠다.

그렇다곤 하나 유조의 이혼이 위에서 언급한 내부 갈등에서만 기인된 것일까? 여기에는 몇 가지 집고 넘어 가야할 점이 있다. 작가는 결혼 후 얼마 안되어 신극을 핑계삼아 집을 나가버렸다. 당시 작가의 가사를 거들기 위해 동거한 적이 있는 야마나카 사토(山中サト)에 의하면, 작가가 데루코와 함께 한 시간은 불과 1주일인가 10일 정도였다고 한다. 그리고 "신부는 친정을 오가면서 숙모인 나카와 둘이서 사이좋게 생활했다.""보기에는 시골의 종가 집 맏며느리라고 할까. 매우 조용하고 성격이 좋은 분이셨다"고 술회한다. 이처럼 전형적인 시골 종가 집 맏며느리 풍의 데루코를 작가의 어머니는 처음부터 호감을 가지고 흡족해 했었던 것이다. 훗날 "좋은 사람이었는데 유조가 마음에 들어하지 않아 하니까 어쩔 수가 없었다"며 눈물을 흘릴 정도였으니까 나카뿐만이 아니라 그 누가 보아도 이상적인 며느리였음은 틀림없는 것 같다.

그렇다면 작가에게는 어떤 불만이 있었던 걸까. 우선 생각해 볼 수 있는 것은 양쪽 집안의 경제적인 차이이다. 작가는 결혼을 위하여 일부러 혼고구 고마고메 센다기초(千馱木町)에서 같은 구 신메이초로 이사를 했었고, 특별한 수입도 없었던 작가로서는 그 준비에 대단히 부담을 느꼈으리라 생각된다. 그래서 부자집에서 태어난 데루코의 여유 있는 분위기가 오히려 그에게는 부담감과 소외감으로 작용하지 않았을까 하는 점이다. 예컨대 먹고살기 위해 고민해야 하는 작가에게 부자집 아내는 수용하기 쉽지 않았을 것이고, 그러한 경제적인 격차로 인해 남편으로서의 권위와 자존심을 내주며 살아야 한다는 일종의 심리적 위축감이 팽배했을 수도 있다는 이야기이다. 따라서 나카가 아무리 데루코를 아긴다 하더라도 일생을 함께 해야할 당사자인 작가가 감당하기 힘든 현실적인 문제였던 만큼, 작가의 위축된 마음이 홀가분해질 수 있는 범위는 한정적이었다는 결론이 난다. 타협해서 해결될 사항이 아니었기에 가출할 수밖에 없었던 절박함이 있었을 거란 이야기이다. 또한 그러한 작가의 심리적 이면에 상대적인 빈곤에서 오는 구겨진 자존심을 근대적 논리로 지키고 싶은 반동 심리도 없지 않았을 것이다.

또 한가지 생각할 수 있는 것은 문학가의 아내로서 데루코가 과연 적격이었느냐 하는 점이다. 경제적으로 유복한 가정에서 자란 데루코가 가난한 문학가의 아내로서 맞게 될 갖은 고생을 견뎌낼 수 있을까 하는 의문, 동시에 문학적 소양이 거의 없는 아내가 자신의 앞날에 그다지 도움이 안될 거란 나름대로의 산술적 계산도 전혀 배제할 수는 없을 것이다. 게다가 사족 출신으로 결벽성이 강하고 완벽주의자인 작가가 처로부터 경제적인 면에서 압도당한 자신을 반전시킬만한 뾰쪽한 대안이 없었다는 점, 그리고 문단을 비롯한 사회로부터의 일정 부분 소외된 작가의 밀운불우적 갑갑함도 그러한 파경과 무관하지 않다고 본다.

하여튼 작가로서는 데루코와의 결혼에서 안락감보다 부담을 느꼈던 것만은 사실이며, 이런 여러 정황을 고려해 보면 그녀와의 결별은 어쩔 수 없는 운명이었던 것 같다. 그리고 작가 스스로가 내면적으로 이혼밖에 없다는 결론을 내렸을 때, 이 사항이 어머니와 타협할 수 있는 것이 아니었던 만큼 신극을 핑계로 도망칠 수밖에 없었으며 이후의 모든 책임은 달게 받겠다는 각오도 했을 것임에 틀림없다. 또한 작가로서는 그러한 불명예를 "스스로의 힘으로 딛고 다시금 새롭게 일어선다"고 하는 각오로 홀어머니에 대한 나름대로의 미봉책이나 보답의 길도 궁리했음은 짐작하기 어렵지 않다.

그러나 위에서 지적한 몇 가지 이유만으로 작가의 이혼에 면죄부를 주는 것은 도의적으로 설득력을 얻기는 힘들다. 만약 경제적인 면에서 생긴 거부감과 자존심 내지는 작가 활동에 득이 되지 않는다고 생각했다면, 그것은 이미 결혼 전에 판단했어야 할 사안이지 결혼 후 이러쿵저러쿵 할 사안이 아니기 때문이다. 따라서 결혼 파기에 대한 근본 책임은 작가에게 있지 데루코에게 있지 않으며 도의적인 면에서 보더라도 작가의 일련의 조치는 모호한 면이 적지 않아 비난을 면치 못할 것이다. 하여튼 작가의 이혼은 작가 자신의 전통과 의리를 중시하는 전근대적 사고와 개아를 중시하는 근대적 사고 사이에서 생겨난 비극이라고 할 수밖에 없다. 이처럼 이혼이 작가에게 도덕적인 불명예를 안겨준 사건임엔 틀림없지만, 한편으로는 스스로에게 떳떳한 인생과 진솔한 삶의 의지가 표출된 근대적 개아 중시라는 측면에서는 반드시 부정적인 것만은 아니었다고 할 수 있다.

4) 혼다 하나코와의 운명적인 만남

*결혼 전

『쓰무라 교수』가 발표된 직후, 작가는 1919년 3월 혼다 마스지로(本田增次郎)의 장녀 혼다 하나코와 결혼했다. 초혼 실패 후 2년만의 일이다. 당시 작가의 어머니 나카는 며느리 감을 찾는데 적잖이 분주했던 것 같다. 유조의 과거를 알고 있던 어머니로서 아들의 혼사가 최대의 당면과제였음은 당연한 일이었다. 그래서일까 나카의 발걸음은 자연스럽게 현모양처를 키우기로 소문난 아토미(跡見) 여학교로 옮겨졌고 그곳에서 맞선을 주선하기에 이른다. 당시 작가에 대해서는 이노우에 사치코(井上幸子)가 나가노 마사루와의 담화 속에서 "야마모토 유조 선생의 모친은 유조가 성격이 제멋대로라 까다로워 며느리가 배겨나질 못한다. 이러한 아들을 받아줄 수 있는 며느리 감이 없겠느냐"고 말했을 정도로, 그의 성격은 막무가내였다. 유리코와의 관계와 데루코와의 초혼 실패 후, 나이 서른 둘이 된 아들을 걱정하는 노모의 심경이 어떠했는지 알 수 있는 대목인데, 어쨌든 작가가 어머니의 주선으로 하나코를 만난 것은 일생 최대의 행운임에는 틀림없다. 즉 작가의 결벽주의는 하나코와 같은 간난신고를 겪어온 자가 아니면 수용하기 쉽지 않을 거라 보이기 때문이다.

그렇다고 해서 하나코가 처음부터 작가의 외고집 성격을 받아들여준 것은 아니다. 스물 두 살 처녀인 그녀로서는 상대가 서른 둘로 10년이나 연상이고, 그것도 초혼이 아니라는 점에 저항감이 적지 않았을 것이다. 게다가 2년전 결혼 생활을 반년도 채우지 못하고 헤어질 정도의 괴팍한 성격의 소문 탓에 작가와의 결혼을 가능한 한 피하고 싶었던 것이 본심이었을지도 모른다. 그러나 사생아로 출발한 하나코 역시 작가의 모난 성격과 초혼 실패를 전면적으로 거부할 수 있을 만큼 떳떳한 조건은 아니었다.

1897년 9월 29일 영문학자 혼다 마스지로와 이오카 후데 사이에서 태어난 하나코는 양친이 정식으로 결혼한 사이가 아니었기에 사생아로 출생 신고를 하였다. 왜냐하면 당시 마스지로의 집에는 주거 겸 학숙56)이 설치 운영되었는데, 그곳에 후데가 가정부 형식으로 출입하면서 임신을 하였기 때문이다. 따라서 둘은 정식 부부가 아니었고 결혼은 예정되었다고 하지만 현실적으로 이루어질 수 없는 부분도 있었다. 마스지로는 규정이 엄격한 성공회 신자이고 세례를 받았기 때문에, 후데 역시 세례를 받지 않는 이상 결혼이 성립될 수 없는 벽이 있었다. 이른바 후데로서는 이오카 집안의 세례를 받을 수 없다는 전통적 관습을 따를 수밖에 없었기에 임신한 아이를 사생아로 등록시킬 수밖에 없었던 것이다. 당시 후데는 결핵에 감염되어 출산 후 모유도 먹이지 못할 정도로 건강이 좋지 않았으며 그로 인하여 호적이 사생아로 등록된 하나코는 "어머니의 젖 맛도 모르고 우유에 의존한 채, 조모의 보살핌 하에 자라게 되었다"고 한다. 하나코로서는 업친데 덥친격으로 이중적 불운을 맞이해야만 하는 운명이었던 셈이다.

결국 하나코는 다섯 살 되던 해 어머니를 여의고 4년 후 자애심으로 가득했던 조모마저 죽어 고아와 다름없는 신세가 된다. 이른바 사생아로 출발한 하나코의 시련이 본격화되었던 것이다. 그녀는 그 무렵 호주 상속을 받았고 우치노 소메이(內野創明)57)를 후견인으로 삼아 법적인 도움

---

56) 혼다 마스지로는 자택에서 청국 정부 파견 유학생에게 영어를 가르치는 일을 하였다.
57) 혼다 마스지로의 오랜 친구로서 하나코의 법적 후견인임과 동시에 그녀가 사회에 진출하

을 받게 된다. 이후 부친의 잦은 해외 근무로 어쩔 수 없이 우치노 소메이의 신세를 질 수밖에 없었는데, 당시 하나코의 고생은 이루 말할 수 없을 정도였다고 한다. 어머니 후데의 여학교 시절 친구인 오모리(大森)씨 집에서부터 시작된 타관 생활의 고행은 백모의 집으로 이동하면서 극에 달하게 되는데 그녀는 당시 백모 집에서의 기억을 이렇게 언급하고 있다.

> 내가 가기로 결정된 그 달부터 식모를 내보내서 나는 식비며 용돈을 일체 부담시키지 않았음에도 불구하고 소학교에 다니는 나를 아침 시간 빠듯하게 혹사시켰다. 도시락도 밥만 주어 일전으로 오징어 반찬이나 콩자반 집에 들러 종종걸음을 치며 니시마치(西町)에서 오카치마치(御徒士町) 네리호리(練堀) 소학교까지 다녔다. 귀가 후에도 저녁까지 걸레로 바닥 닦기 따위로 좀처럼 공부할 시간은 없었고 숙제 같은 건 전혀 할 수가 없었다. (중략) 너무나 힘들어 인력거 넝마주의도 좋으니까 부모가 있는 집에서 살았으면 얼마나 좋을까, 그리고 가난 따위는 아무렇지도 않치만 이렇게 학대당하는 것은 어린 마음에서도 견디기 어려워, 스미다 강 부근까지 터벅터벅 걸어가 강물을 바라보며 정신 나간 사람처럼 기웃거린 적도 두서너 번 있었다. (중략) 집집마다 즐겁게 자그만 밥상에 둘러앉아 저녁 만찬을 즐기는 것을 보면서 눈물을 글썽이며 그 집 대문 앞에서 내내 서있던 적이 한두 번이 아니다.58)

하나코의 백모 집 생활은 마치『길가의 돌』에서 고이치 소년이 이세야의 지배인에게 발길질까지 당해가면서도 참을 수밖에 없었던 상황과 비슷하다. 이른바 혈육 없는 고아가 학대와 굶주림에 허덕이면서도 살아가야 한다는 일념으로 버티는 분투기로 볼 수 있는데, 하나코는 우치노 소메이의 소개로 아토미 여학교 기숙사로 보내지기까지의 생활이 일생에서 가장 고통스러웠던 시기였다고 말한다. 그리고 마침내 여학교 기숙사로 들어가면서 자유의 몸이 되었다. 무엇보다도 그곳 여학교 기숙사 사감 모

기까지 물심양면으로 도와준 인물이다.
58) 長野賢『山本有三正傳 上卷』, 未來社, 1987, p.221. 하나코는 어머니가 죽은 이후부터 유조를 만나기까지 생활 수기를 줄곧 써왔는데 그 내용이 이 책에 실려있다.

모코(季子) 선생과 가깝게 지낼 수 있게 된 것은 큰 행운이었다. 하나코는 당시 기숙사 생활은 그동안의 고통을 일소하고도 남을 정도라며 "이런 천국이 있을까 하고 생각했다. 아무튼 식사는 종이 3번 울려 식당에 가면 되고 학교에 갔다오면 공부를 하거나 놀면 그것으로 족했다. 그 생활이 너무너무 좋아 눈물이 저절로 나왔다"59)고 술회한다. 1915년 봄, 하나코는 졸업을 해도 돌아갈 곳이 없어 그곳에 남아 1년 동안 생활할 수밖에 없었다. 그리고 1915년 봄 아버지의 귀국에 맞추어 비로소 부녀는 함께 살게 되었고 그 무렵 유조와의 혼담이 흘러나왔던 것이다.

마스지로는 후데가 세상을 떠날 무렵 딸을 보살필 시간적 여유가 거의 없을 정도로 다망했었다. 1890년 남몰래 세례를 받은 마스지로는 선교사들과 영어로 대화할 기회가 많아 영어 실력은 특출할 수밖에 없었다. 그 인연으로 그의 영어 실력은 공식적으로 인정받고 구마모토(熊本) 제5고등학교 교수로 부임하게 된다. 이후 선교사의 권유로 오사카 고등학교(현 모모야마 학원) 교감, 청나라(淸國) 파견 유학생 영어교육 담당(1896년), 도쿄 고등사범학교 교수(1897년), 도쿄 외국어학교 교수(1900년) 등, 영어교육에 한평생을 바친다. 그리고 마침내 정부의 명령으로 1905년 영국과 미국으로 유학을 떠났고, 1907년부터는 외무성으로 적을 옮겨 뉴욕에서 발행되는 영자 신문 『The Oriental Review』의 주필이 되어 4년 간 근무하기에 이른다. 이러한 마스지로의 해외 생활은 비록 당사자에게는 소중했을진 모르지만 하나코에게는 슬픈 일이 아닐 수 없었다. 거의 딸의 존재를 잊은 채 분주하게 국내외를 오가며 일에만 전념한 마스지로를 후일 하나코는 다음과 같이 술회한다.

내가 7살 때 어머니는 어린 나를 남기고 영원히 내 곁을 떠났습니다. 그리고 얼마 안 있어 9살 되던 어느 여름날, 아버지는 미국으로 가게 되었습니다. 내가 어렸던 탓도 있어 아버지는 나의 존재를 그렇게 가슴 깊이 새겨두지는 않았던 것 같습니다. 17세 되던 봄, 아버지가 돌아오기까지 편지글 왕래도 거의 없었습니다. 그 사이에 나는 조모와 백모를 저 세

---

59) 上揭書, p.223

상으로 떠나보내고 갈곳 없는 신세가 되어 이 집 저 집 옮겨다니며 견디
기 힘든 근심 생활을 많이 했습니다. 마침내는 아토미(跡見) 여학교 기숙
사에서 평화로운 나날을 보내고 되었답니다. 아버지가 해외에서 비교적
편안한 생활을 하고 있는 동안에 남겨진 내가 얼마나 처참한 생활을 했는
지, 후일 그 이야기를 듣고 아버지는 나의 존재에 대해서 새삼 깊은 감명
을 받았던 것 같습니다. 실제로 그때까지 아버지의 뇌리에는 나에 대한
기억이 거의 없었다는 사실도 훗날 아버지로부터 직접 들었습니다.60)

그러나 1916년 4월 하나코와 마스지로 부녀는 긴 이별의 시간에 종지
부를 찍고 마침내 함께 살게 된다. 그리고 마스지로는 그동안 소원했던
딸에 대한 애정을 한꺼번에 쏟아 붓는다. 독신 생활이 길었기 때문일까
부자는 연극 구경이며 식사를 즐기면서 못다 한 부녀간의 지난 세월에 한
풀이라도 하듯 즐거운 시간을 보낸다. 후일 하나코가 "내가 야마모토 집
안으로 시집가면서 외톨이가 된 아버지는 혼자 식사를 할 때면 아무리 맛
난 반찬이 있어도 입맛이 없고 적적하다며, 내가 아이들을 데리고 가는
날만 손꼽아 기다리셨다"고 할 정도로 당시 부녀간의 정은 돈독했었다.
한편 그러한 딸에 대한 철늦은 집착이 사위 유조와의 불화의 원인으로
작용했음도 사실이다. 이른바 무관심으로 일관했던 마스지로의 갑작스런
딸에 대한 집착은 혈육의 정에서 오는 당연한 귀결이겠지만, 한편 그 집
착이 컸던 만큼 딸의 결혼과 그의 고독감은 비례할 수밖에 없었던 것도
사실이다.
이상에서처럼 하나코의 이력은 결혼 조건으로서 떳떳하게 내세울 정도
의 카드는 아니었다. 따라서 둘의 맞선은 이 같은 양측의 결점을 충분히
이해한 상태에서 이루어졌는데, 그렇다면 작가의 마음이 하나코에게 이끌
리게 되었던 결정적인 이유는 어디에 있을까? 우선 그 직접적인 이유로서
마스지로의 존재를 생각해 볼 수 있다. 예컨대 작가는 당시 영자지에 극평
을 실을 정도로 서양 사상을 체득하고 있던 장인의 근대적 사고를 부러워

---

60) 『英語青年』 (第五十四卷 九·十號 增次郎追悼特輯號) 永野賢 『山本有三正傳 上卷』, 未來
   社. 1987, p.215 再引用

함과 동시에, 그러한 부친을 따라 하나코도 연극 문학서를 많이 즐겼다는 점에 호감을 가졌으리란 점이다. 둘째로는 유소년 시절 고아와 다름없는 경험을 해야했던 하나코의 인내성이 작가에게 호감으로 다가왔을 것이다. 이러한 작가의 의식은 그 역시 순탄치 않은 과거가 있었기에 더한층 강하게 작용했을 것으로 생각한다. 이런 이유로 실패로 끝난 초혼의 데루코와는 대조적인 하나코에게 작가는 강한 동반자적 예감을 느낄 수밖에 없었던 필연적인 부분을 발견해내지 않았을까. 둘의 맞선은 이러한 상호 존재성에 대한 충분한 사전 인식의 테두리 내에서 이루어졌던 것이다.

그리고 둘의 맞선은 1918년 12월 24일, 먼저 마스지로가 유조의 어머니 나카 앞으로 편지글을 보내면서부터 본격화된다.

　　숙계, 시하 청안하실 것으로 사려되옵니다. 그런데 지난날 아토미 여학교의 모모코(李子)선생으로부터 말씀이 계셔서 직접 배알하고자 합니다. 그리고 내일 모레 26일 오후 2시에서 3시 사이에 소생이 댁을 방문하여 혼담에 관해서 간담을 청하고자 합니다.61)

편지를 받아든 유조는 집에서 손님 접대하는 것을 거북하게 생각했던지 밖에서 점심을 들면서 대면하기로 하고, 만남은 제3자 배석 없이 4명62)만으로 이루어졌다. 그 자리에서 마스지로는 하나코의 성장 과정을 있는 그대로 밝히고 호적에 사생아로 등록된 사정에 대해서도 설명하였다. 한편 유조는 하나코와 애독서나 좋아하는 작가, 그리고 문학 작품을 둘러싼 일반적인 대화를 교환했다. 그렇게 양가의 첫 대면은 무리 없이 끝나게 되는데 그의 반응은 즉각적이었다. 곧바로 아토미 여학교를 찾아가 당분간 교제해 보고 싶다는 뜻을 전달했던 것이다. 그리고 마침내 1918년 12월 30일, 유조가 혼다 마스지로와 하나코 부녀 앞으로 그림엽서를 보내기에 이른다.

---

61) 永野賢 『山本有三正傳 上卷』, 未來社, 1987, p.235
62) 혼다 마스지로, 하나코, 유조의 어머니 나카, 유조를 말한다.

이틀 전 제국 극장에서 1919년도 무료 입장권이 왔습니다. 설날 모두 같이 가기로 했습니다. 『출가와 그 제자』는 그때 가지고 가겠습니다. 구라다(倉田) 군의 작품은 당신에게 깊은 감동을 줄 것으로 생각합니다. 지금 모 잡지 2월호에 실을 3막극 원고를 집필 중에 있습니다. 어젯밤에도 밤을 세웠습니다. 오늘과 내일 밤도 철야를 해야 될 것 같습니다.63)

이 엽서를 계기로 둘의 교제는 본격화된다. 교제는 하나코보다 유조 쪽에서 훨씬 적극적이었다. 그리고 교제의 과정에서 문학적인 대화가 많이 오갔는데 당시 작가가 하나코의 문학적 소양에 상당한 기대를 걸고 있었던 것 같다. 내심 그때까지 만난 여자들과는 이미지가 다른 여인을 만났다는 사실이 작가에게는 색다른 기분이었던 것 같다. 왜냐하면 다키와의 사춘기 사랑, 유리코와의 세속적 사랑, 그리고 데루코와의 초혼 실패를 거치면서 나름대로 여성관을 갖고 있던 차에, 하나코의 남다른 성장 과정과 문학적 교양은 그에게 호감을 갖게 하기에 충분했으리라 생각되기 때문이다. 그런 의미에서 작가에게 하나코의 존재는 특별할 수밖에 없었고 이번만큼은 실패하지 않겠다는 남다른 각오도 있지 않았을까.

하여튼 작가는 유리코와 데루코로부터의 경험을 살려 이번만큼은 불발로 끝나지 않도록 하나코에게 세심한 배려를 아끼지 않았다. 예컨대 그녀의 성격은 물론 관심사까지 일일이 물어보며 서로간의 신뢰감을 쌓는데 최선을 다했다. 물론 그러한 과정에서 불안정한 극작가의 장래와 예상되는 생활고까지도 언급했을 것으로 생각한다. 이른바 결혼은 작금의 자신에 대한 모든 것을 밝힘과 동시에 상대의 모든 것을 이해한 상태에서 이루어져야 한다는 것이 작가의 기본 생각이었기 때문이다.

이처럼 서로간의 이해의 폭을 넓혀가면서 둘의 관계는 점점 깊어갔고, 마침내 유조가 정식으로 결혼 의사를 비치게 되는데, 모모코 선생으로부터 처음 이야기가 나온지 정확히 1개월 후의 일이었다. 이는 하나코가 처음으로 유조의 집을 방문하던 날이기도 했는데, 여기에서 그 날 밤(1919

---

63) 永野賢『山本有三正傳 上卷』, 未來社, 1987, p.283 1918년 12월 20일 유조가 마스지로와 하나코 앞으로 보낸 그림엽서이다.

년 1월 2일) 유조가 하나코 앞으로 보낸 편지글 일부를 보기로 하자.

> 저의 진실함이 스스로에게 편지를 쓰게 만듭니다. 진실하기 때문에 또
> 한 당신에게도 충분히 통할 것으로 생각합니다. 당신에게 드리는 최초의
> 편지인 만큼 가장 진지한 마음으로 편지를 보내게 되고, 스스로 기쁘게
> 생각할 뿐입니다. (중략) 하프트 만의 희곡 중에 『산 속의 대장장이(山
> の鍛冶)』가 있습니다만 그 주인공 대장장이는 "남자는 여자를 맞이하고
> 나서야 비로소 새로운 문명을 만들어낸다"고 했습니다. (중략) 저는 오
> 늘 당신과 마주하고 있을 때, 이 말을 새삼 떠올렸습니다. 정말로 남자는
> 여자를 맞이한 후에야 비로소 새로운 문명을 낳을 수 있습니다. 동시에
> 여자 역시 남자를 맞이한 후에야 비로소 신문명에 도달할 수가 있는 것
> 입니다. 이는 우리들의 표어입니다. 깊이 깊이 새겨야할 말입니다. 제가
> 당신과 결혼하고 싶다는 말씀을 분명히 했다는 사실을 잊지 말고 아버님
> 께 말씀드려 주십시오.64)

유조가 하나코에게 처음으로 결혼을 청한 편지글이라는 점에서 의미가
깊다 하겠는데, 그는 여기에서 "진실과 진실이 서로 통한 것." "사랑과 사
랑이 서로 만난 것"이라며 하나코에게 구혼장과 다름없는 글을 보냈다.
한달 간에 걸친 그의 탐색전이 동반자로서 자신에게 더 이상의 선택은 없
다는 결론으로 마무리되는 순간이었다. 그리고 편지 발송 이틀 후, 혼다
마스지로로부터 답장이 날아든다. 귀국 후 바쁜 공무로 하나코에게 아무
것도 베풀지 못한 것에 대한 책망과 마스지로 자신의 경험을 들려주며 두
사람의 사랑을 진심으로 바라는 자애심 가득한 편지글이었다.

특히 "이번에는 반갑게 읽었지만 앞으로의 편지도 나를 배려하여 보내
는 것은 거절합니다. 당신 입장에서는 당연하겠지만 여자 입장에서는 약
혼기간의 순수한 연애가 일생에서 가장 아름다운 기념일 수 있기 때문입
니다. 아무리 아버지라 하더라도 보이고 싶지 않은 달콤한 사랑의 글들을
통해 존경과 사랑의 마음이 그녀 가슴 속 깊숙이 파고 들 수 있도록 해 주
시길 바랍니다"65)라는 의리와 사랑의 구별을 강조한 글은 유조를 놀라게

---

64) 上揭書, p.242 1919년 1월 2일 유조가 하나코 앞으로 보낸 서간문

하기에 충분했다. 지난날 홀어머니와 엔도 씨를 의식해 데루코와 결혼할 수밖에 없었던 작가로서는 의리나 존경심이 남녀간 사랑에 끼어 들면 그 순수함이 퇴색한다는 장인의 말이 남다르게 들릴 수밖에 없었을 것이다.

앞에서 언급하였듯이 작가가 데루코와의 결혼 생활을 청산하고 가출해 버린 것은 자신에게 솔직해지기 위함이자 자신의 삶에 가면을 씌우고 싶지 않다는 의식의 발로였다. "의리는 의리, 애정과는 차원이 다르다"고 말하며, 애인 스미다 곁으로 떠나버린 무쓰코의 선택, 즉 자신을 믿고 당당하게 나가는 무쓰코처럼 작가는 데루코와의 애정 없는 삶보다는 작가 스스로 믿는 진실일로를 택했던 것이다. 당연히 유조로서는 그러한 자신의 신념에 동조해 주는 장인 어른이 고마울 수밖에 없었을 것이다. 그리하여 곧장 답장을 보내게 되는데 그것은 "13년만에 아버지를 해후한 듯한 온정을 절절히 느꼈습니다. 아니 재회했다기보다 아버지로서의 정감을 오늘 처음으로 맛보는 듯했습니다."66)라는 감동적인 글이었다.

한편 하나코에게도 별도의 편지를 보냈는데 사쿠라다(櫻田) 혼고초(本鄕町)에서 우연히 만난 이야기부터 약혼 예물에 대한 이야기까지 상세히 적고 있다. 즉, 작가는 "두 사람의 순수한 마음이 서로를 행복하게 해 주었습니다. 결코 우연히 아닙니다. 내가 신바시(新橋) 길을 택한 것이나 당신이 긴자(銀座)로 나가지 않고 사쿠라다 혼고초로 온 것도, 그 내면에는 지순한 분자가 잠재해 있었기 때문입니다. 나는 지순한 마음에 깊이 감사합니다"67)라고 적으며 둘의 운명적인 만남을 극히 긍정적으로 받아들이고 있다. 또한 결혼 예물로는 무엇이 좋은지, 옷을 살 때 남에게 부탁하는 것은 어떤지, 그리고 신혼 살림집을 거론하면서 "아버님만 허락하신다면 별채가 있는 집을 빌려 함께 사는 것도 좋습니다. 아버님을 외톨이로 두는 것은 차마 볼 수가 없습니다"고 피력하는 등, 세심한 부분까지 일일이 챙기는 섬세함을 보인다. 단적으로 말해 작가의 성격이 얼마나 진지하고 철저했는지 그대로 보여준 대목이라 할 수 있다. 그와 같은 편지

---

65) 上揭書, p.246 동년 1월 4일 마스지로가 유조 앞으로 보낸 편지
66) 上揭書, p.246-247 동년 1월 5일 유조가 마스지로 앞으로 보낸 편지
67) 上揭書, p.250 동년 1월 4일 유조가 하나코 앞으로 보낸 편지

를 받아든 하나코의 마음은 과연 어떠했을까.

하기야 이 같은 작가의 마음 씀씀이는 인생을 진술하게 챙긴다는 의미에서 부정적으로 볼 수는 없지만, 부인의 가계부를 일일이 계산하고 간섭하면서 가정 살림을 챙기는 남편이 있다면 과연 갑갑해 하지 않을 아내가 몇이나 될까. 본래부터 맞선이란 결혼을 전제로 한 만남인 만큼 양가에 충분한 정보 교환이 필수적인데 그 과정에서 남편될 사람의 예민함과 완벽주의 성격을 접한 하나코의 심경은 어떠했을까. 아마도 하나코로서는 유조로부터 벗어나고픈 마음에 탈출구도 모색하지 않았나 싶다. 하지만 작가의 쉴새없이 이어지는 편지글에 하나코는 이렇다 할 방책은커녕 하소연도 못한 채 혼자서 가슴앓이만 더했을 뿐이다. 그리고 둘의 관계는 일방적으로 작가의 편지글이 쌓이면 쌓일수록 그렇게 굳어져 갔던 것이다.

그리고 마침내 1월 15일. 작가는 하나코가 만남을 잠시 중단했으면 한다는 편지글을 받고, '특별히 중지할 이유가 없다'고 잘라 말하며 역시 둘의 만남은 운명적이란 논리를 대며 고삐를 놓아주지 않는다. 이는 하나코의 심경이 어떠했는지 짐작케 하는 대목으로서 그녀로서는 좀더 시간을 두고 유조와의 교제를 진척시키고 싶은 마음이었을 것이다. 이는 최근 열흘 사이에 일어난 일들을 정리하면서 한번 더 자신을 점검하고 싶었던 그녀로서는 중요한 기회였다. 그러나 매사에 일방적이었던 작가는 그녀의 의견을 단호하게 거절한 채 만남의 중단은 있을 수 없다는 취지를 분명히 한다. "결혼이란 눈 내린 날 아침과 같은 것이어서 보기에는 아름답지만, 그 눈이 녹은 후에는 결코 아름답지 않습니다"68)고 하며, 하나코의 결혼에 대한 기대감에 엄정한 일침을 놓는다. 그리고 4일 후 재차 "결혼은 눈 내린 날 아침입니다. 좀 더 적절히 표현하자면 눈 내린 날 아침은 결혼식 날 면사포와 같은 것입니다. 하얀 면사포만 보고 있으면 안 됩니다. 우리들은 면사포 아래의 대지를 분명히 보아야만 합니다"69)라는 취지의 편지를 보낸다. 그 후에도 그녀를 향한 훈계는 계속되어 마치 스승이 생도를

---

68) 上揭書, p.255 동년 1월 15일 유조가 하나코 앞으로 보낸 편지
69) 上揭書, p.257 동년 1월 19일 유조가 하나코 앞으로 보낸 편지

타이르는 분위기와 다르지 않았다. 그리고 2월 3일 병문안을 온 그녀에게 부탁이라면 결혼 예물로 축음기를 넣어 주었으면 한다며, "축음기는 당신뿐만이 아닌 나와 어머니, 그리고 가끔씩은 친구들도 따뜻하게 만들 수가 있다"70)는 논리로 그녀에 대한 애정을 축음기에 축약시켜 요구하게 된다.

옷가지 한두 개는 빼더라도 소리가 듣고 싶다며 결혼 예물로서 축음기만은 넣어주어야 한다는 작가의 발상. 우리는 여기에서 작가의 성격을 두 가지로 나누어 생각해 볼 수 있다. 하나는 일방적인 작가 성격에 문제가 있다는 것이고, 다른 하나는 유조가 진심으로 22살의 순수한 하나코에게 사랑을 느끼고 있다는 점이다. 필자는 후자의 경우라고 생각하는데 그것은 충분히 둘만의 감미로운 애정과 미래에 대한 기대감의 표현으로 이해할 수 있다고 보기 때문이다. 하지만 문제는 그녀의 마음이 채 정리되지 않은 상태에서 작가의 의지대로 약혼식71)이 올려졌다는 점이다. 그녀로서는 불안감이 전혀 해소되지 않은 상태에서 모든 것을 포기해야할 상황을 맞게 된 셈이다. 그러나 그녀에게도 기회가 전혀 없었던 것은 아니었다. 약혼식이 끝남과 동시에 그녀는 그동안의 섭섭했던 감정들을 노골적으로 표출했다.

여기에서 1910년 2월, 작가가 그녀 앞으로 보낸 편지글을 보기로 하자. "나는 드라마를 재미 삼아 쓰지는 않는다. 또 남을 재미있게 하려고 만들지도 않는다. 그것은 내 마음의 진실이다. 나를 이해하기 위해서는 꼭 이것을 읽어야만 한다. 그리고 나를 좀더 깊이 이해하지 않으면 안 된다. 그렇지 않으면 생각지도 못한 불행을 불러일으키게 된다"72)고 적고, 그 무렵에 쓴 『쓰무라 교수』를 읽을 것을 권한다. 이런 식의 작가의 그녀를 향한 일방적 요구는 수그러들 줄을 몰랐다. 오히려 이전보다 더 노골적인 강요가 있을 뿐이었다. 그 결과, 둘은 37년만의 대설이 있었던

---

70) 上揭書, p.258
71) 둘의 약혼식은 1919년 1월 25일 오모리 집(大森邸)에서 소개인 없이 당사자들만의 약혼식이 올려졌다. 혼다 마스지로로부터 유조에게 첫 편지가 전해진지 꼭 1개월만의 일이다.
72) 上揭書, p.264 동년 2월 4일 유조가 하나코 앞으로 보낸 편지

1919년 2월 8일 서로의 의견 불일치로 충돌하게 된다. 충돌이라는 용어가 적절한지 어떤지 모르겠지만, 이른바 작가는 이 눈 내린 날 자신의 집을 찾아온 그녀에게 몸 컨디션도 좋지 않으니 자고 가라고 권했고, 그녀는 이 요구를 거절하고 오모리 집으로 돌아가 버리는 사건이 발생했다. 작가는 즉각 서로를 잘 파악하기 위해서 같이 밤을 새는 것 정도는 있을 수 있는 일인데, 굳이 돌아간 것은 서로의 정이 돈독치 못했기 때문이라며 비난을 퍼부었다. 그리고 그것은 사랑으로 결혼을 하려는 것이 아니라 형식으로 결혼을 하려는 것이라고 비난했다.

이미 서른 두 살의 작가로서는 유리코, 데루코와의 육체적인 경험이 있었던 터라 약혼식이 끝난 하나코에게 자고 가라는 요구가 그렇게 부담스러운 요구로 생각되지 않았던 모양이다. 하지만 이제 막 22살의 10년 연하의 그녀로서는 작가의 요구를 받아들일 수 없었고 이는 곧 둘의 갈등으로 비화하기에 이른다. 물론 그녀가 오모리 자택으로 돌아온 것은 당연한 일로서 당시 사회적 통념으로 보더라도 약혼식을 마쳤다는 이유로 함께 잠자리를 한다는 것이 일반적 현상은 아니었다. 더구나 오랜 기간 현모양처 교육을 받았던 그녀로서는 상상조차 할 수 없는 요구였는지도 모른다. 당시 혼전 여자의 순결이 동·서양을 막론한 기본 윤리였었고 때문에 작가 입장에서 보면 별 것 아닌 정도로 생각했을 사안이 그녀에게는 절대적인 개념으로서 본능적으로 방어의 자세를 취하게 한 절박한 문제였던 셈이다.

그런데 더 심각한 문제는 그녀가 이 눈 내린 날의 사건을 아버지 마스지로에게 세세히 털어놓았다는 점이다. 성공회의 크리스트교 신자인 마스지로는 딸의 이야기를 접하고 극도로 불쾌해 했고, 즉각 결혼식 전까지는 왕래조차 말라고 지시하기에 이른다. 당시 마스지로의 결혼관은 크리스트교 신자였기 때문일까 남달리 철저했다.

> 정식으로 결혼한 부부가 육체적으로 관계하는 것은 결코 모욕스럽다거나 수치스러운 일이 아니다. 그러나 결혼 성립의 근본은 두 사람의 정신의 일치이다. 의기 투합해서 존중하는 마음과 사랑이 남녀 사이에 충

분히 이루어질 수 있는 것이기에, 경우에 따라서는 육체적인 것은 피해도 부부가 부부다운 것에는 조금도 문제되지 않는다. 두 사람 중의 한쪽이 육체적인 관계를 피하고자 하면 다른 쪽은 그 의견을 존중하고 삼가하는 것이 미덕이다. (중략) 결혼의 의미를 육체적 의미로만 이해하는 것은 가정의 평화와 부부간의 존중과 사랑을 영속이 지속시키는 길이 아니다. 이런 이야기는 새삼 하지 않아도 다 아는 사실이겠지만, 일본인은 이제부터 결혼의 정신적인 방면에 무게를 두고 부부 사이에도 인간 문제와 도덕 문제가 있다는 것을 좀 더 연구해야 좋을 듯 싶다.[73]

이러한 사고는 당시로서는 상당히 진보적인 사고로서 서양의 개아를 중시하는 근대적 사고였음에 틀림없다. 이는 눈 내리는 날의 사건을 어른스럽게 나무라는 장면으로서 마스지로의 이 같은 부부관에 기초한 일침은 그 무렵까지의 작가의 독단적 행동에 급브레이크를 거는 역할로 작용한다. 또한 이를 계기로 후일 마스지로와 작가 사이가 불화로 발전하는 원인으로 작용하기도 한다. 그러나 자신의 행동으로 마스지로와 유조 사이에 이상 기류를 감지한 그녀가 작가에게 "저의 현명하지 못한 처사를 용서해 주십시오"라는 편지글을 보냄으로서 양가의 갈등은 일시적이나 봉합되는 듯 보였으나 골이 워낙 깊었던지라 완전히 상처가 아무는데는 많은 세월이 흘러야 했다.

*결혼 후

유조와 하나코의 결혼식은 예정대로 1919년 3월 8일 다바타(田端)의 천연 자소헌(自笑軒)에서 올려졌다. 하나코에게는 일생 최고의 날로서 이날만큼은 달콤한 신혼 생활에 대한 기대로 눈오는 날의 면사포처럼 아름다운 꿈을 꾸었을 것임에 틀림없다. 그런데 남편 유조로부터는 그 어디에서도 포근한 모습을 찾아볼 수 없었다. 오히려 완고함과 완벽주의가 수그러들기는커녕 일방적인 간섭과 옹고집이 더한층 노골화될 뿐이었다.

---

73) 本田增次郎 『家庭の模範』(育成會, 1902) 永野賢 『山本有三正傳 上卷』, 未來社, 1987, p.269 再引用

신혼 여행도 생략한 채, 곧바로 시작된 결혼 생활은 그녀의 생각과는 너무도 동떨어진 세계였다. 하지만 그녀로서는 결혼한 이상 참을 수밖에 방법이 없었다. 그녀는 당시 남편의 생활상을 "낮도 밤도 없다. 철야도 늦잠도 자기 마음 대로다. 하루 두끼인데 시간도 들쑥날쑥이다. 이불은 늘 깔려있고 자신은 자면서 나에게 책을 읽힌다. (중략) 마음에 들지 않으면 무엇이든 화를 낸다. 이런 식으로 24시간 봉사를 요구하는데, 가만히 참고만 있을 자가 있을까. 눈이 녹은 후의 진창길은 다리를 뺄 수조차도 없는 진창길이었다"[74]고 고백한다. 작가의 성격이 어떠했는지 잘 알 수 있는 대목이다. 한마디로 말하자면 상식에 벗어난 비인간적 생활이었다고 할 수 있을 것이다. 만약 그녀가 결혼식 전에 작가의 편지글에 적힌 '눈 녹은 후'와 '면사포 밑'이 구체적으로 무엇을 의미했던지 좀더 파악했더라면, 이처럼 24시간 봉사에 지쳐 떨어지지는 않았을 것이다. 아마도 그녀로서는 아무리 독단적인 작자라지만 이따금씩은 그가 '눈 내린 아침'과 '면사포'의 아름다움을 안겨주길 바라지 않았을까. '눈 내린 아침'과 '눈 녹은 후의 진창길'의 의미 정도는 이미 완전히 파악하고 있을 그녀였기 때문이다.

그러나 현실은 그녀의 예상을 완전히 빗나갔다. 진창길의 연속이었고, 눈 내린 날의 아름다움은 그 어디에도 없었다. 오히려 날이 거듭할수록 작가의 독선적 행동은 의기양양했을 뿐이었다. 작가는 『쓰무라 교수』에서의 구로카와의 진정한 사랑, 『진실일로』에서의 무쓰코의 진실된 사랑을 통하여 진실을 보여주었다고 했는데 그녀로서는 수용할 수 없는 사랑이었던 셈이다. "자기는 눈을 감고 누워서, 글을 보지 않는 인간의 머리에 문장이 파고들게끔 읽어야 한다. 그냥 줄줄 읽는 것이라면 누구나 읽을 수 있다."[75]고 꾸짖는 태도가 진실과 상통할 수 있을까. 이렇게 보면 "서로간에 진실과 진실이 통했다. 사랑과 사랑이 만났다." "둘이 진실한

---

74) 長野賢 『山本有三正傳 上卷』, 未來社, 1987, p.280
75) 이노우에 사치코(井上幸子)와 하나코의 대담 중에서, 長野賢 『山本有三正傳 上卷』, 未來社, 1987, p.280

이상, 당신은 나의 아내이고 나는 당신의 남편이지 않으면 안 된다."고 말한 작가의 말이 어디까지가 진실이고 어디까지가 허구인지 의심할 수밖에 없다.

결국 작가의 독선적 행동에 불만을 품은 그녀는 열흘 간의 신혼 생활을 팽개치고 오모리 친정으로 돌아가고 만다. 물론 아버지 마스지로에게 그동안의 진창길 같은 신혼 생활을 상세히 털어놓았음은 말할 것도 없다. 마스지로는 딸의 이야기를 듣고 격노했다. 약혼식 직후 눈 내린 날의 불미스러운 감정이 채 씻기지도 않았는데 또다시 이런 일이 일어났다는데 대해 마스지로는 분을 삭히지 못했다. 특히 마스지로로서는 부부 사이에도 인권과 도덕 문제가 엄연히 존재한다고 타일렀건만, 심신이 지칠 대로 지친 딸을 그것도 한밤중에 깨워 책을 읽힌다는 따위의 행동을 비인간적 모독으로 생각했던 것이다. 외동딸의 지난날의 고생을 그 누구보다도 잘 알기에, 늦게나마 챙겨주려고 안달했던 마스지로 입장에서는 강경한 대응책을 모색하지 않을 수 없는 사건이었다.

한편, 그녀로서는 눈 내린 날의 불화에다 결혼식까지 끝낸 시점에서 또다시 남편의 부당함을 털어놓아 아버지를 격노케 한 것에 대한 미안함과 책임감에 노심초사할 수밖에 없었다. 더구나 무엇 하나 내세울 것 없는 자신의 입장을 생각하면, 심신의 피로 정도는 문학자인 남편에 대한 존경심 뒤로 묻어야 한다는 마음도 없지 않았건만, 결과적으로 이런 상황이 벌어지고 만 것에 대한 자책감도 컸던 것 같다. 그리고 이렇게 밀고 밀리는 양자간의 기 싸움은 둘의 신혼 생활 속에서 번번이 녹아 내릴 수밖에 없었다.

그러나 그러한 과정에서 작가의 고집은 정도를 더해 갔고 그녀의 불만도 쌓일 수밖에 없었다. 원인을 찾아 근본적인 치료를 하지 못한 채, 인도적인 차원에서 번번이 봉합된 결혼 생활이 원만할 리 만무했다. 그러한 신경전을 주고받길 수 차례, 드디어 이전부터 독선적인 사위의 행동에 불만을 품어왔던 마스지로가 딸의 구원책을 실행에 옮기게 된다. 이른바 사생아인 딸의 호적을 혼다 가문(本田家)으로 입적시킴으로서 야마모토 집안으로 보내지 않겠다는 대안이었다. 곧바로 마스지로는 1919년 4월 18일 딸을 불러들였고 결혼 혼수도 되찾아오는 수순을 밟게 한다. 그리고 19일 마스지로는 직접 오모리로 찾아온 유조에게 둘의 이혼을 선고했다.

문제는 그러한 마스지로의 강경책에 작가가 순순히 굴복하지 않았다는 점이다. 그것은 홀어머니를 끔찍하게 생각했던 작가가 "아무 것도 모르고 모든 것을 즐겁게만 받아들이고 있던 어머니에게 갑자기 이혼이란 날벼락 같은 소식을 전할 수 없는" 나름대로의 절박함이 있었기 때문이다. 그러나 작가의 노력에도 불구하고 파탄으로 일단락 된 부부 관계는 좀처럼 회복될 기미가 보이지 않았다. 나카가 며느리 앞으로 눈물의 호소문을 보내도 보지만, 그 정도로 마스지로의 마음을 돌리기에는 역부족이었다. 그리고 마스지로는 직업상 장기간 파리로 떠나기 전, 오사카에 있는 친구 시라후지 쵸지로(白藤長次郎)에게 딸을 맡기고 서로간의 만남 자체를 원천적으로 차단시켜 놓는다.

한편 자신의 본심을 밝힐 수 없었던 그녀로서는 아버지의 의도대로 오사카로 가야했고, 그곳에서 아버지와 작가의 편지를 번갈아 받아보며 갑갑한 나날을 보내게 된다. 그리고 그동안의 싫지만은 않았던 남편에 대한 감정까지도 아버지의 뜻에 따라 이혼이란 형태로 정리해야 할지 어떨지 그녀로서는 고심하지 않을 수 없었다. 결코 남편에 대한 회의감을 과소평가할 수는 없지만, 그녀로서는 이혼이란 파경을 감당할 수 있을지 없을지 판단이 서질 않았던 것이다. 또한 다시 한번 서로의 사랑을 확인하고 싶은 마음도 없지 않았다. 이후 이러한 감정은 조심스런 타진으로 이어졌다. 즉, 그녀는 시어머니 앞으로 보낸 편지에서 남편의 진심을 확인하겠다는 뜻을 내비쳤고, 이러한 뜻은 곧바로 남편 유조로 하여금 장문의 편지를 쓰게 만든다.

나는 당신에게 이 편지를 써야 할 충분한 의무가 있다. (중략) 내가 이 편지를 쓰지 않으면 윤리적으로 죽기 때문이다. 이 편지를 쓰는 것은 내가 사는 길인 동시에 당신이 사는 길이라 믿는다. 나는 반드시 이 편지를 쓰지 않으면 안 된다. 나는 편지를 인격의 발로로 생각하며 항상 진실

에 기초해서 쓴다. 이 편지 또한 실로 진심의 물방울이다. 그리고 내 평
생 이 편지는 진실 중에서도 진실의 발로라고 믿는다. 나는 이 편지를 진
심으로 쓰고 있다. 그야말로 순진한 마음으로 당신을 대한다. 당신도 진
솔하게 이 편지를 대해주길 바란다. 구구한 형식에 구애받지 말고 진실
로 나를 대해 주길 바란다. (중략) 중요한 것은 당신이 나를 사랑하고 있
느냐 하는 문제이다.

　　그리고 이것은 아버님과 상담할 필요도 없고 우치노 소메이(內野倉
明) 씨에게 상의할 필요도 없는 일이다. 당신에게 사랑하는 마음이 있느
냐 없느냐는 당신 혼자서도 충분히 알 수 있는 일이다. 아니 당신 혼자가
아니면 알 수 없는 일이다. 냉정하게 생각하고 마음을 평온하게 가다듬
고 진실을 내게 말해 주길 바란다. (중략) 서로가 밀회하는 것이야말로
인생이다. 남몰래 만나 사랑으로 합쳐지는 것이 가장 고귀한 길이 아닐
까. 당신도 신중하게 잘 생각해 주길 바란다. 형식적으로 이혼을 했다고
하더라도 나는 도저히 둘이 헤어져야만 한다고는 생각지 않는다. 실제로
사력을 다했는데도 당신이 내 품으로 돌아오지 않는다면 나는 사회적으
로도 윤리적으로도 자멸하게 된다. 당신이 비통한 세상으로 내몰리는 것
을 그냥 보고 있을 수는 없다. 도저히 그럴 수는 없다.[76]

유조의 편지는 필사적이었다. 형식적인 결혼이 아닌 진실된 결혼이었
음을 증명이라도 해 보이듯 절박한 심경으로 적고 있다. 그녀도 남편의
편지에서 사랑을 확인할 수 있었지만, 무엇보다도 부친의 해외출장 와중
에 이루어진 독단적인 행동에 대한 불안감을 떨쳐버리지 못했다. 하지만
어차피 엎질러진 이상 남편의 생각을 좀 더 확실히 해두겠다는 의지에서
일까 그녀의 탐색전도 집요하게 이어진다. 그리고 "제가 당신 곁으로 돌
아가지 않는 것은 아버지는 물론이고 우치노 소메이 씨가 결코 달가워하
지 않기 때문입니다. 이 문제에 대해서 당신은 어떻게 생각하시는지요.
반드시 20일까지는 답해 주시길 바랍니다."라는 추궁조의 편지를 남편의
편지와 동봉해서 반송했다. 그런데 유조는 여기에 대해서 답장을 하지 않
았다. 그녀로서는 재차 "왜 20일까지 답장을 안 보내주신 겁니까. 당신의
성의가 의심스럽습니다. 그건 그렇다 치더라도 왜 이혼을 서둘러 승낙해

---

76) 上揭書, p.297-298 동년 5월 10일 유조가 오사카에 있는 하나코 앞으로 보낸 편지

버렸습니까. 저로서는 이것이 곤혹스럽습니다." "돌아간다면 저는 누구 하나 믿고 의지할 사람이 없습니다. 당신께 매달릴 수밖에 달리 길이 없습니다. 당신은 그러한 상황에서 분명히 저를 받아들일 수 있는지요. 그것이 알고 싶습니다."고 적고, 남편의 다짐을 받아두고자 했던 것이다. 이에 대해서 5월 31일 유조도 답장을 보내게 되는데 거기에는 이렇게 적고 있다.

> 나는 편지 속에 내 모든 진실을 남김 없이 담아 보냈다. 나는 더 이상 아무 것도 쓸 것이 없다. 쓴다면 같은 푸념이 이어질 뿐이다. 한 통의 편지라도 그 편지는 나의 피와 눈물의 결정체이다. (중략) 이해 관계로만 살아갈 생각이라면 학문과 문학으로 살 필요가 없다. 내가 믿는 올바른 세상은 반드시 올 것으로 생각한다. 십 년 백년이 가도 오지 않는다면 십 만년 억 만년 후에는 반드시 올 것으로 생각한다. 나는 지금의 사람들이 이해해 주지 않더라도 나의 옳은 길을 진실로 믿고 걸어갈 생각이다. 그러나 나의 이 순진한 생활이 오히려 당신을 고통으로 내몰았다는 데 대해서는 뭐라고 대답해야 할 지 모르겠다. 다만 불합리함을 외칠 뿐이다.
> 그러나 요즈음 나는 불합리 가운데 합리를 볼 수 있게 되었다. (중략) 내가 옳다고 믿어도 그것이 약한 자를 괴롭히는 이상 결코 바른 길이라고 생각지 않게 되었기 때문이다. 바로 이 점에 깊은 회의가 있고, 여기에 나의 큰 문제가 상존하고 있다. 이 문제가 해결되었을 때, 나는 훌륭한 인간이 될 수 있다고 믿는다. 동시에 훌륭한 극작가가 될 수 있다고 믿는다. 그 심원한 문제로 고민할 수 있게 해준 신께 감사한다. 그리고 이 의문을 푸는 것은 당신과 나 둘이 아니면 누구이겠는가.77)

하나코는 이 편지를 받아 들고 더 이상 둘의 관계를 확인할 필요성이 없다고 판단했기 때문일까 남편으로부터 보내온 편지 2통을 들고 아버지 친구 시라후지 쵸지로와 지인 호시노(星野) 부인을 찾아 도움을 청한다. 그리고 호시노 부인의 남편을 따르는 것이 '신의 뜻'이라는 충고를 받아들여 도쿄로 돌아가기로 결정한다. 물론 그녀로서는 아버지와 상의 없는 독

---

77) 上揭書. p.310 동년 5월 31일 유조가 오사카에 있는 하나코 앞으로 보낸 편지글

단적 행동에 대해 부담과 동시에 이번 결정에 따른 모든 책임을 지겠다는
단호한 각오를 했음은 두말 할 것도 없다. 그렇게 매듭지어진 둘의 관계는
혼고와 오모리로 떨어져 별거 생활을 하면서 마스지로의 귀국만을 기다리
고, 이는 결과적으로 작가의 확신에 찬 진실의 승리라고 볼 수 있겠다.

　도쿄에서 둘은 밀회를 즐겼고 6월 18일에는 혼고 시댁을 찾아 2개월만
에 시어머니 나카에게 즐거움을 선사하기도 했다. 냉전은 서로가 만남으
로서 해빙되듯 풀렸다. 그러나 그녀로서는 남편과의 밀회가 거듭될수록
아버지에 대한 불안감도 커질 수밖에 없었다. 이른바 아버지가 자신의 독
단적인 행동에 어떤 반응을 보일 것인가에 대한 불안이었다. 더구나 아버
지를 대신해서 어릴 적부터 물심양면으로 챙겨준 우치노 소메이에게 남편
과의 관계 회복을 알리지 못한 점이 늘 마음이 걸렸다. 즉 남편과의 관계
회복 이면에서 그녀 스스로에게 파고드는 자책감에 고뇌했던 것이다.

　그녀로서는 모든 불안감을 남편에게 털어놓을 수밖에 없었다. 그리고
둘은 타개책을 강구해 보았지만 장인을 비롯한 은인들에 대한 심리적 배
려였던 만큼 그렇게 간단하게 해결책이 나오지 않았다. 작가는 그녀를 안
심시키려 "둘이 참된 길을 걷고, 그 삶을 즐길 때 곤란함도 자연히 소멸
한다. 설령 자연히 소멸되지 않는다 하더라도 둘의 깊은 사랑의 힘은 반
드시 소멸시켜 보일 수 있다. 요컨대 둘만 확실하면 주변은 걱정할 필요
가 없다. 중요한 것은 둘의 마음이다"78)라고 타이른다. 그리고 진솔하게
아버지와 친척들에게도 둘이 힘을 합쳐 대응한다면 무엇이든 뚫고 나갈
수 있다고 위로한다. 그녀는 남편의 위로에 힘입어 마침내 우치노 소메이
를 찾아 남편과의 관계 회복의 전 과정을 고백하였고, 이미 새로운 결혼
상대를 찾고 있던 우치노 소메이로서는 그녀의 고백에 난처해한다. 그녀
로서도 어차피 엎질러진 물이라 여기면서도 이미 자신의 남편감을 물색
중이란 우치노 소메이의 말에 당황하고 만다. 그래서 이번에는 아버지의
친구이자 자신의 이름을 지어준 한나 리텔79) 여사에게 편지를 보내 협조

---

78) 上揭書, p.333 동년 6월 24일 유조가 오사카에 있는 하나코 앞으로 보낸 편지글
79) 한나 리텔Hanna Littel(1855~1932), 영국 런던에서 태어나 육군 무관인 아버지를 따
　　라 인도로 갔고, 1879년 전도를 위해 고베(神戸)에 상륙, 구마모토시(熊本市)에서 구전

를 요청한다. 그러자 여사는 "서로간에 진정한 사랑의 마음이 있고, 신 앞에서 부끄럽지 않은 부부로서의 맹세가 이루어졌다면 괜찮겠지요"라는 답신을 보내온다. 그러나 그녀로서는 결연해져야 한다고 마음을 다잡고 또 다잡았지만 1개월 앞으로 다가온 아버지의 귀국 날짜가 두려움으로 다가올 수밖에 없었다. 마침내 아버지는 귀국하였고 예상했던 대로 마스지로는 딸의 행동에 노발대발한다. 하지만 이미 엎질러진 물이 아니고 무엇이겠는가. 하지만 마스지로는 딸의 독단적인 행동을 적당히 넘기려 들지 않았다. 두 부부의 진솔한 고백에도 불구하고 마스지로는 단호히 둘의 결별을 번복하려들지 않았다.

이러한 작가와 하나코의 사랑은 『쓰무라 교수』와 『진실일로』에 잘 그려져 있다. 이른바 작가가 말하는 진실의 실체가 무엇인지 보여줌과 동시에, 아버지의 딸에 대한 불필요한 간섭에 대한 메시지이며 자신의 삶은 타인에 의해 침해될 수 없다는 메시지였다. 바꾸어 말하면 하나코를 부친과 그 인연들로부터 해방시켜줌으로서 둘만의 사랑이 자리할 수 있는 공간을 만들었고, 바로 그러한 공간이 작가 자신이 사는 길이요 하나코가 사는 길임을 우회적으로 피력했던 것이다. 작가는 그녀가 불안해하는 동안 용기와 격려, 그리고 꾸지람을 아끼지 않았다. 결과적으로 보면, 아버지와 남편의 사랑 사이에서 갈등했던 그녀가 남편을 택함으로서 양자 모두를 얻는 화해로 이어지게 된다. 이는 양자택일이 아닌 양자 흡수의 기회를 만들어 놓고 시기를 저울질하는 실리의 선택이었다 할 수 있다. 물론 유조 문학의 근대적 이미지의 여인상과는 다소 거리가 있는 부분이기도 하다. 하여튼 그녀로서는 당분간 아버지의 노여움을 지켜볼 수밖에 없었고, 자신을 안정시키고 마음의 평화를 얻기 위해 세례를 받았다.80) 시간을 가지고 아버지와 남편 모두를 감싸안을 수 있는 대책을 강구해야 했

(救癩)사업을 시작했다. 혼다 마스지로와의 관계는 구마모토 가이슌(回春)병원이 1906년 9월 재단법인으로 조직될 때, 마스지로는 외유 중에도 불구하고 5명의 평의원의 한사람으로 이름을 올려놓고 있었다.
80) 유조는 하나코의 세례를 놓고 형식적인 의식에 의해서 마음의 해방이나 자유를 구하기보다는 스스로의 강한 의지를 통해서 자유와 평화를 얻는 길이 정도라며 세례를 반대했었다.

기에 먼저 스스로를 다스릴 수밖에 없었던 것이다.

그러나 마스지로의 감정은 좀처럼 풀리지 않았다. 오히려 마스지로가 딸의 호적을 야마모토 집안으로 손수 이적시킴으로서 더 이상의 부녀 관계는 유지하지 않겠다는 결연함까지 내비추었던 것이다. 그녀는 아버지에 대한 야속함과 남편에 대한 원망 아닌 원망이 교차할 수밖에 없는 밀운불우(密雲不雨)적 갑갑함을 안은 채 속을 삭여야 했다. 이후 두 부부는 아버지의 행동에 일일이 대응하지 않았다. 언젠가는 시간이 해결해 줄 것으로 믿었기 때문이다. 그러한 확신 때문일까 작가는 "다행히도 자신은 인생 탐구를 직업으로 하는 문학자이기 때문에 오히려 그러한 아버님께 감사한다"는 말을 할 정도로 성숙된 자아를 보여준다. 이후 1910년 작가는 『생명의 관』(1월), 『어머니』(9월), 『영아 죽이기』(6월)를 연이어 발표하고, 기쿠치 간, 구메 마사오, 오카모토 기도(岡本綺堂, 1872~1939), 나카무라 기치조(中村吉藏, 1877~1941) 등과 극작가 협회를 창설하면서, 그 창립 기념강연회에서 「진실과 사실」이란 제목의 강연을 하는 등, 활발한 문필가로서의 분주한 나날들을 보내게 된다.

그리고 1921년 10월 25일 두 부부의 질긴 사랑의 힘 덕택일까. 마침내 하나코의 남자 아이 유이치(有一) 출산을 계기로 아버지 마스지로의 노여움은 풀리기 시작했고 오랜만에 세 사람이 함께 하는 자리가 만들어진다. 이른바 마스지로와 딸의 화해를 시작으로 사위와의 관계도 회복 국면으로 접어들었던 것이다. '세월보다 좋은 약이 없다'는 옛말을 실감케 하는 대목이다. 이러한 유조 부부와 마스지로의 갈등과 해빙 무드는 1925년 8월 집필된 『아버지(父親)』에서 충분히 읽을 수 있다. 예컨대 할머니와 단 둘이 살고 있던 노인이 시집 보낸 딸의 병을 걱정하는 마음이 그렇다. 특히 이 작품에서 대립이나 갈등 구도를 택하지 않고 부모가 자식을 그리워하는 마음이 부각된 점은 장인과 사위간의 화해 무드가 그대로 작품화된 것으로 보기에 충분하다.

지금까지 작가의 사랑과 진실을 네 명의 여자를 통하여 작품과 편지글을 중심으로 관찰해 보았다. 여기에서 작가의 진실일로의 성격을 확인하는 차원에서 작가의 여성관이 분명히 드러나는 연설문 한 구절을 인용하면서 작가와 작품 사이의 진실 탐구를 정리하기로 하자.

이혼을 않고도 끝날 수 있는, 어디까지나 함께 갈 수 있는 사람을 선택해서 결혼 할 것. 이것이 제일 중요한 문제이다. 부부간의 행복과 불행복을 논할 때는 이것을 제일 먼저 거론하지 않으면 안 된다. 그리고 이후, 결혼한 이상, 세상의 수없이 많은 남녀 중 둘이 만나 한 쌍이 되었다는 것은 무언가 깊은 인연에 따른 것이라 하지 않을 수 없다. 따라서 서로가 그 인연에 책임을 지지 않으면 안 된다고 생각한다. 그리고 둘이지만 하나가 될 수 있도록 서로가 노력해야 한다. 그것은 부부간의 의무일 뿐 아니라 인류 전체가 화합으로 가는 역할이라 생각한다.81)

5. 만년의 현실주의적 휴머니스트

1) 마음에 태양을 안고

1910, 11년은 마스지로와 하나코 부인의 화해아닌 화해를 자축이라도 하듯, 작가는 왕성한 창작 활동을 보여준다. 이른바 1920년 『생명의 관』에서 1941년 『신편 길가의 돌』까지 희곡을 비롯한 소설, 수필, 평론 등 많은 작품을 쏟아낸다. 그런데 1940년대부터 작가의 관심은 큰 변화를 보이기 시작한다. 실제로 작가는 1941년 이후 중편 소설 몇 작품을 제외하면 거의 발표한 작품이 없고 그마저도 문단으로부터도 특별한 관심을 끌지 못했음은 그 반증으로 보기에 충분하다. 이는 작가의 활동이 새로운 국면으로 접어들었음을 의미한다. 이른바 소년소녀들에 대한 관심과 제도권 내에서의 현실주의적 행보의 출발이다.

그가 아동 문학에 관심을 갖기 시작한 것은 1926년 1월 『문예춘추』에서 교과서에 대한 비판을 가하면서부터였다. 5살이 된 장남 유이치에게 이따금씩 사준 소학 독본을 보고, 형편없는 내용과 편집에 붓을 잡을 수

---

81) 山本有三 「不幸な夫婦、幸福な夫婦」(『婦人會』, 1925) 長野賢 『山本有三正傳 上卷』, 未來社, 1987, p.409-411

밖에 없었다는 것이 이유였다. 작가는 "소년 시절의 추억을 동경하며 페이지를 펴나가는데 등줄기에 식은땀이 흐를 정도로 어떤 공포감을 느꼈다. 역시 이 정도이고 보면 아이들이 내동댕이치는 것도 무리는 아니다. (중략) 마치 감옥의 벽을 연상시키는 듯한 쥐색의 조잡한 종이. 그리고 죄나 암흑을 연상시키는 새까만 겉표지가 쥐색과 검정색 뿐으로 다른 색채는 전혀 가미되지 않았다. 이것만으로도 교과서는 어린이들에게 어두운 것, 차가운 것, 귀찮은 것, 재미없는 것이란 인상을 주기에 충분했다"82)면서 당사자의 반성과 학부형들의 관심을 독려하였다.

이러한 어린이들에 대한 관심은 마침내 『일본소국민문고』의 기획 편집으로 이어졌고 그 첫회본이 『마음에 태양을 안고』83)이다. 『마음에 태양을 안고』란 제목은 유조의 향일성을 상징적으로 표현한 용어라고 할 수 있다. 모든 생명체들은 빛을 찾아 살아가려고 애쓴다는 이 책은 지금도 시중의 대형 서점에서 쉽게 접할 수 있다. 또한 이 책에서 강조한 향일성은 앞으로도 오랜 기간 생명력 있게 소년소녀들의 마음을 지켜줄 것이다. 이 같은 작가의 소년소녀들에 대한 애정은 후일 『일본소국민문화협회』의 결성에 영향을 주었고, 저택을 개방하여 『미타카 소국민문고』를 만들어 전쟁 중에도 어린이들의 마음이 위축되지 않도록 하는 사업에도 일조하게 된다.

1936년 『진실일로』를 완결한 작가는 계속해서 11월부터 『수줍은 클라라』를 집필하였고, 이 작품에서 평소에 관심을 갖고 있던 일본어 문제84)에 대한 개혁적 사고를 몸소 실천하였다. 수줍은 소녀 클라라가 성장해서 빈민 교육에 정성을 쏟고, 더욱이 남북전쟁 당시 종군 간호사로 지원 인류애를 실천하는 활약상을 그렸는데, 여기에서 쉬운 문체와 쉬운 한자 그리고 후리가나 없는 문장을 적극적으로 시도하였다. 이러한 실천

---

82) 山本有三 「この本を出版するに當って」 山本有三全集 第十一卷, 新潮社, 1976, p.123
83) 『마음에 태양을 안고』는 독일의 시인이며 작가인 체잘 프라이슈렌의 작품 『Hab' Sonne im Herzen』를 유조가 번역한 것이다.
84) 여기에서 말하는 일본어는 원래 국어국자(國語國字)를 일컫는다. 이를테면 「국어국자 민주화운동」을 「일본어 민주화운동」으로 실었다.

작업이 후일 「후리가나 폐지」 제안으로 이어져 결실을 맺게 되는데, 작가가 후리가나 폐지를 처음으로 제안한 것은 1938년 4월 『전쟁과 두 부인』을 출간하면서부터였다. 이 책 「후기」에는 후리가나에 대해서 다음과 같이 적고 있다.

> 현재 일본은 루비를 다는 것을 그렇게 해괴하게 생각하는 사람은 없는 것 같습니다. 누구나 이를 당연한 것으로 생각하고, 또 그렇게 받아들이고 있습니다. 하지만 생각해 보면, 이처럼 한심스런 국자(國字) 사용법을 쓰고 있다는 것은 문명국으로서 수치스러운 일이 아닙니까. 요즈음 루비를 볼 때마다 검은 벌레 행렬이 기어가는 것 같아 참을 수가 없습니다. 왜 그토록 불쾌한 작은 벌레를 문장 옆에 기어 돌아다니게 하는 건지 모르겠습니다.[85]

이와 같은 취지의 일본어에 관한 의견을 내고 여론의 지지를 얻어 후리가나 폐지 문제에서부터 한자 제한 문제에 이르기까지 일본어 문제에 대한 폭넓은 시민들의 관심을 불러일으켰다. 이러한 의견은 일본어의 통일성 없는 부분에 대한 해결의 실마리를 가장 쉬운 방법으로 찾아내고자 하는 취지에서 출발하였다. 그리고 후리가나 폐지론은 일본어의 발전에 획기적인 계기를 마련하게 되는데, 읽기 쉽고, 쓰기 쉽고, 들어도 의미가 통할 수 있도록 하겠다는 작가의 취지는 많은 사람들로부터 호응을 얻게 된다. 그리고 한자가 중심이고 가나가 혼합된 문장이 아닌, 반대로 가나 중심에 한자가 혼합된 문장이어야 한다는 일본어 민주화운동은 국민적 지지를 이끌어 내면서 지속적으로 전개되었다. 구체적인 작가의 현실주의에 입각한 제도권 내의 활동상을 정리해보면, 전후 일본어 대중화를 위한 『국민의 국어운동연맹』을 결성, 헌법의 구어화를 요청하고, 이후 국어심의회위원으로 추대되어 상용한자 주심위원장으로서 활약하였으며, 『상용 한자·교육 한자·새로운 가나사용법의 제정』 등, 많은 작업을 몸소 실천하였다. 또한 참의원 의원 당시 『국립국어연구소』의 설립을 통한 일

---

85) 山本有三「この本を出版するに當って」山本有三全集 第十一卷, 新潮社, 1976, p.125

본어 민주화 운동 추진도 간과할 수 없다.

작가의 이러한 운동은 역시 소년소녀에 대한 남다른 애정 없이는 불가능했을 것이다. 그러한 측면에서 번역 작품 『맹인 제로니모와 그 형』을 비롯해서, 『형제』, 『우미히코 야마히코』의 형제, 『진실일로』의 요시오, 『길가의 돌』의 고이치 소년의 움직임은 그러한 작가의 내면을 분명히 보여주는 작품이라 하겠다. 그리고 전후에 황폐한 사회 속에서 아동 잡지 『은하』(1946.10)의 창간도 소년소녀들에 대한 애정의 산물임에 틀림없다. 하여튼 군국주의 사상이 기치를 올리고 있을 무렵 현실주의적 실천가로서 국제적인 화합의 메시지를 담은 건전한 정신적 모럴의 강조와 소년소녀들을 향한 유조의 애정 피력은 그의 문학을 논하는데 있어서 빼놓을 수 없는 부분임은 분명하다.

2) 역설적 논리를 통한 진실의 향연장

일본에 있어서 1941년은 대내외적으로 주목할 만한 해였다. 소련과 일본의 중립조약체결(4월), 독일과 소련의 전쟁개시(6월)와 함께, 일본에서는 다수의 문예 작품이 발매 금지되고, 언론·출판의 통제 강화(8월). 도조 히데키(東條英機, 1884~1948) 내각 구성(10월)을 거쳐 12월 8일 마침내 하와이 진주만 공격을 시작으로 태평양전쟁에 돌입한 해였다. 그해 1월, 작가는 JOAK(이하 NHK로 통일)[86]에서 「문자와 국민」을 주제로 강연을 하는데 이것은 전국적으로 방송되었다. 또한 7월에는 일본 예술원회원으로 추대되었고 그동안 작가에게 헌신적이었던 어머니 나카가 운명한 해이기도 했다.

군국주의로 물든 당시 상황은 국민들로 하여금 전쟁 협력을 강요했고, 전쟁에 필요한 쌀, 배, 비행기를 만들라고 주문했다. 그야말로 개인은 조

---

86) 정식 명칭은 「일본방송협회」이다. 방송법에 의거한 특수법인으로써 공공의 복지를 위하여 방송이 일본 전국에서 수신될 수 있도록 하는 것을 목적으로 한다. 1925년 도쿄방송국으로 출발하여 이듬해 사단법인 일본방송협회로 거듭나게 된다. 약칭 NHK이다.(『世界大事典』 17, 平凡

국의 이데올로기에 묻혀 숨조차 제대로 쉴 수 없는 갑갑한 분위기의 연속이었다. 그런데 이러한 파국의 한 복판에서 쌀, 배, 비행기가 아닌, 인간을 먼저 만들어 내야 한다고 주장한 교육자가 있었다. 54세의 초로의 작가 유조였다. 그는 『쌀 백 섬』에서 한 교육자를 예로 들며 교육의 중요성을 역설했다. 그리고 『소국민문고』와 『일본 소국민문화협회』의 결성을 추진했을 뿐 아니라, 그 해 7월에는 자신의 저택에 『미타카 소국민문고』까지 열었다.

그러나 작가의 교육적 차원의 외침도 1943년 11월 도쿄 공습이래 긴박하게 돌아가던 시국의 조류에 휘말려, 1944년 2월 『미타카 소국민문고』를 폐쇄하지 않으면 안 되는 운명을 맞게 된다. 따라서 작가는 장서 2만 권을 살고 있던 미타카와 고향 도치기의 소학교에 각각 기증하고, 4월에는 부인과 차녀, 3녀와 함께 도치기 읍내로 돌아 갔다. 『미타카 소국민문고』를 만든 정신은 이후 1958년 소유하고 있던 저택을 도쿄도에 기부하게 되는데 그것이 후일의 『유조 청소년문고』이다.

한편 전황은 점차 불리해져 1945년 8월 6일 히로시마, 9일에는 나가사키에 원자 폭탄이 투하되면서, 마침내 14일에는 일본이 연합군 측에 무조건 항복을 하기에 이른다. 그리고 15일 종전 조칙이 나옴과 동시에 태평양전쟁은 종지부를 찍었다. 전쟁이 끝난 후 도치기에서 미타카로 돌아온 작가는 1946년 1월 5일 재차 NHK에서 「대나무」를 주제로 연설을 하는데 그 내용은 다음과 같다.

이 같은 결과에 이른 것은 물론 군국주의자와 그 앞잡이들의 소행임에 틀림없습니다. 또한 중신과 관료, 그리고 의원에게도 죄가 있을 뿐 아니라, 라디오와 신문 잡지의 책임도 결코 가볍다 할 수 없을 것입니다. 하지만 죄가 있는 것은 그러한 부류만은 아니라고 생각합니다. 국민의 기풍, 국민의 도덕과 같은 내부적인 곳에도 큰 책임이 있다고 생각합니다. 군부와 우익이 날뛰게 된 것은 분명 잘못된 것임에 틀림없지만, 그러나 그렇게 날뛰게 만든 것은 국민 내부에서 그렇게 하게 한 뭔가가 있었기 때문이 아닐까요. 관료와 의원과 보도진이 항상 당대의 권력에 굴종하는 것은 반드시 그들만이 나쁘기 때문은 아니고 그렇게 하게끔 만드는 것이

국민 내부에 존재하기 때문이 아닐까요. 만약 국민의 기풍, 국민의 도의가 이대로 라고 한다면, 아무리 전쟁 책임자가 처벌된다 하더라도, 또 다른 한편으로 아무리 새로운 일본의 건설을 부르짖는다 하더라도 일본은 결단코 일어설 수 없을 것입니다.87)

목숨을 내던진다는 것은 가장 어리석은 짓입니다. 인간은 어디까지나 살아가는데 최선을 다해야만 합니다. 그것이 태어난 자들의 최대의 임무입니다. 목숨을 내던지는 것을 최고의 도덕으로 생각하거나 그것을 호도하는 사상은 봉건주의적 사상입니다. 인의(仁義)의 사상입니다. 군국주의적 사상입니다. 그러한 사고, 기풍이라는 것은 뿌리 채 뽑아버리지 않으면 안됩니다. 그렇지 않으면 진정한 학문은 꽃필 수 없습니다. 또 좋은 문화는 생겨날 수 없으며 평화로운 나라를 세울 수도 없습니다.88)

전자는 전쟁 책임이야말로 어느 일부에게 있는 것이 아니고 국민 전체에게 있다는 점을 강조하면서 전 국민의 의식 전환의 필요성을 호소하는 대목이고, 후자는 군국주의의 생명 경시 풍조에 대한 비판이다. 그리고 대나무는 "땅 밑에서 단단히 손을 맞잡고 있다. 폭력에 의해 잘려나가지 않는 이상 이해와 감정에 얽혀 분열하는 그런 비열한 짓은 하지 않는다"는 논리로 건강한 국민 정서를 호소하였다. 한마디로 말하면 생명의 절대성, 인간 존중 정신, 민주주의 정신을 국민에게 알리고 일본을 구하는 것은 바로 일본인 자신이며, 그러기 위해서는 국민 개개인이 최선을 다해 꿋꿋하게 살아가야만 한다는 교과서적 연설이었다. 이러한 작가의 연설은 따뜻하면서도 호소력 있는 힘으로 국민들 가슴을 파고들었다.

이후 작가는 1945년 5월 귀족원 의원으로 칙선되면서 정치에 대한 관심을 보이기 시작한다. 그리고 이듬해 1947년 4월 참의원 의원 선거에서 전국구로 입후보, 40만 표로 당선한다. 당선 후 곧바로 의원 몇 명과 담합하여 불편부당회(不偏不黨會)를 만들고, 녹풍회(綠風會)를 결성하였

---

87) 山本有三 『竹』(NHK放送, 1945.1) 山本有三全集 第十一巻, 新潮社, 1976, p.182-183.
88) 上揭書, p.185

다. 그렇게 함으로써 참의원 내의 분위기가 정당화되는 것을 피하고 이성적 판단이 살아있는 장으로 만들고자 노력했던 것이다. 그리고 6월에는 문화위원장으로 추대되어 1948년 양원의 문화위원회에서 입법화 한 「국민 축일에 관한 법률안」을 국회에서 통과시키고 새로운 국민의 축일을 만들게 된다. 동년 7월 문부(文部)위원회가 신설되면서 작가는 자동적으로 문화위원장 자리를 물러나게 되는데, 그 해 연말에는 그 동안 진력질주해 왔던 「국립국어연구소 설치법」을 공포하고 『국립국어연구소』를 설립하기도 한다.

그의 이 같은 교육 정책을 포함한 문화적 활동은 입법 기관에서 실질적으로 추진되었다. 그러나 다른 한편으로 이러한 현실주의적 원내 활동이 창작 활동을 멈추게 한 원인이었다는 점도 부인할 수 없다. 그것은 전후 작가의 작품이 『평온한 사람』 한편 밖에 없다는 것이 상징적으로 말해준다. 하지만 그의 입법 활동은 문학가로서의 경험이 없었다면 불가능했던 부분도 적지 않다. 이는 작가 나름대로의 현실 참여의 한 방법이었으며, 그러한 의미에서 작가의 실천적 활동은 문학가의 창작 활동의 연장선상에서 이루어진 현실주의자의 또 다른 모습이라고 할 수 있다.

1949년, 전후(戰後) 처음으로 소설 『평온한 사람』이 신쵸사(新潮社)에서 발표되었다. 『쌀 백 섬』이래 6년만의 작품이다. 여기에는 안마사 다메씨(爲さん)의 인생 편력이 삶의 지혜로 재생산되는 이야기를 다루고 있다. ‘무위’의 인간이 아닌 ‘유위’의 인간으로서 일하고 있는 사람을 일컫는 『평온한 사람(無事の人)』은, 전후 그의 문학적 진일보를 의미하는데, 작가의 대표작으로 자리 매김 하는데 조금도 부족함이 없다. 또한 이 작품은 작가의 ‘서다’는 사상과 함께, 그의 문학적 결정체라 해도 좋을 것이다. 그리고 1941년 3월에는 이전부터 준비해 왔던 소학교 교과서 전14권을 완결 지었다. 이는 1926년 『소학 독본과 동화 독본』으로 교과서에 대한 일반인의 무관심을 비판한 이래 20년만에 이루어낸 성과이다. 계속해서 1953년에는 중학교용 국어 교과서 전6권의 편집을 끝냈고, 마침내 5월 2일 참의원 의원 임기 만료와 함께 국회를 떠나면서 긴 공직 생활에 마침표를 찍는다. 그리고 곧바로 하나코 부인을 동행 큐슈 일대를 여행한

다. 1954년 2월에는 관서 지방을 여행하며 아스카 지방의 고 유적지를 탐방했고, 이듬해 1955년에는 이세 신궁, 야마구치, 오기(萩), 시모노세키, 교토 지방을 여행했다. 물론 전 과정은 하나코 부인과 함께였다.

그 후 둘만의 여행은 범위를 넓혀 해외로 이어진다. 1956년 자신의 저택을 도쿄도에 기부함과 동시에, 미국의 미시간 대학으로부터 초청을 받고 태평양을 건너간다. 그리고 하와이 대학, 센프란시스코와 로스엔젤레스의 양 켈리포니아 대학을 거쳐, 뉴욕, 워싱턴, 보스톤, 미시간 대학에 3일간 머문다. 이후 시애틀 워싱턴 대학과 미국 각지의 일본 문학 연구가와 학생들에게 일본 문학과 일본의 국민성에 대해서 강연을 한다. 약 2개월 정도의 여행이었다. 작가는 그때 미국 여행을 통해 느낀 바를 이듬해 1월 1일 아사히신문에 「아메리카와 직선」이란 제목으로 발표하였다.

미국인은 어째서 이토록 직선을 좋아하는 것일까. 나 같은 여행자로서는 잘 납득이 가질 않는다. 어떻게 보면 일찍이 개척자 정신, 독립 정신과 관련되는 부분이 있을지도 모르겠다. 아니면 이 나라에서 발명된 능률주의와 깊은 관련이 있을지도 모른다. 두 점간의 최단거리는 직선이다. 일을 사랑하고 속도를 사랑하고 헛됨을 싫어하는 국민에게는 직선미가 단적으로 받아들여지기 쉬운 것이 탓일까. 직선은 단순하고 간단하고 명쾌하고 솔직하다. 그 안에는 속도가 느껴져 전진을 표상(表象)하고 있다. 바로 이 점에 미국이 있다고 한다면 성급한 결론을 내린 감이 없지 않겠지만 적어도 직선에서 미국의 한 단면이 보인다고는 말할 수 있을 것 같다. 그러나 반면에 직선은 단조롭고 변화가 없다. 딱딱하여 맛이 덜하다. 막힘이 없지만 신축성이 없다. 전진적이지만 폭이 없다.89)

여기서 그 나름대로 미국을 바라보는 그의 단아한 시각이 드러난다. 즉, 미국 풍토가 길러낸 미국인의 기질, 그것을 도로와 건축에서 발견하고 국민성을 끌어내 비판했던 것이다. 또한 그 해 정월에도 NHK와 미국 대사관의 라디오 · 텔레비전부에서 미국에 대한 여러 잡다한 감상을 방송

---

89) 山本有三 「アメリカと直線」(『朝日新聞』, 1957.1) 山本有三全集 第十一卷, 新潮社, 1976, p.228

했다. 그때 그는 이미 고희(古稀)를 넘기고 있었다.

그리고『유조 청소년문고』가 개관된 것은 1958년 1월 6일이었다. 개관식에 참석한 작가는 저택을 도쿄도에 기부할 때의 마음과 어린이 교육의 중요성, 어린이 교육 시설이 갖는 의미에 대해서 강연했다. 이후 1960년 도치기시 명예 시민, 도쿄도 국세국으로부터 납세 모범자로서 표창, 1965년 제25회 문화 훈장, 1969년 금혼식을 맞이한다. 그리고『일본근대문학관』고문을 거쳐 1973년 4월 여든 여섯의 고령에도 불구하고 마이니치신문에『탁류』를 연재하기 시작한다. 그것은 신문 지상에 작품 형태로 연재한 1937년 마지막 장편『신편 길가의 돌』이래 36년만의 일이었고, 일반 독자들을 위하여 펜을 든 것은『평온한 사람』이래 24년만의 일이었다.

그리고 1974년 1월 4일 여든 일곱에 발작을 일으켜 국립 아타미(熱海)병원에 입원. 11일 오전 5시 급성뇌경색 심부전으로 세상을 떠났다. 고별식은 고인의 유지에 따라 행하지 않았고 장례식은 13일 오다하라 시영 화장터에서 비밀리에 치러졌다. 그리고 3월 10일 도치기시 보다이지(菩提寺) 긴류지(近龍寺)에서 49제 겸 매골식(埋骨式)이 이루어짐과 동시에 영원히 잠들게 된다.

제2절 사회적 비판의식과 인간존중의 사상
: 희곡을 중심으로

1. 유럽 문학을 통한 근대성 탐구

유조 문학과 외국 문학의 관계는 의외로 깊다. 그것은 제일고등학교 문과 졸업과 도쿄제국대학 독문과에 입학함으로서 외국 문학을 접할 기회가 많았기 때문이다. 그는 학생 시절(1909~1925)부터 줄곧 외국 문학을 애독했기 때문에, 자신만의 문학 세계는 물론 인생관을 확립하는데 있어서도 그것이 차지하는 위치는 절대적이라 해도 과언이 아니다. 이른바 하프트 만, 스트린드 베리, 슈니쓰 레르 등의 작품을 번역·연구함으로서 구축된 나름대로의 삶의 틀이라 할 수 있다. 그리고 그러한 외국 문학의 모방을 통하여 그 나름대로 창작의 객관화에 성공하는데, 대표적인 작품이 『생명의 관』, 『진실일로』, 『길가의 돌』, 『서다』 등이다. 특히 희곡 시대의 초기 작품 가운데 역사극은 그 영향이 지대했으며, 후에 팽이가 선다고 하는 「서다」[1]사상으로까지 발전시킨 것은 중요한 의미를 갖는다. 이는 또한 작가의 삶 자체를 긍정적으로 바꾸어 놓는 데에도 결정적인 역할을 했다고 볼 수 있다. 예컨대 무사 출신의 고집불통이었던 작가의 사고를 건설적인 방향으로 바꾸어 놓은 부분이다.

여기에서 작가가 외국 문학을 받아들이는 과정을 3단계로 나누어 고찰해 보기로 하자. 제1기는 1909년 작가가 일고에 입학해서 도쿄제국대학 독문과를 거쳐 1915년 대학을 졸업하기까지 하프트 만과의 만남이다. 제2기는 대학을 졸업해서 1915년 봄, 이노우에 마사오 일단과 아키즈키 게이타로·가와카미 사다얏코·기타무라 로쿠로 일단의 전속 작가를 거쳐, 연극에 대한 정신적 지향을 한층 높였던, 이른바 자복기 스트린드 베리와의 만남이다. 제3기는 1921년 「예술은 「드러내는」 것」의 발표에서부터 자신의 문학관에 기초한 문학 활동의 실천기, 슈니쓰 레르와의 만남이다. 이 세 단계를 통하여 작가의 외국 문학 수용 과정을 알아보고 그것이 작가의 문학 세계와 어떻게 관계하고 있는지, 그리고 작가의 이(異)문학 체험이 그의 문학에서 차지하는 위치와 범위를 검토해 보기로 한다.

*제1기 : 독일 하프트 만과의 만남

주지하는 바와 같이 유조는 1909년 일고에 입학한지 2년째, 어느 독일어 교사의 비상식적인 채점으로 인하여 학년 시험에서 낙제하고 만다. 이를 계기로 그 해 8월 여름 방학을 틈타 아시오 광산을 찾는데, 후일 그

---

[1] "선다고 하는 것은 움직이지 않는 것이 아니다. 언뜻 움직이지 않는 것처럼 보이지만 실은 맹렬히 전속력으로 움직이고 있는 것이다"는 팽이의 논리를 말한다.

곳 체험을 바탕으로 작품화한 것이 『탄광』이다. 작가의 극에 대한 관심은 이 무렵부터 고조되는데, 첫 작품 『탄광』이 2회에 걸쳐 공연되고 연극 전문 잡지 『가부키』에 소개된 것은 작가의 극에 대한 관심을 배가시키는 결정적 계기로 작용한다.

그리고 도쿄 제국 대학 2년째 되던 해 1914년 2월, 도요시마 요시오, 기쿠치 간, 구메 마사오, 아쿠타가와 류노스케 등과 제3차 『신사조』를 일으키고, 창간호에 「시마무라 호게쓰 선생에게 ― 예술좌의 『바다의 부인』을 보고」를 게재한 것은 그러한 작가의 관심사를 그대로 대변한 것이라 하겠다. 여기에서 우선 "선생은 무대 감독이라는 것을 전혀 이해하지 못하고 있을 뿐 아니라 실제로 감독이 될 능력도 갖추지 못하고 있다. 따라서 무대 감독을 그만둘 것을 권고하는 바이다"고 언급한 후, "무대 감독은 각본 이해를 아무리 잘하고 있더라도 이해한 그 내용, 기분을 무대 위에서 창작해 낼 수가 없다면 무대 감독의 가치는 그 어디에도 없는 것 아니냐"고 지적했다. 이른바 감독으로서의 창작성 결핍을 강하게 비판했던 것이다. 그리고 제3절에서는 구체적으로 무대상의 창작성을 문제삼으면서 비판을 계속한다. 즉, "입센이 쓴 대화는 그렇게 죽는 것이 아니다. 입센의 말 저변에는 생명이 흐르고 있다." "입센은 결코 그렇게 품행이 나쁜 하녀 같은 바다의 부인을 그린 것이 아니다"고 하였다. 이 같은 극평은 그가 입센의 작품을 얼마나 구체적으로 이해하고 연구했는지, 그리고 연극에 대한 관심의 정도가 어느 정도인지 잘 말해주는 대목이라 할 수 있다.

또한 「미술 극장과 무명회」(『신사조』, 1914.6) 「미술 극장」에서는 하프트 만의 『평화제Das Friedenstest』를 거론하여, 사랑과 증오, 평화와 투쟁 속에서 살아가는 숄처가를 비평하고 있다. 그리고 "이 각본에서는 둘로 분할해야 할 필연성을 갖지 않는다. 극의 중간에 막을 내리는 것은 스트린드 베리가 그 단막극론에서 자세하게 논하고 있다"고 언급하면서, 아키타 우자쿠(秋田雨雀, 1883~1962) 연출의 『파묻힌 봄』도 함께 평하고 있다. 역시 「미술 극장과 무명회」에서는 구스야마 마사오(楠山正雄, 1884~1950)가 번역한 슈니쓰 레르의 『아나톨Anatol』(1893)이

"엉터리 투성이라 평하며, 가장 결정적인 잘못은 그와 그녀를 잘못 이해하고 있다는 점이고, 따라서 이야기가 통하지 않는다. 그럼에도 번역자에게 의미가 전해졌다는 것에 경탄할 뿐이다"며 오역에 대하여 강도 높은 비판을 서슴치 않았다. 동시에 "그의 작품에는 다른 근대극에서 볼 수 있는 사회의 결함을 들춰내고 이를 엄격하게 논하는 인간이 등장하지 않는다. 슈니쓰 레르는 근대 극작가로서 사회적인 성의 문제를 심도있게 다루고 있다. 하지만 여자를 싫어하는 스트린드 베리와도 삶의 태도가 다르고, 쇼의 기묘한 인정론과도 취향를 달리하고 있다"면서 슈니쓰 레르에 대한 나름대로의 자기 진단도 피력한다.

이상에서 알 수 있듯이, 학생 시대의 연극에 대한 그의 열정은 타의 추종을 불허할 정도였다. 입센, 하프트 만, 스트린드 베리, 슈니쓰 레르 등 외국 문학에 대한 폭넓은 관심과 이해, 여기에서 출발한 연극 연출법과 극 이론은 그의 문학 세계에 초석이 되었다고 할 수 있다. 특히 이 시기에 번역된 세 작품, 즉 하프트 만의 『일출 전』, 즈텔맨의 『명예』, 그리고 1915년 도쿄대학교 졸업 논문 「하프트 만의 희곡 『직공』의 희곡적 형식에 대해서」를 보더라도 그의 하프트 만에 대한 관심이 어느 정도인지 가름하기에 충분하다.

여기에서 좀더 하프트 만과 유조 문학의 상관 관계를 살펴보도록 하자. 먼저 『일출 전』의 구조를 보면, 제1막에서 제5막까지 사건은 한정된 30시간 정도의 시간적 공간에서 이루어진다. 그리고 장소는 부농 크라우제의 정원과 거실로 설정되었고, 주요 등장 인물은 로트, 호프만, 헤레네이다. 드라마는 낯선 방문객 로트가 크라우제 집을 방문하는 것으로 막이 오른다. 로트는 크라우제의 사위 호프만의 고교 동창생으로서 둘의 대화가 중심이 되고, 그 대화 속에서 이 지역의 사회적 부조리가 노출된다. 탄광 광맥의 발견으로 갑자기 부자가 된 농부들은 도박과 사냥, 음주가무에만 몰두하며 졸부 근성을 보였고, 심지어는 소와 말에게 대리석으로 만든 여물통을 사용하는 등 부를 자랑한다. 한편, 빈곤과 착취로 괴로워하는 하인들과 광부들은 그러한 졸부의 작태에 대해 증오심을 키워갔고 지주들의 행태를 저주스런 눈빛으로 노려보고 있었다. 그리고 사회적 인식이 부족한 헤레네는 그들의 대립에 막연한 공포심을 느끼며 두려운 하루하루를 보내고 있었다.

제2막은 로트와 헤레네의 대화가 중심이다. 로트는 도착된 세계 질서 측면을 고발하고, 헤레네는 강아지에게 고급 케이크를 먹이면서 하인들은 굶게 내버려두는 지방 졸부들의 비인간적 부조리 행태를 비판한다. 이와 같은 빈부의 갈등은 마침내 바이프스트의 행동에 의해 가시화된다. 그는 두 자식을 광산의 갱내 사고로 잃고, 생계를 위하여 세 번째 자식마저 탄광으로 내보낼 수밖에 없는 처지가 된다. 그 자신 역시 헤레네의 약혼자 칼의 아버지로부터 총을 맞고 절름발이가 되었다. 그래서 자신에게 인간적인 호의를 보여주는 로트에게조차 "가난한 자들을 깔보지 말아라. ……목사처럼 말은 잘 하면서 이런 부분에서는 새빨간 거짓말만 한다"며 냉소적인 태도를 취한다.

제3막에서는 지금까지 잠재해 있던 알콜 문제가 전면에 부상한다. 호프만의 처 말타의 출산과 자식 양육 문제가 논쟁이 되고, 로트는 자신의 반려자의 필수 조건으로 정신적·육체적 건강을 제시한다. 한편 헤레네가 보인 로트에의 관심에 일종의 질투를 느낀 호프만은 로트의 본래 의도, 즉 이 지역의 실태 조사에 대해서 분노하고, 로트를 민중의 선동자로 몰아 광부들에게 기업주에 반항하고 적이 될 것을 선동하고 있다고 비난한다. 그래서 둘의 관계는 급랭한다. 한편 헤레네는 집안의 알콜 중독 문제를 걱정하면서도 로트에게 자신의 사랑을 적극적으로 고백한다.

제4막에서는 로트가 자신의 가문에 대대로 이어져온 알콜 중독 사실을 알게되면 자신을 버릴지도 모른다는 헤레네의 심적 불안과, 로트의 딱딱한 성격으로 인한 갈등에도 불구하고 둘의 관계는 절정에 이른다. 그리고 여기에서 지금까지의 작품 구조는 변화를 보이는데, 이러한 변화의 고리는 빈부의 대립, 광부와 하인들의 이야기가 단락적으로 보인다는 점에서 찾아볼 수 있다.

제5막에 들어서면 로트가 이 지역에서 의료 사업을 하고 있는 친구 신

메르페니이를 만나게 되는데, 그 자리에서 헤레네 집안의 알콜 중독 이야
기를 자세히 듣게 된다. 헤레네는 말타를 간병하면서도 불안감에 몇 번이
고 로트의 존재를 확인하는데, 결국 로트는 그녀로부터 떠나가 버린다.
그리고 그녀는 떠나간 로트의 자리를 메울 수 없어 자살하고 만다. 그녀
의 죽음은 그녀를 둘러싼 질곡의 〈환경〉과 절망으로부터 스스로를 구원
하는 상징적 의미가 포함되어 있다 할 것이다. 이른바 스스로를 죽느냐
사느냐는 가장 원초적인 세계로 되돌려 놓음으로서 현재의 질곡에서 해
방되고 구원받는 방법을 택하게 되었던 것이다.

이상의 줄거리에서처럼 이 작품에는 농촌 사회로부터 산업 사회를 향
한 과도기에, 한 가정 내에서 나타난 대립된 두 세계가 제시되고 있다.
즉, 비참한 생활을 할 수 밖에 없는 하인과 광부들로 대표되는 프롤레타
리아의 세계와 탄맥의 발견으로 졸부가 된 부르조아 세계의 대립이다. 그
들 속에서 주목되는 인물은 로트와 헤레네이다. 로트는 확고한 신념아래
이념과 실천을 겸비한 사회 운동가이자 극빈자를 대변하는 정치가로 등
장한다. 로트는 스스로 휴머니스트라고 자칭하지만 정신적·육체적으로
건강한 반려자로 사랑의 실천자에까지 이르지는 못한다. 이는 그의 이념
이 너무 추상적으로 경도되었기 때문이라 할 수 있다. 또한 헤레네는 자
신의 처한 환경이 사악함을 알고 오염되지 않으려 애쓰면서도, 그 환경을
변화시키고 탈출할 수 있는 용기를 갖지 못한 순진한 여자이다. 따라서
그녀는 로트를 통해 자신이 처한 환경을 새롭게 인식하고, 자신이 바라는
이상 세계에 도달하려고 한다. 그러나 그 꿈은 로트의 헤레네 방기로 인
해, 그녀의 급속히 고조된 생명력은 추락하고 만다. 억압과 착취 속에서
괴로워하는 극빈자를 위하여 분투하는 개혁가는 극히 평범한 수준의 인
간애(헬레네에 대한 동정)조차도 보여주지 못한다. 비록 그것이 '일생의
사업'과 '만인의 행복'을 위하여 그런 거라 해도 그 이념이 과연 정당성을
담보할 수 있을까. 순수를 순수로 받아들이지 못하는 개혁가의 본성을 인
간주의 차원에서 다루는 것이 정당한가 하는 의문이 남는다. 하여튼 하프
트 만은 『일출 전』을 통하여 사회적 부조리와 가정 붕괴를 여과 없이 고

발하였다 할 수 있는데, 이는 서구 자연주의가 일본적 자연주의와 구별되는 특징이기도 하다.

한편 유조가 도쿄제국대학 독문과 졸업 논문으로 다룬 『직공』은 어떠한가. 하프트 만의 『직공』은 1844년 시레젠 지방의 페스트 윌타우에서 일어난 직공들의 반란을 소재로 삼고 있다. 전 5막으로 이루어져 있는데 우선 제1막에서는 경제적인 갈등이 생기게 된 원인과 노동 착취라는 구도가 명확하게 나타난다. 직공들은 자신들이 만들어 온 직물을 검사원과 출납원에게 내놓으면서 조금이라도 임금을 올려달라고 애원한다. 하지만 공장주들은 그들의 애원을 박정하게 거절하고, 오히려 빈곤과 기근에 허덕이는 것은 음주와 게으름 탓이라며 비난의 목소리를 높인다. 그리고 낮은 조건의 임금으로 200명의 직공들을 추가로 채용하여 노동력 착취를 계획한다. 그런 상황에서 베카란 인물이 나타나 다른 직원들과는 달리 공장주에게 항의하며 부당성을 거침없이 내뱉는다. 베카는 동료들과 공장주를 실랄하게 비판하고, 「피의 노래」를 부르면서 언제든지 집단 행동을 할 수 있음을 공장주에게 내비친다. 때마침 8세 되는 어린이 노동자가 대기 중, 기근에 못 이겨 졸도로 쓰러지는 사건이 발생한다.

제2막에서는 제1막에서 제시된 전반적인 직공들의 빈곤과 기근이 한 가정 안에서 어떻게 작용하고 있는지를 보여주고 있다. 무대는 직공 바우메르트 노인의 처연한 방이다. 바우메르트 노인과 함께 온 제대병 예코는 그들의 찌든 생활을 객관적으로 볼 수 있는 입장인데, 그는 직공들의 생활이야말로 "도시에서 살아가는 개만도 못하다"는 자극적 발언으로 공장주에 대한 직공들의 분노에 기름을 붓는 작용을 한다. 그리고 그는 「피의 노래」를 가르쳐주면서 그들의 분노가 구체적인 행동으로 발전할 수 있도록 인도한다. 그 결과 직공들은 집결하였고 마침내 투쟁 의식은 절정으로 치닫게 된다.

제3막에서는 직공들의 고조된 투쟁 의식이 이미 경찰관조차도 두려움의 대상으로 비치지 않을 만큼 고조된다. 그리고 직공들의 절박한 상황은 직·간접적으로 같은 동료들의 상황 보고와 설명, 대화 형식을 빌어 조목

조목 고발된다.

제4막의 공간적 배경은 트라이시카의 집이다. 여기에서는 두 유형의 종교가와 자본가가 국가의 권력과 결탁된 밀착 관계, 그리고 직공들의 궁핍의 원인인 국가 경제 상황을 설명하는 구도로 이루어져 있다. 그리고 트라이시카는 직공들의 집단 행동을 이유로 경찰을 불러들이지만, 흥분한 직공들은 예코의 호송 경관을 폭행하고 목사까지 폭행한다. 이 같은 일련의 행동은 정치, 경제, 종교의 밀착 관계를 집약해서 고발하였다고 할 수 있는데, 예컨대 프롤레타리아 문학에서 일반적으로 다루어지는 실천 행동으로 볼 수 있다.

제5막의 무대는 노인 직공 히르제의 집이다. 히르제 노인의 젊은 아들 부부는 폭동에 가담한 혐의로 선동자로 분류되어 체포된다. 그러나 경박한 히르제는 세상을 혼란으로 이끌어 가는 것이 신의 의지에 반하는 것이라 생각하고, 숙명적으로 주어진 자신의 직장을 고수하면서 성실하게 일을 계속한다. 그리고 데모대를 진압하려고 출동한 헌병대의 유탄에 맞고 삶을 마감한다.

이상에서 볼 수 있듯이 『직공』에서는 산업혁명 과정에서 대두한 노동자의 빈곤 문제가 집중적으로 조명된다. 그리고 지배 권력—자본가—교회의 밀착 관계를 고발하고 있는데, 역시 민중이 드라마의 주인공으로 등장하는 것이 이 작품의 가장 큰 특징이라고 하겠다. 또한 제5막에서 직공들의 부산한 움직임과 히르제 노인의 직업에 대한 현실순응적 사고에서는 비관주의와 낙관주의의 대립 양상도 엿볼 수 있다. 이처럼 단순하게 보이지만 복잡한 구도로 얽히고 설킨 작품이 『직공』이다. 따라서 이 작품은 『일출 전』과 마찬가지로 사회극이면서 동시에 혁명극이라고도 할 수 있다. 그리고 『직공』의 또 다른 특징으로서는 제4막까지 흘러 온 줄거리의 분산이다. 오히려 해체라고 하는 편이 옳을지도 모른다. 이를테면 『일출 전』의 로트와 같은 인물, 즉 예코가 밖으로부터 안으로 들어와 주인 노릇을 하며 드라마를 이끌고 간다는 형태를 취하는 점이다.

그렇다면 이 같은 하프트 만의 작품은 유조 문학에 어떠한 영향을 끼쳤다고 할 수 있을까. 그리고 그러한 영향은 그의 작품 속에 어떻게 자리하고 있는가? 여기에서 두 가지 측면을 생각해 보기로 하자.

먼저 작가가 학창 시절에 여러 형식의 외국 문학을 접하면서 특히 하프트 만으로부터 대립적 구도를 배웠다는 점을 지적하고 싶다. 이 대립 개념은 유조 문학에서 희곡 시대뿐만이 아닌 소설 시대까지 계속되는 부분인데, 예를 들면 『생명의 관』에서 형제간의 대립이 그것이다. 아리무라 가족은 자본을 힘으로 밀고 들어오는 히사토미(久富) 상회를 상대로 성실과 정의감으로 최후까지 맞선다. 그러나 공장과 집은 고스란히 자본가에게 넘어가고 마는데 작가가 여기에서 고발하고 싶었던 것은 자본주의 체재에서 희생될 수밖에 없었던 한 가족의 애환이다. 이른바 한 가족의 생존권 투쟁이라는 차원에서 가진 자와 못 가진 자를 서로 대립시킴으로서, 자본주의의 모순을 자연스럽게 고발하고 있다는 것이다. 또한 성격은 다르지만 쓰무라와 구로카와(『쓰무라 교수』), 사이고와 오쿠보(『사이고와 오쿠보』), 가몬과 시치로에몬(『가몬과 시치로에몬』) 등도 그러한 대립적 개념에서 만들어진 것임은 짐작하기 어렵지 않다.

다음은 주인공이 민중이란 사실이다. 예를 들면 작가의 처녀작 『탄광』은 하프트 만의 『직공』처럼 어떤 특정한 인물 중심으로 전개되지 않고, 광산촌에 집단을 형성하고 살아가는 못 가진 자들의 한의 소리를 담아 내는데 초점을 두었다. 물론 여기에는 설득력 있는 선동자 한 명이면 그들이 말하려는 한의 소리, 즉 자본가에 대한 증오심을 폭발시키기에 충분하다. 그러나 이러한 선동을 통한 집단 행동은 현실적으로 결실을 보기까지 많은 난관이 있고 희생이 불가피한 위험성이 따른다. 그래서일까. 작가는 『직공』의 제5막에서 히르제 노인을 의문의 죽음으로 내몰았다. 이런 사실을 감안하면 『탄광』 역시 『직공』처럼 민중이란 집단이 주인공인 것은 분명하다. 또한 소설 『진실일로』가 사회 고발을 그린 작품은 아니지만, 요시헤이, 무쓰코, 시즈코, 요시오, 스미다, 어느 누구를 보더라도 주인공이 아닌 자가 없다. 이러한 주인공의 분산은 위에서 언급한 『직공』의 영향이 컸다고 보는 것이다.

작가 스스로 밝힌 "단백질이 적은 누에가 단백질이 적은 뽕잎을 먹고 단백질만의 누에고치를 만들어 내는 것"[2]이란 이처럼 유럽 문학을 통해 모방에서 창작을 끌어낸다는 창작관과 다름없다. 이처럼 작가는 하프트만의 다양한 작품을 통하여 '그쪽'에서 끝나는 것이 아니라 모든 객관적 사실을 '이쪽'으로 끌고 와 새롭게 창조해 내는 원칙을 초기 창작의 틀로 삼았음을 알 수 있다. 또한 이 같은 작가의 창작관은 1914년 7월 『일출전』의 번역서 '머리말'에서 "어떤 작가든 그 처녀작 당시에는 모방 시대를 거치는 것이다. (중략) 그러나 이런 모방은 결코 비난받을 대상은 아니다. 모방하는 가운데 점차 창작의 싹을 틔우는 법이고, 작가는 자기 예술을 만들어 가기 때문이다"[3]라는 대목에서도 확연히 엿볼 수 있다. 그리고 작가는 이러한 창작관에 기초한 문학적 이론과 경험을 토대로 자신의 문학 세계를 열어갈 수 있었던 것이다.

*제2기 : 스웨덴 스트린드 베리와의 만남

작가와 스트린드 베리와의 만남은 이미 「미술 극장과 무명회」에서도 거론했듯이 학생 시절부터였다 할 수 있다. 작가가 1916년 2월 극단 전속 작가를 내팽개치고 도쿄로 돌아왔을 때, 그를 반겨준 것은 냉담한 동료들의 시선과 여배우 유리코의 변심뿐이었다. 그것은 작가에게는 현실적으로 살아남을 수 있는 터전을 상실한 것과 다름없었다. 당시 엎친데 덮친 격으로 생활고까지 겹쳐 그의 생활은 궁핍하기 짝이 없었다. 그러나 그러한 상황은 작가에게 심기일전의 계기로 작용하였고, 위기를 기회로 삼는 강도 높은 자기관리 수순을 밟게 하였다. 작가의 이 같은 실천 정신은 오카모토 이치타로 부부로부터 최소한의 생활비를 빌려 오로지 공부에 전념하고자 했던 자세에서 분명히 엿볼 수 있다. 이른바 작가의 자복기(雌伏期)이다.

공부만을 작정한 작가는 먼저 생활비의 보충을 위하여 스트린드 베리

---

2) 山本有三 「藝術は「あらわれ」なり」(『人間』, 1921.5) 山本有三全集 第十卷, 新潮社, 1976, p.13
3) 上揭書, p.118

의 작품 『죽음의 무도』를 번역하였고, 9월 무샤노코지 사네아쓰의 소개로 낙양당에서 출판하였다. 이 작품은 일회성 번역으로 끝나지 않고 1924년에도 「대차(貸借)」, 「잘하는 여자」를 덧붙여, 『죽음의 무도』란 이름으로 출판되기도 했다. 또한 『근대극전집 북구편』(『제일서방』, 1928), 『야마모토 유조 전집』(『개조사』, 1931)에는 첫머리에 실려, 그의 『죽음의 무도』에 대한 애착이 어느 정도인지 그대로 보여준다.

먼저 『죽음의 무도』의 내용을 살펴보기로 하자. 이 작품은 2부작으로서 제1부는 적적한 섬을 배경으로 하고, 이전에 감옥이었던 원형의 요새지 내부를 무대로 삼고 있다. 주인공 에드그 대위와 이전 여배우였던 아리스는 서로간의 애증(愛憎)의 결혼 생활 끝에 3개월 후에는 은혼식을 올리게 된다. 그런데 오만하고 냉소적인 에드그는 인간을 불신하고 만인을 적으로 생각하며 부인 아리스와도 화해할 수 없다며 독선적인 성격을 버리지 못한다. 아리스도 나름대로 에드그를 용서하지 못하고 그가 죽어야만 자신은 해방될 수 있다며 세월이 흐르기만을 기다린다. 그리고 부부는 상관과 부하들로부터 따돌림당하고 식모와 하녀조차 떠나버린 외딴 섬에서, 돈마저 떨어진 그야말로 고독, 비참함, 권태기 속에서 상호간의 불가피한 애증의 접촉만을 반복할 뿐이다. 그런데 아리스의 옛 친구 쿨트가 검역소 소장으로 부임해 오고 아리스와 쿨트가 가까워지면서 상황은 뒤바뀌게 된다. 쿨트로서는 미국에서 돈을 벌고 일종의 깨달음과 평화를 구하고자 이 섬을 찾았던 것이다.

그러나 쿨트에 대하여 아리스가 호감을 보이는 만큼 에드그는 심한 반감을 품게 된다. 이따금씩 에드그는 장(臟)에 발작을 일으켜 쓰러지는 경우가 있었지만, 의식을 회복하면 이내 곧 쿨트에 대한 냉혹한 계략을 짜거나 침통한 인생관을 의미 심장하게 토로하거나 한다. 아리스는 그가 쓰러지면 죽게 되고, 죽으면 해방이라며 기뻐하지만 그것은 한낱 꿈에 지나지 않았다. 결국 쿨트 역시 그녀의 유혹을 받아들이지 않고 떠나가 버렸기 때문이다. 그리고 에드그의 "자, 은혼식이다! (벌떡 일어난다) 취소하고 전진! 자, 전진이다!"4)는 말과 함께 제1부는 막을 내린다.

제2부의 무대는 백색과 황혼 색으로 밝게 장식된 쿨트의 집 응접실이다. 쿨트는 에드그의 계략에 휘말려 그에게 재산뿐만 아니라 집과 지위마저 모두 빼앗긴다. 에드그는 쿨트의 의견을 도용하여 검역 논문을 쓰고 훈장까지 받는다. 그리고 위생 고문관의 지위를 얻어 상관에게 자신의 딸 유딧트를 시집 보내 섬의 실권을 장악한다는 계획을 세운다. 그러나 유딧트는 쿨트의 아들 아랑에게 사랑을 느끼고 상관과의 결혼을 끝까지 거절한다. 상관으로부터 버림받은 에드그는 발작을 일으켰고, 마침내 의식 불명 상태가 되어 남편의 속박으로부터 벗어나 좋아하는 아리스에게 침을 뱉고 죽어 버린다. 그리고 아리스는 남편과 사별한 후에야 비로소 그만이 자신의 청춘 시절 애인이었다는 것, 인생의 반려자였다는 사실을 깨닫게 된다. 그녀는 그를 증오함과 동시에 사랑하고 있었던 것이다. 그리고 쿨트의 동정을 뿌리치고 그녀의 "미미카에게 평안을 주소서!"[5]라는 기도 소리와 함께 작품은 막을 내린다.

예컨대 제1부에서 부부의 단조로운 생활과 어두운 단면을 표현했다고 한다면 제2부에서는 유딧트와 아랑을 중심으로 한 젊은이들의 기쁨과 슬픔을 그렸다고 할 수 있다. 열렬히 삶을 추구하는 자가 현세적인 기쁨을 지향하는 작품으로서 인간사에서 밝은 체념을 가르쳐 주었다 하겠다.

몰락한 상인 아버지와 식모 출신인 어머니 사이에 태어난 스트린드 베리는 애정에 대한 갈망과 비참한 빈곤을 체험으로 세상에 대한 반항 의식을 집중적으로 그렸다. 그리고 사회적 부조리에 투쟁하는 의식적인 글을 많이 집필하였는데, 결국 세상에서 살아 남는 길은 자신의 마음을 평온하게 하는 것이라 믿고 그렇게 스스로를 유도하였다. 이러한 정서는 『죽음의 무도』 제1부 마지막 부분의 쿨트의 모습에서 확연히 엿볼 수 있다.

대위 (위엄을 가지고)네가 인간의 운명이라는 것을 이해할 수 있는지
     모르겠구나. 나나 우리와 같은……?
쿨트 아니오 제 운명처럼 조금밖에 알 수 없지요!

---

4) 毛利三彌 「死のある舞踊」, 『ストリンドベリイ名作集』, 白水社, 1975, p.309
5) 上揭書, p.346

대위 도대체 이런 어수선한 분규가 무슨 의미가 있지?

쿨트 제게는 자신이 행복할 때는 의미 따위는 알려고 하지 않고 단지 따
       르려고 하는 게 의미라고 생각했었는데…….

대위 단지 따른다! 나는 내 자신 외에 확실하지 않으면 아무것도 따를
       수가 없다.

쿨트 많은 사람이 그렇지요. 하지만 당신은 수학자로서 이미 알려진 데
       이터로부터 미지의 점을 구할 수가 있을 텐데요.

대위 그것을 구하려 노력했지만 결국 찾을 수가 없어!

쿨트 자 계산이 틀렸던 것이겠지요. 다시 한번 해 보세요![6]

여기에서 쿨트가 깨달은 인생 철학은 '단지 따르는' 것이었다. 확실히 에드그를 리드하는 쿨트의 모습에는 여유가 있다. 인간이면 누구나 현실을 겸허한 태도로 받아들이지 않으면 안 되며, 오히려 억지로 현실을 회피하거나 바꾸려고 했을 때 고뇌와 고통은 따르게 마련이다. 따라서 주어진 운명에 대한 정면 도전은 피해야만 한다고 가르치고 있다. 이는 스트린드 베리처럼 열악한 환경에서 자신을 구축해 오면서 운명 수용적인 입장을 견지한 자아의 발견과 다르지 않다. 이러한 쿨트의 사상은 『직공』 제5막에 등장하는 낙관주의자도 비관주의자도 아닌 노인 히르제의 죽음과 일맥상통한다는 점도 간과할 수 없다.

이와 같은 현실 수용과 긍정적 사고는 유조의 작품에서도 그대로 나타난다. 작가가 시나리오 형식을 빌어 집필한 『눈(雪)』 제9장 「지상에 있는 동안은」을 보면, "지상에 있는 동안에는/ 지상의 임무를 다하자/ 아무리/ 아무리 괴로워도/ 만약, 어쩌다가 하늘로 되돌아가게 되면/ 그때는 하늘의 즐거움을 즐기자/ 하지만 지상에 있는 동안은……"[7]이란 대목이 있다. 여기에는 살아있는 동안 받아들일 수밖에 없는 자신의 환경을 운명적으로 받아들이려는 작자의 사상이 베어있다. 이와 같은 자신이 처한 운명에 대해 수용 의지는 『생명의 관』 마지막 장면에서도 그대로 살아있다.

---

6) 上揭書, p.300
7) 山本有三全集 第四卷 『雪』(第九章 「地上にいるあいだは」), 新潮社, 1976, p.209

긴지로 사람은 세상살이를 하는 이상 참지 않으면 안 되는 법이다. 마음
　　　에 들든, 마음에 들지 않든 자신이 해야할 일은 하지 않으면 안
　　　된다. 알았지. 무슨 말인지 알겠지?. 그야 너도 괴롭겠지만 나 역
　　　시 괴롭다. 그러나 이제 그만두자구. 서로 잘 견뎌내자는 말이야.
　　　알았지. (중략)
아리무라 아니, 저는 패군의 장군입니다. 드릴 말씀은 한마디도 없습니다.
마사코 (애기를 달래면서)지금과 같은 이야기는 나로서는 어려워 잘 이
　　　해가 안갑니다. 정직하게 일했으나 불행하게 된다 하더라도 나는
　　　그것을 운명이라고 생각해서 어디까지나 참고 견뎠습니다. 하지
　　　만 이 자그마한 애기한데까지 또다시 이러한 괴로움이 돌아오게
　　　되는 것은 아닌지요.
히키다 유감스럽습니다만 그렇습니다. 인간 세상이 이대로인 이상 이런
　　　불합리는 계속될 것입니다.
마사코 나는 어떠한 괴로움이 닥쳐도 괜찮습니다. 어떤 불행이 닥쳐도
　　　참을 수 있습니다. 하지만 이 아이에게만은 또다시 똑같은 괴로
　　　움이…….8)

앞에서도 언급하였듯이, 이러한 작가의 운명에 대한 긍정적인 사고에
직접적인 영향을 끼친 외국문학의 영향은 『탄광』 전후에는 거의 없었다
고 할 수 있다. 그러나 자복기 이후 1919년, 20년 무렵은 하프트 만과
스트린드 베리 등으로부터 인간으로서 어떻게 살아야만 하느냐는 보편적
삶의 철학을 구하는 작업에 심취하게 된다. 그 인간적 철학이 정의와 진
실이었고, 그것이 작가의 문학 세계로 파고들었다고 하겠다. 운명에 순종
하는 삶, 이러한 정신은 히르제 노인과 아리무라 일가족에게도 그대로 이
어졌다. 거기에는 사랑과 사회적 부조리의 고발이라는 측면에서 보면 성
격을 달리하지만, 역시 인간이 인간답게 살아가는데 공유할 수밖에 없는
희로애락의 철학이 살아있다고 할 수 있다. 아사의 '어쩔 도리가 없다'
(『영아 죽이기』), 아리무라의 '패군의 장군'(『생명의 관』), 쓰무라의 '진
실의 소인'(『쓰무라 교수』)적 자세는 그러한 철학과 연계해서 생각할 수

---

8) 山本有三全集 第一卷 『生命の冠』, 新潮社, 1976, p.189

있다. 겉으로 보기에는 분명 패배했지만 사실은 패배하지 않은 삶이었던 셈이다. 예를 들면 히르제 노인이 헌병대의 유탄에 맞아 죽어 버리지만 통속적인 에드가와 같은 죽음은 아닌, 자연을 자연 그 자체로 수용하고 죽음을 두려워하지 않는 자세, 즉 죽음조차도 자연의 법칙으로 받아들이는 일종의 자연의 일부로서의 회귀 의식이라 할 수 있다. 그리고 처참한 환경으로부터 자유인이 된 헤레네의 해방, 즉 죽음을 통한 자유 획득 또한 그러한 인생 철학을 대변해 주는 것임에 틀림없다. 작가는 가장 보편적이면서도 도달하기 쉽지 않은 역설적 철학을 자신의 작품을 통해서 보여주었던 것이다.

이와 같은 운명 수용적 태도는 후일 향일성으로 이어지면서, 『살아있는 모든 것』의 슈사쿠, 『진실일로』의 요시오, 『길가의 돌』의 고이치처럼 자의식에 기초한 인간적 삶의 형태로 표출되기에 이른다.

*제3기 : 오스트리아 슈니쓰 레르와의 만남

이 시기는 유조가 1921년 「예술은 「드러내는」 것」을 발표하면서 확고한 자신의 문학관을 기반으로 창작 활동에 몰두한 시기이다. 먼저 이 시기에 번역된 작품을 보면 1921년 슈니쓰 레르의 단편 『헤어짐』, 『맹인 제로니모와 그 형』, 『죽은 자는 말이 없다』 등이다. 그리고 1926년 슈니쓰 레르의 단편집 『정부(情婦) 죽이기』, 1927년 슈테판·츠와이크의 『영원한 형의 눈』 등이 있다. 이후 슈니쓰 레르의 단편 소설 『맹인 제로니모와 그 형』을 번역 각색하여 『맹인 동생』으로 제목 붙여 발표했던 것은 1929년 10월이었다. 이렇게 볼 때 제3기는 작가에게는 이미 희곡 시대가 아닌 소설 시대로 접어든 이후였음을 알 수 있다. 이는 1926년부터 장편 소설 『살아있는 모든 것』을 쓰기 시작함으로서 이미 그의 관심이 소설 쪽으로 옮겨갔다고 볼 수 있기 때문이다.

그렇다면 왜 작가는 한번 번역한 적이 있는 『맹인 제로니모와 그 형』을 또다시 번역 각색했던 것일까. 여기에는 분명 작가의 마음을 사로잡을 만한 무엇인가가 있었기 때문이 아닐까. 먼저 그 줄거리부터 살펴보기로 하자.

이 작품은 전체가 4장으로 이루어져있다. 제1장에서는 형 쓰노조(角藏)와 동생 준키치(準吉)가 풀피리를 불면서 병아리를 잡는 아기자기함이 짤막하게 그려져 있다. 그리고 제2장은 산 속의 어느 작은 마을 여관집에서 퉁소를 불며 손님들 상대로 용돈을 벌어 살아가는 형제의 따뜻한 삶을 그리고 있다. 어느 날 인버네스를 입은 손님이 맹인 동생에게 다가와 "나는 조금 전 너의 일행에게 5엔 짜리 지폐를 주었다." "준키치 가만히 당하고만 있으면 곤란하지"라는 한마디를 남기고 사라져 버린다. 동생은 그 사실을 확인하고자 형에게 물었고, 형은 전혀 모르는 일이라며 동생에게 사실 그대로를 털어놓는다. 준키치는 여종업원 오코토(お琴)와 형이 자신을 따돌리는 것이라고 생각하며 술에 취해 불만을 늘어놓는다.

그리고 제3장에서는 여관집 주인 기스케(儀助)와 형 쓰노조는 술에 취한 동생 준키치를 용서하고 방으로 옮겨 이불을 덮어 준다. 그러나 자신이 맹인이기 때문에 속이는 것이라는 준키치의 생각은 여전히 변함이 없다. 오히려 남들이 자신을 속였다며 분을 삭히지 못한다. 한편 쓰노조는 형으로서 모든 것을 용서하고 잠을 재워주긴 했지만 이렇게 가만히 있을 수만은 없다 싶어 멀리 동생 곁을 떠날 계획을 세운다. 그러나 형은 맹인 동생의 얼굴을 쳐다보며 "내 일생은 동생의 지팡이가 되는 것이다. 동생의 지팡이가 되겠다고 신과 부처에게 맹세하였다. 지팡이, 지팡이가 불복이라니 있을 수 없는 일이야"라고 생각을 고쳐먹고, 어디서건 5엔을 빌려서라도 형제 관계를 회복시켜야만 한다고 믿는다.

제4장에서 쓰노조는 여관집에서 훔친 5엔 짜리 지폐를 동생의 손에 쥐어주면서 빨리 밖으로 일하러 나갈 것을 권유한다. 그 자리에 여관집 여종업원 오코토가 달려와 어젯밤 여관에서 5엔을 도둑맞았다는 이야기를 털어놓는다. 이어 경찰이 들이닥쳤고 그때서야 비로소 동생 준키치는 형의 본심을 알아차리게 된다. 그리고 "나야 10년 징역도 아무렇지 않아. 20년이래도 상관없어. 너한테만은 의심받고 싶지 않았다." "형을 징역살이 보내고 가만히 있을 내가 아니지. 그건 내가 절대 용서하지 못해"9)라

는 형제간의 정감 어린 대화가 흐르는 가운데 조용히 막은 내린다.

작가는 "지금껏 줄거리를 적은 희곡이나 기분을 적은 희곡은 많이 있었다. 그러나 인간을 인간답게 적은 희곡은 드물다"10)고 말한 적이 있다. 그가 이처럼 '인간을 그리고 싶다'고 생각했던 시기는 슈니쓰 레르의『맹인 제로니모와 그 형』의 번역 시점과 거의 일치한다. 그리고 그때까지의 사회성 짙은 작품이나 의식적, 현실적인 것으로부터 탈피하여, 인간 본연의 인간다운 모습을 처음으로 그린 것이 역사극『사카자키 데하노가미』이다. 따라서 사카자키의 모습에는 쓰노조 준키치 형제의 따뜻한 감정 이입도 적지 않았을 것이다. 이는 작가 자신이「알틀 슈니쓰 레르」(『세계문학강좌』, 1930.10)란 논문에서 "그가 오로지 표현하려고 했던 것은 매력 있는 현실이고 섬세한 정조였지, 찌푸린 진리도 객관적인 사실도 아니었다. (중략) 그는 심리의 한결같은 동요를 쫓아 어렴풋한 정미(情味)를 재현하려고 노력했다. 따라서 그의 작품에는 작중 인물을 둘러싸고 일어나는 일 그 자체에 흥미 있는 것이 아니라 그들 사이에서 빚어지는 정취가 고귀한 것이다"고 평했듯이, 위 작품에는 진실된 인간의 모습을 그려내는데 심혈을 기울였음을 알 수 있다.

그리고『맹인 제로니모와 그 형』의 번역 후, 작가가 소품『형제』(1922),『우미히코 야마히코』(1923) 등 동화적 세계로 접근하기 시작한 것도 특기할 만한 사항이다. 1926년, 즉 쇼와 시대로 접어들면서 집필하기 시작한 소설에서 작가가 보여준 소년소녀에 대한 사실적 묘사, 이를테면『살아 있는 모든 것』의 슈사쿠의 향일성,『진실일로』의 요시오가 찾아다니는 어머니에 대한 애정,『여자의 일생』의 앞부분에서 마사코(允子)와 쇼지로(昌二郞)의 치아 제거 장면, 그리고『길가의 돌』의 고이치가「귀향」이란 장에서 보여준 모자간의 따뜻한 해후 등은 슈니쓰 레르 문학적 영향이 적지 않았다 하겠다. 그리고 후년 인격 형성기에 독서를 무척 중요시했던 작가의 소년 소녀들을 위한『일본 소국민문고』(전16권) 편찬,

---

9) 山本有三全集 第三卷『盲目の弟』, 新潮社, 1976, p.76
10) 山本有三「藝術は「あらわれ」なり」(『人間』, 1921.5) 山本有三全集 第十卷, 新潮社, 1976, p.12

『미타카 소국민문고』(1942),『국민의 국어운동연맹』(1946) 결성, 아동 잡지『은하』(1946) 창간 등, 어린이를 향한 애정도 위 작품의 영향으로 볼 수 있을 것이다. 하여튼 인간을 그리고 싶었던 작가에게 1921년 북 이탈리아의 쓸쓸한 여관집에서 손님들을 상대로 용돈을 구걸해 연명해 가는 형제의 인간미, 그것은 작가 자신의 삶뿐만이 아닌 그의 작품에서도 다양한 형태로 재현되었다고 말할 수 있다.

이상에서 볼 수 있듯이, 외국 문학, 즉 하프트 만, 스트린드 베리, 슈 니쓰 레르를 중심으로 한 독일 및 북구 문학은 유조의 문학 세계에 적지 않은 영향을 끼쳤다. 특히 작가의 문학에서 대립적 개념, 운명 수용적 자 세, 인간 묘사로부터 나오는 역설적 개념 등은 작가 자신의 경험과 맞물 리면서 독특한 문학적 경지로 발전하게 된다. 그 전이 과정에서 도입된 '한 바퀴 회전(一轉回)', 즉 "그쪽 것으로 내버려두지 않고 모두 이쪽으로 받아들여서 새롭게 토해낸다"는 창작 정신은 특기할 만 하다. 이른바 가 지지 못한 자의 모습이나 인간미를 그려내는 방법이 마르크시즘에 입각 해서가 아닌 자본주의란 틀 속에서 뭔가를 우려낼 수 있는 건강한 모럴의 창조로 이어진 것이다. 이러한 의식의 토대에서 발표된 작가의 많은 작품 은 오늘날 우리들에게 새로운 의미로 다가온다. 그리고 거기에는 인간이 움직이는 힘이 살아있다. 그 힘은 팽이가 '서는' 모습에서도 느낄 수 있는 데, 결국 이러한 역동적 인간의 움직임이 현실주의적 휴머니즘으로 이어 진다고 할 수 있다.

2. 프롤레타리아 문학과『탄광』

1) 머리말

유조가 어느 독일어 선생으로부터 비상식적인 채점에 의해 학년 시험에 서 낙제를 한 것은 제일고등학교 2년째 되던 1910년이다. 작가의 나이 23세 때의 일인데 내심 그 충격은 상당했던 것 같다. 그런데 당시 연극에 대한 일가견을 갖고 있던 작가에게 낙제라는 것이 수치스러운 일임엔 틀림없지만, 한편으로는 작가로 하여금 변신의 계기로 작용했다는 점에서 긍정적인 영향도 없지 않았다. 왜냐 하면 낙제를 계기로 강의실이 아닌 현장에서 신극을 구상하고 체험할 수 있는 기회가 주어졌기 때문이다.

상급 학교 진학을 반대했던 부친과의 신경전 끝에, 어렵게 열어놓은 학문의 길임을 생각하면 그에게 낙제는 남다른 의미가 서려있다. 이른바 부친에 대한 미안한 마음과 자신에 대한 분함이 엇갈리는 복잡한 심경이었을 것이다. 그 무렵 아시오 광산 방문은 당시의 복잡한 심경을 달랠 겸, 기분 전환 차원에서 이루어진 자위적 행사가 아니었을까. 그리고 그곳에서 보고 느낀 광산촌의 생존 경쟁 특히 갱내에서 일하는 광부들의 소외된 삶의 현장. 그것은 작가에게는 충격과 감동을 동시에 가져다 준 사건이었음에 틀림없다. 바로 그 충격과 감동의 현장을 고발한 것이 『탄광』이다. 이 작품은 작가를 극작가로 탄생케 하는 결정적 계기로 작용하는데, 여기에는 아시오 광산을 둘러싸고 벌어지는 광산촌의 현장이 생생히 고발된다. 그리고 이 작품처럼 광산촌 풍경이 1926년 첫 장편 소설『살아 있는 모든 것』, 「슈사쿠」 장에서도 그대로 살아 있음은 주지하는 바이다.

『탄광』은 가와무라 가료(川村花菱, 1884~1954)와 이하라세이 세이엔(伊原靑靑園, 1870~1941)에 의해 『가부키』에 실림으로서 세상에 알려졌다. 이것이 작가의 본격적 희곡 활동을 알리는 신호였던 셈이다. 이후 작가의 학업에 대한 열정은 시들해진 대신 연극에 대한 열정은 더한층 고조되어 강의실이 아닌 현장에서 직접 유명 연극인들과 친목을 다지기에 이른다. 신시대극 협회를 일으킨 이노우에 마사오를 만난 것은 그 대표적인 예인데, 이와 같은 인사들과의 접촉은 작가에게 신극에 대한 열기를 급속히 끌어올리는 결정적인 계기로 작용하게 된다.

작가의 신극에 대한 열정은 처녀작『탄광』의 발표와 그 첫 공연11) 이후 본격적으로 나타난다. 이는 단순히 극에 대한 전문가가 되고 싶다는

---

11) 1911년 2월, 후지사와 아사지로가 설립한 도쿄 배우학교 생도 극단이 시연 극단에 의해 연예관에서 상연되었다.

일시적 감정이 아닌, 극을 통하여 인간의 참된 마음을 그리고 싶다는 욕망, 즉 살아있는 인간의 마음을 그리면서 사회를 향한 인간의 참된 모럴을 구한다는 측면의 접근이었다. 즉 인간 개개인은 그 나름대로 믿고 의지하는 참된 길이 있고 그것만큼은 고수해야만 한다는 보편적인 깨달음인 것이다.

하여튼 광부들의 삶을 사실적으로 고발함으로써 작가는 피폐한 민중의 삶을 방관자적 입장이 아닌 주체적으로 문제의 관점을 자기 쪽에서 뒤집어 볼 수 있는 무대를 실험한다. 이 같은 작가 의식은 희곡 시대와 소설 시대를 막론한 일관된 사고이다. 이를테면 『살아 있는 모든 것』에서 자본가와 노동자를 대립시키면서도 궁극적으로는 공생 철학을 기본 틀로 설정하는 전개 방식이다. 이 같은 작품 구도는 인간은 모두 제나름대로 삶을 통하여, 민중은 민중대로 지식인은 지식인대로 자신 쪽에서 문제를 바라보고, 그것에 기초해서 사회적 부조리도 바라본다는 의식이다. 이는 작자가 도쿄대학교 독문과 졸업 논문으로서 주인공이 일반 민중인 하프트 만의 『직공』을 취급했다는 점. 그리고 그의 대표작 대부분이 프롤레타리아 문학과는 다른 형태의 민중상을 그렸던 사실과도 무관하지 않다.

2) 하층 민중의 의미

유조 문학에서 부르주아를 주인공으로 삼은 작품은 거의 없다. 대부분이 프롤레타리아의 삶을 작품화하였다. 사실 작가는 그렇게 가난한 집안에서 태어났다고 할 수 없는데, 후일 도쿄 생활[12]은 인고의 세월이었음이 분명하다. 한편 이러한 인고의 경험이 있었기에 그의 문학이 사회 고발과 민중 쪽으로 흘렀다는 점도 부인할 수 없다. 만약 그러한 원체험이

---

12) 도쿄에서 포목집 종업원 생활을 할 당시만 해도 도치기 고향의 부친은 이름난 포목전을 운영하고 있었다. 그러나 공부를 위해서 재차 도쿄에 올라오면서 자취 생활을 시작으로 도쿄대학교 졸업과 함께 뛰어든 기타무라(喜多村) 극단의 전속 작가로서 지방순례를 할 때, 그리고 그 전속 작가를 그만두고 도쿄로 돌아왔을 때 오카모토 이치타로 부부로부터 생활비를 빌려 연극 공부에 몰두하던 시절은 고독과 가난의 연속이었다.

없었다면 당시 시가 나오야, 무샤노코지 사네아쓰, 아리시마 다케오, 사토미 돈 등과 같은 시라카바파 계통의 다이쇼 교양주의나 인도주의 쪽으로 경도되든지, 아니면 전적으로 노동자의 삶을 대변하는 프롤레타리아 문학 대열에 합류했어야 했을 터이다. 그는 이른바 현실주의적 휴머니즘과는 다른 색다른 모습을 보여주었으며 『탄광』은 이러한 작가의 기본 의식에서 태어난 작품이다.

『탄광』 발표 무렵, 외국 문학이 작가에게 큰 영향을 끼치지 못했을 것이란 점은 이미 언급한 바 있다. 다만 이 작품에서 볼 수 있듯이, 인간사에서 무시될 수 없는 인간성만큼은 존중되어야 한다는 인식이 팽배했음에도, 현실의 민중은 고통과 착취에서 벗어나지 못하고 있다는 점에서 스트린드 베리의 영향이 전혀 없었다고 할 수는 없다. 그리고 한가지는 이 작품이 갱내의 열악한 환경이나 광산촌의 진부한 삶을 운명적으로 그리고는 있지만, 후일 작자가 진지하게 받아들인 북구의 근대 문학에서 볼 수 있는13) 부분까지는 그려내지 못했다는 점이다. 즉 인간은 '어떻게 살아야 하는가' 하는 근본적인 문제에까지 부딪혀 그 대안까지 제시하는 유럽 자연주의 성격을 살려내지는 못했다는 것이다. 물론 처음부터 비인간적인 측면의 대안까지 요구하기엔 무리가 있지만, 적어도『탄광』이 사회적 부조리의 고발적 성격 이상이지 못했다는 점은 분명한 것 같다.

이른바 진실이라 믿는 자신의 삶을 믿고 실천하면서, 설령 어떤 부조리와 대면하더라도 옳다고 믿는 자신의 의지를 관철시킬 수 있는 인간상. 작가에게는 이러한 표본적 모델의 혼을 키우기까지는 각별한 시간이 필요했다. 그러나 작가의 인간상이 근본적으로 건강하고 보편적인 모럴로 정착하는 과정에서 일찍부터 움터왔다는 사실만큼은 분명하다. 따라서 처녀작『탄광』에서 그 같은 작가적 내면을 들여다보는 것은 모순이 아니며 여기에서부터 그의 문학적 역량을 논하는 것 또한 잘못이 아니다.『탄광』은 양자 모두를 논할 만한 폭을 제공해 주기 때문이다.

---

13) 스트린드 베리의 극과 소설, 그리고 노르웨이의 입센의 극에서 볼 수 있는 사회와 개인의 충돌에서 인간은 진정 어떻게 살아가야만 하는가에 대한 물음이라 하겠다.

『탄광』은 제7번 갱에서 광부 5명이 주고받는 대화로 시작하여 대화로 끝나는 형식을 취하고 있다. 우선 쵸조(長三)와 다메키치(爲吉)가 다이너마이트 폭발음이 울리는 가운데 채탄 작업을 하며 지병과 고향에 대한 대화를 주고받는다. 그리고 갱내의 열악한 현장 분위기가 승강기 사고 이야기와 얽히면서 갱내 분위기는 한층 더 스산해진다. 거기에 야스타(安太)가 들어와 광부들이 드나드는 기생집 이야기며 광산촌의 희로애락을 들려준다. 그 때 제7번 갱으로 히데지로(秀次郎)가 광부 지원자 야마이치(山一)을 데리고 들어와 갱내 이곳저곳을 안내해 준다. 다메키치는 야마이치에게 "숙소로 돌아가 2층에서 잘 생각해 봐라. 방금 우리가 애기했듯이 이 갱으로 들어오는 것은 한밤중에 물통에 빠진 쥐가 되는 것과 다름없다. 아무리 빠져나가려고 발버둥쳐도 빠져나갈 수가 없는 곳이다. 그저 어둠 속에서 허우적거리다가 죽어갈 뿐이다"14)고 설명하면서, 광부를 지망하는 야마이치에게 그곳 생활의 무기력한 생리를 낱낱이 일러준다. 그리고 광부들간에 임금 인상을 둘러싼 스트라이크 움직임이 가시화된다.

다다히라　40엔이라구! 하지만 이 정도라면……
다메키치　얼마나 받은 거야?
다다히라　40엔이라구. (중략) 나도 견딜 수 없어 어제는 파수꾼한데 달려가 하소연을 했지. 그런데 역원들이 도저히 올려줄 수 없다는 거야.
다메키치　그건 심한데? 하지만 나도 물러설 생각이다. 내일쯤 임금을 올려달라고 말해볼 작정이었는데 네가 애기했어도 안되는데 나도 뻔한 일이잖아. 지금의 파수꾼은 앞면도 없고 알지도 못하거든. 쉬었다 가지. 여기는 세 갈래라 제법 바람이 잘 통하거든.
다다히라　(앉으면서)파수꾼 말이야 우리를 개나 돼지 취급한다니까. 비위에 거슬리더라구. 우리들은 이렇게 깜깜한 곳에서 땀 흘리며 돈을 만지는데 그놈들은 밖에서 하는 일 없이 놀고 있는 거 아니야. 그러고도 월급은 우리와는 비교도 할 수 없을 정도로 받고 있잖아. 다메 씨. 이걸 한번 생각해 봐. 일하지 않는 놈

---

14) 山本有三全集 第一卷 『穴』 新潮社, 1976. p.15

> 들은 사치를 하는데 쇠빠지게 일하는 사람은 그 날 끼니 때우
> 기도 곤란하란 법이 이 세상 어디에 있단 말이오. (중략)
> 다다히라 그래서 어제 밤 이와타 조(岩田組) 에이(榮)씨하고 이야기를
> 했다니까. 계속 이렇게 나가면 스트라이크를 일으켜 뒤집어
> 업기로 말이야.
> 야스타 (돌아갈 준비를 하고 들어옴) 그거 재미있겠군. 난 맨 앞에서 그
> 조에 들어갈 태니까.
> 다다히라 너도 뭔가 불만이 있는 모양이지.
> 야스타 나야 특별히 할 말은 없지만 소동을 일으키는 건 재미있는 일이
> 니까 하는 거지.15)

그러나 다메키치가 젊은 시절 몇 번씩이나 스트라이크를 일으켰지만 한번도 성공한 적이 없었던 것처럼, 광부들의 움직임은 이내 흐지부지되고 만다. 그리고 쵸조의 "땅 속에서도 숨쉬기가 괴롭지만 갱을 나오나 숙소를 가나 기댈만한 곳은 한군데도 없다. 아아, 도대체 어디로 가야 숨통이 트일까"라며 한숨짓는 대목에서 막은 내린다. 광부들의 갑갑한 생존현장을 생생하게 그리고 있는데, 이는 『살아 있는 모든 것』의 주인공 슈사쿠의 생활이 수갱을 파고 있는 것과 다름없다. 이른바 일을 하면 할수록 땅 밑으로 가라앉을 뿐이며, "아무리 손을 뻗쳐 발돋움을 해 보아도 손이 닿을 거리가 아니었다. 그의 주변은 전후좌우 어느 곳에나 차가운 바위와 흙뿐이었다. 오르기에는 너무도 높은 절벽"16)처럼 느껴지는 운명이었다.

『탄광』에서 이 높은 절벽을 극복할 수 있는 사람은 한 명도 없다. 스트라이크 운운하는 다다히라(忠平)도 희생될 것임은 불을 보듯 뻔하다. 유일한 희망이 있다면 광부가 되기 위해 찾아온 야마이치의 삶이 아닐까. 하지만 그 희망조차도 "광부가 되고 싶다"는 야마이치에게 "한밤중에 물통에 빠진 쥐와 다름없다"고 설명하는 다다히라의 충고 이면에 서려있는 온기이상은 아니다. 캄캄한 밤보다도 더 어두운 갱내를 다루고 있는 이 극

---

15) 上揭書, p.15
16) 山本有三全集 第五卷 『生きとし生けるもの』 新潮社, 1976. p.19

의 마지막 대목 "아아, 도대체 어디로 가야 숨통이 트일까"라는 대사는 극한 상황에 처한 탄광 노동자들의 절망을 극적으로 대변해준 대목이라 하겠다.

유조의 문학적 출발은 실제로도 그러했지만 창작 면에서도 어두웠다. 그의 문학적 힘은 이 같은 절망적 상황에서 탈출하여 좀더 밝고 넓은 세계로 뻗어나가려는 점에 있다. 『살아 있는 모든 것』, 『길가의 돌』이 그렇고, 『눈』, 『진실일로』가 그렇다. 그러나 『탄광』에서는 그 어디에도 향일성이라 할만한 앞으로 나가려는 힘이 보이질 않는다. 이는 아직도 그의 문학성이 향일성이라는 자신의 목소리를 낼만큼 기반을 다지지 못했음을 의미한다. 즉 작가의 향일성은 『탄광』 발표를 전후한 개인적 경험, 홋카이도 사할린 여행, 제3차 『신사조』 창간, 도쿄대학교 독문과를 졸업할 때까지의 사회적 경험을 통해서 자연히 몸에 익힌 정신이다. 또한 향일성이 작가의 영혼의 소리로 내면 깊숙이 안착하기까지는 독일 문학을 비롯한 북구의 문학의 영향도 컸음은 이미 앞에서 언급한 바 있다. 이른바 외국 문학의 번역17)을 통하여 서구 문학의 골격이 작가에게 접목되면서 전혀 색다른 하나의 사상으로 발전하였던 것이다.

특히 야마모토 겐키치와 하야카와 마사노부(早川正信)의 지적은 이를 잘 설명해 주고 있다. 즉 "야마모토 씨는 자신의 희곡(Ich Drama)을 언급하면서 작가 자신의 체험과 목소리를 희곡 형태로 나타내려는데 역량을 집중시켰다. 자기를 참회하고 자기를 살린 작가로서 괴테를 중시했고, 이어 스트린드 베리를 중시했다"18)는 지적. 그리고 "학생 시절 습작기에 발표한 처녀작 『탄광』의 '지옥 옆 동네'와 다름없는 갱내의 비참한 세계, 두 번째 작품 『요도미구라(淀見藏)』에서 전개한 인습과 뿌리깊은 혈연적 증오심의 세계는 스트린드 베리와 너무도 닮아 있다. 즉 인간의 내부 깊숙한

---

17) 『일출 전』(하프트 만 작, 「아가키 총서」, 1914), 『명예』(즈텔만 작), 「아가키 총서」, 1914)), 『죽음의 무도』(슈니쓰 레르 작, 「낙양당」, 1916), 『청서(青書)』(스트린드 베리 작, 「신사조」, 1919) 외에 도쿄대학교 독문과 졸업 논문으로서 「『직공』의 형식에 대해서」를 발표했다.

18) 山本健吉 現代日本文學全集55 『山本有三全集』, 「作品解說」, 講談社, 1969, p.457

곳에 잠재한 어두움을 척결한 작품과 닮아 있다"19)는 지적이 그것이다.

우리는 여기에서 작가의 지난 삶 또한 간과해서는 안 된다. 『탄광』 전후까지 인고의 생활 끝에 형성한 작가적 내면 세계, 그것이 작가에게는 무엇보다도 소중했다는 점이다. 이는 그 같은 작가적 의식이 가지지 못한 민중들에 대한 동정과 이해의 틀을 제공한 발원지로 생각하기 때문이다. 그러한 의식의 발로에서 나온 작품이 『탄광』과 『영아 죽이기』이다.

필자는 모두(冒頭)에서 작가가 두 번에 걸쳐 충격을 받았다고 했는데, 특히 아시오 광산 탐방을 통한 피폐한 노동자들의 삶은 신선한 충격이었다 하겠다. 그것은 작가의 마음을 복잡하게 만들면서도 그로 하여금 희곡의 세계로 전력투구할 수 있는 결정적 계기로 작용했다는 의미에서 더욱 그렇다. 독일어 교사의 비상식적인 채점으로 학년 진학에 탈락한 것이 개인적인 일로서 사치스런 충격이었다면, 광산 견학을 통한 피폐한 노동자와의 만남은 사회적인 문제에 대한 정신적 충격이었다고 하겠다. 그리고 개인이 아닌 사회로 시선을 돌리게 된 것은 작가의 자의식에 따른 당연한 귀결이다.

우리는 유조 문학의 성격을 규명할 때, 한가지 더 기억해야할 부분이 있다. 다름 아닌 유조 문학과 서구 문학과의 관계를 거론하기 전, 작가 내부에 존재하는 하층 민중에 대한 동정과 이해라는 측면이다. 왜냐하면 작가의 문학적 출발은 외국 문학의 영향도 컸지만 근본적으로는 이러한 자의식에서부터 시작되었다고 보여지기 때문이다. 그러했기에 더한층 항일성도 열정적일 수 있지 않았을까. 이 같은 하층 민중에 대한 동정이나 소시민적 작가 의식은 『탄광』 이후의 작품에서 확연히 드러난다. 그 한 예로 『영아 죽이기』를 보기로 하자.

> 고야마   노인이라 이제 힘이 없어 일을 못하는 모양이군.
> 아사   네. 그래서 어떻게 해서든 제가 일을 해야 한답니다. 그래서저는
>   일을 했습니다. 아기를 낳기 전날까지도 최선을 다해 일을 했습

---

19) 早川正信「山本有三におけるストリンドベリイ受容の一考察」, 『山本有三の世界 比較文學的研究』, 和泉書院, 1987, p.21

> 니다. 챙피한 얘기지만 아이를 낳고 보니까 비록 가난하기는 했
> 지만 아이 역시 귀엽더군요. 변변히 우유도 먹이지 못하는데 저
> 의 얼굴을 보고 벙긋벙긋 웃기라도 할 때면 정말이지 깨물어주
> 고 싶을 정도였어요.
>
> 고야마 그야 그렇겠지.
> 아사 하지만 저희들은 남들처럼 아이에게만 매달렸다간 입에 풀칠도
>   못하게 됩니다. 그것도 저 혼자 몸이라면 괜찮지만 노인과 병든
>   아이가 있어 더욱 그럴 수가 없습니다.
> 고야마 그래서, 일하는데 방해가 되어 아이를 죽였다는 겁니까.
> 아사 네. 방해라고 할 수는 없습니다만, 아이가 있는 날엔 아무래도
>   걸리적거려 돈을 벌 수가 없습니다.[20]

아사는 솔직하게 어려운 공사판 생활을 경찰 고야마(小山)에게 밝히면서 자신의 어쩔 수 없는 상황을 피력한다. 이른바 병든 아이와 노인을 굶어죽게 내버려둘 수 없어 노동을 해야만 하고, 따라서 아이를 죽일 수밖에 없었다는 것이 아사의 변명이었다. 여기에는 체념 섞인 하층 민중의 극한 상황을 엿볼 수 있다. 그리고 경찰이 '달리 방법이 없었다'고 말하는 그녀의 사정은 충분히 이해하면서도 그녀가 범한 반인륜적 행동에 대한 책임을 단호히 묻고 있다. 이는 하층 민중에 대한 이해와는 별개의 차원에서 묻는 책임으로써 작가의 문학이 도덕적, 교양적이라 불리는 이유도 여기에 있다. 『어머니』에서 식모 히데의 결혼도 신분의 차이에서 오는 비애이며, 『식모의 병』에서 병원 비용 200엔에 관한 이야기도 그러한 하층 민중에 대한 이해와 동정의 단면들이다. 이러한 하층 민중에 대한 작가의 자의식은 이후의 소설에서도 일관성 있게 진행된다.

그렇다면 유조 문학은 왜 하층 민중들에 대한 이해와 동정이 있었음에도 불구하고 좀더 진보적인 길로 나아가지 못했던 것일까. 진보적이라고 한다면 자신들의 권익을 위하여 남보다 한발자국 앞선 방법론적인 것을 일컫는데, 그의 문학에는 의아스러울 만큼 진보적인 사상이 보이지 않는다. 앞에서 작가는 사물을 자기 쪽에서 이해하려는 생각이 강하다고 했었

---

20) 山本有三全集 第一卷 『嬰兒殺し』 新潮社, 1976. p.217

는데, 이는 그의 문학의 큰 특징 중 하나이다. 다소 역설적이기는 하지만, 이를테면 스기자키 도시오(杉崎俊夫)가 말한 한 걸음 물러선 입장이다. 즉, 작가가 도쿄대학교 독문과 졸업 논문의 테마로서 독일의 하프트만의 『직공』을 다루면서 프롤레타리아 문학 측면에서 받아들이기보다는 시대 고발이라는 원론적인 차원에서 그치고 있다는 점이다.

『직공』은 실제로 1844년 초, 독일의 실레젠 지방 세 군데 마을을 중심으로 일어난 폭동 사건을 배경으로 한다. 노동자들이 잔혹한 빈곤과 굶주림에 불만을 품고 임금 인상을 요구하며 폭동을 일으켰지만, 베를린 중앙 정부군의 개입으로 무참히 진압되는 과정이 그 배경이다. 직공들의 생활상, 노동 조건, 경제적 피폐, 그리고 막대한 힘을 휘두르던 봉건 영주에 대한 의존성, 종교, 정부의 역할 등, 이 작품에는 당시 역사적 사건과 일치하는 부분이 적지 않다. 그래서 더한층 문제화되었는지는 모르겠지만, 가장 현실적인 직공들의 불만을 구체적이면서도 실천적인 입장에서 사실적으로 그려냈다는 점에서 획기적인 시도가 아닐 수 없다.

특히 『직공』의 가장 두드러진 특징은 주인공이 한 명이 아닌 다수의 민중이라는 점이다. 다시 말해 피폐한 삶을 살아가고 있는 민중 계급의 모든 노동자들이 주인공이다. 다수가 주인공인 작품, 그것도 가장 실천적인 방향으로의 전개. 즉 못가진 자들의 궁핍, 타락, 절망에 대한 노동자들의 집단 행동과 정부의 억압 등, 굶주림으로부터 해방을 요구하는 최소한의 생존권 쟁취를 위한 집단 움직임을 보여줌으로써, 이른바 프로 문학으로서의 특징을 잘 살리고 있다. 이 작품이 사회적으로 큰 반향을 불러일으킨 것은 바로 이러한 점에 있다. 이처럼 노동자 집단이 주인공이라는 점은 유조의 마음을 끌기에 충분했으며, 서구와 일본, 특히 서구의 근대를 통한 일본 지식인들의 고민을 상기해 볼 때, 희곡에서도 근대성을 생각할 수밖에 없었을 것이다. 이는 곧 전통으로부터 근대를 지향하던 시대적 흐름과 맞물린 불가피한 사안으로서, 코벤Cowon[21)의 언급처럼 단순

---

21) 코벤Cowon(1842~1918) 독일의 철학자. 신칸트학파 중에서 P·G느톨프와 함께 말브르크학파의 창시자의 한 명이다. 그는 칸트를 해석하면서 초월론적 방법을 높이 평가하

한 전통 극과 다른 노동자 집단이 주인공이라는 의미 이상의 전통적인 영웅주의에 대한 거부감의 반영이라는 측면에서 해석해야 할 부분도 포함하고 있다.

그러나 유조 문학은 노동자를 전면에 배치하긴 하지만 『직공』과는 다른 형식을 취한다. 사회적 모순의 구체적 언급, 즉 노사간의 대립과 갈등 그리고 집단 행동을 통한 이익 쟁취라는 투쟁보다는 존재하는 모순 그대로를 고발하는 단계에서 머문다. 그리고 독자들에게 판단을 일임한다. 그의 문학이 진보적이지 못하다는 지적은 이처럼 사회적인 모순을 개혁적, 실천적 차원에서 바라보고 있지 않음을 의미한다. 하층 민중의 모습을 중도적 입장에서 관찰하고 인간사의 대립과 갈등을 음미하면서 신선함을 추구하는 진실 발견의 장. 이것이 작가의 문학관이자 스기자키 도시오가 말한 한 걸음 물러선 자세이다. 작가의 인간적 내면 세계를 향한 출발은 바로 여기에서 시작된다. 그리고 여기에서 구상한 인간의 참모습이 진실, 정의, 향일성으로 나타났다고 할 수 있다.

여기에서 『탄광』에 대하여 좀더 구체적으로 살펴보기로 하자. 앞에서 언급하였듯이 광부들 사이에서 일어나는 대화는 특정 인물 중심으로 전개되지 않는다. 각개 등장 인물이 주인공으로서 『직공』과 같은 형식을 취한다. 그런데 자세히 살펴보면 『직공』과는 상당한 차이가 있음을 알 수 있다. 즉, 『직공』은 노동자들이 한곳으로 모일 수 있는 정신적 구심점이 존재하는데 비해 『탄광』은 그러한 구심점이 부재한다는 것이다. 이를테면 『직공』에서는 방탕한 생활, 가난한 생활을 하면서도 내일을 위해서 오늘 할 일은 해야만 한다는 분명한 정신이 살아 있다. 그리고 그러한 정신은 행동으로 이어져 쟁취까지는 쉽지 않지만 끊임없이 부딪혀 구하는 모습으로 나타났다. 그러나 『탄광』은 그러한 노동자들이 모일 수 있는 정신적 구심점은 물론, 실천적 행동이 전혀 나타나지 않는다. 단조로울 정도

고, 인식의 대상보다 그 활동에 관심을 기우려 대상의 산출로서 경험적 개념을 추출하고, 그 능동적 경험이 여러 학문적 활동, 진정한 행위, 진정한 문화적 창조 활동으로 이어지고 있는 이유를 제시하였다. 이와 같은 견해를 체계적으로 『순수인식의 논리학』, 『순수의식의 논리학』, 『순수감정의 미학』이란 3부작에서 잘 전개시키고 있다.

로 짙은 절망감만이 깔려있다. 고향으로 돌아가고 싶어하는 쵸조나 다메키치의 스트라이크 이야기에서 희망적인 요소는 전혀 찾아볼 수 없다. 각각의 노동자들은 체념적 절망이란 두터운 벽 앞에서 뿔뿔이 흩어져 착취당하며 침울해할 뿐이다.

『영아 죽이기』도 마찬가지이다. 아사의 경제적 궁핍으로부터의 탈출이 좀더 진보적이었다면 갓난아이를 죽이는 방법을 택하지는 않았을 것이다. 『직공』처럼 가불을 요구하거나 스트라이크에 동참하여 자신의 목소리를 알리는 좀더 긍정적이고 진취적인 방법이 고려되었을 것이다. 하지만 아사는 조직이나 사회를 통하여 구원을 생각하기 전에 영아를 죽여버리고 만다. 그리고 경찰 고야마의 심문에 "어린애가 불쌍하기 때문에 죽였습니다." "달리 방법이 없었습니다"로 일관하고, 사회적 모순이라는 벽을 상대로 어떠한 대비책을 강구하지 않은 채 삶을 체념해 버린다. 이른바 문제 해결을 위한 방법론적 검토가 전혀 이루어지지 않았다. 광부들이나 아사나 소극적인 입장에서 자신들에게 주어진 삶을 운명처럼 받아들이는 민중의 진솔한 얼굴을 보여줄 뿐이었다.

한편 이러한 민중의 진솔함에는 하층 민중들이 받아들일 수밖에 없는 사회적 모순의 실체를 고발하는 차원에서 손을 들고 만다. 사회적 모순 덩어리는 현실적으로 깰 수 없다고 인식하기 때문이다. 따라서 사회적 모순에 대한 실질적인 대안, 즉 진보적 사고라는, 이를테면 민중의 힘으로 해결책을 강구하거나 그 구심점을 마련하기보다는 고발적 차원에서 마무리 짓는 건 당연한 귀결일런지도 모른다. 이처럼 문제 제기에 대한 답안을 독자들 몫으로 돌리는 작가의 모습은 왠지 소극적이고 무책임하다는 생각이 든다. 특히 민중을 대표하는 지식인의 역할을 생각할 때, 작가의 진보적 실천적이지 못한 사고가 정당화될 수 있을까 하는 의문이 남는다. 그렇다고 유조의 문학이 하나같이 하층 민중의 비참한 생활상과 체념으로 일관한 것은 아니다. 오히려 궁핍한 자신들의 삶을 발판으로 새 세상을 열어가고자 애쓴 인물도 많다. 『살아 있는 모든 것』의 슈사쿠, 『길가의 돌』의 고이치 소년이 그렇다. 특히 참담한 유소년 시절을 극복하고 점차 사회로 진출하면서 성공적 미래를 열어 가는 고이치의 고군분투(孤軍奮鬪) 과정에서 볼 수 있는 인내와 성실은 『탄광』, 『영아 죽이기』와는 전혀 다른 형식을 취하고 있다.

이렇게 볼 때, 작가의 창작 태도는 사랑을 통한 진실의 실체를 받아들이면서 살아있는 인간 그 자체보다 살아가려고 애쓰는 인간의 모습을 보다 많이 그렸다 하겠다. 『파도』에서 중등 교원 검정 시험에 합격하는 고스케(行介), 『여자의 일생』에서 제2의 출산을 맞이하는 마사코, 『진실일로』에서 후회 없는 삶을 위해 금전 등록기처럼 살아가는 요시헤이, 『길가의 돌』에서 성공의 길을 향해 인내과 성실로 일관하는 고이치 등이 그렇다. 물론 좀더 범위를 넓혀서 생각하면, 『영아 죽이기』의 아사 역시 살아보려고 애쓰는 민중의 몸부림으로 받아들일 수 있을 것이다.

이처럼 작자의 의식은 초기 작품 『탄광』, 『영아 죽이기』, 『어머니』 등에서 볼 수 있는 민중의 무기력한 체념 위에, 진실이라는 개념이 가미되어 그 나름대로 독특한 문학을 열어갔다고 말할 수 있다. 이른바 사회적 모순의 고발이라는 한발자국 물러선 다소 소극적인 자세에서 살아가려고 노력하는 향일성으로 바뀌어갔다고 말할 수 있다.

3) 지식인과 사회 고발

앞에서 작가에게는 민중을 대표하는 지식인으로서의 역할이 부족하다고 지적한 바 있다. 그런데 엄격히 말하면 민중과 지식인은 양분할 수 있는 것이 아니다. 다만 의식의 차가 있을 뿐이다. 여기에서 참된 지식인상을 생각해 보기로 하자. 한완상의 『민중과 지식인』[22]은 민중을 두 종류로 구분하고 있다. 즉자적(卽自的) 민중과 대자적(對自的) 민중이다. 전자는 객관적으로 자신의 모습을 볼 수가 없고, 역사의 주체, 구조의 주인이 될 수 있다고 하는 희망과 가능성을 인식하지 못한 깨이지 않은 민중을 가리킨다. 후자는 자기의 잠재력과 저력을 객관화하여 볼 수 있는 능력

---

22) 韓完相 『民衆과 知識人』, 正宇社, 1985, p.49-53

을 갖고 있으며, 자신이 역사의 주체가 될 수 있다고 인식하는 이른바 의식화된 민중을 뜻한다. 그리고 "대체적으로 대자적 민중은 사회학자 멘헤임Mamheim[23]이 말한 유토피아 정신이 충만해 있는, 지배 집단의 보수적 이데올로기에 부딪혀 유토피아 변혁의 의지를 기르고 있다"고 보고, 그 유토피아의 정열을 가진 대자적 민중이 지식인이라고 말하고 있다.

또한 위의 책에서는 지식인을 지식 기사와 지식인으로 누고 있다. 지식 기사는 사회악과 부딪혀 싸울 힘이 없는 사람으로서 현실을 관찰하고 분석하는 시점에서 끝나버리는 자, 즉 사실은 말하지만 진실은 말할 수 없는 미시적 관찰에 머무르고 있는 훈련된 무능력자이다. 반면 지식인은 역사와 사회 의식을 가지고 인간과 사회 문제를 볼 수 있는, 현상을 관찰·분석하면서도 그 대상의 아픈 곳까지 관심을 갖는 거시적 조망의 입장에 서 있는 사람이라고 말하고 있다.

그리고 올바른 지식인의 특성으로서 네 가지를 들고 있다. 첫째는 역사와 사회 의식을 함께 생각하는 거시적·종합적 시각을 가지며 사건과 사물을 통찰 상상한다는 것이다. 예를 들면 노예가 주인의 물건을 훔쳤다고 할 때, 어떤 노예가 물건을 훔쳤다는 비윤리적인 행위만을 보는 것이 아닌, 노예 제도라는 더욱 사악한 구조적인 모순을 파악하는 일이다. 둘째는 거시적인 통금만에 머무르는 것이 아닌 의분과 공감의 정으로 사건을 파악하는 것이다. 즉, 역사의 부당한 구조에 의해 희생된 인간의 아픔을 함께 하는 마음과 정열을 갖지 않으면 안 된다는 것이다. 셋째는 지식인은 사실의 세계를 진실의 세계로 착각하지 않는다. 이를테면 흑인의 지식 지수가 백인보다 낮다는 것은 그것이 본질적인 특성이 아닌, 옛날부터 장기간 여러 자연적 악조건과 사회적 정치적 억압 속에서 살아 왔기 때문에 생긴 현상이라는 식으로 이해해야만 한다는 것이다. 넷째는 일상성의 세계의 그 일상성을 그대로 받아들이지 않는다. 즉 일상성의 세계는 세론

---

23) 멘헤임Mamheim(1897~1947) 헝가리 출신의 사회학자. 부다페스트 대학교를 졸업하고 『인식론의 구조분석』이라는 논문으로 학위를 취득하였다. 독일, 영국 등에서 강의를 했으며, 지식 사회학의 확립자로 알려져 있다. 『이데올로기와 유토피아』는 지식 사회학의 관점을 대표하는 고전적 저작의 하나이다. 『변혁기의 인간과 사회』 등 많은 저서가 있다.

(世論)의 세계로서 상상적 회의와 비판을 거부하지만 지식인은 그 일상성의 문을 열고 그 안의 모습을 정시하고 자기가 살고 있는 시대를 지배하고 있는 허구를 통찰할 수 있다는 것이다.

이상과 같은 지식인상을 생각할 때, 필자는 과연 지식인인가 하는 한층 근본적인 물음에 봉착하게 되는데, 어쨌든 여기에서 좀더 작가와 지식인에 대해서 생각해 보기로 하자. 작가가 『탄광』을 발표한 것은 제일고등학교 2학년 때이다. 당시 일고는 누구나 쉽게 들어갈 수 있는 곳은 아니었기 때문에 재학생들의 학교에 대한 자부심도 남달랐을 것으로 생각한다. 그리고 그 무렵 작가의 마음에 지식인이란 개념이 있었는지 어떤지는 모르지만, 문학 수업을 통하여 그의 내면에 사회와 역사에 대한 의식은 분명히 자리했을 것으로 생각한다. 따라서 작가의 분명한 자의식에 기초해서 작품의 세계가 열렸다는 점과 그 연장선에서 『탄광』, 『영아 죽이기』, 『생명의 관』, 『어머니』 등이 집필되었다는 점은 짐작하기 어렵지 않다.

그런데 작가의 경우는 앞에서 언급한 지식인상에 비추어 볼 때, 지식인보다는 지식 기사적인 측면이 강하단 생각을 지워버릴 수 없는 것도 사실이다. 그것은 『탄광』, 『영아 죽이기』 등에서 하층 민중의 피폐한 생활에 대한 고발은 있지만 아무런 대안이 없고, 광부들의 생활과 아사의 고백에 대한 의분과 공감 의식이 부족하다는 점에서 그렇다. 그리고 흑인의 지능이 낮다는 통계적 사실 뒤에 묻혀있는 배경을 파악하지 못하는 것처럼, 『탄광』, 『영아 죽이기』에서는 하층 민중의 현실만을 고발했지 그들을 지배하는 사회적 모순과 현실 세계에 대한 비판적 회의가 부족하다는 점에서 그렇다. 또한 미야모토 유리코가 『여자의 일생』과 관련해서 "사회의 한복판에서 열심히 일하는 것과 진실을 사랑하고 진실된 생활을 꾸려 가는 것 사이에는 낮과 밤 같은 상극이 존재하고 있기 때문에 현대의 성실한 청년들은 괴로워하고 있다"24)고 말하면서, 작가는 이러한 고뇌에 "성찰의 눈을 돌리고 있지 않다"고 비판한 것도 같은 맥락에서 이해하여야 할 것이다.

---

24) 宮本百合子 「山本有三の境地」, 『近代文學鑑賞講座』 第十一卷, 角川書店, 1959, p.284

그러나 이와 같은 작가의 미온적인 지식 기사적 태도가 그의 사회와 역사에 대한 인식 부족에서 온 결과라고는 생각지 않는다. 오히려 『직공』을 비롯한 서구 문학을 접하면서 지식인상에 대한 나름대로의 자의식은 더 한층 분명했을 것으로 생각한다. 그의 문학은 이러한 자의식에 기초해서 전개되는데, 『쓰무라 교수』와 결혼을 전후해서 진실이란 실체에 남다른 집착을 보인 작가였음을 감안하면, 이처럼 한발자국 물러선 지식인상은 이미 창작 속으로 파고들고 있었다고 해도 좋을 것이다. 바꾸어 말하면, 작가는 광부들, 아사, 식모 등 하층 민중의 피폐한 삶과 연관지어 사회의 구조적 모순에 대한 대항이 아닌 인간의 보편적 모럴을 전한다는 교양주의 측면을 강조하는 방향으로 전이되고 있었다는 이야기이다. 이러한 도덕주의를 향한 발걸음이 『쓰무라 교수』, 『진실일로』를 통하여 구체적으로 나타났다25)고 할 수 있다. 또한 이러한 작가의 움직임은 이후의 『사카자키 데하노가미』, 『눈』, 『동지들』을 거쳐 소설 시대로 접어들면서 공고해지고, 작가 나름대로의 독창적인 문학적 서정으로 발전시켜 가게 된다. 이렇게 볼 때 유조 문학은 인간사에 있을 수 있는 희로애락을 복합적으로 장대하게 다루지는 못했지만, 인간이 공통으로 추구할 수밖에 없는 보편적 모럴을 한발자국 물러선 도덕적 개념으로 풀어나간 것이 특징적이라 할 수 있다. 예컨대 지식 기사적이면서 지식인의 본분을 방기하지 않는 냉철함이 있었다 하겠다.

4) 『쌀 백 섬』과 현실주의

작가의 마지막 희곡 『쌀 백 섬(米百俵)』은 그의 문학이 지향하는 모럴이 무엇인지 분명히 보여주고 있다. 1942년 3월말 작가는 나가오카 번사(藩士) 고바야시 도라사부로(小林虎三郎)에 대한 조사차 장녀와 함께

---

25) "나는 가짜 성인으로서 추앙받기보다는 진실의 소인으로서 생활하고 싶다"(『津村教授』 중에서). "결과에 상관없이 인간은 해야만 하는 일을 반듯이 하지 않으면 안 된다."(『生命の冠』 중에서)

니가타현(新潟縣) 나가오카시(長岡市)로 가게 된다. 그리고 조사의 결과를 5월 30일 NHK에서「숨겨진 선각자 고바야시 도라사부로」란 주제로 방송하고, 7월호『개조』에 그 내용을 게재한다.『쌀 백 섬』은 그 선각자 고바야시 도라사부로를 주인공으로 한 희곡이다.

나가오카 번사가 관군을 등졌기 때문에 전화를 입고 영지가 불바다가 되어 굶주리게 되었을 때, 나가오카번의 분가인 미네야마번(三根山藩)으로부터 쌀 백 섬을 원조 받게 된다. 그런데 고바야시 도라사부로는 보내온 쌀을 기반으로 학교를 세우려고 하자, 나가오카 번사들은 "모두들 먹지 못해 굶어죽어 가는 판에 무슨 소리냐"며 크게 반발한다. 그러나 도라사부로는 반발하는 번사들을 향해 '항상 전쟁터에 있다'26)는 생각으로 살라고 꾸짖는다. 또한 그는 "나라가 흥하고 망하는 것도 마을이 흥하고 쇠하는 것도 모두 사람에게 달려있다. 따라서 능력있는 사람만 있으면 인물만 양성해 놓으면 아무리 쇠한 나라도 반드시 재기할 수 있다"27)며 교육의 중요성을 부르짖는다. 이 같은 도라사부로의 필사적 외침은 결국 번사들로 하여금 무릎을 꿇게 하고 전쟁으로 폐허가 된 자리에 학교와 연무장을 짓게 한다.

『쌀 백 섬』은 유조 문학에서 어느 작품보다도 교육적 성격이 강하다. 이는 작가 자신이 오랫동안 교육 기관에 몸담고 있었기28) 때문이겠지만,

---

26) '항상 전쟁터에 있다'는 말은 전쟁 중이 아닐 때에도 전쟁터에 있다는 마음으로 어떠한 곤란 궁핍도 견뎌내야 한다는 말이다. "전쟁터에 있으면 힘들고 배고프다고 하든지 뭐가 없고 뭐가 모자란다는 식으로 불평을 털어놓는 이기 있다. 그런데 무사란 자가 특히 먹을 게 없다고 쌀을 배분해 달라는 말이 무슨 말인가. 그렇게 해서도 제군들은 나가오카 무사라 할 수 있는가. 적어도 나가오카 무사라면 설령 굶어 죽는다 하더라도 그런 한심한 말은 거론하지 말아야할 것이다"고 도라사부로는 번사들을 향하여 꾸짖는다.(『米百俵』, 중에서)

27) 山本有三全集 第三卷『米百俵』, 新潮社, 1976, p.220

28) 1917년 우에다 세이지(上田整次), 야마기시 미쓰노부(山岸光宣, 1879~1943) 양 박사의 추천에 의해 가을부터 와세다 대학교 독일어 강사가 되고, 1921년 3월에 동대학 강사를 사임한다. 1932년 3월 메이지 대학에 문예과가 창설됨과 동시에 대학 당국의 요망에 따라 문예과 초대 과장이 되고, 1937년 안질로 인해 사임한다. 그 때 독자적인 방침으로 학생 스스로의 창의력을 키울 수 있도록 종래의 문과와는 취미를 달리한 교육을 시도하기도 한다.

한편 이는 그의 문학이 일관성 있게 추구해온 교양, 도덕주의에 기초한 모럴의 귀착이라고도 할 수 있다. 오랜 기간 교육 기관에 몸담고 있었기 때문에 세속적 풍류, 즉 포퓰리즘을 염두에 둔 작품보다 학생들에게 무엇인가 가리키지 않으면 안 된다는 교육자적 입장에서 쓴 작품이 적지 않다. 예를 들면『쓰무라 교수』,『파도』,『길가의 돌』에 등장하는 교사들의 모습이 그렇다. 따라서 그의 문학은 교양주의적 성격이 강해 시류를 따라 새로운 뭔가 톡톡 튀는 감각적인 것을 좋아하던 젊은이들에게는 당연히 진부한 느낌이 컸을 것이고, 당시 다이쇼와 쇼와의 격동기를 감안하더라도 이같은 작품이 독자들 깊숙이 파고들기란 쉽지 않았으리라 생각한다. 그러나 초등학교와 중학교 졸업식장에서 교장 선생님의 졸업식사가 어른이 된 지금에도 귓전에 남아있듯이, 그의 문학에는 진부하지만 잊을 수 없는 메시지가 존재한다. 특히 그러한 교육적 성격은 작가의 성실주의와 연결되면서 한층 더 힘이 실린다.『쌀 백 섬』은 바로 그 선봉의 작품이다.

또한 이 작품은 메이지유신이란 혼란한 시대에 가려져 미처 알려지지 못한 나가오카번의 교육자 고바야시 도라사부로를 70여년이 지난 태평양전쟁 하에서 부활시킨 작품이다. 오로지 전쟁에 필요한 양식과 무기만을 만들라고 주문하던 군국주의에 대항하여, 군수물자 못지 않게 인물을 키우는 것이 중요하다고 피력하였다. 태평양전쟁이 절정으로 치닫고 있을 무렵 교육 우선 정책의 호소는 그 자체가 이미 반전 의식의 표출이며, 한편으로는 인명 경시 풍조와 전투적인 군국주의에 대한 강한 규탄의 메시지가 담겨있다고 하겠다. 이처럼 하나되어 동고동락해야 하고, '항상 전쟁터에 있다'는 의식으로 어떠한 곤란과 궁핍함도 인내해야 한다는 정신운동은 교육적인 측면만이 아닌 사회 전반적인 국민 의식의 개조라는 측면에서도 중요한 의미를 갖는다. 올바른 지식인상으로서 당연한 행동이라 하겠지만 당시 서슬 퍼런 시국 사정을 감안할 때 작가의 반전(反戰), 교육 우선 정책의 호소가 결코 쉽지만은 않았을 것이다.

이처럼 작품을 통한 작가의 현실 참여, 반전적 인간 존중 사상은 그의 유일한 역사 소설『불석신명(不惜身命)』에서도 잘 나타난다. 거기에는 목숨을 아끼지 않는다는 의식(不惜身命)이 목숨을 아껴야 한다(惜身命)는 의식으로 바뀌어 가는 테마를 다루고 있다. 이 역설적 구조는『평온한 사람』과『서다』의 논리로 이어지는데, 하여튼 최후의 희곡『쌀 백 섬』은 작가가 고발하고 싶었던 비생산적, 비인간적인 군국주의에 대한 비판을 분명히 하고 있다. 또한 그의 문학적 지향점이 어디를 향하고 있는지 명백히 일러주는 것이기도 하다. 특히 다이쇼 말기부터 쇼와 초기에 이르기까지, 즉 프롤레타리아 문학의 전성기에 난국의 실정을 직·간접적으로 꼬집어가며, 나라의 운명을 진솔하게 걱정하는 한 지식인의 고뇌는 인간사의 중요한 나침반 역할을 하기에 충분하였고, 이러한 모럴의 강조가 바로 그의 현실주의적 휴머니즘으로 이어진다고 하겠다.

3.『시라카바』적 자아와 '진실'

1) 작품의 성립

1920년은 작가가 극작가로서 위치를 확고히 한 기념비적인 해이다. 3막극『생명의 관』이 발표됨과 동시에, 이노우에 마사오 일단에 의해 메이지좌에서 공연되었고, 곧이어 3월에는 오사카 로카좌(浪花座)에서 공연되었다. 이는 작가가 처음으로 극작가로서의 존재성을 알리는 동시에 능력을 인정받는 순간이었다. 또한 그 해는 와세다대학교 독일어 강사 시절 여름방학을 이용하여 집필한 단막극『영아 죽이기』를 발표한 해이기도 하다. 또한 1919년은 혼다 하나코와 결혼하면서 생긴 얽히고 설킨 복잡한 사건들을 극복해 가면서 오로지 창작에만 몰두했던 해이기도 하다.

당시 작가는 극작가인 스스로에게 상당한 불만을 느끼고 있었던 것 같다. 첫째는 1919년 7월 단막극『영아 죽이기』를 집필했지만 발표할 장소가 없어 고민해야 했던 쓰린 경험. 둘째는 소설이 희곡보다 훨씬 인기를 누렸던 시대 흐름에 대한 반발심. 셋째는 그때까지 희곡을 써오던 동료들이 소설로 앞다투어 진출하면서 왕성히 집필 활동을 했다는 점. 넷째는 특정인들이 중심이 되어 움직여지던 문단에 대한 불만이다. 극작가로서 이렇다할 만한 힛트작을 내놓지 못했던 작가로서는 문단 안팎에 불만스러운 심기가 팽배해 있었던 시기라 하겠다. 물론 『생명의 관』, 『쓰무라 교수』는 그러한 불만을 떨쳐버리지 못한 상태에서 나온 창작이었다. 그러니까 시류에 영합한 형태가 아닌 당시 작가의 자의식에 기초한 내면 세계의 형상화는 당연한 귀결이다. 이렇게 볼 때 『생명의 관』, 『쓰무라 교수』는 작가가 느낀 당시의 문단 안팎에 대한 불만 토로의 장이었으며, 한편으로는 작가 스스로의 한계를 극복할 수 있느냐 없느냐란 실험성이 가미된 사명감에서 집필되었던 작품이었다 하겠다.

이른바 기쿠치 간이 『다다나오 경 행장기(忠直卿行狀記)』(1918), 『은수의 저편에』(1919), 『진주 부인』(1920), 아쿠타가와 류노스케가 『라쇼몽』(1915), 『코』(1916), 『지옥도』(1918), 『도시슌(杜子春)』(1920) 등을 통하여 소위 『신사조』파로서 화려하게 주가를 높이고 있을 때, 문단 안팎에서 자신의 목소리를 내지 못하고 무명 작가로서의 서러움을 삭여야 했던 유조로서는 상당히 초조했을 것이다. 『생명의 관』, 『쓰무라 교수』는 이러한 작가의 심경을 정면에서 표출한 작품이며, 그러하기에 작가로서는 나름대로의 인생관을 피력하는 장이자 창작의 방향을 공고히 하는 장이었던 셈이다.

이는 동료들이 희곡에서 소설로 전향하여 각광을 누리더라도 자신만큼은 나만의 길을 걷겠다는 강한 의지의 표출이며, 또한 세간으로부터 인정받지 못하더라도 인간이 살아가는 한 지켜야만 할 모럴의 강조라는 측면에서 자신의 길은 정당했다는 강한 신념의 과시이기도 하다. 아마도 "걸음걸이는 느릴지도 모른다. 그리고 불안할 것이다. 하지만 나아갈 방향만큼은 바꿀 생각이 없다. 그 길은 고갯마루 길 같아서 좌우로 제법 기복도 있을 것이다. 다만 지향하는 목적지는 단 한 곳이다. 『쓰무라 교수』에서 『식모의 병』에 이르는 과정이 남들에게는 어떻게 비쳐질지 모르겠지만, 나로서는 허덕이며 올라 온 외길."29) 이 외길이 작가가 선택한 길이다.

---

29) 山本有三 「序に代えて」(『山本有三集』 改造社, 1931) 山本有三全集 第十一卷, 新潮社.

그리고 작가는 자신이 걸어온 길은 적어도 자기에게만큼은 올바른 길이 었다며 "나는 지팡이를 딛으며 어디까지나 이 길을 올라갈 것이다"[30)]는 강한 의지를 표명한다. 이러한 작가적 의지가 인간적 모럴의 강조라는 점은 작품을 통하여 충분히 감지할 수 있다.

또한 이러한 작가의 의지는 사회적 부조리에 대한 저항과 고발이라는 형태로 나타나는데, 이는 정의와 진실이란 작가만의 특이한 현실주의로 발전함을 의미한다. 따라서 『생명의 관』, 『쓰무라 교수』는 작가의 현실주의에 기초한 사명감이 만들어 낸 작품이라 할 수 있고, 작가로 하여금 극작가로서의 위치를 다지는 결정적 작품이었다 하겠다.

2) 아리무라와 쓰무라

『생명의 관』의 아리무라 고타로와 『쓰무라 교수』의 쓰무라 교수는 유조 문학의 사상적 원형을 파악하는 데 중요한 인물이다. 어느 날 사할린 서해안 마우카에서 게 통조림 공장을 경영하는 아리무라에게 옛 친구인 은행원 아소(麻生)가 찾아온다. 아소는 옛날 시골에서 아리무라와 둘이서 도보 여행을 했을 때, 여행 도중에 철교 건널목에 매달렸던 이야기를 들려준다. 그때 아소는 인부들의 대피장에서 기차가 지나가는 것을 지켜보았는데, 아리무라는 철교 건널목 침목에 매달려 기차가 지나가길 기다렸을 정도로 순진했다며 치켜세운다. 이 이야기는 소설 『길가의 돌』에서 고이치가 동료들에게 지고 싶지 않아 철교 건널목 침목에 매달리면서까지 지키고 싶었던 자존심의 모습으로 생생히 재현되는데, 이 같은 '정의의 기사' 아리무라에 대한 동생 긴지로의 불만은 적지 않았다. 긴지로는 현실과 타협하면서 공장을 운영하지 않으면 도산을 피할 길이 없다며 형의 원칙주의적 경영에 강한 불만을 표출한다.

어느 날 그리이스 이리스 상회로부터 대량의 통조림을 주문 받은 아리

1976, p.49
30) 上揭書, p.50

무라는 같은 업종의 중간업자의 농간으로 수출을 방해받는다. 그 결과 통조림 공장은 약속한 기일에 일등급 제품을 보내지 못하게 되어 파산할 수밖에 없는 곤경에 빠지고 만다. 긴지로는 위기 상황을 극복하기 위해서는 암컷과 새끼 게, 즉 값싼 2등품 게를 사용할 수밖에 없다며 형 아리무라를 설득해 보지만, 아리무라는 "상인의 본분은 약속을 지키는 것이자 물품을 지급하는 일이다. 오로지 그 뿐이다. 손해 배상을 하는 것이 아니다"고 잘라 말하고 약속대로 일등품 게로 만든 통조림만 선적한다.

아리무라 니 말에도 일리는 있다. 하지만 상인의 본분은 돈을 버는 것만이 능사가 아니야. 그걸 잘 이해하지 않으면 곤란하다.

긴지로 그렇게 한다손 치고 그럼 가족은 어떻게 되는 거죠?

아리무라 나는 설령 아이가 굶는다 해도 부정한 돈으로 우유를 먹이고 싶지는 않아. 계약을 위반한 돈으로 가족들을 양육하고 싶지는 않다. 올바른 일을 했는데도 가난해진다면 어쩔 수 없는 일 아니냐. 가족들도 바른 일이기에 틀림없이 참아줄 것으로 믿는다.

긴지로 (더한층 흥분해서) 형님은 인정머리도 없는 외국인에게 신용을 지키기 위하여 가까운 가족을 팽개쳐도 좋다는 겁니까? 가족들은 굶게 내버려두면서 남들에게는 허세를 부리려는 겁니까?

아리무라 (역시 흥분해서) 허세가 아니야. 그리고 멀고 가까운 그런 문제가 아니다. 다만 해야만 하는 일을 하는 것뿐이라구.

긴지로 파산은 불가피한 일이 아닙니다. 파산하지 않도록 하는 것이 정당한 거죠.

아리무라 (점점 더 흥분해서) 당연한 얘기다. 그렇지만 그럴 수밖에 없는 처지에 있지 않느냐. 그렇게 하는 것이 옳다면 어쩔 수 없지 않느냐.

긴지로 (격하게) 파산하지 않아도 되는 것을 일부러 파산시키는 것이 어떻게 옳다는 얘기야! 가족들을 곤궁에 빠뜨리는 게 어떻게 정당하다고 할 수 있다는 거냔 말이야![31]

---

31) 山本有三全集 第一卷 『生命の冠』 新潮社, 1976, p.161

　형제간의 대립은 3막에서도 계속된다. 결국 아리무라는 동생의 의견을 받아들이지 않고 무리하게 일등품 게만 사용한 나머지, 통조림 공장을 타인에게 넘길 수밖에 없게 된다. 무식할 정도로 정직한 아리무라는 사소한 행위에도 '진실의 소인'이란 신념을 망각하지 않았다. 그리고 집도 기계도 공장도 모두 타인에게 넘긴 아리무라 일가족은 석양이 비치는 사할린 해변을 지켜보며 조용히 패배의 아름다움(?)을 즐긴다.

긴지로　불교에서는 善因善果, 惡因惡果라고 말하지만 실제 세상에서는 좋은 일은 한 사람이 반드시 잘되란 법은 없고 오히려 악한 일을 한 사람이 잘 되는 경우도 많은 것 같습니다. (중략) 그리고 올바른 일을 한다는 게 왠지 멍청한 것 같아 견딜 수가 없습니다.
히키다　그래요. 그러한 불합리한 사실을 우리들은 종종 목격하게 되지요.
긴지로　어떤 남자가 한 백치 여인을 욕보이고도 조금의 처벌도 받지 않습니다. 오늘날 세상은 증거만 잡히지 않으면 무슨 짓을 해도 상관없다는 식입니다. 이대로라면 노련하게 나쁜 일을 저지르는 자는 불어나고 정직하게 일하는 사람은 모두 망해 버리고 말 겁니다.
히키다　하지만, 그렇다고 해서 정직함을 내팽개친다는 것은 말도 안되지요. 사실 정직하게 사는 사람이 손해를 보는 경우가 많을지도 모릅니다. 그러한 사람들에게는 정직하지 못한 사람들이 하는 것처럼 악랄한 짓은 할 수 없으니까요. 그러나 역시 부정한 자들이 정의의 용사는 될 수 없습니다. 올바른 일이란 꿈에서조차도 할 수 없지요. 부도덕가는 거짓말은 가능할지 모르지만 반드시 이룰 것을 이뤄내고야 마는 귀중한 용기는 가지지 못할 겁니다. 그러니까 그런 측면에서 보면 정직하다는 것은 가장 저돌적 힘을 발휘한다고 볼 수 있겠지요.[32]

　노인의 간병을 위해 들린 의사 히키다(匹田)와 긴지로 사이의 대화는 이 작품이 무엇을 말하려는지 분명히 보여주고 있다. 즉, "딱 하나. 제가 알고 있는 것이 있습니다. 그것은 좋은 결과가 나온다고 해서 좋은 일을

---

32) 上揭書, 168

하는 것이 아니고 나쁜 결과가 나오기 때문에 나쁜 일을 하지 않는 것이 아니다. 결과에 상관없이 인간은 해야만 하는 일을 반드시 해야하는 것이다"란 히키다의 말이다. 이 말은 인간으로서 지켜야 할 것은 철저히 지켜야만 한다는 보편주의에 기초한 모럴의 강조이며 작자 자신의 목소리와 다름없다.

이러한 신념은 3막극『쓰무라 교수』에서도 잘 나타난다. 특히 결혼직전 발표된 이 작품은 쓰무라 교수와 구로카와의 대화에서 진솔하게 베어난다. 처를 사랑할 수 없는 구로카와는 어느 날 이혼을 상담하고자 스승 쓰무라 교수를 찾았다. 그 자리에서 구로카와가 "사랑하지 않는 여자를 사랑하는 것처럼 행동하며 살아가는 것은 더 큰 죄악이라고 생각합니다"라고 하자, 쓰무라 교수는 "자네처럼 교육을 받은 자가 툭하면 마음이 맞지 않다고 이혼하는 것은 나로서는 찬성을 못하겠네"라며 이혼의 부당성을 지적한다. 극히 일반적인 어른들 감각으로 제자를 나무랐던 것이다. 그러나 제자가 "일단 하나가 된 이상, 설령 본질적으로 서로 맞지 않는데도 헤어져서는 안 되는 겁니까. 사랑하지도 않고 사랑 받지도 못하는 자가 일생을 무의미하게 질질 끌고 가는 것이 과연 정당한 일일까요"라고 묻자, 쓰무라 교수는 실제 자신이 현재 겪고 있는 아내와의 불화를 되돌아보게 된다. 이른바 이혼은 여자를 죽이는 것이다라는 생각을 늘 했던 그였지만 "자신의 진실을 따르자니 상대에게 해가 되고, 그렇다고 해가 안 되게 하자니 일생동안 자신에게 거짓말할 수밖에 없다"는 말을 듣자, 자신의 솔직한 마음 앞에서 갈등을 잠재우지 못한다.

그 갈등은 "성현은 무엇을 하든 남에게 폐가 되지 않음에도 내가 하는 일은 왜 남에게 해가 되는 건가. 어째서 허위가 되버리는 것인가. 나는 신명을 다 바치고자 하는데 왜 악마와 손을 잡아야 하는지. 알 수 없다. 도대체 알 수가 없어"33)라는 형식으로 나타나는데, 결국은 "나는 거짓 성인으로 추앙 받기보다는 진실의 소인으로서 살고자 한다"34)는 생각으로

---

33) 山本有三全集 第一卷『津村教授』新潮社, 1976, p.79
34) 上揭書, p.79

정리된다. 이렇게 볼 때 '진실의 소인' 쓰무라 교수의 신념은 아리무라의 "인간은 해야만 하는 일을 반드시 하지 않으면 안 되는 것"이란 믿음과 다름없다.

　진실과 그 진실에 상반하는 모순된 현실과의 대립은 위 두 작품에서 유난히 심하게 나타난다. 이 같은 갈등 속에서 아리무라와 쓰무라는 지켜야만 하는 진실을 끝까지 지켜낸다. 아리무라가 사회적 모순에 대항하며 정의를 지킨 '패군의 장군'이라면 쓰무라는 신 앞에서도 부끄럽지 않은 진실을 지켜 낸 '진실의 소인'이다. 두 인물은 모순된 사회에서 뭔가 잃은 것 같지만 실제로는 가장 소중한 정의와 진실을 지켜낸 것이며, 이는 인간적 모럴을 지켜낸 거라 볼 수 있다. 바꾸어 말하면 자본주의 체제하의 사회적 부조리에 대한 비판이자 부조리와의 타협을 일삼는 기회주의자에 대한 비판이며, 또한 인간 사회의 질서 회복의 목소리였던 것이다. 아리무라와 쓰무라의 '패군의 장군'과 '진실의 소인'적 자세는 당시의 사회적 분위기에서 쉽사리 취할 수 있는 길은 아니었다. 예컨대 자본주의에 편성하여 부를 창출할 기회를 접고 진실에 호소하는 삶이 일반적 정서로 보기에는 다소 무리가 있기 때문이다. 오히려 시대성에 맞추어 개인적 부를 통한 신분 상승을 노렸을 법한 분위기가 당시로서는 지배적이지 않았을까. 그러나 작가는 분명하게 자신의 목소리를 밝혔고 그것을 실천하였다. 이 점에서 우리는 작가의 진솔한 삶의 철학을 발견하게 된다.

3) 반항에서 진실로

　작가가 사회적 모순에 반항적 태도를 취한 것은 언제부터일까. 작품에 한정해서 살펴본다면 먼저 처녀작 『탄광』이 거론되어야 할 것이다. 그것은 아시오 광산을 찾으면서부터 싹텄다고 볼 수 있을 것이다. 또한 도쿄대학교 졸업논문 테마로 하프트 만의 『직공』을 정하고 서구의 프롤레타리아 문학을 접하면서부터 사회성에 관심이 깊어졌다는 점도 간과할 수 없다.

작가는 도쿄대학교 독문과를 졸업한 후, 아키즈키 게이타로, 가와카미 사다얏코, 기타무라 로쿠로 극단의 전속 작가로서 무샤노코지 사네아쓰의 『두 마음』의 무대 감독을 맡는가 하면, 극장을 무대로 왕성한 활동을 펼친다. 1916년 정월에 오사카의 도톤보리(道頓堀) 로카좌를 시작으로, 2월 이후에는 큐슈 지방을 순례하게 되는데, 그 무렵 작가는 전속작가로서의 막내(幕內) 생활에 비애를 느끼고, 2월경 직장을 팽개치고 도쿄로 돌아오고 만다. 그것은 극작가인 자신에 대한 무력감과 사회적 부조리에 대한 불만, 좀 더 구체적으로 말한다면 극단에 대한 불만의 표출이었다. 그리고 초혼 실패, 재혼을 거치면서 본격적인 창작 활동을 시작하게 되는데, 초기 작품의 대부분은 이러한 사회적 부조리에 대한 불만을 직·간접적으로 그린 것이 대부분이다. 예를 들어 처녀작『탄광』은 광부들의 비참한 탄광촌 생활을 직접 그리고 있고, 『생명의 관』은 사회적 모순 앞에서 좌절하지 않는 인간성의 강조를 통한 사회적 부조리를 고발하고 있다.

여기에서 좀더 구체적으로 작가의 반항 의식을 생각해 보기로 하자. 작가의 반항 의식은 사회적 부조리를 정면에서 부딪친다는 자의식에서 나온 현상인데, 여기에는 작품 활동을 시작하기 전, 지난날의 각고의 경험35)이 내면에 깔려있었다고 할 수 있다. 물론 작가의 출신 성분과 관련한 운명적인 부분도 간과할 수 없겠지만, 어디까지나 작가의 반항 의식은 나름대로의 자의식에서 발로된 것이라는 점은 분명하다. 이를테면『길가의 돌』에서 "이 세상에서 뭐가 가장 무서운지 알고 있느냐. 그건 호랑이도 아니고 이리도 아니다. 인간이란 걸 알아야 해! 감언을 일삼는 인간이 무서운 거다!" "사람을 보면 도둑놈으로 생각하라!"고 호통치는 부정적 사고가 그렇다. 이는 작가가 도시 생활을 통하여 인식한 세간에 대한 불신감과 다를 바 없다. 작가의 초기 작품은 이 같은 기본적 자의식에서 출발했다고 보는 편이 옳을 것이다. 작가는 1931년 10월호「연극 화보」에 『영아 죽이기』를 발표하고 그 후일담에서 이렇게 밝힌 적이 있다.

---

35) 이를테면 극단 전속 작가 생활을 통한 사회적 부조리, 가네마루 데루코와의 초혼 실패와 하나코와의 재혼에 대한 정당성 부여를 통한 끊임없는 자기 성찰의 기회를 들 수 있다.

희곡이 잡지에 게재되기도 어려웠을 뿐만이 아니라 상연이 이루어진다는 것은 훨씬더 어려운 일이었다. 아니 어렵다기보다 오히려 절망에 가까운 일이었다. 학교를 갓 졸업한 젊은이가 쓴 것은 까다로운 이유를 달거나 꿈같은 분위기를 자아낸다며 그런 각본은 무대에 올릴 수가 없다는 이야기였다. 노골적으로 그렇게까지는 말하지 않았지만 극장 당사자의 진정한 뜻은 그러했었다. 이런 관계로 우리 같은 자들의 희곡은 문단과 극단 양쪽에서부터 쫓겨나는 신세를 면치 못했다.

그래서 나 같은 경우 아무리 희곡을 써도 활자화되기도 어려웠을 뿐더러 각광을 누리는 것은 더더욱 불가능했기 때문에 상당히 비위에 거슬렸다. 상황이 이런지라 깨끗이 희곡 작가의 길을 아예 포기하든지 배수진을 치고 본격적으로 밀어붙여 추진해 보든지 두 길 외엔 선택의 여지가 없었다. 그래서 나는 후자를 택했다. 좋다. 그렇다면 내 희곡이 결코 서생 냄새가 풍기는 리쿠쓰게키(理屈劇) 만은 아니라는 것을 보여주마. 무대에 올려도 다소 볼 만한 가치가 있고 활자화되어도 다소 읽혀지는 그러한 작품을 내보이겠다. 지금 당장은 잡지에 실리지 못하고 상연되지 못한다 하더라도 내가 주장하는 것이 결코 공허한 논쟁이 아니라는 걸 보여주고 말리라. 뭐라고 할까, 그때는 이러한 일종의 반항적 기분이 상당히 강하게 타오르고 있었다. 이런 기분이 팽배해 있던 참에 썼던 것이 『영아 죽이기』이다. 이 작품에서 강하게 상연 의식이 나타나고 있는 것은 앞서 언급한 반항 기분에 근거하고 있다고 보아도 좋을 것이다.[36]

이처럼 작가의 문단에 대한 거부감이 상당히 격심했음을 알 수 있다. 당시 작가는 『쓰무라 교수』를 집필하고 도요시마 요시오의 호의에 힘입어 『제국 문학』에 발표했음에도, 세간으로부터 단 한 줄의 비평도 받지 못했다. 또한 동료들이 희곡을 그만두고 소설로 앞다투어 전향하는 모습을 지켜보면서 자신도 희곡의 길을 접고 소설로 가야할지 어떨지 고민했던 시기였다. 이른바 '상연 의식'에 촉발되어 극작가로서 창작에만 매달리게 되는데, 그 성과물이 『영아 죽이기』였음으로 해서 작가로서는 이 작품에 거는 기대가 남다를 수밖에 없었다. 그러나 그토록 공들인 성과물이

---

36) 山本有三 「『嬰兒殺し』の漫談」(『演劇畵報』, 1931.10) 山本有三全集 第十一卷, 新潮社, 1976, p.71

발표장도 얻지 못했다는 것이 그로서는 충격적일 수밖에 없었다. 이에 따른 작가의 낙담과 불만은 문단뿐만이 아닌 사회적 모순에 대한 이유 있는 반항37)으로 발전하게 된다.

당시 작가의 심경은 1915년 극단 전속 작가직을 그만두고 도쿄로 돌아와 여배우 유리코의 변심을 접하여 그에 따른 인간에 대한 환멸과 고독감에 휩싸여 있었다. 그런데 이 환멸과 고독감은 작가만의 독특한 성격과 맞물리면서 탈출구를 모색하는 계기로 작용하게 된다. 예컨대 인간에 대한 환멸과 고독감을 희곡 집필로 희석시키고 창작을 통하여 자의식을 굳힌다는 것이다. 실제로『영아 죽이기』이후『생명의 관』, 『어머니』, 희곡집 『욕생(欲生)』의 출판 등, 1920년부터 보여준 작가의 화려한 활동상은 이를 대변하기에 충분하다. 이처럼 작가는 창작을 통하여 문단과 사회에 대한 불만을 분출하였고 자기를 관리 유지시켰다. 그리고 그 과정에서 지금 당장은 꽃피울 수 없다해도 인간이 존속하는 한 지켜질 수밖에 없는 모럴을 강조하였다. 이 같은 작가의 고집은 초기 작품에서 두드러지고 희곡에서 소설까지 일관성 있게 나타나는데,『영아 죽이기』, 『생명의 관』은 그러한 작가 의식이 충분히 고려된 작품이라고 말할 수 있다.

『영아 죽이기』에서 자신이 낳은 자식까지 죽여야 했던 아사의 비애는 자본주의가 만들어낸 사회적 모순의 고발이다. 그리고 극빈 노동자의 피폐한 삶은 사회가 만들어 낸 고통으로서 그 책임이 사회 전체에 있음을 고발하는 것이었다. 그런데 이 작품은 당시의 사회악을 고발한다는 작가의 진보적 사고에서 출발하면서도 제도권에 대한 약자의 속사정을 고발하는 차원에서 머물렀다는 점에 한계가 있다. 이는 경찰관 고야마가 노동자 아사의 절박한 생활고를 동정하면서도 법적 조치의 불가피성을 들어 그녀에게 책임을 묻는 대목에서 찾아볼 수 있다. 인간적으로 동정은 하면서도 냉혹한 법적 조치를 통하여 약자의 인간성을 여지없이 눌러버리고

---

37) 1920년 국제 연맹의 출발, 최초의 라디오 방송 등 화려한 개막의 뒷면에 「재계 불황, 실업자 급증」, 「일본 사회주의동맹 성립대회」, 「최초의 메이데이」 등 현실과 연계된 많은 사건들이 작가의 눈에는 불만스럽게 다가왔을 것이다.

만다. 왜 그녀가 영아를 죽일 수밖에 없었는지에 대한 사회적 모순에 대한 구체적 언급이나 살인자의 항변 같은 일종의 개인적 자의식에는 눈을 감고 있다.

또한, 이미 앞에서 언급하였듯이, 『생명의 관』에서 작가가 고발하고자 했던 것은 자본주의적 논리와 타협하려는 긴지로와 정의심으로 무장한 아리무라의 대립인데, 결국은 '정의의 용사'가 승리한다는 점이다. 즉, 자본주의에서는 약간의 부정을 하더라도 현실 타협적 사고가 불가피하다는 측과 끝까지 정의로워야 한다는 형제간의 대립이다. 여기에서 아리무라의 "올바른 일을 해서 빈곤해진다면 어쩔 수 없는 일 아니냐"라는 신념, 이는 개인의 정의가 사회적 모순과 대결하여 패배하는 것은 당연하다는 피상적 사실의 고발임에 틀림없다. 그리고 그 사회에서 패배자로 살아갈 수밖에 없는 아리무라와 아사는 겉으로는 패했지만 실제로는 그렇지 않음을 은근히 강조하고 있다. 예컨대 아사의 "어린애가 불쌍해서 죽였다"는 인간성과 쓰무라 교수의 '진실의 소인', 아리무라의 '패배의 장군' 등의 자세는 모두 "인간은 해야만 하는 일을 반드시 하지 않으면 안 된다"는 신념으로 통한다. 다시 말해 '진실의 소인'과 '패배의 장군'의 목소리에 귀 기울이지 않는 사회야말로 비난받아 마땅하다는 인간주의적 개념의 강조와 다르지 않다.

이상에서 볼 수 있듯이, 작가의 문단을 포함한 사회적 부조리에 대한 불만38)은 몇 작품을 통하여 개인의 정의와 진실이 거대한 사회 집단과 대결하는 형태로 나타났다. 그 대결이 너무 차분하게 전개되어 다소 불만인데 이는 분명 작자가 사회 집단을 상대로 정면에서 부딪치면서도 한발자국 물러선 형태의 반증이다. 이처럼 작가의 비판 의식은 한발자국 물러선 곳에 그 특징이 있다. 만약 작가의 제도권에 대한 비판이 실천적 입장에서 이루어졌다면 성격상 프롤레타리아 문학 쪽으로 흘렀어야 했을 것이다. 그렇게 전개되기 위해서는 『탄광』에서 노동자들의 스트라이크 움

---

38) 예를 들면 문단에 대한 불만, 동료들의 유명세에 상대적인 초초함, 사회 속에서 머무를 곳이 없다고 하는 데서 오는 무력감 등을 들 수 있다.

직임이나 『여자의 일생』의 사회주의자 마사오(允男), 『길가의 돌』의 사회주의자 도쿠지(得次) 등의 행동이 좀더 전면으로 부각되었어야 했다. 또한 하프트 만의 『직공』처럼 민중의 모습이 구체적으로 그려지고 내용 전체가 민중을 하나로 집결시키는 실천적 대안들이 마련되었어야 했다.

그러나 유조 문학은 그러한 직접적이고 실천적인 형식은 취하지 않는다. 이는 작가 자신이 강한 실천적 성향을 선호하지 않았기 때문으로 볼 수도 있다. 실제로 작가의 실천적 측면의 저항이 전혀 없었던 것은 아니다. 이는 『바람』 집필 당시 좌익계열 지하운동 자금제공 명목으로 체포되었음을 보아도 알 수 있다. 하지만 그 당시 고노에 후미마로39)의 도움으로 석방되었기 때문일까, 그 후 작가의 행보는 확연히 달라진다. 정부을 향한 직접적 비판에 소극적이 되었고 언행에도 신중함을 보였다. 물론 이처럼 달라진 의식이 그로 하여금 문학가와 정치가란 양쪽 길을 공생케 했음도 부인하기 어렵다. 따라서 한발자국 물러선 작가적 의식은 앞서 언급한 아리무라, 쓰무라, 아사의 삶으로 부활되었고, 그러한 의식은 그의 문학이 정의와 진실이란 단어로 인구에 회자될 수 있는 기반으로 자리 잡는다.

4) 영원한 진실

사전을 펼쳐보면 진실은 "거짓이 없는 것, 진정한 것", "거짓되지 않은 것, 진정, 참됨"40), 그리고 진실일로는 "오로지 진실을 추구하며 살아가는 것"41)으로 풀이하고 있다. 작가는 그 진실의 의미를 자신의 인생은 물론, 작품을 통하여 다양한 형태로 내재·형상화시켰다.

1920년 봄, 기쿠치 간, 구메 마사오, 오카모토 기도, 나카무라 기치조 등과 의기 투합하여 극작가협회를 창립한 작가는 그 창립 기념 강연회에

---

39) 고노에 후미마로(近衛文麿, 1891~1945) 정치가, 수상. 야마모토 유조와 일고를 함께 졸업하고 1933년 귀족원 의장. 1937년 제1차, 1940년 제2차 조각. 태평양전쟁 패전 후 전범자로서 구인되기 직전 자살한다.
40) 『廣辭苑』, 岩波書店, 1990, p.1150
41) 『大辭林』, 三省堂, 1990, p.1237

서 「사실과 진실」이란 주제로 강연을 한다. 그 자리에서 작가는 어머니와 교토로 여행했을 때의 이야기를 언급했다. 호텔에서 함께 잠을 자는데 한밤중에 잠을 깨어 보니 어머니께서 발로 차 던진 이불을 덮어주고 계셨다는 것이다. 어머니는 이미 노쇠했고 자신도 어른이 되었음에도 유소년 시절에 자신을 대하던 것처럼 이불을 덮어주셨다는 것이다. 결국 변한 사실과 어머니의 진실을 놓고 "사실은 변하지만 그 언저리에는 항상 변하지 않는 진실이 내포되어 있다. 그런 진실을 접했을 때, 덧없는 세상, 눈물 계곡에 비유할 수 있는 근심 서린 밤 기댈 곳 없이 살아가는 사람도 살아 있는 삶의 보람을 느끼게 된다. 바로 그러한 진실을 취하고 느끼는 것이 문학이다. 변해 가는 현실 속에서 변하지 않는 진실, 그것이 희곡의 핵심이다"42)라고 했다. 분명히 그런 것 같다. 그 무렵 그는 아직 소설을 집필하고 있지 않았기에 이 같은 진실을 '희곡의 핵심'이라고 표현했지만, 그것은 소설의 핵심이기도 하다. 또한 문학의 핵심이기도 하다. 그러한 사고의 핵심을 1923년 9월 『신연회(新演會)』에 발표한 「1인 1회에 한해서」에서는 다음과 같이 언급했다.

　　일반적으로 예술상의 창작은 반듯이 1회에 한한 것으로 반복될 수 있는 것이 아니다. 반복될 수 있다는 애긴 이미 창작이 아니란 얘기이다. 이는 결코 창작에만 한정된 것은 아니다. 진지한 모든 것은 모두 1회에 한정되어 있는 것이 아닌가. 1회에 한정한다는 뜻은 진지한 승부이다. 이번에 지면 다음이라는 것이 없다. 그 하나가 죽든 죽이든, 때려 눕든 때려 눕히든 하는 경계이다. '이제 딱 한번'이라는 점으로 모든 긴장이 이어지는 것이다.
　　입장권에는 어떤 입장권이든 '1인 1회에 한함'이라는 문구가 반드시 기입되어 있다. 예술의 전당에는 특별히 입장권이 필요하지 않지만, 그 입구에는 크게 '1회에 한함'이라는 문구가 적혀 있을 것이다. 그것은 또한 인생의 입구에도 대서 특필하고 있는 문구이다. 그러나 많은 사람들은 그것을 보지 못하고 지나쳐 버린다.43)

---

42) 山本有三 「母の思い出」 山本有三全集 第十二卷, 新潮社, 1976, p.255
43) 山本有三全集 第十卷 「一人一回かぎり」 新潮社, 1976, p.35

위 인용문은 작가의 기본적인 창작 태도와 인생관을 엿볼 수 있는 대목이다. 이른바 "덧없는 세상, 눈물 계곡에 비유할 수 있는 근심 서린 세상에, 기댈 곳 없이 살아가는 사람도 살아 있는 삶의 행복을 느끼게 하는 진실"은 단 1회에 한한다고 하는 진지한 창작 태도가 그의 정신이자 문학이다. 한마디로 말하면 양이 아닌 질적 문학의 추구를 의미한다. 이 같은 작가의 창작 태도는 "발걸음은 늦을 지 모른다. 걸음걸이는 더딜 것이다. 그러나 나아가는 길만은 잘못되지 않았을 것이다." "지향하고 있는 것은 오로지 하나"라는 구절에서도 그대로 나타난다.

봄, 여름, 가을, 겨울 사계절 동안 변질되거나 변색되지 않는 대나무. 작가는 이 대나무를 좋아했다. "도중에 구부러지거나 비뚤어지지 않고 한결같이 하늘을 향하고 있는 모습은 오로지 하나만을 믿고 살아가려는 마음."44) 그 마음이 작가의 진실에 찬 삶이자 문학이다. 절개와 기개로 상징되는 대나무는 정의와 진실을 찾던 작가에게는 상징적 의미를 부여하는데 가장 적절했을 것이다. 이 같은 상징적 의미의 대나무가 『생명의 관』의 아리무라의 삶이며 『쓰무라 교수』의 쓰무라와 구로카와의 인생이다. 또한 『동지들』의 정의이며 『사카자키 데하노가미』의 인간성이라고 말할 수 있다. 대나무가 상징하는 철학은 1926년부터 쓰기 시작한 소설에서도 예외는 아니다

이를테면 『살아있는 모든 것』의 슈사쿠가 '어두운 땅 밑'에서 빛이 비치는 곳을 향해 자신의 뜻을 펼치고자 했던 모습, 즉 '어떤 시련이 있어도 나는 꺾이지 않는다'는 노부시(野武士)처럼 듬직한 전진이다. 또한 『진실일로』의 요시헤이가 회사와 세상으로부터 성실함을 인정받고, 자신의 떳떳함을 남들에게 알리면서 금전등록기처럼 살아온 자신의 일생을 후회하는 모습이다. 그 밖의 『길가의 돌』 고이치 소년의 간난신고, 『여자의 일생』의 마사코의 제2의 출산 등도 대나무가 의미하는 올곧은 정신의 표출과 다르지 않다.

이상의 내용을 정리해 보면, 유조 문학에는 진실과 관련하여 몇 가지

---

44) 山本有三全集 第十一卷 「竹」 新潮社, 1976, p.186

지적할 수 있다. 첫째는 한 발자국 물러선 위치에서 생산된 작가의 작품이 단기적으로 인기를 누리지 못했다지만 인간사에서 지켜질 수밖에 없는 보편적 모럴의 정착에 일조했다는 점이다. 물론 그 모럴이 대중화에 성공했느냐에 대한 의문이 남을 테지만, 이를테면『영아 죽이기』,『생명의 관』,『동지들』,『혹』,『평온한 사람』에서 보여준 그의 정신은 강한 메시지로 받아들여지기에 충분했다. 둘째는 그러한 메시지가 질적으로 추구되었다는 점이다. 즉 와세다대학교 독일어 강사로 재직하면서 발표한『쓰무라 교수』,『영아 죽이기』,『생명의 관』,『사카자키 데하노가미』,『지만연기(指鬘緣起)』등이 방학 동안에 한편씩 집필된 것이 그렇다. 셋째는 소설을 쓰기 시작한 쇼와 시대도 희곡 시대와 다름없이 문학적 일관성을 그대로 유지했다는 점이다. 아마도 여기에는 "어머니의 변하지 않는 진실"이 자리했기 때문이 아닐까. 그리고 그밖에 서민 속에서 '진실의 소인' 입장에 서서, 때로는 사회적 부조리에 대한 반항으로 '정의의 용사'이길 자청하면서 민중을 대변할 수 있었던 점도 간과할 수 없을 것이다. 우리는 여기에서 다시 한번 현실주의적 휴머니스트의 모습을 발견하게 된다.

4. 역사극의 보편적 인간주의

1) 역사물을 향한 출발

작가는『생명의 관』에서 '정의의 용사' 아리무라가 현실을 상대로 사회적 패배를 인정하고 물러서는 형태로 작품을 마무리지었다.『영아 죽이기』역시 참담한 개인의 삶과 법질서 사이에서 약한 자의 희생을 강요하면서 끝맺었다. 이는 자본주의 하의 생존 투쟁의 과정에서 생길 수밖에 없는 필연적 귀결이다. 따라서 소시민들의 삶은 적극적인 대응책을 강구하기보다 바뀔 수 없는 실제의 현실, 즉 '벽' 앞에서 '어쩔 수 없다' '달리 방법이 없다'는 막다른 길로 내몰릴 수밖에 없는 필연적 부분이 동반된다. 여기에는 작가의 현실 인식이 기본적으로 자리하고 있으며, 그러한 자의식은 긍정적으로 보면 현실 수용이겠지만 부정적으로 보면 현실 회피적 미온적 태도로 볼 수도 있다.

그러나 작가는 막다른 골목으로 내몰린 소시민들을 진보적이지 못하지만 내면 응시를 통한 돌파구를 열어주고자 노력했다. 그것이 역사물 희곡을 통한 모럴의 시도이다. 말하자면 현실 속 이데올로기와 사상을 다룬 초기 작품, 즉『탄광』,『생명의 관』,『영아 죽이기』,『어머니』등과는 분위기가 다른, 역사물을 다룸으로써 보다 인간적인 작품을 추구했다는 것이다. 이 같은 작가적 의식은 1920년『생명의 관』,『영아 죽이기』,『제일의(第一義)』에 이어 그 이듬해에 발표한「예술은「드러내는」것」이라는 글에서 그 성격을 분명히 하고 있다.

작가는 제재에 구애받고 있는 한 영원히 구제 받기 어렵다. 어디까지나 그것은 저편(반대쪽) 문제로 허둥대고 있기 때문이다. 예술의 근본은 결코 저 쪽이 아니다. 이 편 문제가 아니면 안 된다. 저 쪽 문제인 이상 그 작품에는 약간의 생명도 없다. 이 편 문제란 걸 알았을 때, 자신 쪽으로 굴러 들어왔을 때, 예술은 비로소 약동한다. 몇 년이든 완전히 자기 것으로 만들어서 그것을 자기 뱃속에서 펄펄 끓여 증발시킨 것이 아니면 진정한 예술이라 할 수 없다[45].

그리고 한달 후 1921년 6월「구메 마사오에게」에서 다음과 같이 말한다.

나는 이렇게 생각한다. 줄거리를 쓴 희곡도, 감정을 표현한 희곡도, 사상을 표현한 희곡도 이미 있다. 그러나 인간을 인간답게 그려낸 희곡은 거의 없다고 보는데 당신은 어떻게 생각하는가.

희곡에는 도가키(ト書き)라는 것이 있지만 서사서경(敍事敍景)이라는 것은 전혀 없다고 해도 과언이 아니다. 중요한 것은 철두철미한 대사이다. 다시 말해 인간이다. 인간이 나와서 인간끼리 복잡한 사정을 회화로 운용해 가는 가운데 희곡의 형식은 생겨난다. 그러므로 인간이 등장하지 않는 한 희곡은 성립되지 않는다 해도 과언이 아니다. 그 만큼 중요함에

---

45) 山本有三「藝術は「あらわれ」なり」山本有三全集 第十卷, 新潮社, 1976, p.12-13

도 불구하고 희곡에서는 어째서 진실한 인간을 그릴 수 없는가46)

작가의 이 같은 인간을 표현하고자 하는 욕구는 1921년 7월 발표한 「표현주의 잡감(雜感)」에서도 분명히 드러난다.

주관 존중이 끼치는 가장 심한 폐해로서 그들은 인간을 안 쓰고 형식을 쓰려 한다는 것이다. 하센크레펠의 '아들' 등은 그 좋은 예이다. 이 희곡에는 고유명사를 갖고 있는 인물은 등장하지 않는다. 그리고 단지 '아버지'나 '아들'과 같은 보통명사로만 되어 있다. 다시 말해 작가는 개성을 쓰려하지고 않고 어떤 관념을 쓰려고 한다. 그리고 부자의 다툼도 대단히 저급하여 유형적인 다툼으로 끝나고 있다. 물론 표현주의 희곡에 이런 것만 있는 것은 아니다. 고유명사를 갖고 있는 인물이 나오기도 한다. 그러나 개성을 갖춘 인간을 그리기보다는 사상이나 주의를 쓰려는 데 더 많은 노력을 기울이고 있는 듯하다. 우리는 희곡에서 어떻게 해서든 인간을 표현하고자 하는 반면, 이 사람들은 우리와 반대이다47).

이상에서 알 수 있듯이 작가는 자신의 문학 장르에 대한 전향을 분명히 하고 있다. 『생명의 관』에서 아리무라가 부딪쳤던 사회적 부조리, 『영아 죽이기』의 아사의 살아남기 위한 살인과 같은 사회적 이데올로기(사상, 전향)에서 탈피하여, 진솔한 인간을 그리려 했던 것이다. 이러한 작가적 의식은 자의식에 기초한 전향으로 볼 수 있다. 물론 이는 1934년 이후의 문학사에서 거론되는 전향의 개념과는 성격이 다르다.

전향 문학이 거론되기 시작한 것은 1933년 7월 사노 마나부(佐野學, 1902~1953)와 나베야마 사다치카(鍋山貞親, 1901~1979)에 의한 「공동 피고 동지에게 고하는 서」 이후이다. 여기서 말하는 전향 문학은 "공산주의자와 그 동조자가 지배 계층의 탄압 또는 유혹으로 종래의 사상과 신념을 버리고 지배 계층에 협력하게 되는 계급적 반역 현상을 말하는 것"48)이므로, 작가의 문학 장르 전환과는 근본적으로 다르다.

---

46) 山本有三 「久米正雄『阿武隈心中』の後記」 山本有三全集 第十卷, 新潮社, 1976, p.19
47) 山本有三 「表現主義雜感」(『新潮』, 1921) 山本有三全集 第十卷 新潮社, 1976, p.21

『현대일본문학사』49)는 문학이 사회에 대항해 가는 형태로 3가지 방향을 제시하고 있다. 첫째는 대항하면서 사회와 완전히 상반된 입장에 서는 것. 둘째는 저항하는 가운데 저항의 대상이 된 사회를 회피하여 인간이라는 안전 지대를 설정하는 것. 셋째는 저항을 무너트리는 것으로 퇴폐와 허무에 빠지는 것이다. 이러한 저항 형태는 어느 나라에서건 동일하게 적용될 수 있다. 일반적으로 두 번째 방법을 택하여 사회에 대한 저항심을 자아 쪽으로 바꾸는 경우가 많다고 할 수 있는데, 여기에는 "국가의 거대한 사회 변혁, 정치적 사상을 관철시키기 전에 인간적인 범국민적 의식 혁명을 위해 이용당한 문인들도 적지 않다. 그리고 가타오카 뎃페이(片岡鐵兵, 1894~1944)처럼 자신의 전향을 정당화시키기 위해 '본래의 자신'으로 돌아가지만 자기 발견은 하지 못하고 문학상의 입장도 상실한 채, 통속 작가의 길을 걸은 사람"50)도 있다.

그리고 전향의 한 형태로서 아동 문학에 대한 관심도 생각할 수 있다. 즉 프롤레타리아 문학, 문화와 관련한 성인 대상물을 주로 집필하던 작가들이 전향의 한 형태로서 아동물을 쓰기 시작한 현상을 말한다. 여기에는 적어도 아동 문학을 집필함으로서 당대의 정치적 논리에서 어느 정도 자유로워질 수 있다는 나름대로의 판단이 작용했을 것이다. 예를 들면 1936년 나카노 시게하루(中野重治, 1902~   )의 『아저씨 얘기(おじさんの話)』, 도쿠나가 스나오(德永直, 1899~1958)의 『작은 기록』 등을 들 수 있다.

앞에서도 언급하였듯이 이 같은 전향은 시대적으로나 의식적으로나 유조와는 성격을 달리 한다. 물론 쇼와 시대로 접어들어 소설을 집필하기 시작하면서 작품에 등장하는 사회주의자51)로 인하여 문제가 된 적도 있었다. 이를테면 1928년 소위 3·15사건 때 일본공산당의 대 검거에 이어

---

48) 渡辺靜應夫『日本大百科全書』, 小學館, 1994, p.326
49) 島田昭男·大久保典夫 外3人『現代日本文學史』, 「プロレタリア文學の展開」, 笠間書院, 1987, p.108
50) 上揭書, p.108
51) 『여자의 일생』의 마사오, 『바람』의 세가와(瀨川), 『길가의 돌』의 도쿠지(得次) 등이 있다.

치안유지법 개정이 있은 직후, 극렬한 사회주의자가 등장하는『바람』의 발표가 그렇다. 사상의 발표가 점차 자유롭지 못하게 되고 우익적 행동이 두드러졌던 시기에『바람』으로 인하여 헌병대로 신세를 져야했다. 그런데 작가의 문학은 확연히 프롤레타리아 문학과 구별된다. 그러니까 현실 사회의 이념과 이상 세계를 구체화하지 않고 인간의 본래의 모습을 강조함으로서 작품 자체가 사회성과 동떨어진 순수함으로 흘렀던 점이 그렇다. 그러한 방향 전환의 첫 작품이 역사극『사카자키 데하노가미』이다.

　『사카자키 데하노가미』에서 작가는 비로소 참된 인간의 정서를 우려내는데 성공한다. 작가는 "처음에는 열심히 일한 사람이 보답을 받지 못하는 비극적 내용을 다루려 했는데, 현재의 나로서는 노동 문제에서 한 발자국도 진척이 없는 지금의 테마로는 붓을 들 마음이 생기지 않았다"52) 고 말하며 사카자키의 인간미 그 자체에 몰두할 것을 피력하였다. 그리고 "사극이라고 하면 어쨌든 대작이라고 생각해서 주인공을 위대한 인물로 예상하는 사람이 많은 것 같은데, 나는 평범한 인물도 보편성을 지니고 있으면 사극의 주인공으로 다루어도 전혀 지장이 없을 것"으로 생각한다며, "사카자키 속에서 자신을 발견함과 동시에 자신을 사카자키 속에 던져서"53) 살아있는 인간의 드라마를 완성하였다. 이른바 사회에 대해 다소 반항적 기질을 보여왔던 작가가 지금까지의 실천적 비판 의식을 초월하여 강한 개성의 역사적 인물을 인간적으로 묘사하는 데 성공했던 것이다. 아마도 거기에는 "단백질이 적은 누에가 단백질이 적은 뽕잎을 먹고, 단백질만 있는 누에고치를 만들어 낸다"54)는 창조적 인간미가 살아있다고 해야할 것이다.

　작가는 이 작품을 통하여 극작가로서 평가받게 되었다. 그리고 이후에도 작가는 "누에가 재료를 뱃속에 넣고 한바퀴 돌려 단백질인 누에고치를 뽑아내듯" 재료를 자기 쪽으로 끌고 와 역사에서 재료를 구하고 인간적

---

52) 山本有三「「坂崎出羽守」と悲劇の主人公」(讀賣新聞, 1921) 山本有三全集 第十卷, 新潮社, 1976, p.178
53) 上揭書, p.178-179
54) 「藝術は「あらわれ」なり」(「人間」1921.10), 山本有三全集 第十卷 新潮社, 1976, p.13

역사물 희곡을 지속적으로 발표하였다. 『사카자키 데하노가미』, 『지만연기』에 이어 1923년 5월 『개조』에 발표된 세 번째 역사물 『동지들』은 그러한 작가의 내면 세계가 잘 반영된 작품이다.

2) 『동지들』의 의미

이 작품은 1927년 5월 발표한 『사이고와 오쿠보』의 자료 수집 과정에서 집필된 것으로서 데라다야 소동(寺田屋騷動)[55]에 가담한 사쓰마번(薩摩藩) 사무라이들이 본국으로 호송되는 과정에서 일어난 사건을 다루고 있다. 커다란 재래선 목조선(和船)에 감금된 동지들은 함께 소동에 참가한 나카야마 다이나곤(中山大納言)의 부하 다나카 가와치노스케(田中河內介)와 그의 아들 사마스케(磋磨介)를 포함하여 모두 10명이었다. 먼저 극은 관리들이 나가야마(永山)를 호출하여 다나카 부자를 죽일 것을 명한다. "주군조차 버린 대역 죄인을 다시 번(藩)에서 받아들이는 것은 아무래도 막부(幕府)에 대해서 일을 꾸미는 것처럼 들리기"[56] 때문에 다

---

55) 데라다야 소동(寺田屋騷動)은 1862년 4월, 교토 후시미(伏見)의 후나야도(船宿) 데라다야(寺田屋)에서 사쓰마번(薩摩藩)의 존양파(尊攘派)를 탄압한 사건이다. 사쓰마번의 존양파(과격파) 아리마 신이치(有馬新七) 등이 집결하여 병사를 일으켜 막부를 토벌한다(擧兵討幕)는 계획을 세운다.——그들의 계획은 거센 바람이 부는 밤에 교토의 시가지를 방화하고 그 소동을 틈타 간파쿠(關白) 구조 히사타다(九條尙忠), 쇼시다이(所司代) 사카이 다다요시(酒井忠義)를 습격하여 일시에 교토의 지배권을 장악함과 동시에, 히사미쓰(久光)에게 칙명을 내려 저항 없이 반막부 양이거병(反幕攘夷擧兵)으로 끌어드리려 한 것——그러나 히사미쓰는 아리마 일행에게 세 번째 사자를 파견하여 자중을 명했다. 그러나 아리마 일행은 진정한 주군은 천황뿐이며 따라서 번주(藩主)의 명령을 듣지 않아도 불충이 되지 않는다는 입장을 고수했다. 여기에서 히사미쓰는 과격파의 진압을 결의하고 4월 23일 밤 8명의 진사(鎭使)를 데라다야에 파견, 비참한 참극이 벌어졌다. 그 결과 과격파 아리마, 무라사키야마(紫山), 하시구치 외 3명과 진압 측(鎭使) 도지마(道島) 등 다수의 사망자가 나왔다. 그렇게 지도자를 하루아침에 잃은 과격파는 기세를 잃고 거병 계획은 미수로 끝난다. 과격파 잔당은 가고시마(鹿兒島)에 송환되어 근신 처분을 당했다. 다나카 가와치노스케 부자는 사쓰마로 가는 도중 배 안에서 모의 살해되었다. 이렇게 사쓰마의 존양 운동은 소멸되고 만다.

56) 山本有三全集 第二卷 『同志の人々』, 新潮社, 1976, p.64

나카를 영지에 숨겨둘 수는 없다는 것이 이유였다. 또한 "다른 번에서 처리를 하면 다나카의 주군인 나카야마 가문(中山家)에 대해 의리가 서지 않는다. 그렇다고 해서 언제까지나 이 상태로 놔두면 막부로부터 미움을 산다. 따라서 동지들 사이에 내분이 일어 살해당하는 형식을 취하면 번으로서는 어느 쪽과도 의리가를 상하지 않고 마무리할 수 있다"57)는 것이 이유였다.

그러나 고레에다 만스케(是枝万介)는 "동지를 죽이고 자신들의 죄를 가볍게 하려는 행위야말로 사람으로서 할 짓이 못된다. 나는 그런 몰인정한 짓은 못한다"58)고 강하게 반발한다. 그리고 반드시 다나카는 살려야만 한다고 주장한다. 하지만 동지들의 의견은 다음 기회를 도모하기 위해서는 "비정한 각오를 해야만 한다. 때로는 동지를 때로는 친한 벗을 죽일 정도의 고육지책을 강구하지 않으면 안 된다. 그렇지 않고서는 대업을 성취할 수 없다"59)며 다나카의 희생 쪽으로 의견을 정리한다. 그런데 동지들은 아무도 다나카를 죽이는 역할을 맡으려 하지 않는다. 차마 친구이자 동지를 자신들 손으로 직접 죽일 수는 없다는 것이다. 그 때 다나카와 가장 절친했던 고레에다가 도저히 구제 받지 못할 목숨이라면 자신의 손으로 그의 목을 베겠다고 자청한다.

그리고 고레에다가 다나카 가와치노스케와 그의 아들 사마스케가 묵묵히 앉아있는 선실 바닥으로 들어선다. 그 자리에서 다나카 부자의 목을 벨 수 없는 고레에다는 단지 시대 정세가 나쁘다고 말하며 할복할 것을 권유한다. 그러나 사마스케는 "죽어야 할 때 진정으로 죽고 싶다." "부당한 것을 무너뜨리고 새로운 세상을 만들어야겠다는 생각에 지금까지 목숨을 아껴왔던 바라 회천(回天)의 사업을 성취하지 못한 상황에서 도저히 눈을 감을 수가 없다"60)며 할복을 완강히 거부한다. 고레에다 역시 한발자국도 물러서지 않고 함께 죽어달라, 동지들을 위하여 희생이 되어

---

57) 上揭書, p.65
58) 上揭書, p.66
59) 上揭書, p.67
60) 上揭書, p.81

달라, 대업을 위해 함께 목숨을 버려줄 것을 간절하게 권한다. 이 같은
두 사람의 논쟁은 한참동안 계속된다. 결국 끝까지 분개하며 "벨 테면 베
어봐라!"고 소리치는 사마스케의 말이 떨어지기 무섭게 고레에다는 단번
에 칼을 뽑아 그의 목을 내려친다. 그리고 옆에서 두 사람의 논쟁을 잠자
코 듣고 있던 사마스케의 아버지 가와치노스케가 아들의 고통을 덜어주
기 위해 다시 한번 칼을 휘두른다. 그리고 가와치노스케는 "유신의 의거
에 불타오르는 자가 있다는 것을 명확히 가슴에 새겨둘 것을 바라는 마음
에서 이 사람은 한마디도 하지 않았다"[61]고 언급한 뒤, 의기 소침해 있
는 고레에다에게 비장한 각오로 동지의 뜻을 살려 줄 것을 부탁한 뒤, 자
신의 목을 베어줄 것을 부탁하고 할복한다. 극은 고레에다가 할복한 가와
치노스케의 고통을 들어주기 위해 목을 내려치는 장면에서 막을 내린다.

3) 『동지들』을 통해 본 인간주의

이 작품의 클라이막스는 고레에다가 선실 바닥에 있는 다나카 부자를
찾아가 지금까지 어떻게 살 것인가를 생각하던 두 사람에게 어떻게 죽어
야만 하느냐로 상황을 반전시키는 장면이라 할 수 있다. 여기에서 고레에
다와 사마스케의 격렬한 논쟁이 시작되는데, 이러한 작품의 대립적 구도
는 앞에서 언급한 것처럼 『쓰무라 교수』, 『생명의 관』에서도 다루었던 부
분이다. 물론 이러한 작품들이 인물간의 대립을 통한 인간의 화해와 보편
성 추출이라는 유조 문학의 본질에 충실했음은 주지하는 바이다. 예를 들
면 『쓰무라 교수』의 쓰무라와 구로카와의 대립을 통한 '진실의 소인'의 탄
생. 『생명의 관』의 아리무라와 동생 긴지로의 사회적 모순과의 타협이냐
반항이냐는 대립에서 탄생하는 '패군의 장군'이 그렇다. 그리고 『동지들』
에 이어 1926년 6월 『문예춘추』에 발표한 『가몬과 시치로에몬』, 1927
년 5월 『문예춘추』에 발표한 『사이고와 오쿠보』 등도 그러한 대립적 구
도를 통한 인간의 보편적 모럴 추출은 계속되었다. 이렇듯 『동지들』 또한

---

61) 上揭書, p.86

고레에다와 사마스케의 대립을 통하여 인간을 묘사했다, 남들이 희곡의 한계를 거론할 때, 작가는 희곡에서도 인간적인 묘사가 가능함을 증명해 보였다.

여기에서 내용을 좀더 구체적으로 살펴보기로 하자.『동지들』의 제1막에서는 동지 8명 각자의 인간적인 움직임이 두드러진다. 즉,『동지들』직전에 집필했던『사카자키 데하노가미』의 '살아있는 인간의 모습'을 충실히 그리려 했던 점이 역력하다. 다시 말해 동일 목적을 갖고 함께 행동하는 동지들의 각자 다른 개아(個我)들의 대립을 중점적으로 다루고 있다. 그리고 제2막에서는 그러한 개성적인 동지들이 대립적 구도로 엮어지면서 극의 클라이막스를 연출하게 되는데, 역시 이 작품의 하이라이트는 마지막 장면이라 해야할 것이다.

고레에다 나는 뒷일을 맡을 때부터 벌써 각오가 되어 있었네. 특히 사마 스케를 죽인 이상……, 부디 이해해주기 바라네.
가와치노스케 고레에다 무슨 말씀이세요. 이 정도의 일로. 당황하시면 어찌 하신단 말씀이십니까. 회천의 위업을 도모하시는 분이 그러하시면 어떻게 하겠다는 겁니까.
고레에다 그렇지만 내게 이미…….
가와치노스케 그렇다면 당신께서는 우리들이 개죽음을 당해도 좋다는 말씀입니까. 당신께서는 아들 녀석의 말을 어떻게 들으신 건지요. 아들의 외침을 한낮 어리석은 자의 잡소리로만 들었다는 말씀인가요. 이 사람은 몇 번이나 아들 녀석을 그만두게 하려했는지 모릅니다. 그러나 잠자코 있었습니다. 그것은 저토록 이 세상에 집착하며 유신의 의거에 불타오르는 자가 있다는 것을 확실히 마음 속에 각인해 주었으면 하는 바램에서 였습니다. 이 사람은 한마디도 하지 않았지만, 원통한 마음은 아들 녀석보다 몇 백 배는 더 했습니다. 당신은 어찌하여 우리들의 이 마음의 뜻을 살리려 하지 않으시는 겁니까. 왜, 이 마음을 성취시키려 힘쓰지 않으시는 겁니까. 이 뜻을 살리는 것이 이 의지를 성취시키는 것만이 산 자의 임무가 아닙니까.
고레에다 (오열하며 울기 시작한다)

> 가와치노스케 사람 하나 피를 본 것 가지고 그렇게 마음이 흔들리시면
> 어떻게 합니까. 진정 비장한 일은 오히려 이제부터입니다. 고
> 레에다 부디 마음을 다잡으십시오. 이제부터는 당신들의 시대
> 입니다. 부디 잘 부탁합니다. 단지 이 사람의 바램은 이것뿐입
> 니다. 그러면 여기서 지시대로 할복을 하겠습니다. 송구스럽
> 지만 저의 할복을 도와주십시오[62].

두 인물 고레에다와 사마스케의 격렬한 논쟁 직후, 사마스케의 목을
벤 고레에다와 가와치노스케 사이에 오가는 대화는 보는 관객들을 감동
시키기에 충분하다. 또한 그 감동에서 베어 나온 인간미를 통하여 작가가
밝힌 희곡에서의 인간미라는 것이 어떤 유형의 인간상을 말하는지 짐작
하게 한다.

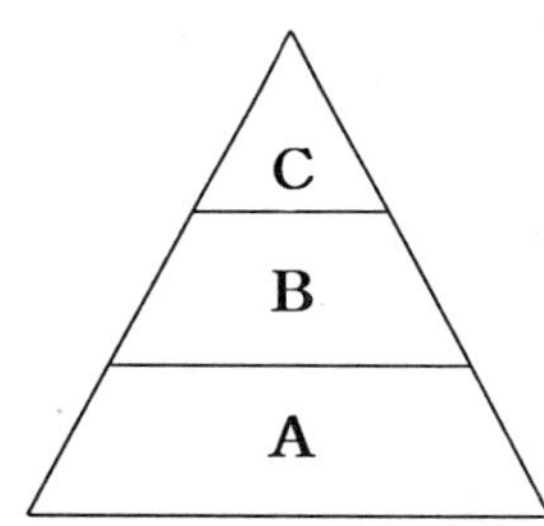

이상의 내용을 정리해 보면, 작품의 구성이
피라미드형 구조임을 알 수 있다(그림 참조).
맨 아래 A그라운드는 동지 각자의 개성과 인
간미가 평면적으로 그려지는 제1막이다. 여기
에서는 동지들의 심리적인 불안감, 초조와 절
망감이 여러 형태의 갈등 구조와 얽히고 설키
면서 진행되고 있음을 알 수 있다. 대업을 둘
러싸고 8명의 동지들이 각자의 입장에서 격렬하게 언쟁을 벌이며 대립하
는 부분이다. 이는 각자의 개아의 대립이며 그러한 개아가 평면상에서 표
출되는 모습과 다름없다. 제1막(A)은 『탄광』의 주제가 어떤 특정인에게
집중되지 않았던 것처럼 뜻을 같이한 동지 8명 모두가 주인공으로 상정
된다. 중요한 것은 여기에서 단 한 명만이 B로 올라간다는 사실이다. 이
는 생존 경쟁에서 이겼기 때문이 아니다. 어디까지나 정의의 사도(도저히
살려낼 수 없다면 내가 죽여주고 싶다)로 선택되었기 때문이다. 그러니까
B에 오른 것은 정의심으로 무장한 자가 선택된 것이지 패배자가 오를 수
있는 길이 아닌 셈이다.

---

62) 上揭書, p.85-86

따라서 B그라운드에 오른 고레에다는 이미 그곳에서 기다리고 있던 사마스케와 논쟁을 벌이지 않으면 안 된다. 두 사람 모두 한 치도 양보할 수 없는 절박한 대립을 운명적으로 맞이할 수밖에 없다. 둘의 논쟁은 사건의 경위도 아니거니와 역사적 사실도 아니다. 그러한 진실의 문제는 무대의 뒷면에 가려져 있어 겉으로 나타나지 않는다. 무대가 배 안, 그것도 배 밑바닥의 음침한 선실이라는 사실 자체가 이미 역사적 사실 문제, 외부에서 말하는 사회적 이데올로기, 시대 정세 따위는 범접하지 못하도록 차단시키고 있다. 거기에는 유신의 의거에 불타는 이상주의자 사마스케와 시대의 흐름에 따를 수밖에 없는 현실주의자 고레에다(A에 남아 있는 동지들의 대변자)와의 격렬한 대립만이 존재할 뿐이다. 결국 둘의 대립은 고레에다가 사마스케의 목을 내리치는 행동으로 결말이 난다. 그것은 정의감에 불타는 동지 한 사람의 희생 그 이상도 이하도 아니다. 그렇게 B그라운드에는 고레에다와 가와치노스케 두 사람만이 남게 되는데, 이미 그곳은 개인의 의지나 감정이 개입될 수 없는 공간적 분위기로 싸늘하다. 사마스케의 죽음은 그러한 개인적인 한계에 봉착했음을 증명하는 것임에 틀림없다. 이는 다시 말해 고레에다와 사마스케는 개인의 입장이 아니라 사건의 내·외측의 대결이라는 형태로 발전해 있음을 시사하는 것이기도 하다. 가와치노스케는 이미 둘의 대결을 예측하고 있었고, 때문에 B그라운드에서 둘의 첨예한 격돌에도 시종 침묵을 지킬 수 있었다. 그리고 가와치노스케는 개인의 운명을 좌우하는 커다란 힘의 존재를 실감하게 되고, 그 느낌을 스스로 동지들의 대표 고레에다 앞에서 할복해 보임으로써 거사를 도모한 동지들 전체의 정의심을 영원히 살려 놓았던 것이다.

즉, C그라운드에 등장하는 사람은 B에서 살아남은 고레에다가 아니라 '패군의 장군'으로서 무사의 정신을 살린 가와치노스케이다. 그리고 가와치노스케의 "이제부터는 당신들의 시대입니다." "정작 비장한 일은 이제부터"라며 고레에다에게 자신의 목을 베어달라는 주문은, 『생명의 관』의 아리무라의 정의심과 다르지 않다. 즉, "올바른 일을 해서 빈곤해진다면 어쩔 수 없는 일 아니냐"며 끝까지 자신의 신념의 길을 지켰던 아리무라처럼 유신의 의사(義士) 가와치노스케 역시 '패군의 장군'이자 인간적 미의 소유자였던 것이다.

아사이 기요시(淺井淸)는 "가와치노스케가 구현하려고 했던 것은 〈서는〉 사상이었다"[63]고 했는데, 이러한 지적은 접어두더라도 적어도 C의 정점에서 가와치노스케가 보여준 정의로움이 동지들 사이에 자정과 용기를 동시에 불러일으켰음은 부인할 수 없다. 작가는 1925년 7월 『서다』에서 "'선다'는 사상은 활동의 절정"이라고 말한 적이 있다. 여기에서 말하는 사상은 작가가 진실과 정의에 바탕해서 정상을 향해 투지를 불태운다는 것을 의미한다. 아마도 『불석신명(不惜身命)』에서 한눈 팔지 않고 무사도를 정진하는 이시타니 주조(石谷十藏)가 '불석신명'에서 '석신명'을 추구하는 것, 『평온한 사람』에서 다메 씨가 일러주는 역설적인 평온의 경지도 그러한 작가의 기본 정신의 대변임에 틀리없다.

하지만 고레에다는 정의의 사도 가와치노스케 부자의 죽음을 액면 그대로 받아들일 수가 없었다. 이는 개인의 운명을 좌우하는 거대한 힘의 존재, 즉 현실을 지배하는 시대성에 대항할 수 있는 힘의 한계를 느꼈기 때문이다. 따라서 고레에다는 가와치노스케로부터 할복한 다음의 뒤처리를 부탁을 받고도 '힘없이 일어서는' 약한 모습을 보일 수밖에 없다. 그리고 배 바깥쪽에서 '점점 거세지는 바람소리'를 들으며 자신들에게 불어닥칠 시대적 정황이 순탄치 않을 것을 예감한다. 이는 동지들을 실은 배가 어디를 향하고 있는지를 암시하는 대목과 다름없다.

역사 사전에는 데라다야(寺田屋) 소동을 다음과 같이 기록하고 있다. "후시미(伏見)의 후나야도 데라다야(船宿寺田屋)에 사쓰마번(薩摩藩)의 존양파(尊攘派)인 아리마 신이치(有馬新七) 등이 집결하여 거병토막(擧兵討幕)을 꾀하여 간파쿠(關白) 구조 히사타다(九條尙忠), 쇼시다이(所司代) 사카이 다다요시(酒井忠義) 살해를 계획했지만, 지방에서 교토로 올라오던 중(上洛中)인 시마쓰 히사미쓰(島津久光)는 공무합체(公武合

---

63) 淺井淸「山本有三 『同志の人々』──戲曲の讀み方──」, 『國文學』, 學燈社, 1966.10, p.257

體), 웅번연합을 기도하고 있던 터라, 이 사실을 알고 번사(藩士) 나라하라 기하치로(奈良原喜八郎) 등 9인을 설득하여 대적시켰는데, 양측간 난투극이 벌어져 아리마 신이치 등 6명은 죽고, 2명은 부상하였다. 그 후 히사미쓰는 칙사를 봉하여 에도(江戶)로 가 막부 정권의 개혁을 요구했다"64)고. 여기에서 죽은 사람으로는 아리마, 하시구치(橋口) 등이 거론되는데, 극『동지들』에서는 이들의 이름이 등장하지 않는다. 이는 작가가 역사적 사실을 재구성하여 다듬어낸 창작인 만큼 작가의 의식을 가늠해 볼 때도 오히려 좋은 자료로서 가치가 있을 것이다.

하여튼 사쓰마번의 존양파는 기세가 꺾였고 거사는 미수로 끝나고 만다. 그리고 거사에 동참했다가 살아남은 자들은 가고시마(鹿兒島)로 송환되어 근신 처분을 당했고 일부는 출신 번으로 양도되었다. 그 과정에서 다나카 가와치노스케, 사마스케 부자는 사쓰마로 이송되면서 배 안에서 모살되는데, 그 모살이라는 극히 일부 상황을 다뤄 극화한 것이『동지들』이다. 이렇게 볼 때 적합한 장소에 적합한 사건을 정확하고 세밀하게 살렸다는 측면에서 작가의 극작가로서의 감각은 찬탄을 자아내기에 충분하다. 이는 아키즈키 게이타로·가와카미 사다얏코·기타무라 로쿠로의 극단 신파삼각동맹 일단에서 극단 전속 작가로 활동하면서, 무샤노코지 사네아쓰의『그 여동생』의 무대 감독과 같은 경험이 없었더라면, 좀처럼 우려내기 어려운 사건일지도 모른다. 엄청난 역사적 사건을 좁은 배 선실 바닥이라는 한정된 공간에서 한정된 지면으로 극화한다는 것이 쉽지 않았으리라 생각되기 때문이다.

그러나 작가는『사카자키 데하노가미』를 통하여 인간미를 묘사하는데 성공하였다. 또한『동지들』에서 동지들의 정의를 인간미 넘치는 형태로 극화하는데 성공하였다. 이는 주인공 사카자키가 시대정황을 대변하는 이데올로기로부터 탈피하고, 각자의 개아가 살아 움직이는 인간미로 그려졌음을 의미하는 것이며, 또한『동지들』이 가와치노스케 부자를 포함한 동지들을 통하여, 사건에 얽힌 사상적인 측면보다 인간 그 자체에 무

---

64) 東京大學文學部國史研究室編『日本史辭典』東京創元社刊, 1976, p.330

게를 두었음을 의미하는 것임에 틀림없다.

4) 『동지들』 이후의 인간주의적 역사극

이처럼 인간을 그리려는 작가의 노력은 『동지들』 이후에도 변함 없이 계속된다. 그 목록을 살펴보면, 극작가로서 정점에서 집필한 『동지들』, 『우미히코 야마히코(海彦山彦)』(『여성』, 1923.7), 『본존(本尊)』(『연극신조』, 1923.10), 『스사노오의 목숨(スサノオの命)』(『부인회』, 1924. 9~10), 『오이소가 좋다(大磯がよい)』(『신조』, 1924.10), 『가정부의 병(女中の病氣)』(『연극신조』, 1924.10) 등, 서정미 넘치는 작품들이 그 것이다.

또한 여러 막으로 나누어진 『구마가이렌쇼보(熊谷蓮生坊)』에서 일생을 고집 하나로 살아온 세이렌(盛蓮)과 렌쇼(蓮生) 스님 이야기도 그렇다. 특히 제3막에서 스님이 되어 장작을 패면서 주고받는 대화에서 『우미히코 야마히코』에서 볼 수 있는 형제애의 따스함마저 느껴진다. 또한 이 작품에서 나이 든 스님 세이쿠(靜空)의 "지는 것이 달리 생각하면 이기는 것"이고, "말이라면 강하기 보다 빨라야 하며 길을 잘 못 디디지 않고 나아가는 것이 중요하다. 갖고 태어난 천성을 거스르지 않고 진행시키는 것, 그것이 바로 수행이다."65) "만물, 사람들, 그 됨됨이, 그 기질대로 밀고 나가면 그것으로 족하다"66)라는 말에는 세간의 어지러움에서 탈피한 해탈의 경지마저 엿볼 수 있다. 이는 작가가 언급한, 느릴지 모르지만 한 걸음 한 걸음 정확하게 걸어간다는 양보다 질을 추구한 정신의 표현일 것이다.

『구마가이렌쇼보』 이후의 희곡에도 시대성과 맞물린 이데올로기 문제보다 인간 그 자체에 기초한 미를 그리려는 작자의 염원에는 변함이 없다. 이를테면 쇼와 원년, 즉 1926년 도쿄·오사카 아사히신문에 첫 장편

---

65) 山本有三全集 第二卷 『熊谷蓮生坊』, 新潮社, 1976, p.170
66) 上揭書, p.171

『살아있는 모든 것』의 발표 전, 1926년 6월 『문예춘추』에 발표한 『가몬과 시치로에몬(嘉門と七郎右衛門)』이 그렇다. 무사인 시치로에몬은 렌쇼와 마찬가지로 오기와 고집에 사로잡혀 있던 인물이다. 어느 날 적군의 성 밑에서 시치로에몬은 같은 편 장수 가몬과 목숨 건 승부를 하게 된다. 가몬은 시치로에몬에게 적군의 성(加世田城)을 지금 상태로는 도저히 함락시킬 수 없으므로 고육지책을 제시하게 된다. 즉, 두 장수가 적군이 지켜보고 있는 성 밑에서 진지한 승부를 하여 "이름 있는 한 장수를 살해하고 투항하게 되면 적군은 반드시 성문을 열어줄 것이다. 그리고 일단 항복해서 적군의 성안으로 들어가기만 하면 이후에는 얼마든지 방책이 나올 수 있다"67)는 제안이었다.

그러나 가몬의 진의를 미처 파악하지 못한 시치로에몬은 오기와 고집으로 둘도 없는 친구 가몬을 적군이 지켜보는 가운데 죽이고 만다. 이를 지켜본 적군은 역시 가몬이 계획했던 대로 성문을 열어 주었고, 시치로에몬은 가몬의 뜻대로 적군의 성을 손아귀에 넣는다. 그리고 모든 상황이 종료된 후, 가몬의 참뜻을 알게된 시치로에몬은 같은 편 가몬의 희생 정신에 고개를 떨군 채 말을 잇지 못한다. 시치로에몬은 수중에 넣은 성 위에 펼쳐진 하늘의 일부가 가몬의 얼굴로 형상화되어 비치는 것을 쳐다보며, 자신의 무지와 한심스러움을 한탄하며 적막감에 휩싸인 채 고개를 들지 못한다. 이러한 인간적인 부분은 『동지들』의 고레에다가 가와치노스케의 할복 직후 목을 베어 동지들의 뜻을 살리려는 대목에서 느끼는 감동과 거의 흡사하다.

『사이고와 오쿠보』는 다른 작품과는 달리 역사적 사실을 토대로 한 작품으로 유명하다. 작가는 이 작품을 학창 시절부터 써 보고 싶었다고 한다. 그리고 두 인물 사이고 다카모리와 오쿠보 도시미치 모두 역사적으로 위대했던 인물이었던 만큼, 그 발자취와 주변 정황을 모르고는 창작을 할 수 없었기에 조사차 많은 시간을 할애해 답사했다고 한다. 작가는 어째서 사이고와 오쿠보에게 매료된 것일까? 그들로부터 매력을 느꼈다면 그 매

---

67) 山本有三全集 第二卷 『嘉門と七郎右衛門』, 新潮社, 1976, p.287

력의 핵은 무엇이었을까? 작품을 통하여 그 매력에 접근해 보기로 하자.

제1막은 우선 이토 히로부미(伊藤博文, 1842~1909, 工部大輔), 구로다 기요타카(黑田淸隆, 1840~1900, 육군 중장), 오쿠보 도시미치(大久保利通, 1830~1878, 大藏卿) 사이에서 거론되는 정한론(征韓論) 이야기에서 시작된다. 나중에 그 자리에 합세한 기리노 도시아키(桐野, 禾リ禾火, 1838~1877, 육군 소장)는 오쿠보에게 "조선 따위는 군 병력 10개 대대만 있으면 금방 정리된다"68)며, 육군 대장 사이고 다카모리의 의견에 반대하는 오쿠보에게 불만을 토로한다. 거기에 오쿠보는 "전쟁을 일으켜야할 것인지 그렇지 않을 것인지, 조선에 대사를 파견할 것인지 않을 것이지"69)는 평의회를 거쳐 결정할 사안이지 군인들 소관이 아니다라고 응수한다. 그리고 오쿠보가 참의원으로 결정되면서 제1막은 내린다.

제2막에서도 1막에 이은 정한론 문제로 인물간 의견 충돌은 계속된다.

> 오쿠보 말씀 한 마디 한 마디는 지당하십니다. 그러하기에 저로서는 더 한층 내치(內治)의 조급함을 주장하지 않을 수 없습니다. 많은 사족이 직업을 잃은 것에 대해서는 동정을 금할 길 없지만, 그렇다고 해서 다른 나라를 정벌한다는 것은 무법의 소치가 아닐 수 없습니다. 직업이 없다면 직업을 제공하면 됩니다. 저는 그들에게 직장을 제공하려면 칼 대신 괭이를, 총 대신 핸들을 잡게 하고 싶습니다. 칼 끝에서 뭐가 생기겠습니까. 총 끝에서 무엇이 생겨납니까. 무익한 피를 흘리기 전에, 먼저 그들의 손끝으로 뽕나무를 심게 하고 싶습니다. 양을 양육케 하고 싶습니다. 기계를 운전케 하고 싶습니다. 그렇게 함으로써……
>
> 사이고 아니 잠깐만. 자네는 무사에서 장사치로 바뀐 다수의 사족을 잊고 있네. 지금까지 칼을 다뤄온 자들이 갑자기 다른 직업으로 전직한다고 해서 무엇을 할 수 있다고 생각하나. 요컨대 무가에서 태어난 사람에게는 칼을 쥐어주는 것이 가장 상책이지 않은가. 자네도 무사의 한 무리가 아닌가. 좀 더 친절하게 40만 사족의 향방을 생각해 주는 것이 옳지 않겠는가.

---

68) 山本有三全集 第二卷 『西鄕と大久保』, 新潮社, 1976, p.308
69) 上揭書, p.310

오쿠보 그 점을 충분히 고려하지 않은 건 아니지만 제 머리 속에는 40
만 명의 사족보다도 3천만 국민 쪽이 훨씬더 깊숙이 자리하고
있습니다. 40만 사족을 살리자고 3천만 국민을 희생시켜서는
절대 안된다는 것입니다.

사이고 오쿠보! 무슨 말을 하는 건가! 그 3천만을 살려보자고 이런 방
책을 세운 것이 아닌가. 우리나라는 토지가 협소하여 국내에서
생산하기가 어려워 바깥쪽을 개척하지 않으면 자립하기 어려운
형편이란 걸 잘 알고 있지 않은가. 당초 일신의 목적이 어디에
있었는가. 요시노부(慶喜) 공(公)을 조명(助命)하고 막부의 군
사를 관전(寬典)에 처한 것은 무엇 때문이었는가. 안으로는 분
쟁을 끝내고 일거 바깥으로 대처하는 원대한 조처가 있었기 때
문이 아니었는가70).

이와 같은 사이고와 오쿠보의 대립은, 결국 오쿠보의 주장대로 "산업을
일으키고, 민간의 힘을 배양하여 부국에 충실을 도모하자"는 내치 우선책
을 택하면서 막은 내린다.

제3막은 사이고의 은둔 생활. 기리노가 분개하는 모습도 보이지만 역
시 최후의 장면이 감동적이다. 이른바 오쿠보가 사이고의 사표를 받아들
이지 않을 수 없었던 이유를 자랑스럽게 말하는 대목이다.——"그 남자는
언제나 죽음을 각오하고 있다. 목숨을 내던지려 하고 있다. 그 점에 그의
절대적인 '강함'과 '쓸쓸함'이 동시에 존재한다. 그러니까 어차피 던질 목
숨이라면 조선에 가 버림으로서 자신의 송장을 가교로 젊은 군인들을 움
직여 공적을 세우게 하고 싶은 마음이 깔려있다. 이것이 사이고의 궁극적
인 생각이다. 국가 전체적인 입장에서도 그렇지만 사이고 한 사람을 위해
서도 그를 절대로 죽게 할 수는 없다. 아마 사이고는 나를 원망할 테지만
그가 아무리 원망한다해도 나는 그가 죽게 내버려 둘 수는 없다."71)——
오쿠보는 언젠가 사이고가 "인간은 죽고자 해서 쉽사리 죽는 것도, 살고
자 해서 사는 것도 아니다"란 말이 무엇을 의미하는지 알고 있었기에 그

---

70) 山本有三全集 第二卷 『西鄕と大久保』, 新潮社, 1976, p.330
71) 上揭書, p.372

가 조선으로 가려는 것을 막을 수밖에 없었다. 그런 결정적인 순간에 오쿠보는 사이고의 마음을 읽고 그의 목숨을 지켜주었던 것이다.

이상에서 살펴볼 수 있듯이, 사이고와 오쿠보의 관계는 겉으로는 대립적이지만 실제로는 우정으로 뭉친, 떼려해도 뗄 수 없는 불가분의 관계임을 알 수 있다. 우리는 여기에서 『우미히코 야마히코』의 형제애와 다름없는 인간미와 무사 출신의 인간적 정의감이 살아있음을 읽을 수 있다. 그리고 사카자키 데하노가미의 센히메(千姬)에 대한 사랑처럼, 애틋한 인간미 또한 진하게 베어있음을 볼 수 있다.

5) 역사극의 의미

유조 문학에서 역사극은 여러 가지 의미가 있겠지만 여기에서 두 가지를 지적해 두고자 한다. 하나는 앞에서 언급했던 것처럼 작가가 역사극을 통하여 처음으로 인간적인 부분 묘사에 성공했다는 점이다. 작가가 『사카자키 데하노가미』 발표 전, "우리들은 희곡에서 어떻게 해서든 인간을 묘사해 보고 싶단 마음을 먹는다." "인간을 인간답게 쓴 희곡은 좀처럼 없다"고 언급했던 것처럼, 작가는 희곡을 통해 참된 인간상을 보여주어야 한다는 생각이 강했었다. 다시 말해 지금까지 작품의 배경으로 삼았던 사상, 사회적 문제에서 탈피하여, 인간 그 자체에 좀 더 밀착된 형태, 즉 서정이 베어있는 인간미를 그리고 싶었던 것이다. 역사극은 이를 위해 선택한 길이었다. 최초의 역사극 『사카자키 데하노가미』는 그러한 서정적 인간미를 잘 묘사한 대표작이라 하겠다. 도쿠가와 이에야스(德川家康, 1542~1616)의 손녀인 센히메를 구하기 위해 적진으로 뛰어들어 구출에 성공한 사카자키에게 약속대로 아내가 되야 할 센히메는 다른 장수에게 마음을 주고 만다. 그리고 그녀는 끝내 사카자키의 애타는 마음을 멀리하고 장수 다다토키(忠刻)와 결혼식을 올린다. 그 모습을 곁에서 지켜볼 수밖에 없던 사카자키의 애타는 마음. 그 모습을 지켜보던 부하 겐타로(源太郎)가 할복하자, 사카자키 역시 할복하여 그 머리를 그녀에게 보내는 무사의 사랑 이야기. 사랑의 마음을 죽음으로까지 증명해 보일 수밖에 없었던 무사의 인간적인 열정. 그 인간미, 인정의 세계를 『사카자키 데하노가미』는 훌륭하게 보여주었다. 물론 『사카자키 데하노가미』 이후의 『동지들』, 『구마가이렌쇼보』, 『가몬과 시치로에몬』, 『사이고와 오쿠보』에서도 이러한 서정성 짙은 인간미가 지속적으로 묘사되고 있다는 것은 이미 언급한 바 있다.

또 하나는 정의라는 말에 대한 작가의 배려이다. 물론 작가의 초기 작품 『생명의 관』에서도 '정의의 용사'가 등장하지만, 특히 역사극을 집필하면서부터 정의에 대한 개념은 한층 더 체계적이면서도 구체적으로 표현되고 있다. 흔히 무사나 군인들은 자신들 스스로가 '정의에 살고 정의에 죽는다'고 말하곤 한다. 따라서 역사극 자체가 무사의 세계를 배경으로 하고 있기 때문에 정의란 개념의 강조는 조금도 어색할 것이 없다. 그러나 일반인 시각에서 보면, 무사나 군인의 세계는 위엄과 절도, 그리고 경직된 면을 먼저 떠올리는 것이 사실이다. 있는 그대로의 서정·인정적 세계보다 가공·가식적 무엇인가가 있을 법한 위엄의 세계를 먼저 떠올린다는 것이다. 그런데 유조 문학은 그러한 부류의 사람들을 능란하게 서정과 인간적 내면 세계의 강조를 통하여 눈물을 자아내게 하는 힘을 보유하고 있다.

이를테면 작가의 작품에서 진실 정의 항일성 윤리성의 상호 중첩적인 부분을 살려, 인간 상호간의 교감을 노련하게 살려내는 힘이 존재한다. 물론 모럴이 독립적으로 생각할 수 있는 단세포성 기질이 아니라는 당연한 결과일지도 모르겠지만 작가는 이러한 상호연관성을 적절하게 살려갈 수 있는 힘을 문학적으로 얽어냈던 것이다. 즉, 『생명의 관』에서 사회적 부조리와 타협하지 않고 끝까지 옳다고 믿는 자신의 길을 지킨 아리무라. 『사카자키 데하노가미』에서 사카자키의 주군에 대한 일편단심. 『동지들』에서 구국적 차원의 뜻을 같이한 동지들과 거사를 계획한 동지들. 『가몬과 시치로에몬』의 가몬과 시치로에몬의 우정과 애국심. 『사이고와 오쿠보』의 우정과 조국애 등, 정의로 이름지을 수 있는 모든 작품은 앞에서 언급한 모럴과도 튼실하게 교감할 수 있는 폭을 만들어 주었다.

하여튼 정의는 진실과 함께 유조 문학의 근저에 흐르는 놓칠 수 없는 사상이자 정신임에 틀림없다. 그리고 그의 문학에서 이러한 정신의 분출이 역사극에서 출발했다는 점, 이 역사극을 매개로 진실과 정의를 포함한 모럴간의 역학 조절을 통한 또 다른 모럴의 창조가 이루어졌다는 점은 중요한 의미를 갖는다. 또한 우리는 이 같은 역사극을 통하여 현재의 인간적인 면면들을 되돌아봄과 동시에, 모럴간의 상호 역학과 교감, 옛 것을 통한 새 것이란 다소 색다른 현실주의적 휴머니즘의 또 다른 측면을 발견할 수 있게 된다.

제3절 인간의 내면적 진실과 갈등의 세계
: 소설을 중심으로

1. 희곡에서 소설로

1) 소설을 향한 출발

작가가 소설 『살아있는 모든 것』을 집필하기 시작한 것은 1926년이며 그의 나이 39세 때였다. 당시 작가는 명작 『생명의 관』, 『사카자키 데하노가미』, 『동지들』, 『가몬과 시치로에몬』 등을 연이어 발표하면서 극작가로서의 위치도 확고히 한 상태였다. 또한 쇼와 시대로 접어들면서 기쿠치간, 아쿠타가와 류노스케 등과 의기 투합하여 『극작가협회』와 『소설가협회』를 통합시켜 새로운 『문예가협회』를 출범시켰으며, 3월에는 기치죠지(吉祥寺)에 신축한 새 집으로 이사를 하는 등, 소설 집필 외에도 개인적으로 많은 변화가 있었던 시기였다.

한편, 일본의 대내외적 정세는 나날이 변화에 변화를 거듭했던 그야말로 격동기였다고 하겠다. 이른바 3월에 노동농민당 결성, 12월에 일본농민당 결성, 12월에 사회민주당 결성 등이 뒤를 이었고, 이듬해 금융 공황에 이어 점차 자본주의적 모순이 노골화되기 시작하면서 민심은 갈피를 못잡게 된다. 또한 어수선한 사회 분위기는 격화 일변도로 치달았으며, 경제적 심각성은 격렬한 사회 분열을 야기하면서 여기에 편승한 지식계급들은 독자적 노선 발표와 함께 분열과 대립으로 치닫게 된다. 예컨대 일본 프롤레타리아 예술연맹이 분열하여 노동예술가연맹으로 태어났고, 또다시 10월에는 노예(勞藝)가 분열하여 전위예술가동맹이 결성된다. 이른바 프롤레타리아 문학의 전선분열 시대가 도래하였던 것이다.

여기에서 작가는 이 격변기를 어떻게 받아들였는가를 되짚어볼 필요가 있다. 그것은 쇼와의 시작과 더불어 작가에게도 중대한 변화가 일어났고 그 변화가 작가의 개인신상은 물론 작품상에도 큰 영향을 끼쳤기 때문이다. 작가에게 다이쇼 말에서 쇼와 초기는 극작가로서 명성을 떨치며 한창 주가를 올리고 있던 남부럽지 않은 시기였다. 작가는 이 무렵 희곡이 아닌 소설, 그것도 장편 소설을 쓰기 시작했다. 작가는 왜 이 무렵 소설을 쓰지 않으면 안되었던 걸까. 가라키 준조는 그 이유를 다음과 같이 설명한다. "『사이고와 오쿠보』는 작가의 모든 역량을 분출시킨 극작가로서 최후의 작품이며 동시에 소설을 향한 전향을 충분히 보여준 작품이라고 봐도 좋다. 이해(理解)가 완전히 바닥을 드러내고 있고 여기서 더 이상 사건을 극적으로 발전시킬 주요 계기가 결여되어 있다." "유한한 지혜라든가, 이성으로 제어할 수 없는 정열이라든가, 숙명적인 대립이라든가, 강렬한 의지와 의지의 충돌이라든가 하는 요소가 주인공에게 결여될 때, 더 이상 희곡으로 표현하지 않으면 안 되는 필연성은 사라진다. 오히려 보다 철저하게 이해시키기 편리한 소설 쪽으로 방향을 틀 수밖에 없다"[1]고. 이는 바로 작가의 희곡에 대한 한계성의 지적이다. 그렇다면 과연 작가는 희곡에 더 이상의 가능성을 제시 못할 정도로 한계에 봉착했던 것일까? 아니면 희곡을 그만두고 소설로 이동할 수밖에 없던 불가피한 개인적 사

---

1) 唐木順三 現代日本文學大系 44 『山本有三』, 筑摩書房, 1972. p.387-388

정이 있었던 것일까?

우리는 여기서 작가가 희곡에서 소설로 장르를 바꾼 이유를 되물어보며 다시 한번 현실주의적 휴머니스트의 참모습을 확인해 볼 필요가 있다. 왜냐하면 희곡에서 소설로의 장르 이동은 작가의 근본적인 창작 태도와 작품 성향의 검토라는 측면에서 중요한 의미를 가지기 때문이다. 먼저 작가를 둘러싼 장르 전환의 내·외적인 이유와 그 의미, 그리고 희곡과 소설의 비교를 통하여 작가의 작품 성격이 어떻게 변화했는지에 대해서 살펴보기로 하자.

2) 장르 전환의 내적 동기

유조의 희곡 시대는 제일고등학교 시절에 발표한 처녀작 『탄광』부터 1926년 『가몬과 시치로에몬』까지를 가리키는데, 이 시기에 쓰여진 작품은 기본적으로 정의와 진실을 다루고 있다. 이것은 작가의 소년 시절은 물론 성장 과정과도 깊은 관련이 있는데, 번역 시절에 접했던 하프트 만, 스트린드 베리, 슈니쓰 레르와 같은 독일과 북구 문학의 영향도 적지 않았다. 이러한 과정을 통하여 자연스럽게 유조의 문학 정신이 정의, 진실, 향일성, 인간 존중 사상으로 정착되었다고 하는 점은 이미 언급한 바 있다.

『길가의 돌』은 가난한 사족 집안에서 태어난 고이치 소년의 인생 역정을 그리고 있다. 고이치는 동급생들과는 달리 중학교에 진학을 못하게 되자 그들에게 자신의 힘을 보여주기 위하여 철교 건널목 침목에 매달리는 무모한 짓을 행한다. 이후 이세야의 가혹한 종업원 생활을 거쳐 「성공의 친구」라는 잡지를 만들기까지 그의 삶은 시종 다이나믹했다. 물론 여기서도 작가의 유소년 시절의 경험이 베어있음은 두말할 것도 없다. 실제로 작가가 몰락한 사족 집안에서 태어났고 15세 때 소학교를 졸업하여 자신의 의지와는 달리 중학교를 못갔던 일, 포목전 종업원으로 내몰렸던 사건. 포목전 탈출, 학문의 고집을 통한 작가로서의 성공, 그리고 참의원으로 진출했던 인물이라는 점에서 공통점이 보인다. 그러한 순탄치 못했던 과거를 딛고 문학가와 국회의원으로서 정상에 오르기까지 그를 지켜준 정신적 지주는 무엇이었을까?

우리는 여기서 고이치의 아버지 쇼고가 평소에 "너는 무사의 자식이 아니냐. 기개를 가져. 기개를!"하고 꾸짖던 것을 기억할 수 있다. 어느새 그 무사적 기질이 고이치 내면으로 파고들었듯이, 그리고 그 가르침이 고이치의 정신적 지주로 존재했듯이 작가에게도 부친의 가르침은 중요했으리라 보인다. 즉 "사상의 심원함은 철학자처럼, 의지의 견실함은 겐로쿠(元祿) 무사처럼, 더불어 농민의 몸일지라도 사회의 어른이 되어야 한다"는 정신은 그를 지켜준 정신적 근간이었음에 틀림없다. 따라서 작가의 문학적 출발은 이러한 사족 집안 분위기에서 기인했다고 할 수 있다. 예컨대 회화성이 뛰어난 자연과의 일체감이나 문체가 부드러운 미적 세계보다는 직설적이면서 경직된 문장인 점과 인간 내면 세계를 사실적으로 묘사하기보다는 강한 문체로 결벽성을 강조하는 점이 그러한 인상을 풍기기에 충분하다. 따라서 메이지인의 사족적 기풍이 작가의 문학적 출발점이며, 여기에 외국 문학의 영향이 가미되면서 정의, 진실, 향일성이란 모럴을 이끌어냈다고 보는 것은 당연한 지적일 수밖에 없다. 특히 희곡 중에서도 하층 민중에 대한 이해와 동정에서 나온 작품(『탄광』, 『영아 죽이기』), 무사적 기질을 살리면서 정의와 인간미를 강조한 작품(『사카자키 데하노가미』, 『동지들』, 『가몬과 시치로에몬』), 진실에 기초한 인간의 보편적 모럴을 강조한 작품(『쓰무라 교수』, 『생명의 관』)은 그의 그러한 문학의 정수를 엿볼 수 있는 대표작이라 할 수 있다.

이러한 작가의 모럴은 『생명의 관』의 아리무라의 삶에서 분명히 드러난다. 아무리 회사가 파산 직전에 있을지언정 번식기에 접어든 암 게와 새끼 게를 통조림 재료로 사용해서는 안된다며 동생 긴지로와 대립하는 장면이 그렇다. 또한 마지막 제3막에서 의사 히키다가 집과 공장 일체를 타인에게 넘긴 아리무라에게 "결과에 상관없이 사람은 해야할 것을 하지 않으면 안 된다"고 격려하는 자세도 그러한 모럴의 분출이라고 말할 수 있다. 물론 『쓰무라 교수』에서 구로카와가 이혼을 할 수밖에 없는 불가피

함을 스승에게 설명하는 장면, 『어머니』에서 쇼이치(章一)가 사랑하던 식모 히데(ひで)가 친구 다케우치와 결혼하는 것을 보고 힘겨워하는 장면도 그렇다. 뿐만 아니라 『사카자키 데하노가미』에서 비극의 주인공 사카자키의 인간미 넘치는 서정적 사랑, 『동지들』에서 동지들의 정의와 믿음, 그리고 『가몬과 시치로에몬』, 『사이고와 오쿠보』에서 대의를 위한 의도적 대립 구도의 연출이나 강함과 약함, 인정과 정의 속에서 고민하는 인간들의 동고동락도 같은 맥락에서 해석할 수 있다. 물론 여기에서 유조 문학이 이른바 시간이 흐를수록 정의나 진실만이 아닌, 이를 배경으로 인간적 미를 동시에 찾아가는 일종의 모럴의 정점을 향해 달렸다는 점도 간과해서는 안될 것이다.

물론 초창기 순수와 정도에서 조금이라도 벗어남을 용납하지 못했던 단호함과 결벽성, 결혼 초기 하나코 부인에게 보인 흑백 논리에 가까운 비타협적 우직함과는 상당히 대별되는 부분이긴 하지만, 하여튼 유조 작품을 논할 때, 먼저 그의 문학 저변에 작가적 경험과 관련된 사족적 무사 기질을 지적해 두는 것은 바람직하다고 본다. 그리고 작품만이 아닌 작가의 사회적 행보에서도 시간의 흐름과 함께, 진보주의와 보수주의 사이에서 방황이 아닌 접점을 찾아 한쪽으로 치우치지 않은 중도의 원칙을 고수했던 점도 평가의 대상이 아닐 수 없다. 지금까지 희곡 중심으로 유조 문학의 모럴을 작가의 자전적 요소와 관련시켜 살펴보았는데, 이 같은 주제는 쇼와 시대에 집필하기 시작한 소설에서는 어떻게 전개되었을까. 그리고 작가가 희곡에서 소설로 장르를 옮긴 이유와 그 의미는 무엇이라 할 수 있을까?

앞에서 언급하였듯이 가라키 준조는 작가의 장르 전환을 놓고 희곡에 대한 한계성 봉착이라고 언급하면서 『사이고와 오쿠보』부터는 소설로 전향할 수밖에 없었다고 지적했다. 그러나 필자로서는 반드시 그렇게 단정할 수만은 없다고 생각한다. 시기적으로 볼 때, 이미 1928년 『사이고와 오쿠보』 이전인 1922년에 소설 『형제』, 1926년에 장편 소설 『살아있는 모든 것』을 발표했음을 상기해야할 필요가 있기 때문이다. 작품 『형제』가 쓰여진 시기는 작가에게는 상당히 의미 있는 시기였다고 말할 수 있다. 당시 희곡에만 몰두하고 있던 작가는 『형제』를 발표하기 직전, 1921년 『사카자키 데하노가미』를 발표하면서 극작가로서 모처럼 평가를 받으면서 주가를 올리고 있을 무렵이었다. 또한 당시는 『형제』를 발표하기 1개월 전인 9월 『지만연기(指鬘緣起)』, 이듬해 1923년 역작 『동지들』을 발표하면서 희곡 창작의 절정기임을 대내외적으로 과시하였고, 최고의 역작을 줄줄이 발표하던 시기이기도 했다.

바로 이러한 희곡 창작의 절정기에 짤막한 소설 한편을 썼다는 것은 무엇을 의미하는 것일까. 그것은 작가에게 희곡 집필 중에도 소설 집필에 대한 가능성을 열어두었음을 시사한 것임과 동시에, 작가에게는 양 장르가 특별히 경계선이 있어 구분해야한다는 필요성을 느끼지 못했음을 보여준 것이라고 할 수 있다. 따라서 일반적으로 작가의 최초의 소설로 『살아있는 모든 것』을 들지만, 실은 이 『형제』를 최초의 소설로 보지 않으면 안 되는 이유가 여기에 있다. 물론 견해에 따라서는 『형제』를 시작(試作) 정도의 소품으로 치부하는 경우도 있지만, 작가 자신이 「예술은 「드러내는」 것」에서 언급했던 대목에 주목해 보면 희곡에 대한 한계성 운운이 결코 타당치 않음을 알 수 있다.

> 제재가 희곡적이라 해서 희곡으로 하는 게 좋고 제재가 소설적이라 해서 소설로 하는 게 좋다는 얘기가 아니다. 다만 작가가 대상을 희곡 쪽으로 보았기 때문에 희곡으로 하는 것이 좋고, 소설적으로 보았기 때문에 소설로 하는 편이 좋다는 이야기일 뿐이다. 그렇게 보았기 때문에 그렇게 쓰는 수밖에 없다는 것뿐이지 결코 제재의 차이는 아니다. 그것을 제재의 차이로 보는 것은 보는 관점을 주로 하지 않았기 때문에 생긴 오류로 종래에는 그런 식으로 생각들을 잘못해 왔다. 만약 제재가 이것은 희곡의 재료, 이것은 좋은 재료, 이것은 나쁜 재료라는 식으로 정해져 있다면 얼마나 부자연스러운가. (중략) 좋은 재료라는 것은 실은 재료가 좋은 것이 아니고 작가가 그 사실을 완전히 자신의 내부로 받아들여 그것을 자신의 것으로 새롭게 내뱉고 있기 때문이다. 이는 재료의 문제가 아니라 바로 작가의 문제인 것이다. 재료의 좋고 나쁨이 아닌 작가의 좋고

나쁨이다.[2]

위 인용문에서 알 수 있듯이, 유조의 창작에 대한 기본적 태도는 작가가 재료를 놓고 어떻게 바라보느냐에 따라 희곡이 될 수도 있고 소설이 될 수 있다는 이야기이다. 중요한 것은 작가의 의식이 어디를 향하고 있느냐는 것이다. 작가는 자신에게 극작가라는 딱지가 붙는 것을 달갑게 여기지 않았을 뿐만 아니라 작가로서의 가능성이 한정되는 것에 반발하였다. 실제로 희곡 시대에 왕성한 소설 작품을 내놓지는 못했지만, 그런 가능성에 대한 자아탁마를 늘 염두에 두고 있었음은 위 인용문에서도 충분히 확인할 수 있다.

작가가 『살아있는 모든 것』, 『파도』의 집필로 소설가로서 충분한 인정을 받았음에도 희곡 『여인애사』(1929) 『쌀 백 섬』(1943) 등을 끊임없이 발표했음을 보면, 작가에게 소설의 가능성은 희곡 시대에도 있었던 것이며 역으로 소설 시대에도 희곡의 가능성 역시 존재했던 것이다. 그러면 작가에게 어떻게 양 장르가 동시에 존재 가능했을까. 여기서는 두 가지 점을 지적할 수 있다. 하나는 앞에서 언급했던 것처럼 작가가 기본적으로 희곡과 소설을 이원적으로 구분하지 않았다는 점이고, 다른 하나는 그의 문학이 보여준 주제의 일관성, 즉 정의, 진실, 향일성, 인간 존중 사상의 강조를 들 수 있다.

그러나 작가가 소설로 장르를 전환하는데 희곡의 한계성이 영향을 주었다고 보는 것은 무리가 아니다. 이를테면 희곡이 막을 나누어 내용의 분산을 시도할 수밖에 없다는 점이라든가, 어쩔 수 없이 사건과 인물을 한 장소에서 콘센트할 수밖에 없는 필요성이 동반된다든가, 시간적 공간적 제약에 따른 타자에 대한 충분한 배려가 이루어지지 못한다는 점. 그리고 인간에 대한 심리적인 묘사를 통한 살아있는 인간의 내면 세계를 표현하는데 한계가 있다는 지적이 그것이다. 이러한 희곡의 한계성은 작가에게 심리적 압박 요소였을 것이다. 여기에 대한 작가의 심경은 "어째서

---

2) 山本有三 「藝術は「あらわれ」なり」 山本有三全集 第十卷 新潮社, 1976, p.11

희곡에서는 인간 본래의 모습을 그릴 수 없다고 하는 건가." "소설에서는 인간을 부상시키는데 희곡에서는 이데아와 테마에 사로잡힌 나머지 이상하게도 가식적인 인간을 그리고 만다. 이건 도대체 어찌된 영문인가"3)라며 희곡과 소설 사이에서 인간적인 묘사의 차이를 놓고 고뇌하는 모습에서 분명히 읽을 수 있다.

작가의 역사극은 바로 이러한 고뇌에서 출발하였다. 그러므로 당연히 현실 사회의 복잡한 이데올로기 문제보다 인간적인 면면들을 부각시키는 쪽으로 흐를 수밖에 없었다. 그리고 작가는 역사물, 즉『사카자키 데하노가미』에서 사카자키의 인간미를 밀도 있게 묘사함으로서 희곡에서도 인간의 내면 세계를 구체적으로 그려낼 수 있음을 증명해 보였다. 작가가「『사카자키 데하노가미』와 비극의 주인공」에서 "사카자키가 타인 같아 보이지 않았다. 나는 사카자키 속에서 나 자신을 발견함과 동시에 스스로를 사카자키 속에 던져버렸다"4)고 말한 것은 그러한 희곡의 한계성을 극복했음을 의미하는 것이다. 하지만 작가 내면에 깊숙이 자리하고 있던 희곡의 한계성이『사카자키 데하노가미』에서 인간적인 면을 능숙하게 묘사하였다고 해서 희곡과 소설이 지니고 있는 장단점이 극복되고, 장르에 구애받지 않을 정도로 작가적 성숙이 뒤따랐다고 하기에는 다소 무리가 있다. 왜냐하면 작가가 1922년『형제』를 발표하기까지 단 한 번도 소설을 써 본 경험이 없기 때문이다. 즉 이는 소설을 쓰지 않았기에 희곡에 몰두할 수 있었다는 긍정적인 면도 있겠지만 반대로 소설에 대한 구체적인 검토가 없었다는 부정적인 면도 없지 않다는 것이다.

이렇게 볼 때 작가에게 희곡과 소설의 장단점을 비교 검토할 수 있는 기회가 없었다는 것은 두 가지 측면에서 생각할 필요가 있다. 하나는 곧 시작될 소설 창작에서 있을 수 있는 위험 부담을 미리 점검해 볼 수 있는 기회를 놓쳤다는 것이며, 다른 하나는 작가로 하여금 소설이야말로 희곡

---

3) 上揭書, p.13
4) 山本有三「「坂崎出羽守」と悲劇の主人公」(讀賣新聞, 1921) 山本有三全集 第十卷, 新潮社, 1976, p.178

의 한계성을 완전히 극복할 수 있을 것이란 기대를 갖게 했을 것이라는 점이다. 그러니까 작가의 소설에 대한 미경험은 소설 이해의 한계성을 드러낸 것임과 동시에 소설가로서의 가능성을 가늠하게 하는 실험적 성격이 강하다는 측면에서 분명히 위험성이 존재했던 것이다. 또한 나이 서른 네 살이라면 작가로서 절정기라 해도 과언이 아닌데, 그때까지 소설 한편 내지 못했다고 하는 것은 어떤 의미에서 시대의 낙오자로 볼 수도 있겠지만, 그만큼 한 장르에 열정적이었다는 평가도 될 수 있다. 그런 의미에서 『형제』는 작가에게 막연하게나마 소설의 맛을 보게 한 첫 작품이며, 곧이어 발표된 소설 『살아있는 모든 것』은 그러한 작가의 장르상의 한계를 실험하게 되는 무대가 되었다는 측면에서 두 작품의 의미는 깊을 수밖에 없다.

3) 장르 전환의 외적 동기

작가는 희곡에서 소설로 장르를 옮기면서 심리적으로 상당한 갈등을 느낀 것 같다. 아마 당시의 시대성과 작가 자신의 주변 여건이 큰 요인이었을 것이다. 1923년 관동대지진은 한 순간에 민중의 삶을 쑥대밭으로 만들었고 50억에 이르는 막대한 재산 피해와 10만 여명에 이르는 인명을 빼앗아 간 초유의 재앙이었다. 이는 곧바로 거액의 지출 팽창과 무역의 수입초과 현상으로 이어져 일본 재계를 불황의 늪으로 몰아넣으면서 국민 생활을 근본적으로 뒤흔들어 버렸다. 당연히 국민들의 불만의 목소리는 고조될 수밖에 없었고 나라의 경제는 점점 악화일로를 걸을 수밖에 없었다. 이에 대한 대책으로서 정부는 1926년 국제 신용의 유지와 대외 주식 시장의 안정을 확보하기 위한 금 수출 해금을 표명하였고, 이어 금융계의 정리를 단행한다고 발표하였다. 그러나 정부의 이러한 발표는 국민들로 하여금 일반 은행에 대한 불신감을 고조시키면서 예금 인출 사태를 불러 일으켰고, 결과는 1927년 금융 공황이란 최악의 상황으로 치닫게 만든다. 이처럼 다이쇼에서 쇼와로 옮겨가던 시대는 자본주의의 구조적 모순이 구체화되면서 모순 속에서 새 출발을 시도하려는 욕구로 불탔던 시기였다.

한편 유조 개인적으로 보더라도 다사다난했던 시기이다. 다이쇼 말에 하나코와 결혼을 하였고, 와세다대학교 강사, 그리고 기치죠지의 보리밭 위에 집을 신축하고 이사를 하는 등 많은 변화가 있었다. 시대적으로 보나 작가 개인적으로 보나 다이쇼에서 쇼와로 넘어가는 시대는 다사다난했던 격동기였음은 분명하다. 이러한 시기에 때맞추어 작가의 마음을 더한층 복잡하게 만든 것 중 하나가 동료 문학가들의 발빠른 행보였다. 이른바 제일고등학교 동창생들이 희곡을 그만두고 소설가로 변신하면서 시류에 맞는 사회성을 가지고 문단은 물론 대중적으로 주가를 높여갔던 것이다. 유조로서는 자의든 타의든 동료 작가들과 한 시대를 공유하게 된 이상 그들과 동행할 수밖에 없었고 그들과의 동고동락의 운명을 비켜갈 수는 없는 실정이었다. 그러나 작가는 동료 작가들의 소설을 통한 화려한 변신과 성공을 묵묵히 지켜보아야 했고, 그들과의 차별성 차원에서 스스로를 채찍질해야 했다. 그 길이 고집스럽게 지켜왔던 희곡이었던 셈이다. 그러나 작가의 희곡창작을 통한 차별화는 스스로를 떳떳한 길로 인도했다기보다 오히려 운신의 폭을 좁게 만들면서 초조함에 시달리게 했을 뿐이었다. 결국 옛 동료들의 대중적 인기를 통한 각광은 유조로서도 더 이상 방관할 수 없는 사안이 되었고 마침내 무언의 장르 선택을 강요받는 압박감으로 다가오기에 이른다.

작가가 제일고등학교에 들어간 이듬해 독일어 교사의 비상식적인 채점에 의한 학년 진급 낙방은 어떤 의미에서 행운이었다고 할 수 있다. 그것은 1년 후배인 아쿠타가와 류노스케, 기쿠치 간, 구메 마사오 등과 같은 반에서 나란히 문학 수업을 받을 수 있게 되었다는 점에서도 그렇지만, 훗날 그들과 맺은 인연이 작가적 반열에 자리할 수 있는 계기로 작용하였다고 보기 때문이다. 역으로 말하면 그들의 일거수 일투족이 작가의 행보와 무관하지 않았고, 의식적이든 무의식적이든 그의 문학은 동료들의 행보를 의식하면서 출발하게 된 셈이다. 그러한 동료간의 만남이 이루어지는 가운데 나온 소품이 아마도 『형제』가 아닐까.

작가는 다이쇼 시대에 자신의 문학 동료들을 바라보는 심경을 「『영아 죽이기』 만담」에서 이렇게 밝힌 적이 있다. "학우였던 도요시마 요시오, 기쿠치 간, 구메 마사오, 아쿠타가와 류노스케는 이른바 신사조파로서 이미 화려하게 진출하였고, 하나같이 튼실한 창작을 잇달아 발표하고 있었다. 하지만 나는 무명 청년으로 거의 세상의 조명을 받지 못했던 시기"[5]였다고. 이러한 심리적 초조함이 팽배했을 무렵 작가의 경제적 어려움, 즉 생활고는 그에게 현실적인 선택을 암암리에 강요하였던 것이다. 예컨대 돈이 되는 작품을 써야하지 않겠느냐는 강박감이다. 물론 시대성에 맞는 문학 장르가 무엇이고, 또 돈이 되는 작품이 무엇이냐는 질문이 생길 수 있다. 앞에서 언급하였듯이 다이쇼 말기에서 쇼와로 넘어가는 시대는 작가의 생활이 결코 넉넉하지 못했다. 1919년 하나코와의 결혼, 1921년 장남 유이치(有一)의 탄생, 단독 주택의 신축과 이사 등, 변변찮은 수입에 전업 작가로서 이렇다할 힛트 작이 없던 처지에서 한 가정의 가장으로서의 부담감은 결코 가볍지만은 않았을 것이다.

특히 극작가가 소설가보다도 상대적으로 혜택을 누릴 기회가 적은 것은 예나 지금이나 마찬가지인데, 보기 위한 희곡보다 읽기 위한 소설 쪽이 상품성이 크다는 건 기정 사실이 아닐까. 물론 희곡이 무대에서 상연될 경우 돈이 안 된다고 단정할 순 없지만, 소설의 경우가 일간지에 연재되고 단행본으로 읽히고 또 그것이 영화나 연극으로 각색되어 대중과 호흡하는 것을 감안하면, 희곡의 무대는 상대적으로 비좁고 수입도 제한적이다 할 수 있다. 사실 예나 지금이나 대극장에서 채택되어 인기를 누리는 영화나 드라마를 보면, 처음부터 희곡인 경우는 드물다. 대부분이 소설의 각색, 특히 장편 소설이 각색되어 대중 속으로 파고든 경우임을 알 수 있다. 따라서 소설가에 대한 극작가의 상대적인 빈곤은 정해진 것이나 다름없다. 그렇다고 유조의 인기 있던 몇몇 희곡이 무대를 타면서도 돈벌이가 안 되었다고 할 수는 없지만 소설가에 비해 극작가로서의 상대적 궁핍은 부인할

---

5) 山本有三 「『嬰兒殺ろし』漫談」(『演劇畵報』, 1931.10) 山本有三全集 第十一卷. 新潮社. 1976, p.70

수 없다. 그러한 시대에 작가는 희곡작가의 명성에 걸맞는 생활, 그리고 장남 유이치를 위한 좋은 교육 환경, 그동안 고생만 했던 어머니 나카에 대한 미안함 등, 감정에 비례한 의무감 같은 것을 느꼈을 것이다. 아마도 쇼와로 접어든 1926년에 작가의 나이 서른 아홉이었음을 감안하면 그러한 마음은 더 한층 절실했을 것이다. 단정적으로 말하면 다이쇼에서 쇼와로 접어들면서 작가에게는 현실적으로 뭉칫돈이 필요했고 그러한 생활고를 풀 수 있는 돈 되는 장사가 무엇이냐는 자문을 끊임없이 할 수밖에 없었을 것이다.

이처럼 어려운 상황에서 평소 가깝게 지냈던 기쿠치 간의 제안은 그의 마음을 사로잡기에 충분했다. 내용인즉 아사히신문에 장편 소설을 써보는 것이 어떠냐는 것이었다. 이 제안은 기쿠치 간이나 유조 모두에게 모험적인 일이었다. 예컨대 신문사와의 관계나 동료 간의 입장을 생각하면 기쿠치 간으로서도 적지않은 부담이 있었을 것이고 유조로서도 자신의 장래가 달려 있는 선택의 순간이었던 만큼 소설로 성공할 수 있을 것이냐 없을 것이냐는 절체절명의 모험의 순간이기도 했을 것이다. 아무튼 작가에게는 기회임과 동시에 사건이 아닐 수 없었다. 여기서 기쿠치 간의 뛰어난 저널리스트적 감각이 단단히 한몫을 했다. 특히 기쿠치 간의 통찰력과 문단 실세로서의 위치는 발군이었다 하지 않을 수 없다. 그러한 기쿠치 간의 역량을 빌리지 않았더라면 작가의 소설 집필이 늦어졌거나 아예 기회조차 없었을지도 모르기 때문이다. 이렇게 볼 때 기쿠치 간은 작가가 장편 소설을 쓸 수 있도록 다리를 놓아준 장본인이면서, 작가의 위치를 원천적으로 바꿔놓은 비범한 인물이자 은인이었던 셈이다. 당시의 사정을 기쿠치 간은 「『살아있는 모든 것』을 읽는다」에서 다음과 같이 밝히고 있다.

사실 유조의 신문 소설을 써도 좋다는 의지의 표명을 신문사에 알린 것은 나다. 그리고 아사히신문사에서 야마모토와 교섭하여 『살아있는 모든 것』의 집필이 이루어졌다. 때문에 나는 그 누구보다도 『살아있는 모든 것』의 신문 소설로서의 성과를 우려하고 있었다. 그래서 게재 도중에 이따금씩 1, 2회분씩 묶어 읽던 나는 작년 야마모토가 병으로 연재를 중단했을 때, 병은 구실이고 실제로는 내용상의 줄거리에서 뭔가 벽에 부딪친 것이 아닌가 하고 생각한 적도 있다. (중략) 그러나 실제적으로 내 예상 이상의 완성도를 보여주었다. 예상 외였다. 신문 소설로서 이 정도의 철저한 준비와 함축성 있는 소설은 나쓰메 소세키(漱石) 사후(死後) 처음이라 해도 과언이 아니라고 생각한다.

  또한 작품의 완성도나 질적으로 보더라도 약간의 삭은 맛이나 깊이가 더해진다면 그 정도적(正道的), 지식적, 고상함에서 소세키의 여러 작품과도 어깨를 견줄 만한 작품이라고 생각한다. (중략) 야마모토가 집필을 중지한 이유가 구성 면에서나 필력 면에서도 벽에 부딪쳤기 때문이란 부분은 조금도 없다. 그는 더 많은 작품을 집필할 능력을 충분히 갖추고 있음에 틀림없다.6)

  기쿠치 간은 작가가 처음으로 장편 소설 『살아있는 모든 것』을 발표하기까지의 과정을 밝히면서, 자신의 역할과 연재가 이따금씩 중지되었을 때의 심경을 위와 같이 말했다. 그리고 소설의 완성도를 나쓰메 소세키와 비교하면서 소설가로서의 능력과 가능성을 인정하였다. 문단과 신문사에서 나름대로 역할을 하고 있던 기쿠치 간의 따뜻한 배려는 소설을 처음 쓰는 작가 입장에서 보면 단순한 고마움의 차원을 넘어선 실험적이면서 시험적인 의미도 없지 않았을 것이다. 또한 이 작품을 계기로 문단을 상대로 한 능동적 대처를 강구할 수 있었고, 이후 계속되는 연재 소설에서 자신감을 확보하였다는 차원에서 기쿠치 간의 도움은 작가에게 절대적이었다고 해도 좋을 것이다.

  당시 기쿠치 간은 작가로서 최고의 전성기를 맞고 있었다고 해도 과언이 아니다. 1916년 아쿠타가와 류노스케, 구메 마사오, 마쓰오카 유즈루, 나루세 세이이치 등과 제4차 『신사조』를 출범시키고, 희곡 『폭도의 아들』, 『불량 소년의 아버지』, 『옥상의 광인』, 『바다의 용자』, 1917년 『아버지 돌아오다』, 『폭군의 심리』, 1918년 『악마의 제자』, 『은혜를 갚는 이

---

6) 菊池寛「『生きとし生けるもの』を讀む」山本有三『生きとし生けるもの』, 新潮文庫, 1927, p.217

야기』, 『다다나오 경 행장기』, 1919년 『은수의 저편에』, 『마음의 왕국』, 『낭만주의의 본질』 등을 발표하여 이미 1918, 19년도에 그의 문단적 위치는 확고했다.

그리고 그는 신문사와의 관계에서도 남다른 위치를 확보하고 있었다. 1916년 10월 일찌감치 시사신보사(時事新報社) 사회부 입사를 시작으로 1919년 오사카 아사히신문사 객원, 보지(報知)신문사 객원을 거치면서 수많은 작품을 실었다. 이를 계기로 문단적 위치를 확보해 갔고 일반 대중과의 접촉 라인을 구축함으로써, 문단과 인간관계 양쪽을 동시에 공고히 다질 수 있는 기회를 잡았던 것이다. 유조의 장편 『살아있는 모든 것』도 전년도까지 기쿠치 간이 연재했던 후속 작품이었음을 감안하면, 그의 문단과 신문사에 대한 활동과 영역은 실로 광범위했으며 그 영향력 또한 상당했음을 짐작하기 어렵지 않다.

한편 아사히신문사 입장에서는 검증되지 않은 유조의 장편 소설 연재에 상당한 불안을 느끼고 있었던 것 같다. 당시 아사히신문 사회부에 근무했던 도키 젠마로(土岐善麿, 1885~1980)는 유조가 소설을 집필하게 된 과정을 다음과 같이 설명한다. 먼저 기쿠치 간이 "야마모토 군이 이제까지의 드라마티스트로서의 재능을 노벌리스트로 방향 전환하는 것은 어떨까"7)라고 권유하기에 자신도 이미 『우미히코 야마히코』, 『동지들』, 『사카자키 데하노가미』를 보면서 유조의 희곡에 대한 명성은 익히 듣고 있던 터라 직접 교섭해 보기로 했다는 것이다. 그리고 "이 계획에 대해서 신문사 내에서는 걱정하는 움직임도 있어 좀더 확실하게 해 두고자 내가 기쿠치 간을 만나 이 얘기를 전했는데, 자기도 권해 보겠다고 말해 주었다. 야마모토 군으로서는 오히려 뜻밖의 권유였겠지만 내 '열의'에 수긍하고 기쿠치 군과도 상담을 했던 것 같다. 몇 일 후 야마모토 군과 나는 간다(神田)의 한 요리점에서 만나 회식을 하면서 서로에게 새로운 기대를 갖게 되었다"8)고 말해, 당시 아사히신문사와 작가의 신문 소설에 대한

---

7) 土岐善麿 「劇から長編小説へ『生きとし生けるもの』の由來記」 山本有三全集 第四卷 附錄. 新潮社, 1976, p.3

교섭 과정이 어떠했는지 자세히 설명하고 있다.

유조도 당시의 신문 소설을 둘러싼 전후 사정을 「인간 기쿠치 간」에서 다음과 같이 밝히고 있다. "내가 신문 소설을 쓰게 된 것은 기쿠치 간 군이 뒤에서 큰 역할을 해준 덕분이다. 아마도 「제2의 키스」를 아사히신문에 연재9)하고 있을 무렵이라고 생각하는데, 기쿠치 간은 당시 아사히신문사의 학예부장이었던 도키 젠마로 군에게 야마모토에게 소설을 쓰게 하자고 권함과 동시에, 내게도 자꾸만 쓰라고 권했었다. 그 결과 도키 군과 교섭이 시작되었는데, 나로서는 좀처럼 결심이 서질 않아 1년 가까이 우물쭈물하고 있다가 마침내 마음먹고 집필을 시작했었다. 그것이 최초의 장편 소설 『살아있는 모든 것』이다"10)고.

이렇게 발표된 『살아있는 모든 것』은 극작가로 인정받고 있던 작가가 소설가로서 새롭게 자리매김하는데 결정적인 역할을 담당하게 된다. 또한 작가에게는 이 작품이 일생을 통해 잊을 수 없는 전향의 출발선이었다는 점, 이후 연이어 발표된 『파도』, 『바람』, 『여자의 일생』, 『진실일로』, 『길가의 돌』과 같은 장편 소설의 실험적 성격을 띤 무대였다는 점에서도 의미가 깊다 하겠다. 이 작품이 세간의 비평을 받으며 궤도에 올랐다는 것에 가장 기뻐했던 인물은 당연히 작가 자신이었다. 실험의 성공으로 본격적인 무대를 가동해야하는 것은 작가의 몫이기 때문이다. 예컨대 작가는 『살아있는 모든 것』의 실험 무대를 성공적으로 마침으로서 이후의 소설가로서의 활동 무대를 확보함과 동시에, 당시 절대적으로 필요했던 경제적 어려움도 뭉칫돈은 아니었겠지만 다소 타개할 수 있었지 않았을까. 이렇게 볼 때 작가의 극작가에서 소설가로의 변신은 불안의 목소리도 있었지만 일단은 성공적인 깃발을 올렸다고 할 수 있다.

---

8) 上揭書, p.2-3
9) 『제2의 키스』는 도쿄 · 오사카판 『아사히신문』에 7월부터 11월까지 연재되었다.
10) 山本有三 「人間菊池」 山本有三全集 第十一卷, 新潮社, 1976, p.215

4) 주제의 일관성

작가는 쇼와 시대의 개벽과 동시에 시작된 소설에서 희곡 시대에 보여
주었던 주제, 즉 진실, 정의, 향일성, 인간 존중 사상을 변함없이 보여준
다. 희곡이란 장르의 한계성에 부딪혀 보여주지 못한 인간적인 내면 세계
를 구체적이면서도 자유자재로 그려 보였다. 특히 희곡에서 단련한 간결
한 문체의 특성을 살려 인간의 희로애락을 사실적으로 묘사해냈다. 이를
테면 희곡『탄광』에서 다소 설명이 부족했다고 생각되는 광부들의 생활
상을 소설『살아있는 모든 것』에서 슈사쿠의 삶을 통해 구체화시킨 것이
그것이다. 또한『쓰무라 교수』에서 모순된 사랑이 남긴 결정, 도루(徹)의
일그러진 어린이상을 소설『파도』에서 스스무의 비뚤어진 삶을 통하여
구체적으로 형상화한 점이 그렇다. 이처럼 인간의 내면 세계를 희곡에서
보다 훨씬 더 구체적으로 덧칠해 보임으로써 독자들로부터 따뜻한 호응
을 받았다. 물론 여기에는 쉬운 문체를 통한 국민에 대한 배려의식이 일
조했음은 두말할 것도 없다. 이러한 반응이 작가에게는 희곡 시대에 맛볼
수 없었던 또 다른 기쁨이 아니었을까. 이후 작가는 점차 극작가로서보다
오히려 소설가로 알려지기 시작했고 독자층도 훨씬 두터워져, 그야말로
인기와 경제적인 어려움을 동시에 타개하는 일거양득의 효과를 누리게
된다. 물론 전국적 규모의 아사히신문 지상에 연속적으로 소설을 게재하
게 된 덕분이었음은 말할 것도 없다.

앞에서 작가의 희곡을 하층 민중에 대한 이해와 동정으로부터 나온 작
품, 무사 정신을 살린 작품, 진실일로적 작품으로 구분하였는데, 소설 작
품 역시 같은 맥락의 주제가 다루어졌던 만큼, 기본적으로 희곡과 동일한
분류상에서 이해하는 것이 좋을 것이다. 물론 여기에서 위의 세 주제가
상호 복합적이고 점층적일 수 있다는 점을 간과해서는 안되겠지만 기본
적으로 희곡이나 소설이나 위 주제의 맥락을 그대로 잇고 있음은 분명하
다. 이를테면『길가의 돌』의 고이치로부터 사족 출신의 정의감과 기개,
그리고 도덕성과 성실함을 동시에 찾아볼 수 있고, 그 정신이 점차 인간

의 보편적 모럴이란 틀로 흡수되어 가는 복합 점층적 논리이다.

이처럼 소설을 희곡의 연장선상에서 이해할 수 있는 부분은 사회주의 자가 등장하는 작품에서도 예외는 아니다. 즉 사회주의자가 등장하지만, 주인공으로 하여금 사회주의자의 이념을 옹호 일변도가 아닌 도덕에 기초한 교양주의적 측면의 강조로 이끌어내는 점이 그렇다. 또한 작가의 소년소녀에 대한 애정도 같은 맥락으로 해석할 수 있다. 그리고 작가의 희곡과 소설은 일관된 주제 저변에 인간성 중시라는 메시지가 자리하고 있음도 간과해서는 안 된다. 즉, 작가는 남녀노소 동·서양을 막론하고 관통할 수 있는 인간의 보편성이라는 측면에서 인간주의적 개념을 중시했고, 이 같은 모럴은 희곡과 소설 양 장르에 그대로 관통하고 있다.

그의 마지막 희곡 『쌀 백 섬』의 교훈적 내용은 이러한 개념을 그대로 보여주고 있다. 여기에서 작가는 국가를 튼튼하게 하는 것은 소년소녀들에게 교육을 시키는 것이지 전쟁에 필요한 군수물자를 만들어 내게 하는 것이 아님을 분명히 하고 있다. 태평양전쟁이 극에 달하고 있을 무렵 교육적 이상의 강조 그 자체가 작가의 반전 의식의 표출이겠지만, 작가는 이러한 모럴의 중요성을 희곡 시대에서 소설 시대까지 줄곧 주장하였다. 그리고 그 주장은 마지막 작품 『평온한 사람』과 「서다」는 사상으로 연결되어 그의 문학의 결정으로 남게 된다.

2. 프롤레타리아 문학과 『여자의 일생』

1) 군국주의의 탄압과 작품의 성립

1932년 3월 메이지대학교 문예과가 창설되면서 유조는 대학 측의 요청으로 초대 과장으로 취임한다. 그리고 대학 문예과의 기초를 다지는데 진력한다. 한가지 일을 맡게 되면 책임성 있게 마무리짓는 것이 그의 성격인데, 메이지대학교 문예과의 경우도 예외는 아니었다. 꼼꼼하게 학과 일을 챙김은 물론, 소설 집필에 따른 창작 활동도 쉬지 않았다. 『여자의 일생』은 그 무렵에 나온 작품이다. 장편 소설로서는 4번째이며, 그 전에 발표한 『살아있는 모든 것』, 『파도』, 『바람』과 함께 도쿄·오사카 아사히신문에 연재11)함으로서 계속되는 대중적 지지도를 확인할 수 있었던 작품이다.

한편 사회적으로는 군국주의 사상이 고조되면서 사회주의자들에 대한 탄압이 본격화되었던 시기이기도 했다. 만주사변(1931.9), 혈맹단 사건(1932.2), 5·15사건(1932.5), 신생공산당대검거(1932.10), 일본국제연맹탈퇴(1933.3), 사노 마나부(佐野)·나베야마 사다치카(鍋山)의 전향 성명(1933.6) 등, 내외적으로 상황은 급박하게 돌아갔고, 공산당과 진보적인 사상에 대한 탄압은 점차 수위를 높여가고 있었다. 물론 문학과 관련된 사건도 줄을 이었다. 미야모토 겐지(宮本顯治, 1908~)의 『동반자 작가』 발표(1931.4), 나프 해산(1931.11), 일본 프롤레타리아문화연맹(코프) 결성(1931.11), 『프롤레타리아문화』(1931.11) 창간, 코프 대탄압(1932.3), 나카노 시게하루(中野重治, 1902~1979)·구라하라 고레히토(藏原惟人, 1902~1991) 일당의 검거(1932.3), 고바야시 다키지(小林多喜二, 1903~1933) 「우익적 편향의 제문제」 발표(1932. 12) 등, 진보적인 문학 사상도 정치성과 맞물려 그 파도에 휩쓸려 동요할 수밖에 없었다.

이와 같은 사회 정세 속에서 일반 민중의 귀와 눈과 다름없는 아사히신문에 극단적 사회주의자가 등장하는 『여자의 일생』을 연재하기 시작했다는 것은 의미 있는 일이 아닐 수 없다. 하지만 이 작품을 연재하던 1933년 6월, 돌연 작가는 공산당에 자금을 제공했다는 혐의로 공안 당국에 검거되고 만다. 이 부분에 대해서 다카하시 겐지는 "『여자의 일생』에서 고교생 마사오(允男)가 좌익 운동에 경도되는 보습을 보고 유능한 청년들이 순수한 마음과 사상에서 적화되는 풍조를 자극하지 않을까 당국에서는 염려한 것으로 여겨진다. 그리고 공산당에 대한 감파의 혐의로

---

11) 『여자의 일생』은 도쿄·오사카 아사히신문에 1932년 10월 20일부터 1933년 6월 6일까지 228회에 걸쳐 연재되었다.

작자를 6월 3일 검거했다. 그 의도는 분명 신문 연재를 중단시키는데 있었을 것"12)이라고 언급하고 있다. 이미 전작『바람』을 연재 할 때도 작중 신병 교육을 둘러싸고 도쿄 헌병대로 호출을 명령받은 적이 있는 작가로서는 정부측에 상당한 불만을 품고 있었던 것으로 여겨진다. 그러던 차에『여자의 일생』에서 한낱 보조 출연에 지나지 않는 한 사회주의자가 공산당과의 관련 혐의로 체포된다는 것이 작가로서는 불만스러울 수밖에 없었을 것이다. 특히 유조 문학 전체를 놓고 볼 때, 그의 문학이 지향하는 엣센스가 그러한 사회주의자의 활동에서 추출할 사안이 아니었다는 점에서 불만은 더욱 클 수밖에 없었던 것이다.

하여튼 작가는 공안 당국에 검거되었고 소설 연재는 미루어질 수밖에 없게 되어 마침내 중단 사태를 맞이하기에 이른다. 그러나 신문에서 중단된 19절「어머니의 사랑」이후 부분을 재차 연재하게 되고 21절부터 마지막 장「제2의 출산」까지를 보완함으로서 작품이 완성을 보게 된 것은 그나마 다행이 아닐 수 없다. 그리고 우여곡절 끝에『여자의 일생』은 1933년 11월 3일 중앙공론사로부터 단행본으로서 정식 간행되는데, 이러한 성과는 작가가 군국주의와 맞서 싸우지 않았더라면 불가능했던 일이었던 만큼, 작가의 저항 의식이 만들어 낸 산물이라는 점에서 큰 의의가 있다. 또한 그러한 역경을 극복했기에 이 작품의「제2의 출산」은 더한층 힘이 실린 생명력으로 자리매김 될 수 있었다.

2) 여자의 육체적 출산과 사회적 출산

*제1부 (제1의 출산)

주인공 오기 마사코(御木允子)의 파란만장한 일생은 귀여운「송곳니」를 빼는 이야기에서부터 시작된다. 초등학교를 마친 마사코는 도쿄에 있는 여학교에 입학하게 되는데, 그곳에서 같은 반 가가미 유미코(加賀美弓子)가 죽은 언니의 반지를 끼고 있는 것을 보고 깜짝 놀란다. 그 반지는

---

12) 高橋健二「『女の一生』について」山本有三全集 第七卷, 新潮社, 1976, p.546-547

병상에 누워있던 언니가 좋아했던 약혼 반지였기 때문이다. 그러니까 유미코 오빠가 마사코 언니의 약혼 상대자였다는 것이다. 그런데 어느 날 갑자기 기숙사에서 그 반지가 분실되는 사건이 발생한다. 마사코는 유미코의 안타까운 모습을 보고 참다못해 직접 도둑을 찾아 나선다. 그리고 수소문 끝에 분실한 반지를 H로부터 되찾아 살짝 유미코에게 건네준다. 이후 둘의 관계는 친자매와 다름없는 절친한 사이가 된다.

　그런데 둘 사이에 한 남자를 둘러싸고 문제가 발생한다. 유미코의 애인 D대학생 이토노 가즈야(糸野和哉)의 친구 에나미 쇼지로(江波昌二郎)는 마사코와는 같은 고향으로서 둘은 이전부터 잘 알고 지내왔을 뿐만 아니라 서로에게 정을 느껴왔던 사이였다. 그런데 어느 날 가부키좌(歌舞伎座)에서 4명이 우연히 마주치면서 관계는 복잡하게 발전하게 된다. 마사코와 쇼지로는 학기가 끝나고 여름 휴가를 떠날 때만 해도 이성간의 정을 쌓으며 남다른 관계를 유지했다. 그리고 그 해 여름 쇼지로는 외교관 시험을 준비하기 위하여 닛코(日光)에서 승방생활을 시작하게 되었고, 때마침 그 근처에 살고 있는 이토노와 유미코로부터 초대를 받은 마사코가 그곳에 도착하면서 서로간은 밀고 밀리는 관계로 발전한다. 이른바 쇼지로를 사이에 두고 마사코와 유미코 사이의 줄다리기가 시작된 것이다. 그리고 마사코와 쇼지로 사이로 끼어든 유미코는 마침내 둘 사이를 갈라놓고 쇼지로의 마음을 끌어내 약혼까지 하는 집요함을 보여준다.

　유미코와 쇼지로의 약혼은 마사코에게는 씻을 수 없는 상처였다. "사랑이 별건가. 실연이 별거냐고 치부해 보기도 했다. 그러나 아무리 냉정하게 위안을 삼으려 해도 그렇게 위로 받기에는 너무도 쓰디쓴 상처였다."13) 그러나 하는 일 없이 소일하고 있으면 오히려 지난날의 상처가 떠오를 뿐이기에, 그녀는 「자연의 성서」를 읽기로 했다. 그리고 그 성서에서 "훌쩍 훌쩍 울지만 말고 쓰러지지 않는 법을 강구하라"는 구절을 발견하고 마음을 고쳐먹는다. 이른바 오빠 다이스케의 위로에 "결혼이라는 것이 그렇게 어리석은 것만은 아니겠지만 세상 사람들이 생각하는 것처럼 인생에서

---

13) 山本有三全集 第七卷 『女の一生』, 新潮社, 1976, p.125

그렇게 대단한 사건도 아니라고 생각한다. 열심히 살아가는 가운데 생기는 하나의 사건에 지나지 않는다고 생각한다"14)며 사랑하는 사람을 빼앗긴 충격에서 벗어나 마음의 평정을 되찾는다.

그리고 오빠 다이스케의 결혼식이 끝나자마자 집에서는 그녀의 혼담에 열을 올리기 시작했다. 그러나 마사코는 "여자의 일생은 결혼만으로 채워질 수 있는 것이 아니다. 지금까지 십 수년을 살아온 것도 결코 그것만을 위한 것은 아니었다"15)라며 의학 전문학교에 입학을 한다. 그리고 몇 개월 후 마사코가 의학 연구실에서 실험에 몰두하는 도중 유미코와 쇼지로의 결혼식을 맞이하게 되는데, 이미 그녀의 마음은 "이렇게 추운데 신부 화장이 잘 받을까 모르지" 정도로 치부해 버릴 만큼 냉정해져 있었다. 이후 마사코의 졸업과 취직은 순조롭게 진행되었고 기억 속에서 거의 둘의 존재가 가물해질 무렵, 우연히 신주쿠에서 기저귀 보따리를 들고 아이를 업은 유미코를 만나게 된다. "진한 화장에 늘 자신만만해 하던 유미코! 지금도 화장은 변함 없지만 왜 저토록 살림에 찌들어 보이는 걸까. 도대체 저것이 결혼이 가져다준 선물이란 말인가. 친구의 애인을 낚아채면서까지 손아귀에 넣고 싶었던 결혼이 저런 모습이란 말인가"16)라며, 마사코는 유미코의 축 처진 뒷모습을 지켜보며 오히려 자신이 승리했다는 쾌감마저 느낀다.

그러나 그러한 기분도 잠깐, 인체 해부 실험실에서 여자로서 이런 일까지 꼭 해야만 하는지에 대한 회의감을 느끼게 되면서 여자만이 할 수 있는 일을 해야한다는 생각을 갖게 된다. 그때까지만 해도 그녀의 마음에는 고등 학술을 연구하는 자신이야말로 단연 유미코보다 낫다는 자부심이 지배적이었건만 왠일인지 자신이 하고 있는 일에 초라함을 느꼈던 것이다. 그러한 회의감은 그녀의 마음을 걷잡을 수 없이 흔들어 놓았고 순식간에 나락으로 떨어지는 계기를 제공하게 된다. 그 직접적 회의감에 불을 붙인 것은 동창 스미코(澄子)의 오시마(大島) 여행 권유였다. 그것이

---

14) 上揭書, p.125
15) 上揭書, p.134
16) 上揭書, p.145

그녀에게는 일생을 결정짓는 운명의 사건이었다. 그곳에서 우연히 지난 학기 독일어를 가르쳐준 구조(公莊) 선생을 만났고, 의뢰로 둘의 관계가 깊은 관계로 발전했기 때문이다. 하지만 그녀는 의외의 만남에서 의외의 관계로 발전한 둘의 관계를 조금도 잘못된 만남이라 생각하지 않았고, 오히려 유희적인 관계를 살려보려는 방향으로 스스로를 채찍한다. 그리고 졸업 후 그녀는 구조의 알선으로 요코하마 시립병원에 취직하였고 그쪽으로 이사하면서 둘의 만남은 더욱더 깊은 관계로 빠져들었다.

얼마 후 마사코는 자신의 임신 사실을 알게 되었고 구조에게 정식으로 결혼을 요청한다. 그러나 구조에게는 이미 병으로 누워있는 아내가 있어 결혼을 거론할 입장이 아니었다. 그녀는 그때서야 비로소 둘의 관계가 유희적인 만남일 뿐이었다는 사실을 깨닫게 되는데, 이미 분개하고 매달려도 뾰쪽한 수가 없는 엎질러진 물격이었다. 그리고 낙태 수술을 권유하는 구조에게 그렇게는 할 수 없다는 거부 의사를 밝히며 사생아로 키울 채비를 하게 된다.

> 국법을 범하는 것이 무섭다기보다도 임신한 아이를 고사시키는 것이 더 무섭다는 것이다. 단지 결혼하지 않을 거란 이유만으로 낳아야할 아이를 낳지 않는다는 것은 임산부에게 있어 이보다 큰 죄는 없을 것이다. 아무리 저렇게 형편없는 남자의 씨라고는 하지만 자신의 피도 섞여 있지 않은가. 이를 함부로 매장해버리는 것은 누가 뭐라고 뭐래도 당치않은 일이고 불쌍한 일이 아닌가.
> 이런 생각이 들자 그녀는 전보다 더 어머니가 되고 싶어졌다. 그러나 자신의 앞날을 생각하면 역시 번거러운 존재임에 틀림없는 아이를 떠 안고 싶지는 않았다. 그녀는 어제도 그저께도 그랬듯이 오늘밤 역시 마음을 다잡을 수가 없었다. (중략) 그러나 어차피 키울 생각이라면 설령 그로 인해 자신이 욕을 먹더라도 태어나야할 아이는 낳지 않으면 안 된다. 이는 임신한 자의 의무이며 책임이 아니겠는가.[17]

그녀는 사생아라 할지라도 혼자 힘으로 키우겠다는 결심을 하였고, 여

---

17) 上揭書, p.242

자로서의 제1의 출산을 준비하게 된다. 그리고 마침내 한 간호원으로부터 "축하드립니다. 사내애입니다"란 축하 말과 함께 사회 속으로 뛰어든다.

*제2부(제2의 출산)

마사코는 태어난 아이에게 자신의 이름 가운데 한자를 따 아이의 이름을 마사오(允男)로 지었다. 그리고 구조의 호적에 대한 이야기에 "이 아이는 내 아이다. 설령 호적이 지저분해 질지라도 내 아이인 이상, 내가 지키지 않으면 안 된다"며, 단호히 사생아로 키울 결심을 굳힌다. 그렇게 홀로서기를 결심한 그녀는 동네 병원에서 일하게 되었고, 우연히 그곳으로 낙태수술을 받으러온 유미코를 만나게 된다. 유미코는 쇼지로와 이혼하고 외동 딸 요코(洋子)를 쇼지로에게 맡긴 채, 남정네를 바꿔가며 방탕한 생활을 이어가다 낙태수술을 받으러 왔다는 것이다. 그리고 마사코는 악덕 의사인 원장의 권유로 유미코의 낙태수술을 맡을 수밖에 없는데, 그 일을 계기로 유치장 신세를 지게 된다. 일단 구조의 덕택으로 풀려나긴 했지만 그 후 그녀는 직장을 잃고 생활고에 시달리게 된다. 하지만 이후 구조와의 관계가 점차 회복되고 구조의 아내가 죽자 1년후 둘은 정식으로 결혼을 하였다.

그리고 그전까지 결혼 같은 것이 무슨 대수냐고 생각했던 그녀는 결혼 생활에 안주하게 되었고 점차 평범한 여인으로 자리를 잡아갔다. 소위 달리 뾰쪽한 수가 없는 한 결국은 누구라도 이렇게 안착하는 수밖에 방법이 없지 않겠느냐며 보통 여자의 길을 선택한다. 또한 그때까지 여자로서의 천직은 직업을 가지는 것이라고 생각했는데, 여자에게, 어머니에게는 그보다 훨씬 더 중요한 천직이 있다"18)는 생각을 갖게 된다.

즉, 한 가정의 아내로서 어머니로서 존재하는 것이 결코 애석하거나 하찮은 것이 아니라는 생각을 갖게된 것이다. 오히려 "마사오가 건강하게 자라 주기를. 출세하길 바라는 마음은 조금도 없다. 남들처럼 건강하게 평범하게 자라주기만 한다면 그것으로 충분하다"19)고 말할 만큼 그녀는

---

18) 上揭書, p.350

평범한 가정 주부로 돌아와 있었다. 이 때 교외에 지은 아담한 신축 양옥 집에서 단란한 생활을 하고 있던 가정에 마사오가 2학년으로 올라가면서 문제가 발생한다. 세상사에 별 관심을 가지지 않고 가정에 충실했던 마사코는 마사오가 지하 운동을 하고 있음을 알게되면서 비상이 걸린 것이다. 아들의 책상 서랍에서 40매 정도의 마르크스주의 운운하는 원고가 발견된 것이다.

> 그렇다. 사회의 유산을
> 개인이 탈취하고 있다.
> 그것도 탈취하고 있는 자가
> 소유 권리다. 재산이다 라며 지껄이고 있다.
> 재산! 소유권!
> 아아, 그건 약탈이다. 허위다.
> 이런 속임수와 불합리의 혼합물을
> 파악할 수 있는 것은 인간뿐이다.
> 자연은 재산을 가진 자 따위를
> 결코 만들지 않았다.
> 그렇지 않은가. 우리들 모두 주머니 없이 몸에 주머니를 달지 않고
> 태어나지 않았던가.[20]

　무엇을 번역한 것인지 마사코로서는 도무지 알 수가 없었다. 하지만 『마르크스주의 정치교정』, 『마르크스주의 인식론』 같은 서적을 보고 불안감을 떨쳐버릴 수가 없었다. 그리고 현재로서는 좌익 사상에 빠져 있는 아들을 설득하여 가정으로 되돌리는 것이 어머니로서 할 수 있는 최선책이라고 생각했다. 그리고 어머니로서 아들에게 해 줄 수 있는 모든 뒷바라지를 아끼지 않았다. 그럼에도 불구하고 마사오는 "저는 결코 경솔한 짓은 하지 않을 겁니다. 어머니 아버지께서 저를 얼마나 아끼고 사랑하고 계시는지 그것을 모를 제가 아닙니다. 그러나 세상에는 부모님의 은혜보

---

19) 上揭書, p.372
20) 上揭書, p.445

다 더 큰 것이 있다는 것을 생각해 주십시오. 저는 그 큰 것을 위하여 이제 집을 떠납니다"21)라는 간단한 메모를 남긴 채 지하로 잠적해 버린다.

한편 아버지 구조는 마사오가 좌익 사상에 물들기 시작하면서부터 시름시름 앓기 시작했고 끝내는 세상을 떠나고 말았다. 혼자 남은 마사코는 실의에 빠진 채 불안한 나날을 보냈고 어느 날 우연히 오빠와 「언덕을 넘어서」22)란 영화를 보고 그동안의 자신의 인생을 회고하며 무언가 새로운 출발을 하지 않으면 안 된다고 결심을 하게 된다.

"나, 이제 결심했어요"

"결심? 무슨 결심?"

"나, 옛날 일을 다시 시작할까 해. 오랫동안 손을 놓고 있어서 많은 걸 잊어버리고 최근의 새로운 학설을 익히지는 못했지만, 조금만 공부하면 남들만큼은 할 수 있을 것 같아요"

"하지만, 너. 지금 와서 새삼 그렇게까지 하지 않아도……"

"아니야. 사실은 일전에도 한번 생각한 적이 있는 걸. 마사오를 외국에라도 보내볼까 망설이고 있을 때였지. 하지만 마사오가 저렇게 되어 김이 새버렸지만, 지금처럼 멍청하니 있다가는 나도 「언덕을 넘어서」의 어머니 같은 신세가 되지 않으리라는 법이 없잖아. 어머니란 언덕을 넘어 양로원에 들어가는 것이 아니라 보다 소중한 언덕을 넘어야 한다고 보거든.23)

새로운 출발을 알리는 그녀의 제2의 출산이다. 이른바 가정에서 벗어

---

21) 上揭書, p.503

22) 식모도 없는 집에서 어머니가 4명의 장난꾸러기 아이들의 식사 준비며 뒤바라지 일체를 혼자서 해 나간다. 숨 돌릴 틈도 없이 바빴고 잠시도 앉아 있을 여유가 없다. 그렇게 해서 자식들이 겨우 성장했다고 생각하자 차남은 형무소로, 다른 자식들도 제각각 결혼을 해서 집을 나가 따로따로 살게 된다. 그리고 자신들을 키워준 어머니는 전혀 돌보지 않는다. 남편은 죽고 자식들로부터는 버림받고 오갈 곳도 기댈 곳도 없는 어머니는 결국 양로원 신세를 지고 만다. 그리고 그 양로원에서 힘없이 복도 걸레질을 하고 있는데, 형기를 마치고 알래스카로 간 차남이 땀흘려 번 돈을 가지고 돌아와 어머니를 데리고 간다는 이야기이다.

23) 上揭書, p.535

나 사회 속에서 생산적인 활동을 해야겠다는 결심을 하고 자신의 집을 개조하여 의원을 차린 것이다. 그리고 소아과와 산부인과 간판을 내걸고 재차 일을 시작하면서 어디선가에서 들려오는 라디오 국민 건강체조 멜로디에 맞추어 체조를 하고 있다. 곧 그동안의 가정에서 어머니와 아내로서의 자리를 털고 일어나 사회인으로서 새 출발을 알렸던 것이다.

3) 근대적 여성의 자아 의식

제1부에서 마사코는 한가정의 어머니로서 아내로서 살았다. 여자라면 일반적으로 겪어야 하는 연애, 결혼, 출산이란 운명의 길도 수용했다. 그런 와중에도 세상과 벽을 쌓지는 않았지만 긴박하게 돌아가는 현실에 무관심하게 대응하며 안락한 가정을 만드는데 최선을 다해왔다. 이른바 남편의 그늘에 살면서 자연 세상사와 부딪칠 일이 없었고 그렇다보니 가정내 어머니 역할 이상을 할 수 없었던 것이다. 이는 중류 계층의 가정에서 볼 수 있는 어머니상이 아닐까. 예컨대 일반적으로 우리들이 말하는 여자의 일생을 살았다.

그러나 좌익 활동에 경도된 아들로부터 깨달은 바 있어, 마사코는 지난날의 연약한 여자에서 탈피하여 사회적으로 새로운 삶을 열어간다. 즉 자식이란 운동회 날 메디신 볼과 다름없다는 쇼지로의 말에 동의하고, 오빠 다이스케와 「언덕을 넘어서」를 관람한 후 혼자 힘으로 살아갈 것을 결심한다. 지금 그녀에게 남은 것은 20년간 같이해 온 가족들과의 추억뿐이었다. 남편은 죽었고 아들은 지하 운동으로 자취를 감춰버렸다. 이런 상황에서 「언덕을 넘어서」가 그녀에게 이제부터의 행로를 제시했던 것이다. 영화 속 할머니처럼 살 것이 아니라 사회적으로 거듭나야 한다는 결론을 내리게 되었다. 즉, "떠난다는 것은 낳는 것이다. 그리고 낳고 창조하는 것이 어머니이지, 눈물이나 짜며 푸념만 하는 것이 어머니일 수는 없다. 마사오가 가출해 버린 사건은 분명 견디기 힘든 고통이었다. 한 겹 한 겹 살갗을 벗겨내는 것 같은 뼈를 깎는 고통이지만 이 또한 출산임에 틀림없다."24) 그렇게 함으로서 아이는 사회에서 태어나고 어머니는 사회에서 살아가는 것이란 생각으로, 제2의 출산을 통하여 사회에서 자아를 살려 가는 진일보한 삶을 선보인다.

한편 『바람』의 모토코는 마사코와는 전혀 다른 삶을 보여준다. 모토코는 파출부 생활과 가족과의 대립으로 인하여 심신이 약해져 있음에도, 피상적이나마 동거인 세가와(瀬川)의 좌익 활동에 동조하며 그와의 관계를 깊이 해 간다. 그리고 어느 여름날 에스페란트 강습회에서 세가와의 연설문25)을 들으면서 그녀의 사회 의식도 잠에서 깨어난다. 특히 함께 일하던 식모 도모야의 죽음을 통하여, 그녀는 더한층 노동문제와 사회문제에 관심을 갖고 나름대로 사회적 부조리에 대한 불만을 토로하는 진보적 사고로 발전하는 모습은 극을 반전시키는 느낌마저 들게 한다. 대체로 그러한 사회적 부조리는 작중의 내레이터에 의해 묘사되지만, 모토코의 삶을 짓누르고 있는 사회적 모순과 절망으로 내몰릴 수밖에 없는 약자의 하소연은 세가와와 세쓰코의 입을 통해 고발된다는 점도 주목할 만하다.

하지만 '가난은 내 친구'라고 생각하는 세가와의 말에 남몰래 눈물 훔치는 모토코의 모습에서 사회주의를 떠올리기보다 오히려 소박한 삶을 갈망하는 여인의 진솔함을 엿보는 것이 타당하지 않을까. 그것은 그녀가 애인의 좌익 운동을 나무라기보다 이따금씩 A・P・E(프롤레타리아 에스페란트회)에 참가하면서 끝까지 그들과 같은 행동을 취하지 않는 데서도 찾아볼 수 있다. 그녀는 다만 같이 할 수밖에 없는 시대성을 받아들이면서 자신의 삶을 꾸려 가는 한 인간일 뿐이다.

모토코는 그러한 자신의 생각을 가족과의 의견 대립에서 사실적으로 보여준다.

---

24) 上揭書, p.536

25) 작품에서 연설문은 "나는 극도로 빈곤한데도 불구하고 지금까지 계급 의식에 눈을 뜨지 못하고 있었습니다. 그러나 나는 군에 입대한 덕택으로 그것을 분명히 알 수가 있었습니다. 군대라고 하는 곳은 가장 심각한 계급 관념을 주지시키는 양성소입니다. 별 하나, 막대기 하나 차이가 사람을 얼마나 거만하게 하고, 인간을 얼마나 비굴하게 만드는지. 그것은 한 계급 높은 고참으로부터 입에 말똥이 들어와도 항의는 물론 그것을 내뱉지도 못하는 것에서 분명합니다"는 내용이다.(본문 요약)

"그러면 내가 파출부로 나가는 것이 잘못되었단 말인가요."

"물론이지."

"그런데 일하는 것이 왜 잘못되었다는 거죠? 아버지와 오빠는 자신의 회사 사람들에게는 일하라고 호통치면서 가족이 일하는 것은 왜 그렇게 못마땅한 건가요."

"일할 사람은 달리 얼마든지 있지 않느냐. 네가 그런 일을 하지 않아도……."

"하지만 저는 일을 않고 노는 건 질색이에요."

"굳이 그렇다면 일부러 남의 집에 식모로까지 들어가 홍차를 나르거나 손빨래하는 일 따위말고 다른 일도 얼마든지……."

"그럼, 오빠는 그런 일은 천한 사람이 하는 거란 말인가요?"

"그렇지."

"그렇다면 남의 몸에서 고름을 짜내나 여드름 치료를 하는 의사들 역시 천한 인간일 수밖에 없겠군요."

"뭐라고!"

"의사라면 존경하고 파출부라면 왜 그렇게 천해야 하는가요. 더러운 것을 만지는 게 하등 인간이라면 의사야말로 하등 인간 중에 하등 인간이 아닌가요?"26)

남의 밥을 먹어본 모토코의 의식은 나무랄 데가 없다. 하지만 그녀는 세가와와 헤어지고 나서 가족들과 등돌리고 험악한 세상으로 내몰린 채 좌절하고 만다. 예컨대 체력적으로나 정신적으로 더 이상 사회적 부조리와 맞서 싸울 기력이 어디에도 남아있지 않았던 것이다.

엄밀히 따져보면 유조 문학에서 마사코와 같은 여자는 유일하게 그녀뿐이다. 즉, 제2의 출산을 통해 자아를 정립하고 자신을 사회와 연계시켜 살려가야 한다고 생각하는 여자는 이 작품에서밖에 등장하지 않는다. 대부분의 여 주인공들은 여자의 일생에 충실한 여성상(시즈코『진실일로』, 다카코『파도』), 사회로부터 희생되고 비극적인 운명을 맞는 여성상(오렌『길가의 돌』, 무쓰코『진실일로』, 아사『영아 죽이기』)으로 묘사되고 있다.

---

26) 山本有三全集 第七卷『女の一生』, 新潮社, 1976, p.325-326

한편 작가의 작품을 여성 해방이란 측면에서 다루어야함도 간과해서는 안 된다. 이 여성 해방의 모습은 세 가지로 생각해 볼 수 있다. 첫째는 마사코에게서 볼 수 있었던 제2의 출산으로 사회적으로 새롭게 태어나는 삶이다. 마사코는 경제력이 없기에 어쩔 수없이 사생아를 떠 안고 구조와 결혼할 수밖에 없었다. 그럼에도 그녀는 자신의 삶을 방치하지 않고 여학교 시절부터 자신의 미래를 준비하였다. 그리고 홀로된 지금, 그 때 취득한 의사 면허로 사회를 상대로 살아갈 준비를 한다. 이러한 의식 내면에는 가정이란 테두리를 벗어나 사회에서 자신의 역할을 찾아야한다는 여성 해방의 메시지가 포함되어 있다 하겠다.

둘째는 낙태에 대한 남성들의 반성 촉구를 겸한 잘못된 사회 인식을 알리는 메시지이다. 예를 들면 구조의 마사코에 대한 낙태의 권유, 모토코의 임신 사실을 알면서도 출산을 반대하는 가족들의 의식, 그리고 아사의 영아를 죽이는 일 등이 그것이다. 낙태가 여성들만의 짐 일수는 없다. 남성 여성으로 나누어서 어느 한쪽에게 책임을 물릴 수 없는 극히 동등한 문제이다. 하지만 예나 지금이나 낙태만큼은 여성만의 전유물처럼 인식되어 온 것이 사실이다. 마사코의 행동에는 이렇게 사회적으로 잘못된 시민 의식을 고발한다는 의미와 남성들의 무책임을 규탄하는 두 가지 뜻이 내포되어 있다. 또한 낙태에 대한 사회적 관심을 불러일으킴으로써 여성에 대한 법적 지위 향상을 시도한다는 고발적 성격도 무시할 수 없다. 예를 들어 『바람』의 모토코가 "지금 세간에서는 산아 제한이라든가 낙태 용인의 논의가 활발하게 진행되고 있다. 물론 납득이 가지 않는 것은 아니지만 사회가 태어나야 할 생명을 태어나지 못하게 조절하는 것보다는 태어날 생명을 태어나게 하면서 그들이 개인으로서 충분히 살아갈 수 있는 사회를 만드는 것이 중요하지 않을까. 모두가 똑같이 개량안이고 개혁안이라고 한다면 자연을 학대하지 않는 개혁안이야말로 훨씬 더 올바른 안이 아닐까 싶다. 사람들은 인구며 식량난을 거론한다. 그러나 인간의 입은 하나요 그 손은 두 개라는 사실을 인식하지 못하면 안 될 것이다. 조직만 바뀐다면 노동과 생산의 힘으로서 그러한 문제는 반드시 해결할 수 있다"27)고 말하는 대목이 그렇다.

또한 이 문제는『여자의 일생』보다 훨씬 전에 발표된 시가 나오야의『암야행로』에서도 찾아볼 수 있다. 주인공 겐사쿠를 임신한 어머니는 시아버지와 남편의 낙태 결정에도 불구하고, 시바(芝)의 외할아버지 뜻에 따라 겐사쿠를 낳게 되는데, 이는 당시 만연해 있던 낙태에 대한 사회적 시각을 고발했던 것이다. 또한 여기에는 군국주의 시대에 개인의 인명을 경시했던 사회적 풍토에 대한 비판적 의미도 포함되어 있다고 본다.

셋째는 개방형 여성을 통한 개성의 존중이다. 이것은 개성에 따라서 인생을 살아야한다는 현대형 여성상을 일컫는데, 여기에는『진실일로』의 무쓰코와『파도』의 슈코 같은 형을 들 수 있다. 무쓰코와 슈코는 자신의 삶이 타인에 의해 간섭받거나 침해받는 것을 단연코 거부한다. 이는 그들의 결혼관에서 분명히 드러난다. 무쓰코는 아버지의 부탁을 거절할 수 없어 마음에도 없는 요시헤이와 결혼한다. 그리고 요시헤이도 은혜에 보답해야한다는 차원에서 무쓰코를 받아들이긴 마찬가지다. 하지만 무쓰코는 자신의 솔직한 마음을 앞세워 요시헤이와 이혼하고 자신이 사랑하는 스미다 품으로 돌아간다. 비록 동반 자살이라는 불행한 죽음으로 끝나긴 했지만 자신의 선택에 대한 후회나 미련은 전혀 느끼지 않는다. 오히려 자신의 판단이 옳다며 스스로에게 정직했음을 자랑스러워한다. 슈코 역시 상황은 다르지만 비슷한 삶을 살았다. 그녀는 결혼에 별로 관심이 없는 독신주의자이다. 결혼을 놓고 '그것은 종신 징역과 같은 것' '결혼 같은 건 좋아하지 않는다'고 딱 잘라 말하는 대목에서 그녀의 개방형 성격은 그대로 드러난다. 그리고 그녀는 고스케 외에도 처자가 있는 유부남을 비롯해, 몇 명의 외간남자와 사귀고 있다는 사실을 태연하게 밝힌다.

당시 사회 통념상 당돌한 면이 없지 않지만, 이러한 독신주의자가 시사하는 바는 적지 않다. 특히 1928년이라는 격동기가 보수적 결혼관이나 유교적 전통이 국민윤리를 주도했던 점을 생각하면 당돌한 여성에 대한 부정적 시각도 만만치 않았을 것으로 생각된다. 그러나 지난날의 여성

---

27) 上揭書, p.358

상을 가족이라는 일차적인 사회에서 해방시키고 사회 속에서 진정으로 개성이 강조되어야 한다는 근대적 사고에 입각해 본다면, 각자가 개인의 삶을 설계하여 재단하고 나름대로 끌고 간다는 것은 큰 의미를 지닌다. 남성에게는 전통과 관습에서 벗어나 개성의 자유로운 분출이 보장된다는 의미가 될 것이며, 여성에게는 가정과 전통적 윤리 관습의 속박으로부터 벗어나 여성 해방이라는 근대적 의미가 부여된다고 생각할 수 있기 때문이다.

이러한 의미를 종합해 볼 때, 마사코의 제2의 출생, 낙태 문제, 근대적 결혼관이 당시 여성들의 억압된 목소리를 대변했다는 점은 짐작하기 어렵지 않다. 하지만 이러한 근대적 사고가 여성 해방, 여권 신장과 사회적 근대화에 얼마만큼 기여했느냐는 좀더 면밀히 검토되어야 할 것이다. 분명한 것은 이러한 목소리가 여성의 권리에 지대한 영향을 끼쳤다는 것이다. 또한 이러한 여성 해방과 관련한 일련의 논의들이 남성들의 사회적 우월주의에 일침을 가했다는 점, 남성의 여성에 대한 전반적인 인식 변화라는 측면에서 상당한 효과를 거두었음에 틀림없다.

4) 현실주의적 문학과 사회주의자

유조 문학에서 사회주의자는 주로 소설에서 등장한다. 구체적으로 들어보면, 『살아있는 모든 것』의 레이지, 『바람』의 세가와, 『여자의 일생』의 마사오, 『길가의 돌』의 도쿠지이다. 그 중에서도 가장 사회주의에 경도된 인물은 마사오와 세가와이다.

우선 마사오부터 살펴보면, 마사오는 앞에서 언급하였듯이 전형적인 중류층 가정에서 건강한 교육을 받고 자란 인물이다. 그런데 고등학교에 진학하면서 그 상황은 바뀌게 된다. 이른바 사회주의 관련 서적을 읽기 시작하면서 평화롭던 집안에 변화가 일기 시작했고, 급기야는 사회적인 이슈와 가정이 맞물려 술렁댔다. 화목한 가정에서 티 없이 자란 마사오는 하이네28)의 시 「Atta Troll」을 읽으면서 점점 사회적 시각을 넓혀갔고,

동시에 비판적 사고를 키워갔다. 구조와 마사코는 하이네라기에 연애 시만을 생각했는데, 아들은 하이네의 혁명 시를 읽고 있었던 것이다. 이른바 「Atta Troll」이라는 곰이 "곰이라는 곰, 아니, 모든 짐승들은 나와 같은 생각을 가져라. 멧돼지, 말, 코끼리도 단결하라. 그러면 승리는 틀림없이 우리 것이다. 모든 피조물이 평등하다는 것은 대원칙이다. 색깔이며 냄새의 차별이 없는 평등이다"29)라는 인간의 압제를 비판하는 내용이다. 또한 그 시에는 다음과 같은 내용이 포함되어 있다.

> 단결이다. 단결이야말로 시대가 가장 절실하게 요구하는 사안이다.
> 개개인으로는
> 노예가 될 수밖에 없다.
> 하지만 단결하면 압제자를 뒤집을 수 있다.30)

마사오는 끊임없이 혁명적인 의미가 짙은 자극적인 시를 읽어갔고 마침내 사회주의 조직에 가담 활동하면서 가족과의 불화가 극에 달한다. 한편 외아들이 착하게 공부에만 몰두하고 있는 줄 알았던 마사코와 구조는 아들의 지하 활동을 알고 나서는 갈피를 못잡고 오로지 탈퇴할 것을 강요한다. 하지만 끝내 마사오는 지하운동혐의로 유치장 신세를 지게 되는데, 문제는 그 유치장이 오히려 좌경의식을 고취시키는 계기로 작용하여 그로 하여금 좌경의식을 더한층 공고하게 만들었다는 사실이다. 결국 마사코는 "부모의 은혜보다도 더 큰 것"을 위하여 집을 떠날 수밖에 없다는 메모를 남긴 채, 지하로 잠적하고 만다. 그리고 아들의 '더 큰 것'을 기대하는 동안 아무것도 할 수 없던 마사코는 제2의 출산을 준비하게 된다.

---

28) 하이네Heine Heinrich(1797~1856) 독일의 유태계 시인. 낭만파의 서정 시인으로 19세기 초 신문학 단체인 「청년 독일파」의 지도자이며 근세 독일의 대표적인 시인. 예민한 감성, 근대적인 풍격을 지녀 그의 산문은 경쾌하고 시도 수천 편에 이른다. 유태인으로서의 신산(辛酸)을 겪고 혁명적 언사가 저촉되어 파리로 망명하였다. 작품으로서는 『노래의 책』, 『하르츠 기행』 등이 있다.

29) 上揭書, p.432

30) 上揭書, p.433

『바람』은 식모 도모야(ともや)와 두 살인 사건을 둘러싸고 지하운동을 하는 세쓰코(せつ子)와 세가와를 중심으로 전개된다. 식모 도모야와 파출부 모토코(실제로 집안이 부유하고 아버지와 오빠와의 의견 차이로 집을 나와 지하운동을 하며 세가와와 동거한다)는 부자집 게이코 집에서 집안 허드렛일을 하며 혹독한 대우를 받는다. 그러던 어느 날 갑자기 식모 도모야가 병으로 쓰러졌는데 주인 게이코는 병원비가 많이 든다는 이유로 입원시키길 거부한다. 그리고 오빠의 병원비를 가불했다는 이유로 친정에조차 보내지 않는다. 함께 파출부 생활을 하던 모토코는 게이코의 상식에 벗어난 처사에 분개하고, 아플 땐 파출부든 누구든 간호해 주는 것이 인지상정이 아니냐며 주인 게이코의 비인간적 처사를 비난하며 그 집을 떠나버린다.

> 남의 밥을 먹어 본 적이 없는 자는 세상을 알 수 없다는 말을 자주 듣게 된다. 도모코는 이번에 처음으로 남의 밥을 먹었다. 그리고 그 쓴맛을 가슴깊이 새겼다. 그러나 남의 밥이라는 것이 본래부터 쓴 것인가. 인간에게 음식물이 나올 때 언제 어디서부터 그런 쓴맛이 생긴 걸까. 쌀은 원래부터 쓸 리가 없기 때문이다. 그렇다고 곁상이 붙은 진수성찬을 의미하는 것이 아니다. 절인 야채에 오차즈케만으로도 좋다. 빵 한 조각이라도 상관없다. 남의 밥을 좀더 기분 좋게 먹을 수 있는 세상이 오지 않으면 안 된다. 남의 밥으로 세상의 괴로움을 아는 것보다는 남으로 인해 세상의 따스함을 느낄 수 있는 세상이 되야 하지 않겠는가.31)

이 같은 모토코의 의식은 애인 세가와의 의식과 다르지 않다. 그녀와 세가와가 동거하고 있는 집에는 늘 지하운동을 하는 동지 몇 명이 있다. 세쓰코도 그 중의 한 명이다. 결국 세쓰코는 살인 사건 용의자로 체포되었고 거기에서 위험을 느낀 세가와는 해외로 도피한다. 주동자의 체포와 잠적으로 살인사건과 지하운동의 연계 내막은 미궁으로 빠져버리고, 소설은 결국 더 큰 사상 문제가 깔려 있다는 막연한 추측만 남긴 채 끝나고

---

31) 山本有三全集 第六卷 『風』, 新潮社, 1976, p.205

만다. 그리고 모토코는 마지막까지 동거인 세가와 사이에서 생긴 핏줄의 인연을 소중히 간직하려고 마음먹는다. 하지만 '고통을 통해서 기쁨'을 구현한다는 그녀의 인생관은 이미 육체적으로나 정신적으로나 그러한 이상을 지켜낼 만큼 건장하질 못했다.

『살아있는 모든 것』에서 슈사쿠는 석탄을 캐는 채탄부 아버지와 그 채탄을 옮기는 잡역부 어머니 사이에서 태어난다. 이 작품의 사회주의자는 탄광 막장에서 태어난 슈사쿠가 일으킨 소네 은행에 근무하는 세이이치로의 동생 레이지이다. 형 세이이치로는 박봉의 은행원 생활을 하면서도 동생 레이지만큼은 끔찍이 챙기며 학업에 필요한 뒷바라지에 여념 없다. 슈사쿠를 찾아 동생의 학자금을 부탁할 정도로 동생을 위해서라면 무엇이든 할 수 있다는 생각에서였다. 그런데 세이이치로의 헌신적 뒷바라지에도 불구하고 레이지는 언제부터인가 사상 서적을 탐독하게 되었고, 급기야는 학교에서 폭죽 사건32)을 주동한 혐의로 퇴학 처분을 당한다. 결국 동생을 설득해 보려는 형의 노력은 수포로 돌아갔고 말다툼 끝에 동생의 가출로 상황은 종결된다.

『길가의 돌』에서 사회주의자가 등장하는 부분은 마지막 장인 「달님은 왜 떨어지지 않는가」부터이다. 고이치가 사회적으로 약간의 기반을 다지고 이사를 한 곳은 2층집이었다. 1층은 50전 은화의 주인공33)과 그 누나, 그리고 형 도쿠지가 살고 있었다. 어느 날 도쿠지는 고이치에게 이런 이야기를 들려준다. "여기에 남편을 잃은 여자가 있다. 어린애가 7명이 딸려있다. 그 부인은 밤잠을 설치며 손빨래와 삯바느질을 해봐도 하루에

---

32) 정의를 좌우명으로 하는 학교가 사건을 애매하게 하여 이렇게 편파적인 조치를 취하는 것은 불공평하다. 자신은 이시야마(石山)를 위하여, 정의를 위하여, 일체를 폭로하고 깨끗하게 잠복하고 싶다고 하는 레이지의 고백은 급우들 사이에서는 대단한 존경과 찬사를 받는다.

33) 어느 날 어린애가 공장에 그림엽서를 팔러왔는데 이를 측은히 여긴 고이치는 50전 은화를 주고 그 엽서를 샀다. 어린이는 잔돈이 없어 나중에 잔돈을 가지고 오겠다고 했지만 돌아오지 않았다. 그것에 대해 고이치는 언짢게 생각한다. 하지만 나중에 아이가 사고를 당해 오지 못했다는 사실을 알게 되면서 오히려 고이치는 자신이 어린이를 의심했다는 것에 후회한다.

30전 내지는 40전 정도를 버는 게 고작이다. 일가는 영양 실조에 걸리고 어린애들이 차례차례 죽어간다"[34]는 예를 들면서, 비록 세상에 태어나 나쁜 짓을 하지 않았지만 "이러한 사람들은 대대손손 이러한 운명에서 벗어날 수 없다. 너는 이런 사람들을 봐도 아무렇지도 않냐?"[35]고 묻는다. 그리고 고이치에게 사회의 구조적 모순에 반발하기는커녕, 안일한 의식으로 돈만 벌려는 생각은 사회적 모순을 덮어둔 이기주의적 발상이라며 좀더 민중들과 함께 행동하면서 힘있는 자에 대한 대항을 모색해야하지 않겠느냐고 충고한다. 이어 고이치가 다니던 인쇄소에 화재가 났을 때, 재건을 위해 헌신적이었던 그에게 자본가가 먹다 남은 음식을 고맙게 받아먹을 놈이라며 비판한다. 그러나 「의외의 손님」에서 고이치의 아버지가 수년만에 집으로 돌아와 도쿠지가 적기 사건과 관련하여 투옥된 적이 있다는 사실을 알려준다. 그것은 고이치에게는 유익한 정보였다. 하지만 중요한 것은 그러한 아버지의 정보가 그에게는 별 의미가 없게 느껴졌다는 점이다. 이미 고이치는 사회주의자와는 다른 자신만의 길을 걷고 있었고 타인의 유혹에 넘어가지 않을 만큼 튼실한 자아가 구축되어 있었기 때문이다.

유조 작품에서는 이상의 네 장편소설에서 사회주의자가 등장한다. 그렇다면 네 작품에 등장하는 사회주의자는 어떠한 성격의 소유자인가? 우리가 일반적으로 일컫는 프롤레타리아 문학의 사회주의자와 어떠한 차이가 있는 것일까? 먼저 그의 문학에 등장하는 사회주의자의 특징을 살펴볼 필요가 있는데 여기에는 세 가지 정도를 들 수 있을 것이다.

첫째, 소설 전체를 놓고 볼 때, 사회주의자가 차지하는 부분이 극히 제한적이라는 사실이다. 물론 『바람』처럼 두 살인사건을 중심으로 밖으로 나타나지 않는 사상 문제가 시종 다루어지는 작품도 있지만, 다른 작품에 등장하는 마사오, 레이지, 도쿠지의 행동 반경은 극히 제한적이라고 할 수 있다. 구체적으로 살펴보면 『여자의 일생』에서는 후편 「연애」에서 마

---

34) 山本有三全集 第九卷 『路傍の石』, 新潮社, 1976, p.349
35) 上揭書, p.349

사오의 좌익 활동이 나타나는데 그 전까지는 거의 마사코의 사랑과 가정 문제가 중심이 된다. 그리고 『살아있는 모든 것』의 레이지도 마지막 장 「침묵의 참회」에서 등장하고, 내용 자체도 그 장에서 끝나고 만다. 『길가의 돌』도 사정은 마찬가지이다. 줄곧 고이치 중심으로 흐르다가 도쿠지는 마지막 장 「달님은 왜 떨어지지 않는가」에서만 등장함을 볼 수 있다.

둘째, 작품에 등장하는 사회주의자의 삶이나 사상, 즉 그들이 말하고자 하는 목소리의 실체가 무엇인지 구체적으로 나타나지 않았다. 예를 들어, 앞서 언급한 몇몇 사회주의자의 행동 반경에서 볼 수 있었던 이념 문제, 지하 운동의 정체 등에 대한 구체적인 언급이 없었다는 것이다. 네 작품 중에서 그래도 사회주의자를 가장 구체적으로 언급하였다고 할 수 있는 『바람』, 『여자의 일생』에서조차 그들의 활동은 막에 가려져 있을 뿐, 어떤 생각과 어떤 행동 지침에 근거한 반정부 활동이며, 지하 운동인지는 전혀 알 수 없다. 책상 위에 놓여있는 하이네의 혁명 시집과 교과서 이외의 몇 권의 사회주의 지침서, A·P·E 참가, 그리고 '만국의 노동자여 단결하자'는 슬로건 정도가 산발적으로 등장할 뿐, 노동자가 왜 A·P·E에 참가하여야 하고 단결해야하는지에 대해서는 등장인물 그 누구도 언급하고 있지 않다.

우리는 여기서 그 이유를 물을 수밖에 없는데 이를 위해 좀더 구체적으로 『바람』의 경우를 살펴보기로 하자. 『바람』에서는 의식 있는 지식인 의사 아키바(秋葉)와 그의 친구 살인용의자 죠지(讓次) 사이에 심한 이념 대립이 돋보인다. 예컨대 「평형설(平衡說)」에 진보적인 사상이 존재하느냐 않느냐는 논쟁이다. 그리고 두 살인사건과 지하운동에 가담한 사람들은 일련의 깊은 관련성이 있다는 것이다. 그러나 평형설은 왜 등장하고 살인사건과 사회주의자가 어떤 고리로 연결되어 있는지에 대해서는 구체적인 설명이 없다. 때문에 독자들은 내용의 전체적인 틀 속에서 사회주의자의 위치를 어디에 설정해야할지 혼란스러울 수밖에 없다. 이러한 양상은 다른 소설에 등장하는 마사오, 레이지, 도쿠지의 경우도 마찬가지이다. 그들은 모두 노골적인 사회주의자로 등장하지만 그들의 생각이나 이념을 선전하거나 전개시키는 부분에서는 정작 손을 놓고 있다. 단적으로 표현하면 연극에서 단역으로 잠깐 나타났다가 사라지는 엑스트라 정도의 의미밖에 없는 것이다. 여기서 좀더 구체적인 답을 얻기 위해서는 당시의 작가와 문단 그리고 시대 상황 등과 연관지어 생각할 수밖에 없다. 즉, 작가가 프롤레타리아 문학을 어떻게 보고 있는지, 당시의 시대 분위기가 그렇게 만들 수밖에 없었는가 하는 시각에서 생각해 보아야 할 것이다.

셋째, 작중 사회주의자는 주인공을 더욱 돋보이게 하는 엑스트라 역할에 충실했다는 점이다. 다시 말해 그들은 작중 주인공을 더 넓은 세계로 내보내어 더욱 강한 인물로 만들어내고, 더 훌륭한 이미지로 살찌우게 하는 조연의 역할에 충실했을 따름이란 사실이다. 『여자의 일생』은 주인공 마사코의 일생을 중심으로 전개된다. 제1부는 마사코의 여학교 시절, 연애, 결혼, 출산이라는 보통 여자들이 겪을 수 있는 삶을 그렸고, 제2부는 육체적 출산을 통해 어머니가 된 마사코가 이들을 떠나보내는 슬픔을 딛고 사회적으로 다시 태어난다는 사회적 출산을 그리고 있다. 거기에서 사회주의자 마사오는 첫 번째 출산과 두 번째 출산 중간에 존재하는데, 어머니 마사코는 아들의 투옥을 지켜보며 일부러 나쁜 짓을 저질러 아들과 같이 있으면서 간호할 수 있길 바랄 정도로 아들에게 무조건적 사랑을 보여왔다. 그러나 그녀는 조건없는 헌신에도 불구하고 상처만 남았을 뿐이라며 마침내는 자식＝메디신 볼(medizin-boll)36)이란 의식을 갖게 되었고, 타인을 위한 삶이 아닌 자신을 위한 삶을 찾아 나선다. 즉 자아를 찾아 사회적으로 다시 태어나게 되는 것이다. 이렇게 볼 때, 사회주의자 아들의 탈선은 어디까지나 건강한 어머니상을 도출시키는데 필요한 주변 인물임에는 의심의 여지가 없다.

어린 아이란 하나의 메디신 볼과 같다는 생각을 하게 되었다. 바로 이

---

36) 영어로는 medicine boll이라고 하며, 많은 사람들이 줄지어 서서 볼을 손에서 손으로 뒷사람에게 넘기는 놀이로서 운동회 때 양 팀으로 나누어 공을 뒤로 빨리 넘기는 경기에서 볼 수 있다.

볼처럼 조부모의 손에서 부모의 손으로, 부모의 손에서 아이의 손으로, 아이의 손에서 손자의 손으로라는 식으로, 순서대로 건네지는 것처럼 이 볼이 자신에게 보내지게 되면 그것을 소중히 맞아 다음 사람에게 건네주는 것이다. ……어쨌든 볼이 자신에게 돌아오면 양 손으로 떨어지지 않도록 단단히 잡고 다음 사람에게 건네주면 되는 것이다. 그것이 부모의 역할이다.37)

이른바 소아적 자세에서 벗어나 대아적 차원에서 가족과 사회를 일원론적으로 보는 시각이다. 이처럼 큰 주인공을 만들어 가는 구도는 『살아있는 모든 것』, 『길가의 돌』의 경우도 마찬가지이다. 『살아있는 모든 것』에서 가난한 세이이치로 형제를 통하여 슈사쿠가 집중적으로 조명되고 있다는 점과 『길가의 돌』에서 도쿠지의 편협한 사고를 수용하고 고진감래를 믿고 실천하는 고이치가 조명받는 것이 그것이다. 이는 어디까지나 레이지와 도쿠지를 통하여 슈사쿠와 고이치의 이미지를 건강하게 만들기 위한 전술적인 부분이라 할 수 있다. 또한 『바람』에서 모토코가 세가와와 세쓰코의 지하운동, 식모 도모야의 죽음으로부터 사회적 모순에 눈뜨기 시작하면서 성숙해 가는 모습도 같은 논리이다. 이른바 "가정 노동에 대한 언급은 들어본 적이 없다. 이는 조직을 갖고 있지 않기 때문일 것이다. 하지만 조직조차도 갖지 못한 사람들을 위하여 오히려 더 강한 주장이 필요하지 않은가"38)란 모토코의 의식을 끌어내기 위하여 사회주의자를 등장시켰다는 것이다.

이상에서 살펴보았듯이, 유조 문학에 등장하는 사회주의자는 성격상 애매한 부분이 적지 않다. 이는 근본적으로 작가의 문학관에 관련된 문제이지만, 여기서 묻고 싶은 것은 왜 사회주의자를 등장시켰음에도 그들의 목소리가 들리지 않는가 하는 점이다. 그리고 목소리를 내지 못하는 인물을 굳이 등장시킨 이유가 어디에 있느냐하는 점이다. 앞에서 작품에 등장하는 사회주의자와 관련해서 작가의 프롤레타리아 문학에 대한 인식과

---

37) 山本有三全集 第七卷 『女の一生』, 新潮社, 1976, p.372
38) 山本有三全集 第六卷 『風』, 新潮社, 1976, p.389

당대의 시대성을 언급하였는데, 그와 관련해서 좀더 작가의 내면 세계에 접근해 보기로 하자.

단적으로 말해서 왜 유조 문학에서는 사회주의자의 목소리가 들리지 않는가, 아니 등장할 필요는 있었는가? 라고 묻는다면, 그에 대한 답은 세 가지 정도 들 수 있을 것이다. 첫째, 작가의 프롤레타리아 문학에 대한 인식이 다른 프로 작가들과는 다른 시각에서 접근하였다는 점이다. 그 근거는 작가의 문학적 모럴이 진실, 정의, 향일성과 같은 윤리를 바탕으로 한 교양주의적 방향으로 흘렀다는 점에서 찾을 수 있다. 바꿔 말하면 프롤레타리아와 부르주아라는 이분법이 아닌 인간 전체의 도덕적 모럴에 초점을 두었기에 전통주의적 사고가 그대로 이어질 수밖에 없었다는 것이다. 즉, 에도 시대의 유교적 교양이 메이지, 다이쇼, 쇼와 시대를 거치면서 그대로 전승될 수밖에 없었던 전통적 인간주의가 당시의 진보적 개혁주의보다 우위를 점할 수 있게끔 배려했기 때문에, 결국 작가의 문학은 인간 근본을 앞세운 교양주의 윤리주의로 흐를 수밖에 없었다. 일종의 전통을 고수하는 보수주의와 개혁을 앞세운 진보주의를 놓고 본다면 작가는 개혁을 원하면서도 전통만큼은 지켜져야만 한다는 점진적 개혁주의자였다 할 수 있겠다.

둘째, 프롤레타리아의 삶을 주제로 한 이데올로기적 전개에 대한 부담이다. 지금도 그렇겠지만 판매 부수가 많은 유명 일간지에 한 작가가 할애 받을 수 있는 지면은 극히 제한적일 수밖에 없다. 작가로서는 모처럼 주어진 아사히신문에 사회주의자나 프롤레타리아 계급의 노골적인 옹호의 글을 싣고, 서슬 퍼런 군국주의에 대항할 생각은 애초부터 없었을 것이다. 예컨대 나름대로 적당한 선에서 당시의 사회적 분위기를 수용하면서도 도덕적, 교양적, 인간적 측면을 부각시킬 수 있는 묘안 찾기에 고민하지 않았을까. 앞에서 언급하였듯이, 작가는 소설을 쓰기 전까지 경제적으로 많은 어려움을 겪었고 그 어려움을 극복하자는 차원에서 소설을 선택했던 면도 없지 않았다. 그러한 사정에서 얻은 모처럼의 신문소설 연재 기회를 소위 사회주의 노선 옹호로 지면을 박탈당하는 걸 원치는 않았을 것이다. 이러한 시각에서 보면『길가의 돌』에서 언급한 작가의 일련의 정의성 발언에 의의를 제기할 수도 있겠지만 적어도 쇼와 초기 작가의 의식 내면에는 이러한 현실적인 문제가 깊숙이 자리하고 있었을 것으로 생각한다.

셋째, 현실주의자로서의 현실적 타협이다. 쇼와 초기는 어느 때보다도 프롤레타리아 문학이 기치를 올렸던 시기였다. 노동자 농민에 대한 수탈과 압박이 기세를 더해가면서 사회적 분위기는 점점 더 경색되었고, 작가들은 그러한 분위기에 발맞추어 프롤레타리아 문예 연맹, 문예가협회 설립, 목적의식론 논쟁, 노농예술가연맹 결성, 프로예 분열, 아쿠타가와 류노스케 자살, 노예 분열, 전위예술가협회 결성, 적기 창간 등으로 쇼와 초기를 프로 문학으로 장식했다. 그러나 작가가 이러한 현실을 외면하고 도덕적, 교양주의 측면만 강조해도 될 만큼 문단적 위치가 탄탄했는가 하는 의문이 남게 된다. 대답은 그렇지 못했다는 것이다. 그렇다면 작가로서는 어떤 식으로든 당대의 사회적 분위기를 담아낼 수 있는 최소한의 그릇을 제공할 수밖에 없었고, 그 최소한의 내용물이 앞에서 언급한 간헐적인 사회주의자의 출연이 아니었을까 싶다. 다시 말해서 최소한의 당대 분위기를 담아내면서 희곡 시대부터 추구해온 자신만의 세계, 즉 인간의 정서를 인간적으로 그려보겠다는 구상을 했을 거란 얘기다. 예컨대 현실을 있는 그대로 받아들이면서 인간적 모럴을 추구한다는 형태이다.

이처럼 문제를 현실 속에서 풀어야 한다는 작가 의식은 그의 문학을 논하는데 있어 중요한 사안이다. 순수 문학에서 현실을 벗어난 이상을 다루면서 비현실적 부분이 강조되는 경우가 종종 있지만, 작가의 문학은 현실에 바탕을 둔 타협적인 측면이 강조되었다. 작가가 창작을 그만두고 정치가로 활동할 수 있었던 것도 이러한 현실주의적 차원에서 받아들여야 할 것이다. 그것은『바람』집필 중, 지하운동 자금제공 혐의로 체포되었을 때, 제일고등학교 동급생 고노에 후미마로(近衛文麿, 1891~1945)의 도움으로 감옥을 나와 정치가로 변신한 것, 국회라는 실질적 입법기관에서 국립국어연구소 설립과 상용한자를 추진한 일 등에서도 확인할 수 있다.

물론 여기에서 그러한 현실과 타협하면서 창작 활동과 정치를 넘나들며 새로운 가능성을 점쳐보았던 작가가 전통주의에 익숙한 문학가들에게 기회주의자 내지는 변절자로 비춰졌을 것이란 점도 간과할 수 없을 것이다.

5) 프롤레타리아 문학과는 다르다

프로 문학의 시작은 다이쇼 10년 1921년부터 시작된다. 이른바『씨뿌리는 사람』39)의 창간이 그 출발점이다. 이 잡지는 러시아 혁명의 옹호와 제국주의 전쟁 반대, 프로 문학·예술의 발전과 사회혁명을 원하는 예술가의 조직화를 제창하였다. 그리고 그 이론적 리더로서는 아오노 스에키치(靑野秀吉, 1890~1961)의『계급투쟁과 예술운동』, 히라바야시 하쓰노스케(平林初之輔, 1893~1031)의『문예운동과 노동운동』을 들 수 있다. 주요 작품으로는 무샤노코지 사네아쓰『전쟁은 좋지 않다』(1921), 마쓰모토 준조(松本淳三, 1895~1950)『칼에 찔려서』(1921) 등이 있다. 두 작품 모두 가혹한 노동조건 하에서 비인간적인 생활을 탈피하지 못한 처절한 노동자의 모습과 하급 병사들의 고뇌를 그리고 있다.

『문예전선』40)은 이념적으로『씨뿌리는 사람』을 계승하면서 창간된 잡지이다.『문예전선』은 그 강령41)이 말해주듯이, 개인의 사상이나 행동의 자유가 보장된 상태에서 계급투쟁에서의 예술적 공동전선을 지향하려고

---

39) 문예잡지. 1921년 고마키 오미(小牧近江, 1894~1978) 가네코 요분(金子洋文, 1894~ 1985) 이마노 겐조(今野賢三, 1893~1969) 야마카와 료(山川亮, 1887~1957) 등이 아키다(秋田)에서 창간했는데, 3호까지 나오고 휴간되었다. 10월부터 사사키 다카마루(佐佐木孝丸), 무라마쓰 마사토시(村松正俊, 1895~1981) 등이 가담하고 도쿄에서 새롭게 창간되었다. 후에 히라바야시 하쓰노스케(平林初之輔), 아오노 스에키치(靑野秀吉) 등도 동인으로 가담한다. 인터내셔널리즘에 선 사회주의 문학의 출발점이 된다. 계급투쟁과 예술운동의 통일을 지향했다.

40)『문예전선』은 프롤레타리아 문학 잡지이다. 1924년 6월『씨뿌리는 사람』의 후신으로 창간되었다. 처음으로 프롤레타리아 문예의 마르크스주의적 이론을 접목시켰는데, 후에 분열하여『전기』와 대립하고 1932년 7월 종간되었다.

41)『문예전선』은 "우리는 무산계급 해방운동에 있어서 예술상의 공동전선에 선다. 무산계급 해방운동에 있어서 각 개인의 사상 및 행동은 자유이다"라는 강령을 세워 두었다.

했다. 아오노 스에키치는 계속해서 『문예전선』에서도 『자연성장과 목적의식』(1926), 『자연성장과 목적의식재론』(1927) 등, 마르크스주의에 입각한 저돌적인 평론을 발표하면서, 당시 프롤레타리아 예술의 방향을 선도해 나갔다. 그 무렵 대표적인 작품으로서는 하야마 요시키(葉山嘉樹, 1894~1945)의 『매춘부(淫賣婦)』(1925), 『바다에 사는 사람들』(1926) 등이 있다. 그리고 프롤레타리아 예술연맹과 전위예술가동맹이 합쳐 19 28년 전일본무산자 예술연맹, 일명 나프(NAPF)가 결성되었다. 나프의 결성은 1928년 2월 제1회 보통선거에서 공산당 및 노동농민당이 보여준 활약에 대해서 권력측의 탄압, 소위 3·15사건에 현실적으로 대응하기 위한 수단에서였다.

그러나 일부 단체의 배제로 인한 불만의 소리가 고조되면서 나프를 통한 공동전선 방식에 의한 운동 전개는 한계에 부딪치고 만다. 1928년 5월 나프의 기관지 『전기(戰旗)』[42] 창간호에 게재된 구라하라 고레히토(藏原惟人, 1902~1991)의 『프롤레타리아·리얼리즘으로의 길』은 그 원칙적인 방향을 명시했다고 말할 수 있다. 나프의 기관지 『전기』에 실린 주요 작품으로서는 고바야시 다키지(小林多喜二, 1903~1933)의 출세작 『1928년 3월 15일』(1928.5), 『해공선』(1929.5), 도쿠나가 스나오(德永直, 1899~1958)의 『태양이 없는 거리』(1929.6), 나카노 시게하루(中野重治, 1902~1979)의 『초봄의 바람(春さきの風)』(1928.8), 무라야마 도모요시(村山知義, 1901~1977)의 『폭력단기(暴力團記)』(1929. 7) 등이 있다.

특히 고바야시 다키지는 구라하라 고레히토의 「프롤레타리아 리얼리즘」의 충실한 실천자이자 나프의 대표 작가라고 할 수 있다. 그의 『해공선』은 국가산업인 북양어업(北洋漁業)에서 거대한 이익을 챙겨온 해공선을

---

42) 문예잡지. 1928년 5월부터 1931년 12월까지 발간되었다. 전일본무산자예술연맹(나프)의 기관지. 프롤레타리아 문학의 중심에서 거의 매월 호마다 발매금지 처분을 받았다. 고바야시 다키지(小林多喜二)의 『해공선(蟹工船)』, 도쿠나가 스나오(德永直)의 『태양이 없는 거리』, 구라하라 고레히토(藏原惟人)의 「프롤레타리아 리얼리즘의 길」 등의 작품이 발표되었고 프롤레타리아 문학의 주류를 이루었다.

무대로 어부들이 열악한 조건에서 혹사당하는 모습을 사실적으로 그려냈다. 그리고 노동자들이 단결하여 동맹파업을 이끌어 내지만, 끝내는 구축함에서 옮겨 탄 해군 병사들의 총칼에 무자비하게 진압되기까지의 과정을 생동감 있게 묘사하였다. 이 작품은 제국주의의 식민지 착취의 형태, 국가, 재벌, 군대와의 조직적 연대 양상을 고발하고, 조직화하지 못한 노동자의 계급적인 자각과 자연발생적 투쟁을 집단적인 형태로 묘사하는 고발적 성격이 강한 것이 특징이다.

다음은 1931년 11월 일본 프롤레타리아 문화연맹 이른바 코프(KOPF)의 창립이다. 이 연맹은 나프 가맹의 예술단체를 중심으로 12개 단체로 이루어진 조직인데, 프롤레타리아 문화운동의 조직적 통일을 목표로 하면서, 문화 반동과의 투쟁, 노동자·농민의 정치적 임무에 대한 계몽과 문화적 생활 욕구의 충족, 프롤레타리아 문화 확립 등이 주목적이었다.

그러나 작가가 직접 공장이나 농촌에 서클을 조직하고 지도하는 것에 대한 한계성, 당이나 조합의 임무를 예술단체가 대행하는 것에 대한 일련의 모순 때문에 순조롭게 진행되지는 못하였다. 또한 서클의 자주성·독립성을 인정하면서도 작가 동맹의 통제하에 넣으려는 모순 등, 현실적인 벽도 무시하지 못했다. 그리고 창립 전후부터 시작된 정부의 집중적인 탄압을 견디지 못했고, 1932년 7월경부터 가맹 단체의 기관지가 휴간 상태로 돌입하면서 조직은 급격히 약화되고 말았다. 이러한 상황에서 코프의 중심 조직인 일본 프롤레타리아 작가동맹 나르프(ナルプ)는 내부 분열을 맞게 되었고[43] 급기야는 1934년 2월 나르프 지도부의 해체와 함께 프롤레타리아 문학운동은 종말을 고하게 된다.

이상에서 프롤레타리아 문학의 흐름을 간단히 정리해 보았는데, 이 시기는 작가가 장편 소설을 도쿄와 오사카 아사히신문에 게재했던 시기와 거의 겹치는 시기임[44]을 알 수 있다. 그러니까 작가가 신문 소설을 연재

---

43) 도쿠나가 스나오는 「창작방법상의 신전환」(『중앙공론』, 1933.9)에서 구라하라 고레히토가 제창한 「변증법적 창작방법」에 대해 반론하였고, 하야시 후사오는 「프롤레타리아 문학의 재출발」(『개조』, 1933.8)에서 나르프에 대한 비판을 가하는 등, 프롤레타리아 문학의 이론적 지도자들 사이에 시각차를 보였던 것이다.

했던, 특히 1930, 32년도는 코프의 전성기였음을 알 수 있다. 단순히 산술적으로만 본다면 『길가의 돌』(1937)을 제외하면, 작가가 집필한 나머지 장편 다섯 편은 모두 이 시기에 쓰여진 작품으로서 이는 곧 프롤레타리아 문학과의 어떤 관련성 제기의 근거로 작용할 수 있었을 가능성이 있다. 물론 작품의 주인공을 더 건강하게 만들기 위하여 보조 출연시킨 것에 불과하다고는 하지만, 당시 정황으로 보았을 때 거의 대부분의 작품에 등장하는 사회주의자는 그러한 의구심을 불러일으키기에 충분하다고 할 수 있다.

그러나 작가의 문학은 분명히 프로 문학과는 근본적으로 성격을 달리한다. 프로 문학에 대해 부분적인 동조는 했지만 작가의 문학 자체가 프로 문학으로 경도되었다고는 볼 수 없기 때문이다. 그렇다면 작가의 문학과 프로 문학은 어떤 차이가 있는 것일까. 그리고 작가의 문학은 왜 프로 문학의 범주에 들어갈 수 없는가. 이 점에 대해서 생각해 보기로 하자.

일반적으로 프로 문학이라고 하면 부르주아 계급이 아닌 프롤레타리아 계급이 지주나 자본가로부터 철저히 착취당하거나 학대를 받는 내용으로 진행된다. 그리고 노동자와 농민, 이른바 가지지 못한 자들이 가진 자를 상대로 파업을 일으키고 투쟁해 보지만, 결국은 지배계급에 의해 무참히 진압 당하는 형태로 흐르는 것이 보통이다. 또한 지배계급에 맞서 싸우거나 스트라이크 주동 명목으로 감옥에서 새로운 각오를 다진다는 줄거리가 대부분이다. 그러므로 프롤레타리아 계급이 모이는 장소, 즉 선상, 농촌, 광산, 공장 그리고 계급사회의 대표적 성격을 띤 군대 등이 무대가 될 수밖에 없다. 예를 들어 프로 문학의 시초로 일컬어지는 미야지마 스케오(宮嶋資夫, 1886~1951)가 1916년 『근대사상사』에 발표한 『갱부』를 들 수 있는데, 이른바 아시오 광산을 무대로 정착한 광산 노동자의 타협적인 태도에 대한 비정착적 방랑적인 갱부들의 격렬한 반발의 묘사가 그렇다. 그리고 미야모토 유리코(宮本百合子, 1899~1951)가 1916년

---

44) 유조가 아사히신문에 장편소설을 연재한 연대를 살펴보면 『살아있는 모든 것』(1926), 『파도』(1928), 『바람』(1930), 『여자의 일생』(1932), 『진실일로』(1935)임을 알 수 있다.

9월 『중앙공론』에 발표한 『가난한 사람들의 무리』에서 농촌을 무대로 지주의 딸인 '나'의 낙천적 선의가 농민들의 현실에 부딪혀 좌절하는 모습도 이와 동일하다. 이처럼 프로 문학은 무엇보다도 작중 무대에서 생각할 수 있는 이데올로기 문제와 현장 고발이 중요하게 다뤄지고 있다. 이는 그만큼 이데올로기 문제나 사회적 부조리에 대한 고발과 대항 의식이 프로 문학에서 넓은 범위를 차지하고 있음을 의미한다고 할 수 있다.

이상에서 개략적으로 프로 문학의 성격을 검토해 보았는데, 이쯤에서 유조 문학과 프로 문학을 비교해 보면, 왜 작가의 문학이 프로 문학의 범주에 포함될 수 없는지가 명백해진다. 여기에서 그 차이점을 세 가지 정도로 정리해 보기로 한다.

첫째, 유조 문학과 프로 문학은 무대 자체의 양상을 달리한다는 점이다. 부분적으로 인쇄소라는 열악한 환경의 공장(『길가의 돌』)이나 광산(『살아있는 모든 것』)이 무대가 된 작품도 있지만, 대개는 바다(『파도』, 『진실일로』), 가정(『여자의 일생』, 『진실일로』, 『길가의 돌』)이 주요 무대로 설정되었다. 이는 프로 문학과 무대에서부터 출발을 달리하는 부분인데 그렇다고 바다와 가정을 통해서 프로 문학을 지향하는 것이 전혀 불가능한 것은 아니다. 하지만 작가가 무대를 바다 위에서 일하는 노동자의 권익에 얽힌 이야기나 부조리의 고발이 아닌, 중산층의 휴양지로 취함으로서 내용 전개 자체가 프롤레타리아 문학과 어울리지 않았다는 것이다. 또한 가정도 파출부의 부당한 대우에 대한 고발이 없지 않지만, 전적으로 가족의 경제적 궁핍에 따른 불만이나 사회적 모순의 구체적인 고발이 아닌, 어디까지나 근대화 과정에서 생기는 사고의 차이에서 오는 결혼이나 인생관과 연계된 불화가 주를 이룬다. 이처럼 프로 문학과 작가의 문학은 근본적으로 무대 자체를 달리하고 있다는 점을 간과해서는 안 된다.

둘째, 바다나 가정을 무대로 하였기에 사회주의 사상이나 이데올로기 논쟁을 구체화시키는데 한계가 있다는 점이다. 사회주의자가 등장하는 작품에서 이념 논쟁이 전무한 것은 아니지만 매우 단락적이고 피상적이다. 구체적인 이데올로기 논쟁을 이끌 만한 인물은 등장하지 않고, 한번쯤 노동의 현장에서 일해 본 사람이라면 누구나 들었을 법한 진부한 이야기를 늘어놓는 단락적, 피상적 차원을 넘어서지 못했다. 예를 들면 『살아있는 모든 것』의 레이지, 『여자의 일생』의 마사오, 『길가의 돌』의 도쿠지는 하나같이 이데올로기적 논쟁을 벌일 상대자를 갖고 있지 않다. 『바람』에서 세가와가 에스페란트에 참가하여 3분 스피치 도중, 신병 훈련소에서 말똥을 먹인다는 이야기를 하여도 그것을 왜 먹이고, 왜 군대는 계급사회이어야 하며, 그러한 비인격적인 사실이 통용되어야 하는가에 대한 물음을 던지는 인물은 없다는 이야기이다. 단지 그 이야기를 묵묵히 듣고 있는 청중이 존재할 뿐이다. 앞장에서 작가의 문학에 등장하는 사회주의자의 특징으로 ①사회주의자의 활동범위가 제한적이다. ②사회주의자의 사상이 구체적으로 겉으로 드러나 있지 않다. ③주인공을 크게 부각시키기 위한 엑스트라 역할에 충실하다고 지적하였는데, 예컨대 두 번째에 해당한다 하겠다. 그 이념이나 사상의 실체는 노출시키지 않고 사회에서 일반적으로 회자되는 피상적인 이야기만이 나열되어 있을 뿐이라는 것이다.

셋째, 노동자의 현장의 목소리가 들리지 않는다는 점이다. 도쿠나가 스나오가 1929년 6월 『전기』에 발표한 대표작 『태양이 없는 거리』는 노동 현장의 생생한 목소리를 회화적으로 그린 작품으로서 유명하다. 대동 인쇄 종업원 3천명의 50여일 동안 지루하게 계속되는 파업 투쟁이 소설의 첫머리이다. 태양이 "산에서 산으로 숨박꼭질 하는" 고이시카와(小石川) 산골짜기 태양도 없는 마을 "도쿄 유일의 빈민굴 터널의 길다란 다세대 주택"에서 살고있는 인쇄소 노동자들은, 행상으로 궁핍한 생활을 근근히 이어가고 있다. 지도적 인물 오기무라(萩村)와 투옥된 미야지(宮地), 아주머니 부서의 다카에다(高枝) 등, 노동자 계급과 지배 계급 측의 움직임이 세세하게 묘사되어 있다. 또한 1926년 10월 『개조사』에 발표된 하야마 요시키의 『바다에 사는 사람들』도 그렇다. 무로란(室蘭)항구에서 석탄을 싣고 폭설이 내린 북해 바다로 온 석탄화물선 만주마루(万壽丸)는 난파선으로부터의 구조도 묵살하고, 중상을 입은 선원의 상처도 조치하지 않은 채, 하급 선원들은 끊임없이 생명에 위협을 느끼면서도 요코하마를 향해 항해를 계속한다. 참다 못한 선원들은 단결하여 선장에게 노동조건의 개선을 요구하였고 그 요구는 일단 받아들여진다. 그러나 배가 요코하마에 도착하자마자 경찰이 밀고 들어와 주동자 몇 명을 연행하고 만다. 그러한 일련의 과정에서 선원들은 해상노동자로서 계급의식에 눈을 뜨기 시작하고 마침내는 노동자로서 찾아야할 최소한의 권리에 관한 인식을 갖기에 이른다. 소위 지배자와 피지배자의 상충 구조, 즉 선원들의 투쟁을 국가 권력과 대응시키면서 서사적으로 기술하고 있다.

그러나 유조 문학은 노동조건이나 계급적인 대립에 의한 사회적 부조리나 지배자의 횡포에 관한 부분이 단락적이고 피상적으로 고발되고 있다. 희곡 『생명의 관』만 해도 통조림 제조회사를 무대로 그렸지만, 여기에는 노동자 문제나 근로조건 같은 사회적 부조리의 고발이 아닌 사장 아리무라의 도덕성에 기초한 정의심과 진실이 강조되고 있다. 그나마 프롤레타리아 계급의 참담한 삶을 주제로 한 작품으로서 『광산』이 있지만, 이 작품 역시 구체적인 광부들의 실체를 파헤치기보다는 고단한 삶에 대한 노동자들의 넋두리 정도가 고작이다. 광부들의 생각을 결집하거나 이끌 인물은 보이지 않는다. 장편 소설도 사정은 마찬가지이다.

이상에서 볼 수 있듯이, 유조 문학은 프로 문학과는 상당한 거리감을 보여주고 있으며, 근본적으로 차이점이 있음을 발견할 수 있다. 하지만 작가가 프롤레타리아 문학에 관심 자체가 없었던 것은 아니다. 분명히 문단 외곽에서나마 당시 문단의 흐름과 쇼와 초기 프롤레타리아 문학의 중요성을 면밀히 주시하고 있었음에 틀림없다. 그것은 장편 6편중 4편에 사회주의자가 등장하면서 비록 조연이긴 하지만 적든 많든 그쪽 분위기를 대변했다고 볼 수 있기 때문이다. 물론 작가가 애매한 입장을 취했다고 단정하는데는 곤란한 면이 없지 않다. 왜냐하면 작가의 '金剛杖'은 이미 정해진 길로 자신을 인도하고 있었기 때문이다. 그리고 그 길은 문단이나 사회적 시류를 좇는 타성에 젖은 길이 아닌 철저하게 자기 성찰에 기초한 다듬어진 길이라고 믿는다. 예컨대 '정의의 용사'로서 '진실의 소인'으로서 당장 무엇이 되겠다는 것보다 인간이 살아가면서 필요로 할 수밖에 없는 모럴을 찾아 나섰던 것이다. 허나 결과적으로 전후에 문학자의 길 대신 정부측에서 낸 일련의 목소리는 실천주의적 입장에서 보면 평가의 대상일 수 있겠지만, 문단이나 인간의 보편성을 지향한 문학가들 입장에서 보면 회의적일 수 있다는 점도 간과해서는 안될 것이다.

6) 제2의 출산과 '근대성'

모파상의 『여자의 일생』(1883년)은 유조의 『여자의 일생』과 많은 점에서 비교된다. 일반적으로 볼 때, 여자의 일생이란 결혼을 통하여 어떤 남자를 만나느냐에 따라 일생이 좌우되는 경우가 많다. 이른바 상대 남자가 어떠한 결혼관, 인생관을 갖고 있느냐에 따라서 여자의 삶은 얼마든지 변할 수 있다 하겠는데, 특히 전근대의 가부장적 사회에서는 그 정도가 심했다. 이러한 가부장적 사고는 근대로 접어들면서도 여전히 지속되었는데, 근대화 물결을 타고 점차 남녀평등이란 원칙 하에서 여성의 권익 보호 차원에서 법이 정비되고, 의식이 전환되면서 그러한 불평등 요소는 상당부분 해소된 것이 사실이다. 그러나 근대화를 통하여 다소 여성의 권익이 신장되었다고는 하지만, 여전히 전근대적 가부장적 사고를 버리지 못하고 권위와 체면을 앞세운 남녀의 불평등은 여전히 남아있는 것이 사실이다. 모파상의 『여자의 일생』은 이러한 남녀간의 사회적 의식 문제를 진지하게 다룬 작품이라 할 수 있다.

주인공 쟌느는 노르망디의 귀족 가정에서 태어나 양친의 따뜻한 애정 속에서 세속에 물들지 않고 자란 순정파 아가씨이다. 말하자면 무엇하나 부족함 없이 사랑과 아름다움을 몸소 만들어가며 앞으로도 그렇게 살아가길 원하는 마음씨 고운 여자였다. 그런데 그녀의 삶은 귀족 청년 쥴리망과 결혼을 하면서 급변하게 된다. 즉, 한 남자 쥴리망만 믿고 살던 쟌느는 남편의 부정을 발견하게 되고, 그녀의 어머니마저 부정을 저지르는 것을 알게 되면서 회의감에서 벗어나지 못한다. 자신과 가장 가까운 사람들의 타락과 부정이란 추악한 현실 앞에서 그녀는 갈곳을 잃고 방황한다. 마지막으로 자신이 낳은 아들 폴에게 기대를 걸어 보지만, 아들 역시 그녀의 기대와는 정반대로 사기와 복잡한 여자 관계, 끊임없는 방탕 생활을 계속할 뿐이었다. 남편, 어머니, 외아들, 가장 가깝고 힘이 되어주어야 할 사람들은 하나같이 부정과 방탕의 세월로 일관했던 것이다. 그리고 그녀는 주변 사람들로부터 철저히 배신당한 채 비참한 환멸감에 파묻혀 일생을 살아가게 된다. 이른바 한 남자를 만나면서 그녀의 삶은 송두리째 망가졌고 얻고자 했던 낭만과 행복은커녕 가진 것조차도 몽땅 내주는 비참한 꼴을 면치 못했던 것이다. 이것이 소위 모파상의 『여자의 일생』이다.

그러나 유조의 『여자의 일생』은 다르다. 마사코에게는 준비된 제2의 출산이 있었기 때문이다.

여자에게는 두 종류의 출산이 있다. 육체적인 출산과 또 하나의 출산이. 육체적인 출산에 의해 여자는 어머니가 된다. 그리고 또 다른 출산에 의해 어머니는 인간이 되는 것이다. 육체적인 출산은 모든 여자에게 있어 가능하다. 이는 동물에도 그렇다. 그러나 후자의 출산은 행복에 겨운 어머니나 게으른 어머니는 경험하지 못하고 끝나는 경우가 있을 수 있다. 더욱이 이렇게 각박하고 어지러운 세상에서 그것을 경험하지 못하고 지낸다는 것도 불가능한 일인지도 모른다. 마사코는 오랫동안 괴로워했지만 제2의 출산에 의해 암흑 속에서 한줄기 빛을 찾았다. (중략)

그리고 그녀는 소아과와 산부인과 간판을 내걸고 개업을 알렸다. 처음에는 거의 환자가 없었다. 특히 좋은 환자가 없었다. 그러나 그녀는 그것을 목표로 하지 않았기 때문에 개의치 않았다. 병원은 점점 못살고 가난한 환자들로 붐비기 시작했다. 그리고 출산이다, 급하다며 한밤중에 문을 두드리는 일도 적지 않았다. 전에는 문을 두드리기라도 하면 형사가 온 것은 아닐까 마음을 조아리곤 했는데, 지금은 그런 일이 없다. 그렇게 문을 두드려주는 것이 오히려 하나의 기쁨이었다.45)

마사코의 사회적 출발은 유조의 문학에서 중요한 의미를 갖는다. 이 출산을 계기로 뒤에 발표되는 『진실일로』의 무쓰코의 삶이 해방되고, 『길가

---

45) 山本有三全集 第七卷 『女の一生』, 新潮社, 1976, p.536

의 돌』의 고이치 소년의 삶이 다이내믹하게 그려졌다고 보기 때문이다. 예컨대 무쓰코가 체면 때문에 선택할 수밖에 없었던 남편 요시헤이와 헤어지고, 사랑하는 스미다를 택했다는 것이 또 다른 삶의 출발로 볼 수 있다는 점에서 그렇다. 그리고 고이치의 진취적인 도전 의식의 맹아 역시 마사코의 제2의 출산의 연장선으로 볼 수 있다는 점도 마찬가지이다.

이러한 사회적 재출발은 1945년 4월『신조』에 발표된 중편『평온한 사람』에서도 잘 나타난다. 이 작품은 우다(宇多)라는 지식인이 태평양전쟁 말기에 한 해안의 여인숙에서 E·H·카 교수의『평화의 조건』을 읽으면서, 일본의 현재와 미래를 생각하며 안마사 다메(爲)를 만나는 장면으로 시작한다. 도쿄 후카가와(深川)에서 태어난 다메는 고등과에 진학하고 싶었지만 뜻을 이루지 못한다. 의붓어머니에게 매정한 대우를 받느니 타지로 가는 것이 좋겠다 싶어 수상과를 마치고 목수 다이키치(大吉)의 제자로 들어갔기 때문이다. 어엿한 목수가 되어 스승과 친척 관계인 오키쿠(お菊)를 아내로 맞아들이고 아들을 낳지만, 오키쿠는 일찍 죽어버리고, 아들은 동문 선배 고우(幸ちゃん)의 아내 오아키(お秋)가 보살펴 주게 된다. 그러나 1923년 관동대지진이 일어난 직후, 동문 선배 고우는 오아키와 다메 사이를 의심하고 부인과 크게 다툰다. 그 일을 계기로 다메는 다이키치를 나와 홀로 독립하게 된다. 그리고 어느 날 고우의 아내 오아키가 집을 나왔다며 느닷없이 찾아왔고 아내로 맞아줄 것을 부탁한다. 하지만 다메는 이를 거절하고 새로운 아내를 맞이한다. 다이키치에서는 결혼 축하주를 보내왔고 이를 마신 다메는 그 이튿날 실명을 하게 된다. 그리고 몇 일 후 오아키가 죽었다는 소식을 듣게 된다. 병원도 찾아보고 신께 빌어도 보았지만 멀어진 눈은 회복되지 않았고, 그 사이 한 스님의 권유로 안마사가 되었고 어언 20년이 흘렀다는 것이다. 그리고 다메는 "지금까지는 너무나 어려운 일이 많았습니다. 앞으로는 아무 일 없이 안마든 뭐든 평생 무사하게 살아가고 싶습니다. 어쩔 수 없는 생업이긴 합니다만 이건 이것대로 일하는 보람이 있네요. 지금은 안마에만 전념하고 있습니다"[46]라는 말을 덧붙인다. 우다(宇多)는 그의 말에 감동하

였고 인간의 삶에 대한 깊은 생각에 잠긴다.

『평온한 사람』이란 단순히 어떤 불편함 없이 살아가는 사람이나 할 일 없이 안일한 나날을 보내는 사람을 가리키는 것이 아니다. 오히려 자신의 길을 충실히 걸어가는 사람을 가리킨다. 여기에 대해서 다카하시 겐지(高橋健二, 1902~)는 이렇게 말하고 있다. "선에서 평온한 사람이란 아무 것도 구할 것이 없는 담담히 불도를 깨우친 스님을 일컫는다. 이 경우의 '사람'이란 도인, 수행자를 말하며 크게 깨달은 사람을 의미한다. 당나라 시대의 선승(禪僧) 백장(百丈, 大智禪師)의 '이는 평온한 사람'이란 말이 있다. 여기에서 평온한 사람이란 깨달은 자의 경지를 의미한다"47)고. 이를 유조 문학에 비유한다면 『선다』는 경지로 이해할 수 있다.

> '선다'고 하는 것은 움직이지 않는 것이 아니다. 언뜻 움직이지 않는 것처럼 보이지만 실은 맹렬히 전속력으로 움직이고 있는 것이다. 최고조의 속도로 회전할 때 비로소 팽이는 서는 것이다. '선다'는 것은 활동의 절정이다. 아무리 멋지게 돌고 있어도 '움직임'이 보인다는 것은 돌아가는 힘이 약하다는 증거가 아닌가. 움직이고 있다는 것은 분명히 '움직이고 있는' 것으로서 아직 '선다'는 경지에 도달하지 못한 상태이다. 그리고 회전이 약할수록 움직임은 한층 잘 보인다. (중략) 팽이가 서는 것을 어린이들은 또 '맑다(澄む)'라고도 말한다. 정말이지 서는 것은 '맑은' 것이다.48)

맹렬히 돌고 있는 팽이의 안정된 모습, 그것이 다메의 평온이요 깨달음의 경지가 아닐까. 유조 문학은 이러한 깨달음의 경지를 향해 달렸던 것이다. 『여자의 일생』에서 마사코의 제2의 출산과 『길가의 돌』의 고이치의 삶이 그랬고, 『파도』와 『진실일로』의 변함 없는 진리의 반복이 그렇다. 이렇게 볼 때, 같은 『여자의 일생』이지만 모파상의 여자의 일생은 전근대적, 의존적, 보수적, 소극적인 깨닫지 못한 한 여인의 비극적 삶인데 비해, 유조의 여자의 일생은 근대적, 독립적, 적극적인 사고로 무언가를

---

46) 山本有三全集 第十二卷 『無事の人』, 新潮社, 1976, p.87
47) 高橋健二 『近代文學鑑賞講座』 第十二卷, 角川書店, 1959, p.184
48) 山本有三全集 第十卷 『すわり』(『新潮』, 1925.7) 新潮社, 1976, p.56

깨달은 근대적 여성의 자아를 그렸다고 말할 수 있다. 따라서 유조 문학에 등장하는 여성은 전근대적이지 않고 근대적인 강한 여성의 목소리가 살아있다. 아마도 유조 문학의 근대성 내지는 활동적인 진보성을 담보해 내는 데는 이 같은 여성이 큰 몫을 했다고 할 수 있지 않을까. 또한 위에서 언급한 역설적 깨달음의 철학이 작가의 한발자국 물러선 인생관이 아닐까. 하여튼 유조 문학에서 평온의 철학은 미온적인 사회주의자의 위치를 설명해 줄 수 있는 근거가 되며 전후 안정을 염원하는 대다수 일본 국민들의 희망의 대변이라는 측면에서 중요한 의미를 갖는다고 할 수 있다. 또한 그러한 깨달음의 철학이 작가와 작품의 현실주의적 휴머니즘의 근간임은 당연한 귀결일 것이다.

3. 『시라카바』와 '진실일로'

1) '진실'이라는 화두

유조는 1934년 중편 『불석신명』을 『킹』에 발표하고 『혹』을 『개조』 12월호에 발표한데 이어, 1935년 1월부터 1936년 9월까지 『진실일로』를 『주부의 친구』에 연재한다. 일찍이 작가는 희곡 『쓰무라 교수』를 통하여 '진실의 소인'의 실체에 접근한 적이 있으며, 이후의 모든 희곡과 소설에서도 진실에 기초해서 작품을 쓴다는 틀은 그대로 유지하였다. 특히 『진실일로』가 발표되기 직전에 쓰여진 '不惜身命'에서 '惜身命'의 중요함을 깨닫게 하는 『불석신명』과 하층 노동자의 삶을 무대로 진솔함을 강조한 『혹』은 그러한 작가의 창작적 태도를 그대로 보여주고 있다. 결혼을 전후하여 하나코 부인에게 띄운 서간에서 보여준 진실의 물방울, 『여자의 일생』에서 도입한 종반부의 진실, 그리고 살아가는 모든 생물체가 공유할 수 있는 불변의 진실. 그것을 화두로 던지고 인간사가 어우러진 한마당을 보편적 모럴로 노래하고 싶었던 것이 유조 문학의 출발점이다. 아마도 작가가 문단 외곽에서 홀로 설 수 있었던 힘과 작가로서 이상을 향해 끊임없이 정진할 수 있었던 것은, 이처럼 출발선이 강건했기 때문일 것이다.

『진실일로』는 작품의 구성이 매우 치밀하게 이루어져 있다. 아이들의 성장과 교육, 현실과 이상의 문제, 성실과 인간미 등, 인간이라면 누구라도 생각하지 않을 수 없는 현실적이면서 이상적인 문제를 우회적이 아닌 사실적으로 다루었다. 그러면서 등장 인물 각자의 삶에서 인간의 보편성을 추출하고 삶에 대한 답을 제시하고 있다. 이른바 인간사의 예측 가능한 마당을 여러 인물을 통하여 색다르게 그리면서도, 마지막에는 누구나 공감할 수밖에 없는 보편적 인간상을 제시하고 있다.

이런 측면에서 본다면 그의 작품은 두 가지 논점에서 생각해 볼 필요가 있다. 하나는 등장 인물 각자의 내면적 주체성을 관찰하고 보편적 인간상의 실체를 살펴보는 것이고, 다른 하나는 유조 문학의 소년소녀들49) 의 면면을 관찰하며 작가가 어린이들을 주요 등장 인물로 설정한 배경에 대해서 살펴보는 것이다. 또한 그와 관련하여 신쵸사(新潮社)판 전집 제1회본 『길가의 돌』의 「후기」에서 밝히고 있는 가나표기법에 관해서도 살펴보기로 한다. 특히, 『진실일로』 초판본 (『신쵸사』 간행, 1936.11)의 목차에서 「義捐金」, 「鶯笛」 등 어려운 한자를 쓰다가, 이와나미판(岩波版)에서 「寄附金」, 「ウグイス笛」 등으로 고친 점, 전집 제1회본 『진실일로』의 배본 시부터 요음 「ぇ」, 「や」, 「よ」와 촉음 「つ」를 작은 활자로 표기한 점에 대해서도 그 원인이 어디에 있는지 주목해 보고자 한다.

2) 『진실일로』의 작품개요

이 작품의 주요 등장 인물은 모두 6명이다. 아버지 요시헤이(義平), 어머니 무쓰코(睦子), 딸 시즈코(靜子), 아들 요시오(義夫), 무쓰코의 애인 스미다(隅田), 무쓰코의 오빠이자 시즈코의 외삼촌 스코(素香)이다. 이

---

49) 작가의 장편 소설에는 거의 모든 작품에서 어린이 내지는 청소년이 등장한다. 예를 들면 『살아있는 모든 것』의 슈사쿠(周作), 『여자의 일생』의 마사오, 『파도』의 스스무, 『길가의 돌』의 고이치 소년 등이다. 이 외에도 희곡 『쓰무라 교수』의 도오루(徹)처럼 잠깐 나왔다가 사라지는 인물도 적지 않다.

작품은 소학교에 다니는 요시오가 학교에 낼 기부금을 화제로 식사하는 장면에서 출발한다. 식사를 끝낸 요시오는 풍수해가 있었던 홍작지에 보내질 원조금 10전을 받아 학교로 간다. 그 날 교실에서는 분실사건이 발생했고 20전을 낸 요시오는 그 혐의자로 내몰린다. 그는 급우들이 20전을 내는 것을 보고 학용품비 10전을 더해 20전을 냈던 것이라고 결백을 주장하지만, 담임 선생님과 아버지를 비롯한 자신을 챙겨주던 누나마저 진실을 믿어주지 않는다. 나중에 요시오의 결백은 밝혀지게 되나, 이 사건 이후 그의 마음은 어두워지고 어른들에 대한 불신감은 점점 더해간다.

그리고 시즈코의 혼담이 결정되면서 요시오는 엄마 없는 애달픔에 누나마저 떠나게 된다는 생각에 방황하며 마침내 가출해 버리고 만다. 그리고 곧바로 돌아오긴 했지만 어른들에 대한 불신감과 누나와 헤어져야 한다는 불안감에 반항적 기질만 키워갔다. 이후 아버지 요시헤이가 아들의 교육에 특별히 관심을 쏟긴 했지만 요시오의 한번 비뚤어진 성격은 좀처럼 돌아올 기미가 보이지 않았다. 오히려 그는 요쓰야(四ツ谷)의 아주머니 집에서 누나가 '어머니'라고 부르는 소리를 듣고, 어머니가 살아있을지 모른다며 친 엄마를 찾는데 열중했다. 시즈코는 동생을 걱정한 나머지 아버지 요시헤이에게 이제는 무쓰코가 친 엄마라는 사실을 알려야 하지 않느냐고 건의한다. 하지만 요시헤이는 그동안 비밀로 해왔던 모자간의 비밀은 끝까지 지켜져야 한다는 종전의 입장을 바꾸지 않았다. 이혼하고 아들에게 정이 없는 무쓰코를 친 엄마라 알려 어떻게 하겠느냐는 것이 요시헤이의 입장이었다.

하지만 어머니를 찾겠다며 서랍을 뒤지는 동생의 행동을 지켜본 시즈코는 정말로 어머니의 존재를 비밀로 해야할지 어떨지를 혼고(本鄕)의 외삼촌 스코에게 물어보기로 한다. 결국 스코는 무쓰코를 집으로 불러들이는 것이 가장 좋지 않느냐는 의견을 제시했고, 요시헤이와 시즈코도 그 뜻을 받아들이기로 했다. 그러나 무쓰코의 입장은 단호했다. 절대로 애정이 없는 남편과 아들 곁으로 들어가지 않겠다는 것이었다. 그리고 며칠 후 약혼자로부터 인편을 통해 시즈코와의 혼인 파기가 일방적으로 통보된다. 영문을 모르고 있던 시즈코는 아버지에게 자초지종을 물었지만 요시헤이는 묵묵부답이다. 시즈코는 다시 한번 외삼촌 스코를 찾았고 거기에서 그동안에 자신도 몰랐던 모든 진실을 듣게 된다. 이른바 시즈코는 요시헤이의 자식이 아니고 악질 병을 앓다 죽은 무쓰코의 옛 애인의 자식이라는 이야기와 함께, 부모들의 결혼에서 이혼까지의 경과를 상세히 듣게 된다.

요시헤이는 무쓰코의 부친으로부터 대학 학자금의 일부를 원조 받고 회사로부터 많은 신세를 지고 있던 차에, 은인의 딸 무쓰코를 알게 되었고 마침내는 결혼이야기까지 나오게 되었다. 그러나 무쓰코에게는 이미 부모 모르는 애인이 있었고 그녀의 태내에는 그 씨앗(시즈코)이 자라고 있었다. 그러한 사실을 까맣게 모르던 차에 그녀의 애인은 급성전염병으로 급사하였고, 이 사실이 외부에 알려질 것을 꺼려한 은인은 요시헤이에게 딸과 결혼해 줄 것을 요청하게 된다. 그러나 결혼 후 무쓰코는 요시헤이를 "인간으로서는 훌륭한 사람이란 걸 인정하지만, 아무리 사랑하려 해도 좋아지지 않는 사람"50)이란 생각을 지울 수 없었고, 마침내 아이를 임신하자마자 "사랑하지도 않는 사람의 아이를 낳는다는 건 죄악이다"51)며 낙태를 결심하고 이혼 절차를 밟았다는 이야기였다. 그리고 요시헤이는 두 남매에게 아버지로서 부끄럽지 않게 20년간 뒷바라지에 힘썼고, 얼마전 시즈코의 약혼자에게 친아버지가 죽은 것은 악질병 때문이 아니라는 사실을 알리려고 끝까지 애썼다는 사실까지 듣게 된다. 시즈코는 그동안의 가족 관계에 대한 일체의 비밀을 듣고 침묵할 뿐이다.

그 후 요시헤이는 죽음을 예상했던 것일까, 일생을 "인간답게, 자신이 스스로에게 떳떳이 살지 못했다"52)며 참회, 반성하는 마지막 「아버지의 유서」를 남기고 세상을 떠나고 만다. 그리고 무쓰코는 요시헤이의 죽음을 계기로 아들 요시오에게 그동안 소원했던 모자간의 관계를 회복시켜보려고 애를 써본다. 그리고 40년 만에 처음으로 여자로서 어머니로서의 기분도 만끽한다. 그러나 무쓰코는 맹장염에 걸린 요시오가 병원 침대에서

---

50) 山本有三全集 第八卷 『眞實一路』, 新潮社, 1976, p.129
51) 上揭書, p.128
52) 上揭書, p.194

'어머니'라 부르는 소리를 듣고 감동하며 자신이 친 엄마임을 고백하지만 진작 요시오는 그녀를 어머니로 받아들이려 하지 않는다. 오히려 요시오는 '어머니'라고 부를 수밖에 없는 현재가 지난날 어머니가 없었을 때보다도 괴롭다는 생각마저 하게 된다.

　이후 요시오는 쓰노이(角井)라는 급우의 꾐에 빠져 집안의 돈을 훔치는가 하면, 소위 비행을 저지르고도 두려워하지 않는 질 나쁜 아이로 변해간다. 무쓰코는 모든 책임은 자신에게 있다며 엄마로서 해줄 수 있는 최대한의 애정을 베풀어 보지만, 요시오의 비행은 멈출 줄을 모른다. 오히려 어머니로 생각하도록 애쓰는 것이나, 일부러 믿게 하려고 애쓰는 것 자체가 친 엄마가 아니라는 증거라며, 어머니의 사랑을 노골적으로 외면했다. 결국 무쓰코는 겨울방학을 맞아 요시오와 온천에 갔을 때, 장난감을 훔치는 아들을 보고 역시 모자 관계로 회복하는 것은 어렵다며 그곳에서 만난 스미다에게 재차 마음을 주고 만다. 이후 스미다는 발명을 빙자한 사기죄로 기소되어 유치장 신세를 졌고, 무쓰코는 그를 돕기 위해 시즈코가 보관하고 있던 저금 통장까지 훔치게 된다.

　이 사건을 놓고 어머니와 딸 사이에 다툼이 끊이질 않았고 결국 무쓰코는 두 남매를 남겨둔 채 스미다 집으로 들어가 버린다. 요시오는 그렇게 나간 무쓰코를 조금도 이상하게 생각지 않았다. 오히려 '역시 친 엄마가 아니었던 것'이라며 자신의 생각이 옳았다며 홀가분해 한다. 이후 요시오의 방황은 점점 더해 갔고, 끝내는 성적 부진으로 학년 진급에서 탈락하는 낙오자가 되고 만다. 한편 전기처럼 열이 나지 않는 빛을 발명하기 위한 스미다의 연구는 벽에 부딪쳤고 가정적으로나 연구적으로 파탄을 맞이하게 된다. 스미다는 자신을 저주하면서 절망감에서 헤어나지 못했고 술과 폭력을 일삼았다. 결국 둘의 파탄은 자살로 마무리되는데, 독약을 먹고 자살한 스미다를 따라 무쓰코도 목숨을 끊은 것이다. 이후 양부모를 잃은 시즈코는 결혼을 포기하고 요시오를 위해 독신으로 살 것을 결심하고, 요시오는 마지막 장 「하얀 길」에서 학교 운동회 때 유급으로 6학년이 아닌 5학년 대표 자격으로 릴레이에 참가하게 된다. 요시오가 과거와는 다른 삶의 의지를 보여주는 순간이라 하겠다.

3) 개성존중과 보편적 인간주의

작가는 언제부터 '진실'이란 용어를 즐겨 사용했던 것일까. 다카하시 겐지(高橋健二)는 작가가 기타하라 하쿠슈(北原白秋, 1885~1942)의 『백금독악(白金の獨樂)』의 마지막 「순례(巡禮)」53)에 '진실일로'란 용어가 나와 있음을 알지 못하는 가운데, 이미 출판한 『여자의 일생』의 한 테마였던 '진실일로'를 사용했다고 하였다. 물론 제목으로 사용하기까지는 하쿠슈의 승낙 하에서 이루어졌음을 분명히 하고 있다. 그러나 실제로 작가가 '진실'이란 용어를 사용하기 시작한 것은 훨씬 이전으로 보인다.

앞에서도 언급하였듯이, 1916년 여배우 기노시타 유리코와 헤어지고 가네마루 데루코와의 초혼 그리고 이혼, 이후 재혼에 이르기까지가 작가에게는 가장 인간적 고뇌로 점철했던 시기이다. 사실 작가의 진실은 제일고등학교 입학부터 5년간 사귀었던 첫사랑 스즈키 다키와의 사랑, 신극여배우 기노시타 유리코와의 세속적인 사랑을 통한 진실의 체험, 그리고 초혼 실패와 재혼을 통한 자아와의 만남에서 찾을 수 있다. 물론 작가의 내면에서 우러나온 진실이었던 만큼 타인과 협상이 필요 없는 사안이었으며, 시작과 끝점이 자신이었기에 책임 또한 본인의 몫이었다. 따라서 의리상 수용할 수밖에 없었던 결혼, 즉 애정의 유무와 상관없이 맺어진 결혼을 거부할 수밖에 없는 근거도 여기에서 찾아야한다. 우리는 그러한 작가의 신조를 『쓰무라 교수』에서 살펴볼 수 있으며, 특히 하나코 부인과의 결혼 전후에 주고받은 편지글을 통하여 그 실체를 느껴볼 수 있다.

그렇다면 이 작품에 나타난 진실의 실체는 어떠한가. 편이상 내용의 줄거리를 전반부와 후반부로 나누어 살펴보았는데, 전반부는 요시헤이를 중심으로 쓰여졌고 후반부는 무쓰코와 스미다 중심으로 쓰여졌음을 알 수 있다. 우선 요시헤이를 보면 그는 한 가정의 가장으로서 매우 정직하

---

53) 기타하라 하쿠슈(北原白秋)의 시집 『백금독악』의 마지막 시이다. 유조의 장편에는 히라가나로 인용되어 있는데 하쿠슈의 원시에는 가타카나로 적혀 있다.(眞實、諦め、タダヒトリ、眞實一路ノ旅ヲユク. 眞實一路ノ旅ナレド、眞實一錦ツリ、思ヒ出ス.「巡禮」)

고 성실한 인물이다. 그는 전반부의 클라이막스라고 할 수 있는 '유서'에
서 이렇게 언급하고 있다.

> 회사나 세상으로부터 정직한 인간으로 제법 신용을 얻었습니다. 사실,
> 나는 단 한번도, 단 한 푼도 남을 속여본 적이 없습니다. 남에게 내비치
> 지는 않았지만, 이것은 내 평생의 자랑입니다. 그것은 금전이나 장부상
> 에서만이 아닙니다. 실제 인생에서도 속이거나 사리에 어긋난 일은 해본
> 적이 없습니다. 이것은 항상 내 마음의 자부심이었습니다. 하지만 (중
> 략) 인간이 인간답게 살지 못했다는 것만큼 부끄러운 일이 없다는 겁니
> 다. 인간이 인간답게 살지 못했다는 것, 금전등록기와 같은 생활밖에 못
> 했다는 것만큼 수치스러운 일 또한 어디에 있겠습니까. (중략) 자기 자
> 신에게 산다는 것은 이기적으로 산다거나 자기 멋대로 산다는 의미는 절
> 대 아닙니다. 자기 자신에게 충실하게 살지 못했다는 의미입니다. 보다
> 알기 쉽게 말하면, 잘못된 삶을 살았다는 것입니다. 남에게서 「가미시모」
> 를 빌렸기 때문에, 다음 말도 부득이하게 「그렇다면」, 「그리하면」이란
> 판에 박힌 양식을 답습하게 되어, 종국에는 자신의 목소리를 내지 못하
> 게 된 것입니다54).

요시헤이의 결혼은 젊은 시절 학자금 원조를 받고 취직을 알선 받았다
는 은인에 대한 의리상 수용할 수밖에 없었던 결혼이긴 하지만, 결혼을
한 이상 자신의 책임을 다하고자 최선을 다하였다. 이른바 교과서적이라
고 할 만큼 성실한 삶을 살았다. 회사의 회계 과장으로서의 신용, 시즈코
와 요시오에 대한 아버지로서의 헌신, 그는 죽음에 직면하기까지 비뚤어
지거나 빗나간 일 없이 외관적으로는 완벽하게 살았다. 그러나 그는 인생
에서 가장 중요한 부분에서 실수를 인정하고 참회하고 있다. 즉 요시헤이
는 은혜를 갚는다는 차원에서 수락했던 무쓰코와의 결혼은 잘못된 삶의
시작이었다며, 지난 삶을 의리가 아닌 자신의 인생관에 기초해서 살지 못
했음을 후회한다.

그렇다면 과연 요시헤이의 일생은 실패한 것인가. 고마쓰 신로코(小松

---

54) 山本有三全集 第八卷 『眞實一路』, 新潮社, 1976, p.193

伸六, 1914~)가 "자신에게 충실하지 않았다는 점에서 요시헤이의 생애는 실패였다고 할 수도 있지만, 나는 이성적인 요시헤이가 인고의 지난 세월을 혼자서 삭이며 지난 삶의 일체를 유서를 통하여 밝힌 것은 훌륭하다고 생각한다"55)는 평가를 내렸듯이, 독자들 또한 그의 삶을 부정적으로 보지는 않을 것이다. 물론 작가도 요시헤이의 일생을 전면적으로 부정하는 입장에서 집필했다고 생각하지 않는다. 하여튼 전반부에서 볼 수 있는 요시헤이의 현실주의적인 삶은 당사자에게는 부정적으로 비추어졌을지 모르지만 외부에서 보면 아름답게 보이는 것이 사실이다.

한편 요시헤이와는 반대로 자신의 생각을 최우선으로 여기며 살았던 무쓰코의 일생은 어떠한가. 앞에서 살펴보았듯이, 무쓰코는 복잡하고 불안정한 생활로 점철했던 인물이다. 무쓰코는 여학교를 졸업하면서 만난 애인의 아이를 임신한 직후 어쩔 수 없이 요시헤이와 결혼하였다. 이른바 그녀에게는 애인의 집과 친아버지로부터 출산을 허락 받지 못한 입장에서 결혼을 수용할 수밖에 없었던 절박함이 있었다. 여기에는 무쓰코 아버지의 계산이 단단히 한몫 했다. 예컨대 딸을 요시헤이와 결혼시킴으로서 딸의 임신에 따른 사회적인 비난을 피할 수 있다는 명분을 얻을 수 있다는 생각이다. 물론 여기에는 임신 중절에 대한 당시 사회적 보수성의 일면을 엿볼 수도 있다. 이른바 여자의 혼전 임신이라는 자유분방한 생활이 사회적, 도덕적 비판의 대상이었다는 점, 의리를 중시하면서 매몰될 수밖에 없는 개인적 자아의 불우성 고발 같은 것이다.

하지만 무쓰코는 이와 같은 명분, 의리, 전근대성에 NO를 선언하고 자신의 목소리를 낸다. 그녀에게는 한번 결혼한 이상, 그 인연을 끝까지 살려야만 한다는 사고는 중요하지 않았다. 이 같은 그녀의 의식은 결혼 10년이 되던 해 제 목소리를 내게 된다. 요시헤이의 아기를 임신했을 때, 사랑하지도 않는 사람의 아이를 낳는다는 것은 죄악이라며 자신의 삶을 찾아 이혼을 택했던 것이다. 예컨대 무쓰코로서는 하루라도 빨리 헤어지고 싶었던 10년이었고, 요시헤이로서는 어떻게든 인연을 살리고 싶었던

---

55) 小松伸六 「人と文學」, 『現代文學大系 25卷』, 筑摩書房, 1964. p.483

결혼생활이었던 셈이다. 하여튼 스미다와 어떤 관계로 결혼까지 이르게 되었는지에 대해선 구체적이지 않지만, 무쓰코가 사랑할 수 있는 스미다를 만난 것은 분명 명분에 어긋난 선택은 아니었다. 그리고 요시헤이와 의미없는 결혼 생활을 청산하고 자유롭게 살아가는 그녀가 세간으로부터 비난받을 수는 있지만, 요시헤이와는 전혀 다른 삶이 그녀에게는 자아였음에 틀림없다. 이렇게 볼 때, 우리는 요시헤이의 의식보다 그녀의 사고가 훨씬 근대적·개방적이었음을 확인할 수 있다.

그렇다면 왜 무쓰코는 10년이란 의미없는 결혼 생활을 유지할 수밖에 없었던 것일까. 여기에는 두 가지를 생각할 수 있다. 하나는 경제적으로 독립할 수 없었던 사회적 제약이다. 이른바 자본주의 체제 속에서 자유인이 되고 싶어하는 기분은 요시헤이나 무쓰코나 강렬했지만, 직업이 없었던 무쓰코로서는 경제적인 제약 때문에 남편으로부터 벗어날 수 없었다는 점이다. 다른 하나는 부모에 대한 마음과 의리상 행동의 제약을 들 수 있다. 아버지의 의견을 무시할 수 없었고, 요시헤이에게 매몰차게 대할 수 없었던 일종의 도덕적인 문제는 그녀의 행동을 제한하였다 하겠다. 따라서 의리와 명분을 중시했던 요시헤이에게는 경제적인 자유는 있었지만 개인적인 삶이 제약되었고, 무쓰코에게는 경제적 독립은 없었지만 개인적 삶에는 자유가 있었다고 말할 수 있다. 이렇게 보면 두 사람 모두 자본주의의 한복판에서 살았지만, 개인적으로는 양자 모두 희생적인 삶이었다고 말할 수 있다. 그리고 작가는 개성이 뚜렷한 두 인물의 희생적인 삶을 통하여 자본주의의 모순과 사회적 부조리를 우회적으로 비판하였다.

한편 무쓰코는 스미다와 만나 제2의 인생을 시작했지만 그들의 앞날은 어두웠다. 오히려 요시헤이가 선택했던 길보다도 무겁고 어두운 길이었다. 스미다는 대학 교수와의 공동 연구가 잘 진전되지 않자 홀로 실험실을 차려 열없는 빛의 발명에 열중하지만, 끝내 실패하고 그 충격에서 벗어나지 못한 채 방황한다. 애인의 방황을 지켜보던 무쓰코는 자신이 경영하는 카페를 처분하면서 뒷돈을 대어주었고, 급기야는 요시오의 예금통장(요시헤이가 남긴 유산의 일부)까지 인출하여 도와주게 된다. 그녀로서는 사랑하는 사람에게 무조건적 헌신함으로서 만족을 찾았고, 그것이 그녀로서는 진실일로였다. 그러나 스미다의 연구는 야심으로 끝나버리고 두 사람은 자살로 질곡의 삶에 마침표를 찍는다. 우리는 여기에서 전반부의 클라이막스를 요시헤이의 유서에서 찾아보았듯이, 후반부의 무쓰코의 유서를 살펴볼 필요가 있다. 왜냐하면 무쓰코의 유서에서 요시헤이와는 다른 근대적이면서 개성있는 인생관을 엿볼 수 있기 때문이다.

> 둘의 몸은 부디 함께 묻어 주세요. 스미다는 옳았던 사람입니다. 그렇기 때문에 죽은 것입니다. 적어도 이 사실만큼은 알리고 싶었습니다. 그렇지 않고는 눈을 감을 수가 없었습니다.[56]

무쓰코는 딸 시즈코에게 짤막한 유서 한 장만 남긴 채 자살하고 말았다. 마지막까지 올바른 삶을 살았던 스미다를 지키며 동반 자살하였다. 요시헤이가 일생을 스스로에게 떳떳이 살지 못했다며 후회하는데 비해, 무쓰코가 딸 시즈코에게 '여자는 사랑하는 사람과 함께 하는 것'이라고 했음을 상기해 보면, 둘의 죽음은 여러 가지 측면에서 비교된다. 이러한 무쓰코의 선택은 희곡 『쓰무라 교수』와도 무관하지 않다. 예컨대 구로카와가 애정 없이 맺어진 결혼을 후회하며 "자신의 진실을 따르자니 상대에게 해가 되고, 그렇다고 해가 안 되게 하자니 일생동안 자신에게 거짓말할 수밖에 없다"[57]고 했던 부분도 같은 맥락으로 볼 수 있기 때문이다. 이렇게 볼 때, 『진실일로』는 의리의 존중과 개아의 추구란 선택의 문제를 요시헤이와 무쓰코의 삶을 통해 구체화시켰다고 말할 수 있다.

그리고 요시헤이나 무쓰코 모두 비극적인 인물임에는 틀림없지만, 과연 두 사람의 일생이 잘못되었느냐는 물음에는 그 누구도 분명한 대답을 하기는 힘들 것이다. 이는 무쓰코의 자유분방한 행동이 전근대적인 사고에서 보면 비난의 대상일 테지만 여성 해방이라는 근대적 감각에서 보면 결단력 있는 행동으로 볼 수 있기 때문이다. 물론 요시헤이의 삶도 근대성이란 차원에서 보면 엇갈린 평가가 내려질 수 있다.

---

56) 山本有三全集 第八卷 『眞實一路』, 新潮社, 1976, p.343
57) 山本有三全集 第一卷 『律村敎授』, 新潮社, 1976, p.79

여기서 장편 『파도』의 고스케(行介)와 기누코를 생각해 보기로 하자.

낮은 봉급으로 가난하게 살고 있는 교사 고스케는 평소 제자 기누코에게 동정을 느끼고 있던 중, 우연한 기회에 그녀와 육체적인 관계를 맺는다. 이른바 스승이 제자에게 저지른 과실이라 하겠는데 고스케는 그 과실을 책임지고자 그녀와 결혼을 한다. 그것이 그로서는 기누코에게 할 수 있는 최대한의 배려라고 생각했기 때문이다. 그러나 아내가 된 기누코는 평소 알고 지내던 불량 학생과 가출을 해 버린다. 고스케의 고민은 여기에서부터 시작된다. 그러나 자신의 행동을 뉘우치고 고스케 곁으로 돌아온 그녀는 이번엔 자식 한 명을 남긴 채 홀연히 죽어버리고 만다. 고스케는 아들 앞에서 "아버지 일지도 모르는, 아들 일지도 모르는(かも知れない父, かも知れない子)"이란 의식 때문에, 아들에 대한 애정이 조건적, 집착적인 모습에서 벗어나지 못한다. 그러한 고스케가 어느 날 우연히 자신과 똑같이 다리를 절고 있는 스스무(進)를 보며 자신의 자식이 틀림없다며 기뻐한다. 그러나 고스케는 그것이 유전 때문이 아님을 알고 그동안 보여왔던 아들에 대한 집착에서 벗어나 부자간의 관계를 새롭게 인식하게 된다. 이른바 스스무가 자신의 자식이든 아니든 문제가 되지 않는다며 혈육에 대한 집착에서 벗어나 인간을 대아적(大我的), 대자연의 틀 속에서 이해할 수 있게 된다. 이 같은 기쁨과 슬픔, 불화와 화해, 만족과 불만족 사이에서 방황하던 고스케의 마음은 말없이 반복되는 파도에 비유되어 해방감과 인간의 영원성이란 진실로 환원된다. 이는 대자연의 진실이 인간의 진실로 되살아나는 모습이며 인간의 진실이 대자연 속으로 융화되는 것과 다름없다.

이처럼 인간의 갈등과 화해의 반복, 그리고 삶의 모순을 고스케는 애인 다카코(高子)에게 다음과 같이 이야기한다.

> 내가 고통스러워했고 아내가 괴로워했던 것을 어느샌가 다시 스스무가 고통스러워하고 있는 겁니다. 그리고 아마도 스스무의 자식 역시 같은 괴로움을 겪게 되겠지요. ……우리가 이미 처절하게 괴로워했기에 더 이상 이런 괴로움을 겪게 하고 싶지 않지만, 자식들 역시 아무런 사려도

없이 같은 과오를 반복해 갑니다. 어떻게 된 영문인지 자식들은 부모가 일생을 통해 경험한 것을 이상하게도 경멸합니다. 그리고 자기네들이 나이가 들어 어느 정도 세상을 알았다고 생각할 때쯤이면 이미 부모의 얼굴에는 깊은 주름이 드리워지게 되지요. 이렇게 해서 하나하나 처음부터 같은 과정을 되풀이하며, 잘못을 범하고, 방황하고, 사랑하고, 괴로워하며, 싸우고 지친 나머지 죽어 가게 되는 것입니다. 이것은 아마도 인간이 생겨난 태초부터 반복되고 있는 것일 겁니다.

　　해안에 밀려온 파도가 언젠가는 높은 암벽에 큰 동굴을 뚫어 놓듯이, 겉으로 보기엔 같은 것을 반복하고 있는 것처럼 밖에 보이지 않지만 실은 뭔가 깊은 것이 존재하는 것이 아닐까요. 해변은 어느새 석양빛이 드리워졌고, 밀려왔다 부서지고, 밀려왔다 부서지는 파도는 우울할 만큼 같은 곡조를 반복하고 있습니다.[58]

여기서 말하는 파도는 인간들의 희로애락과 생로병사를 상징적으로 말해주는 진리라고 할 수 있다. 따라서 인간이 생로병사를 되풀이하며 삶을 반복하듯이 자기만이 아닌, 우리 가족만이 아닌, 인간 전체를 생각할 수 있는 대아적 삶을 파도를 통하여 일러주는 것이라 하겠다. 또한 그 불변의 진리를 통하여 큰 사랑을 유도하고 있다. 예컨대 고스케가 스스무를 놓고 자신의 아들이냐 아니냐란 생각에서 벗어나, 사회의 아이, 인류의 아이, 우주의 아이로 키우는 것이 중요하다는 사고의 전환이다.

이처럼 자기로부터 벗어나 사회와 전체를 생각하고 우주를 생각하는 정신은 유조 문학의 중요한 특징 중의 하나이다. 예를 들면 『여자의 일생』의 제2의 출산이 그렇다 하겠는데, 그것은 자기라는 개념보다 우리라는 개념의 강조로서 독자들의 마음을 한결 푸근하게 해주는 여유와 힘을 지닌다. 또한 이러한 의식에는 이기주의로 치닫던 당대 사회에 대한 비판적 성격도 있었다고 본다. 우라마쓰 사미타로(浦松佐美太郎, 1901~1981)는 "작가가 이 소설에서 말하고 싶었던 것은 사회에는 무수한 모순이 있다. 인간이 태어나서 살아가기 위해서는 그 모순과 끊임없이 부딪히며 나가지 않으면 안 된다"[59]며, 고스케 역시 그 모순을 다양한 모습으로 받아

---

58) 山本有三全集 第五卷 『波』, 新潮社, 1976, p.292

들일 수밖에 없었던 운명으로 보고 있다. 예컨대 기누코와의 결혼과 부자 간의 "아버지 일지도 모르는, 아들 일지도 모르는" 관계, 그리고 스스무를 맡겼던 다카코와 슈코 사이에서 자신의 길을 잃고 헤매는 고스케의 모습이 그렇다. 또한 당연히 결혼해야 했을 다카코와는 이별하고 또다시 모순의 굴레 속으로 들어서는 고스케의 관조적 독백, 즉 "세상이란 대개 이런 것이다. 가장 어울리는 사람과는 대체로 하나가 되지 못하고, 생각지도 못한 사람이 생각지도 못한 일로 일생을 함께 하게 되는 것"[60]이란 자조가 그렇다.

그리고 『파도』는 인간사의 끊임없는 모순의 반복을 파도에 비유하며, 인간의 보편적 진리를 표현하고 있다. 이는 대자연의 일부로서 살아갈 수밖에 없는 인간의 영원한 진실을 표현한 것과 다름없다. 이러한 모순의 연속 작용을 밀려왔다 부서지고 다시 밀려오고 밀려가는 파도에 비유했던 것이다.

4) 『시라카바』적 자아와 현실주의

『파도』에서 보여준 보편성은 이후에 발표된 『혹』의 사상과는 사뭇 차이가 난다. 『혹』에서 센키치(專吉)는 자신의 가게 경영에 실패하고 지금은 공장의 심부름을 하고 있는 인물이다. 어느 날 동료 한 명이 교통사고로 부상당했을 때, 근처를 걷고 있었다는 이유로 이 사건에 대해 증언을 해야하는 일이 생긴다. 사실 현장에 있었던 센키치로서는 자동차 운전사의 부주의인지 심부름하는 사람의 부주의인지 목격하지 못했기에 증언을 할 수 없었던 상태였다. 그러나 거액의 보상금을 노린 심부름꾼은 센키치에게 운전사 잘못이라고 증언할 것을 강요하였다. 그러나 센키치는 심부름꾼의 진실왜곡 증언 강요를 받아들이지 않았다. 결국 그는 동료들로부터 몰매를 맞고 쓰러졌는데 모르는 건 모르는 것이라며 자신의 진실을 끝

---

59) 浦松佐美太郎 現代日本文學館 19 『山本有三・菊池寬』, 文藝春秋, 1967, p.453
60) 山本有三全集 第五卷 『波』, 新潮社, 1976, p.295

까지 굽히지 않았다.

이렇게 보면 고스케나 센키치나 사회적 모순에 직면하긴 마찬가지인데 그 모순을 받아들이는 방법에는 상당한 차이가 있음을 알 수 있다. 센키치는 사회적 모순을 진실한 믿음 위에서 받아들이는데 비해, 고스케는 그 모순을 파도처럼 피할 수 없는 불변성으로 파악하고 있다는 것이다. 이른바 센키치의 인생관은 모럴의 강조라는 측면에서 해석할 수 있고, 고스케의 인생관은 체념이 서려있는 초월적인 측면이 강하다. 따라서 『파도』는 『진실일로』와 함께 소아적이 아닌 대아적 진실, 즉 개인이 아닌 전체적 보편성을 파도라는 불변의 진리를 통하여 깨우치게 하고 있음을 알 수 있다. 이처럼 보편적 논리를 우회적 혹은 역설적으로 강조한 작품이 『혹』, 『대나무』, 『서다』 등이다.

요시헤이는 기성 세대가 중요시한 의리를 지키며 무쓰코와 결혼을 하였고 그 결과 인고의 세월을 맞아야 했다. 그리고 자본주의 체제에서 가족을 위해 헌신하였다. 이처럼 현실주의에 입각한 고군분투는 잘못된 삶이 아니었다. 유서에서 자신에게 충실하지 못했음을 참회한다고 하지만, 나름대로 진실로 충실했던 삶이었다. 또한 무쓰코의 모성애, 여자로서의 삶도 파격적이라 할 수 있겠지만, 이와 같은 삶 자체가 전근대적 감각에서 비롯된 사고임을 감안하면, 자신의 길을 향해 마지막까지 걸었던 그녀의 선택도 진실일로였음에 틀림없다. 물론 센키치의 삶도 마찬가지이다. 한편 『여자의 일생』의 마사코가 사회에서 다시 태어나는 과정, 즉 연애, 출산, 육아, 입학, 가정, 그리고 남편의 죽음, 아들 마사오의 가출의 아픔을 겪으면서, 자신의 인생을 새롭게 일신하는 삶도 같은 맥락에서 이해할 수 있다. 이른바 여자로서 누구나 걸을 수 있는 길보다 자신에게 충실할 수 있는 사회적 삶을 구축하며 역동적으로 살아간다는 측면의 진실일로이다.

이렇게 보면, 『진실일로』의 무쓰코, 『파도』의 기누코, 『여자의 일생』의 마사코는 삶의 형태는 다르지만, 여자로서 받아들일 수밖에 없었던 길을 상징적으로 보여주었다. 가정에 충실했던 마사코, 자신에게 충실했던 무쓰코, 여린 마음의 복종형 기누코, 그리고 남자들 요시헤이, 센키치, 고스케, 쓰무라 교수, 아리무라가 보여준 진실된 삶은 인간이면 누구나 맞을 수 있는 길이었다. 이러한 다양한 삶의 형태를 『진실일로』는 등장인물의 색깔 있는 삶을 통하여 보여주고 있다.

이 작품에는 요시헤이와 무쓰코 외에 시즈코와 스코가 등장한다. 화가 스코(무쓰코의 남동생)는 요시헤이와 무쓰코를 이어주는 중간 역할로서 인물 상호간의 고리 역할을 한다고 할 수 있다. 그리고 스코는 작가의 목소리를 대변하는 인물이기도 하다. 예컨대 스코의 "요시헤이처럼 진심으로 누이를 사랑하던 사람에게는 냉정하게 대하면서, 이런 불량배 같은 남자에게 마음을 빼앗겨버린 건, 정말이지 신비로운 일이 아닐 수 없다"61)는 말은 작가 자신의 생각임에 틀림없다. 또한 스코가 "오늘날까지 줄곧 내 자식으로 키워왔기 때문에 어디까지나 내 딸로서 시집을 보내고 싶다. 진심으로 그렇게 생각하고 있다. 솔직히 고백하지 못했던 것은 숨기기 위해서가 아니다. 거짓말을 한 것이 아니다. 그 안에 사실을 초월한 커다란 진실이 담겨있다. 누구나 진실을 말할 수는 있지만 시종일관 진실로 관철할 수 있는 것은 아무나 할 수 있는 것이 아니다"62)며, 요시헤이의 마음을 대변하지만 실은 작가 자신의 목소리이다. 역시 "네 어머니는 모두들 말하는 것처럼 그렇게 품행이 방정치 못한 여자라고 생각지는 않는다. 위선을 떨쳐버리려고 자신이 갈구하는 생활을 원했던 거야. 남편과 헤어졌건, 스미다와 하나가 되었건, 누구도 그런 식으로 보는 자는 없지. 단 그저 험담만 할 뿐이야. 기타하라 하쿠슈의 시에 「진실일로의 여행이지만……」이란 시구가 있는데, 난 네 어머니를 생각할 때면 이따금씩 이 시구가 생각나"63)라는 무쓰코를 대변하는 스코의 말도 마찬가지이다. 이상에서처럼 스코의 입을 통하여 작가는 자신의 삶의 철학을 들려준다.

시즈코는 요시헤이 입장에서 보면 아내 역할을 담당했던 살림꾼이었다. 또 요시오에게는 어머니 역할을 담당한 인물이기도 하다. 한편 무쓰

---

61) 山本有三全集 第八卷 『眞實一路』, 新潮社, 1976, p.132
62) 上揭書, p.133
63) 上揭書, p.130

코의 입장에서 보면 자신이 원했던 첫사랑의 결정이자 자신을 유일하게 지켜줄 수 있는 기둥이었던 셈이다. 시즈코는 출생부터 복잡한 과정을 거쳐 태어났고 이후에도 자신의 목소리를 낼 수 있는 위치는 확보하지 못했다. 그리고 그녀는 사회적인 모순과 불합리한 혼담에서도 한발자국 물러선 채, 일방적으로 수용하는 소극적인 입장을 고수하였다. 무슨 이유로 자신의 혼담이 깨어졌는지 추궁하지 않고, 또 친아버지가 아닌 요시헤이의 헌신적인 사랑에도 솔직한 마음을 털어놓지 못한 채 눈물만 흘린다. 이는 생전에 '여자는 사랑하는 사람과 함께 하는 것이다'며, 스미다 곁으로 가버린 어머니의 사랑에 대한 목소리와 아버지의 헌신적인 가족에 대한 사랑, 그 양쪽을 동시에 지켜보았던 시즈코로서는 그러한 순종적 삶이 운명이었는지도 모른다.

하여튼 전반부의 클라이막스인 아버지의 유서를 통해 삶의 시야를 넓힌 시즈코가 후반부의 어머니의 유서64)를 보고, 가정과 사회의 주체로서 새롭게 태어나게 되는 것은 중요한 의미를 갖는다. 『여자의 일생』에서 마사코가 제2의 출산으로 사회에서 건강하게 새출발하는 것과는 다르지만, 요시헤이와 무쓰코 사이에서 또 다른 형태의 진실일로를 발견하는 시즈코의 모습도 인간적인 제2의 출산에 비견할 수 있다. 작가는 시즈코의 입을 빌어 "어머니가 이렇게 된 것은 과연 어머니 혼자만의 죄일까"65)라는 짧막한 한마디를 통하여, 여자의 운명, 즉 사랑, 결혼, 가정에 대해서 독자들에게 날카롭게 문제를 제기한다. 그리고 시즈코를 사회 속으로 내보냄으로서 새로운 여자의 일생을 시작케 한다. 물론 그 운명의 길은 밝지만은 않다. 그렇다고 절망적인 것도 아니다. 양친이 없는 요시오를 위해 양친이 없는 시즈코가 혼사를 접어가면서까지 일생을 살고자 한 것은 역시 고독한 진실일로일 수밖에 없다. 이렇게 보면 개인적 사리사욕에서 벗어나 오로지 순수하게 연구와 발명에 인생을 바친 스미다도 진실일로에

---

64) 무쓰코는 "여자가 어머니가 되는 것은 어렵지 않습니다. 그것은 어떤 여자도 할 수 있는 것이지요. 하지만 어머니로서 존재한다는 것은 좀처럼 쉬운 일이 아닙니다"라는 유서를 남기고 스미다와 함께 자살하고 만다.
65) 上揭書, p.344

충실하였고, 요시오도 어리긴 하지만 나름대로 옳다고 생각한 길을 걸었다고 할 수 있다. 이상에서처럼『진실일로』에 등장하는 인물은 모두 진실의 길을 걸으며 나름대로 옳다고 생각하는 길을 고수했음을 볼 수 있다. 그리고 개개인의 삶이 타인의 의지에 의해 재단될 수 없다는 인간 존엄의 또 다른 진실을 보여주었고, 이러한 개성 존중 개념은 유조 문학에서 하나의 큰 틀이었다고 할 수 있다.

그렇다면『시라카바』작가들이 강조한 자아적 개념과 유조 문학이 추구한 보편적 사상과는 어떠한 차이가 있는 것일까.『시라카바』의 대표 작가 무샤노코지 사네아쓰는 톨스토이의 영혼과 육체의 이원론적 갈등에 휩싸이지 않고 "메텔링크의 사상에 감동하면서 자신의 운명은 자신의 힘으로 개척하는 것이 중요하다"[66]는 취지를 강조하며 자아를 찾는데 심혈을 기울인다. 이른바 인간성을 있는 그대로 긍정하는 것이 자신을 있는 그대로 긍정하는 것이라는 생각에서, 자신을 부정적으로 이끄는 일체와는 단절을 선언하고 오로지 자연을 존중하는 입장에서 긍정적인 자아추구를 기했던 것이다.

> 하루하루 쓰루를 생각하지 않은 날이 없었다. 나로서는 쓰루와 하나가 되고 나서야 비로소 전인적인 인간이 될 수 있다고 생각한다. 무언가를 쓰든, 읽든, 보든지 간에 쓰루가 있었으면 한다. 기쁠 때나 슬플 때, 쓸쓸할 때, 아름다운 것을 볼 때나 맛있는 것을 먹을 때도 그녀와 함께 했으면 하고 바란다.[67]

> 황홀함이 가다리는 고향으로 출발한 남자의 기쁨
> 그 기쁨 알 자는
> 둘뿐,
> 기다리는 자의 돌아오는 기쁨
> 그 비쁨 알 자는
> 둘 뿐,

---

66) 臼井吉見『大正文學史』, 筑摩書房, 1986, p.48
67) 무샤노코지 사네아쓰 지음 · 김환기 옮김『한심한 짝사랑』, 小花, 1998, p.113-114

> 그 둘은
> 11월 12일만을 손꼽아 기다리네
> 그 고베에서 만난다네, 둘은.
> 아아! 그 기쁨, 그 환희!
> 신의 축복이여 그들에게! 그 둘에게
> 사랑하고 사랑하는 나쓰코[68]

전자는 『한심한 짝사랑』의 주인공 '나'가 5년간 사랑한 쓰루와 결혼을 함으로서 완전한 인간이 될 수 있음을 주장하는 대목이고, 후자는 『사랑과 죽음』에서 무라오카(村岡)의 나쓰코(夏子)를 향한 무한한 사랑을 노래한 대목이다. 하지만 전자는 '나'의 공허한 짝사랑으로 끝나버렸고, 후자 역시 나쓰코의 죽음으로 사랑은 실패로 끝나고 만다. 두 작품 모두 사회성과 거리가 먼 단순한 사랑 이야기를 그렸을 뿐이다. 그런데 이 작품이 세인들로부터 주목을 받게 된 까닭은 무엇 때문일까. 여기에는 실패한 사랑을 비관하지 않고 있는 그대로 수용하면서도 끝까지 그 사랑을 되살려보려는 주인공들의 노력을 지적해야할 것이다. 바로 자신의 의지를 굽히지 않고 이상을 향한 청년의 내면 세계를 철저하게 해부하며 살려나가고 있다는 점이다. 그러한 이상 추구가 『사랑과 죽음』에서는 무라오카가 나쓰코를 저승으로 데리고 간 자연에 한판 승부를 결심한다는 방향으로 진행된다. 즉 자아추구의 도정을 인생으로 보면서 적대적 승부가 아닌 융합적 승부를 이끌어내는 것이다.

이른바 개인이나 개성을 통하여 '인류의 의지'를 살린다는 생각이었다. 이러한 자아의 추구는 시가 나오야에게도 그대로 나타난다. 시가 나오야는 메이지 천황이 죽었을 때 "좋은 사람 같더니 가엾게 되었다"[69]라고 하였고, 노기 마레스케 대장이 자살했다는 소식을 접하고는 "마치 하녀나 누군가가 아무 생각 없이 무슨 일을 저질렀을 때의 기분처럼 멍청한 놈이

---

68) 上揭書, p.114
69) 志賀直哉「明治44年 7月 30日」日記, 臼井吉見『大正文學史』, 筑摩書房, 1986, p.53 再引用

란 생각이 들었다"70)라고 했다. 물론 국가와 사회적인 이슈에 관심이 전혀 없었던 것은 아니지만 큰 국가적 사건 앞에서 시가 나오야는 이처럼 태연하였다. 그것은 그가 이러한 사회 문제를 현실 세계로 직접 연계 발전시키지 않고 자신의 내면 세계로, 이른바 '자연의 의지'를 존중하는 자기 강조의 추진력으로 바꾸었음을 의미한다. 실제로 그의 작품에는 그러한 자아와 자연의 세계를 조화롭게 그린 작품이 적지 않다.

> 피로에 지쳐 기진맥진해 있었지만 그게 이상한 도취감처럼 그에게 느껴졌다. 그는 자신의 정신도 육체도 지금 이 거대한 대자연 속에 빠져 녹아드는 것을 느꼈다. 그 자연이라는 것은 겨자씨알만큼이나 작은 그를 한없는 거대함으로 감싸고 있는 기체처럼 눈으로 느낄 수 없는 것이었다. 그는 그 안으로 빠져 녹아들었다. (중략) 거대한 자연에 빠져 녹아드는 이 느낌은 그에게 반드시 첫 경험이라고는 할 수 없지만, 그 도취감은 처음 느끼는 것이었다.71)

겐사쿠의 도취감은 자연에 대한 대립적 태도, 즉 인간의 무제한적 욕망을 찬미했던 인간의 무아의 경지를 뜻하며, 이는 곧 겐사쿠의 어두운 운명으로부터 탈출을 의미하는 것이다. 이른바 인간이 자신의 운명을 자력으로 개척하는 것이 가장 중요하다는 자아탁마의 종착지를 보여주는 것으로서, 사회와 자연을 이원적 대립으로 보지 않고 일원적 조화를 추구했음을 의미한다.

이렇게 볼 때 유조 문학은 개개인의 삶이 타인에 의해 재단될 수 없다는 개성 존중은 무샤노코지 사네아쓰의 사고와 다르지 않다. 그리고 자신을 끊임없이 계발하려는 향일성 또한 『시라카바』의 자아 추구와 다르지 않다. 그러나 유조 문학에는 이상과 현실 양 측면을 동시에 강조한 나머지 『시라카바』적이지도 프롤레타리아 문학적이지도 못했다는 비난을 면치 못할 것 같다. 이른바 『시라카바』처럼 전적으로 인간의 자아 추구를

---

70) 上揭書, p.53
71) 志賀直哉『暗夜行路』, 新潮社, 1993, p.503

그려내지도 못했고, 그렇다고 해서 사회 문제를 현실 세계에 직접적으로 접목시키지도 못했던 것이다.

5) 소년소녀에 대한 사랑과 교양주의

유조 문학에 등장하는 어린이들은 크게 둘로 나누어 생각해 볼 수 있다. 하나는 비뚤어진 성격의 어린이고, 다른 하나는 노력하는 유형의 어린이이다. 먼저 비뚤어진 성격의 어린이부터 살펴보기로 하자. 『진실일로』의 요시오 소년은 아버지 요시헤이로부터 생모가 죽었다는 말을 믿으며 '따뜻하지만 차가운' 집안 분위기에서 어둡게 살아가고 있다. 기부금에 얽힌 사건에서 도둑으로 몰린 요시오는 선생님과 어른들에 대한 불신감, 그것은 정직했던 그를 화나게 했고 마침내는 가출을 일삼는 불량아로 내몰고 말았다. 그리고 어느 날, 누나 시즈코와 어머니 집에 들렀을 때, 시즈코가 '어머니!'라고 부르는 소리를 듣고, 어머니를 찾으려는 노력을 그만두지 않는다.

그러나 시즈코는 아버지로부터 "세상에는 거짓말을 하지 않으면 안 되는 일이 종종 있는 거야. 거짓말을 하는 편이 진실보다 더 진실할 때가 종종 있다"72)란 말을 듣고, 아버지의 요청에 따라 요시오에게 어머니의 존재를 비밀에 붙이기로 결정한다. 하지만 요시오의 어른에 대한 불신과 불만은 점점 더해갔고, 마침내는 '어른들은 거짓말을 한다'는 관념은 거의 변할 수 없는 생각으로 굳어지고 만다. 이후 요시오의 어른들에 대한 불신감과 반항은 여러 가지 돌출 행동으로 나타난다. 집에서 돈을 훔치는가 하면, 무쓰코가 직접 생모임을 밝혀도 믿으려하지 않았다. 오히려 생모 무쓰코가 집을 떠났을 때에는 "어머니라 말한 것은 역시 거짓말이었어"라고 할 정도로 그의 불신감은 굳어 있었다.

이러한 비행 소년의 비뚤어진 성격은 희곡 『쓰무라 교수』의 도루(徹)를 통해서도 찾아볼 수 있다. 아마도 모순된 사랑의 결정으로 등장한 도

---

72) 山本有三全集 第八卷 『眞實一路』, 新潮社, 1976, p.74

루의 성격을 구체화시킨 인물이 소설 『진실일로』의 요시오가 아닐까 한다. 그것은 희곡과는 달리 소설에서는 제한적 요소가 사라져 희곡에서 그리고 싶었던 인물상을 소설에서 자유롭게 묘사할 수 있는 여건이 주어졌다고 보기 때문이다. 하지만 『진실일로』에서는 요시오의 비뚤어짐을 방관하거나 비행 소년으로 내몰지 만은 않았다. 가족 구성원의 격려로 좌절과 불행으로부터 벗어나 새로운 각오로 새 출발을 할 수 있게끔 인도해 준다는 사실이다. 이러한 노력은 어른과 어린이 사이에서 이루어지는데, 그 결과는 운동회 때 5·6학년 릴레이 대항에서 역동적으로 나타난다. 예컨대 요시오의 힘차게 달리는 모습73)에서 반항과 불신이 소멸되고 밝은 방향으로 자신을 살려가려는 의도가 여실히 나타난다.

이처럼 달리는 모습은 유조 문학의 향일성과 관련하여 생각할 수도 있고, 또한 작자의 어린이들에 대한 기대와 애정의 표현으로 해석할 수도 있다. 사실 작가는 1935년 소년소녀를 위하여 읽을 거리를 편집 기획하고, 신쵸사에서 『일본 소국민문고』 전17권을 차례차례 간행하였다. 그리고 11월 3일 제1회본을 내놓게 되는데, 그 권두에 체잘 프라이슈렌 Caesar Flaischlen74)의 『마음에 태양을 안고』란 번역시를 실었던 것이다. 이 시는 제목에서도 알 수 있듯이, 작가의 향일성을 단적으로 가늠할 수 있는 상징적 의미가 있다. 이른바 아무리 절망적이고 고통스럽다 해도 따뜻한 곳을 향해 노력하는 마음을 갖고 살면, 다가오는 내일은 반드시 밝아질 것이라는 내용으로서 어린이들에게 주는 메시지는 강렬했다. 바로 이러한 메시지가 요시오 소년의 릴레이 질주로 나타났다고 할 수 있다.

---

73) "응원하고 있는 친구의 얼굴은 물론, 트랙 주변을 꽉 메우고 있는 사물들조차 일체 눈에 들어오지 않았다. 그의 앞에는 하나의 하얀 길이 있을 뿐이었다. 그런데 등 쪽에서 인간의 뜨거운 호흡소리가 느껴졌다. '제기랄'이라고 생각했다. 그는 맹렬히 마지막 스퍼트를 냈다. 눈앞이 캄캄해져 왔다. 달리고 있는 건지, 달리고 있지 않은 건지 자신으로서도 알 수 없었다. 다만, 몸이 훨훨 뜨면서 지면이 뒤로 뒤로 미끄러져 지나가는 것만이 느껴질 뿐이었다."(『眞實一路』 중에서)

74) 체잘·프라이슈렌Caesar Flaischlen(1864~1920), 독일의 시인 작가이다. 작가, 방언으로 시를 적고, 서정성 풍부한 시와 자연주의적 수법으로 소설·희곡을 주로 썼다. 산문시 「일상과 태양」(Von A fag und Sonne) 등이 있다.

어느새 도움을 청하는 울부짖는 소리도 들리지 않게 되었습니다. 파도
가 모든 것을 모조리 삼켜버리기라도 한듯이 죽음의 침묵이 주위를 감싸
고 말았습니다. 그런데 그 불길한 정적 속에서 갑자기 전혀 생각지도 못
한 아름다운 노래가 흘러나왔습니다. 그것은 여자의 목소리였고, 음조가
흐트러지거나 떨리지도 않았습니다. 마치 수많은 관객을 상대로 응접실
에서 노래하고 있는 것과 조금도 다를 바 없는 솜씨였습니다. ……그는
노래 소리에 매달려 그 쪽으로 헤엄쳐 갔습니다. 가까이 가 보니, 배가
침몰하는 상태에서 흘러나오는 노래 소리였습니다. 하나의 커다란 통나
무에 몇 명의 부인이 매달린 채 헤엄치고 있었습니다. 노래를 부르고 있
는 것은 그 중 한 사람이었습니다. 아직 젊은 처자였습니다. 큰 파도가
머리 위를 덮쳐도 그녀는 평온하게 계속해서 노래를 불렀습니다. 구조선
을 기다리는 사이에 다른 부인들의 사기가 떨어뜨리지 않도록 하고, 추
위와 실신을 방지하고 통나무에서 손을 떼지 않게 하기 위해서 그렇게
용기를 불어넣고 있었던 것입니다.75)

위 인용문은 난파된 배에 타고 있던 사람들이 젊은 부인의 노래에 힘
입어 구조되었다는 에피소드를 그린 대목인데, 『마음에 태양을 안고』의
제2장에 실려있는 「입술에 노래를 갖고」의 한 구절이다. 여기서 우리는
문학성은 차치하더라도 진정한 용기가 무엇인지를 생생히 엿볼 수 있다.
이른바 어떤 역경에서도 용기와 의지를 갖고 사는 것은 중요하며, 그러한
정신에 충만해 있는 사람들이야말로 미래의 주인공이 될 수 있다는 교양
주의적 성격을 강하게 내비치고 있다. 이러한 작품성은 남다른 작가만의
경험에서 체득된 신념이며 그 신념이 자연스럽게 우러나온 결과라고 할
수 있다. 이렇게 보면 유조 문학은 『진실일로』의 요시오에게서 찾아볼 수
있듯이 비뚤어진 어린이를 그대로 방치하지는 않는다. 어른들의 보살핌
으로 비뚤어진 부분을 바르게 인도하고 용기를 심어주며 진실 되게 살아
갈 수 있도록 인도하고 있다. 여기에 유조 문학의 교양주의적 휴머니즘이
베어있는 것이다.
　　요시오처럼 비뚤어진 어린이의 분발하는 모습은 『파도』의 스스무에게

---

75) 山本有三『心に太陽を持て』新潮文庫, 1981, p.13-14

서도 찾아볼 수 있다. 중학교에 입학하고 사춘기에 접어든 스스무는 시무라(志村) 부인과 드라이브를 즐기거나, 연상의 여자에게 연애 편지를 보내는 등, 아버지 고스케가 걸어온 잘못된 길을 그대로 답습한다. 작가는 이러한 스스무를 모순의 반복으로 상징되는 파도 위에 올려놓는다. 그리고 자신의 길을 개척할 수 있는 조타권을 부여한다. 그러니까 스스무는 자신의 삶을 조타하며 자발적으로 미래를 열어가게 된다. 고스케는 옆에서 아들의 항해를 지켜보며 자신의 과거와는 다른 앞길이 열리길 바랄 뿐이다. 이러한 모습은 마치 『진실일로』에서 시즈코가 요시오를 격려하는 따스함과 동일한 사랑의 힘을 솟게 한다.

　　"스스무, 바다에 들어갈까?"
　　고스케는 어촌에서 태어난 만큼 여전히 수영에는 자신이 있었는데, 정작 스스무와 수영시합을 해보니, 이젠 정말이지 예전 같지가 않았다. 스스무의 자유형 헤엄에 대항하기엔 그의 수영법은 너무나 구식이었다. 게다가 나이는 그의 손발을 더 이상 자유롭게 움직일 수 있는 힘을 주지 못했다.
　　오늘도 그는 스스무와 수영시합을 했다. 그리고 보기 좋게 지고 나서 기진맥진해 떨어졌다.
　　"야아, 지쳤다."
　　스스무는 근처의 모래를 움켜쥐고는 고스케의 몸 위에 아무렇게나 문질러 발랐다. 반듯이 가로 누워있는 고스케의 전신은 담갈색의 작은 모래알로 소복이 덮이고 말았다.
　　"아버지, 이젠 됐지요?"
　　"음."
　　"난, 한번 더 바다에 들어갈래요."[76]

부자간의 다정다감한 대화는 대자연에 순응하며 살아있는 생명체의 운명 같은 평온함이 배어있다. 작가는 여기에서 스스무를 독립심을 갖고 달리는 요시오의 경우처럼, 건강한 삶으로 이끄는 임무를 전세대인 아버지

---

76) 山本有三全集 第五卷 『波』, 新潮社, 1976, p.300

에게 부여하였다. 가라키 준조는 "고스케의 '음'하는 말에는 동양인이 아니면 알 수 없는 허무가 지니는 깊은 반향이 있다"고 지적하였는데, 삶을 통하여 시린 경험을 했던 고스케였기에 더한층 따뜻한 사랑을 보여줄 수 있지 않았을까. 물론 여기에는 자식을 밝은 곳으로 이끌고 싶은 무조건적 아버지의 사랑도 크게 작용했음은 말할 것도 없다. 문제는 앞에서 언급한 것처럼, 작가에게는 1935년이래 어린이 문고에 관심을 쏟으며 그들에게 무엇인가 심어주어야 한다는 남다른 인식이 있었다는 사실이다. 이러한 작가적 태도는 『일본 소국민 문화협회의 결성』(1942년), 『미타카 소국민문고』 등, 작품 이외의 활동에서도 보여주었는데, 마침내는 「후리가나 폐지론」으로까지 발전하기에 이른다.

다음은 노력하는 어린이형이다. 예컨대 가난으로부터 탈피하여 좀더 햇볕이 많이 드는 곳에서 살고 싶어하는 고이치와 같은 유형이다. 특히, 초기 작품 『탄광』, 『영아 죽이기』, 그리고 『혹』은 어려움을 벗어나 광명을 찾으며 살아가려는 사람들을 다루고 있다. 『탄광』에서는 어른들의 세계가 주로 그려지는데 소년소녀들을 대상으로 한 작품으로는 『살아있는 모든 것』이 있다. 주인공 슈사쿠가 채탄장에서 태어나 성장하면서 어두운 환경을 뚫고 빛을 보게 된다는 이야기를 다루고 있다. 여기에는 어두운 탄광촌에서 노력 끝에 자수성가한다는 도덕성과 성실함을 동시에 겸비한 노력형 인간의 삶이 주테마이다. 특히 슈사쿠는 고이치와 달리, 첫 부분 이후부터는 광업회사와 은행을 일으킨 자본가로 등장한다. 그리고 그 밑에서 살아가는 노동자 세이이치로(精一郎) 형제를 등장시켜 자본가와 노동자의 대립이 아닌 자본가는 자본가대로 노동자는 노동자대로 더 나은 삶을 위하여 노력한다는 점을 강조하고 있다.

이러한 노력형 어린이상은 『길가의 돌』의 고이치의 경우가 유난히 돋보인다. 고이치는 자본주의 체제에서 자신의 의지와는 상관없이 살아갈 수밖에 없는 밑바닥 세계를 섭렵하고, 마침내 출판사 사장으로 자리잡는다. 여기에는 먼저 고이치 소년의 성실과 인내심을 강조하는 교육적인 측면의 강조와 고이치의 고진감래를 통한, 격동기의 국민적 단결을 호소하는 의미가 있다고 할 수 있다. 또한 도덕성과 성실함이 결여된 사회성에 대한 경각심과 개개인의 자아 성찰을 촉구하는 의미도 있었다 하겠다. 이렇게 볼 때, 『살아있는 모든 것』이나 『길가의 돌』은 사회에 대한 비판적 측면보다 주인공들의 노력의 의미와 정당성 측면을 부각시켰다고 볼 수 있다. 이처럼 유조 문학에는 홀로 인생을 개척해 가며 의지를 발휘하는 어린이도 있는가 하면, 요시오나 스스무처럼 주변의 격려로 힘을 얻고 새롭게 자아를 찾아가는 어린이도 있다. 중요한 것은 소외된 가정에서 태어났건, 유복한 가정에서 태어났건, 각자의 위치에서 자신의 삶을 긍정적으로 살려가고자 노력한다는 것이다. 이른바 자신의 위치를 확인하고 그 존재성에 대한 분명한 인식을 하고 있다는 것이다.

> 지상에 있는 동안은
> 지상의 임무를 수행하자.
> 아무리
> 아무리 괴롭더라도
> 설령 어쩌다가 천상으로 돌아가게 되면
> 그 땐 천상의 기쁨을 즐기기로 하자.
> 하지만, 지상에 있을 동안은
> 지상이 있을 동안은……77).

위 인용문은 작가가 1925년 『여성』에 발표한 『눈』의 한 구절인데, 지상에 있는 동안 인간 개개인은 자신의 위치에서 최선을 다해 살아가야만 한다는 메시지이다. 이는 유조 문학에 등장하는 대부분의 인물들이 공통으로 소유한 정신이자 사상인데, 특히 이러한 메시지가 소년소녀들에 대한 기대, 열정, 애정의 마음에서 우러나온 교양주의적 정신에 바탕을 두고 있음을 간과해서는 안 된다. 이른바 작가는 건전한 교양주의를 작품의 어린이를 통하여 구체화하면서 강조하였던 것이다.

---

77) 山本有三全集 第四卷 『雪』(第9章 「地上にいるあいだは」), 新潮社, 1976, p.209

6) 문체와 표기법에서 본 현실주의

유조의 작품 활동이 희곡에서 시작되었음은 주지하는 바이다. 희곡은 소설과는 달리, 상연을 통하여 관객과 호흡하며 직접 귀로 듣고, 눈으로 보면서 이미지를 타자에게 전달하는 형식이므로 살아있는 듯한 생생한 언어로 짜여지지 않으면 안 된다. 따라서 희곡에서는 문체가 관객을 울리고 웃길 수 있는 설득력이 있어야 하고, 알기 쉽고, 친숙해지기 쉽고, 말을 주고받는 것처럼 자연스러워야 하는 것은 필수적이다. 유조의 희곡은 이러한 희곡의 특성을 살리는데 충실하였다. 고바야시 히데오(小林秀雄, 1902~1983)가 그의 문학을 놓고 「진실일로를 둘러싸고」[78]에서 "회화적, 객관적인 묘사는 그다지 보이지 않는다"고 지적했던 것처럼, 작가의 작품은 문체면에서 쉬우면서 평이한 것은 분명하지만, 시가 나오야의 작품처럼 회화적이지는 못했다. 이는 소설을 통한 묘사의 능숙함보다 오랫동안 관객과 배우가 직접 호흡하는 희곡을 써왔던 터라 당연한 귀결인지도 모른다. 여기에 대하여 다카하시 겐지는 다음과 같이 언급하고 있다.

> 야마모토씨 소설에는 서경(敍景)이 넘쳐나고 있다. 하지만, 그것은 역시 점경(点景)이다. 의식된 점경인 경우가 적지 않다. (중략) 야마모토씨의 눈과 마음은 숙명적으로 사람과 사람의 대결을 지향하고 있다. 그는 주의 깊은 성격 탓에 식물 등을 세세히 관찰하여 초목의 이름이나 특성을 잘 알고 있다. 하지만, 자연 시인이 아니라는 것은 너무나도 분명하다. 즉, 그 관찰과 관심의 주력이 인간에게, 인간의 마음에 집중되고 있는 것이다. 내츄럴리스트라기보다는 모럴리스트이다. 그것이 그를 서정과 서사보다 극(劇)에 가깝게 하고 있다. 그것이 위에서 언급한 그의 문체를 정의하게 한 이유이다. (중략) 작품 자체와 함께 문체도 극적이다. 따라서 정조적(情調的)이라기보다 구성적이다. 또한 음악적이라기보다 조각적이라 하겠다.[79]

---

78) 小林秀雄「眞實を廻って」, 『小林秀雄全集 第四卷』, 新潮社, 1978, p.136
79) 高橋健二「山本有三の文體と表記法」, 『近代文學鑑賞講座』第十一卷, 角川書店, 1959, p.303

위 지적은 희곡 문체에 친숙해져 소설에서 흔히 볼 수 있는 묘사력의 부족함을 꼬집은 것이나 다름없다. 이른바 이야기를 나누듯 툭툭 던지는 대사가 친근감을 갖게는 하지만, 소설에서 그려낼 수 있는 회화적인 맛을 부여하지 못했다는 한계성의 지적이다. 물론 이러한 한계성을 극복하려는 작가의 의지는 소설을 통해서 충분히 엿볼 수 있다. 그런데 좀더 구체적으로 살펴보면, 이러한 작가의 문체상의 평이성이 소년소녀에 대한 배려와 애정에서 나온 결과임을 간과해서는 안 된다. 앞에서 언급하였듯이 작가의 작품에는 소년소녀의 세계를 많이 다루었고 실제로 어린이들의 등장을 쉽게 찾을 수 있다. 그러니까 소년소녀를 위하여 부드러운 대화체로 풀어내면서 우선 어린이들이 쉽게 접하고 쉽게 읽을 수 있도록 배려했다는 점이다. 특히 『길가의 돌』, 『진실일로』 등, 몇몇 작품에서 엿볼 수 있는 소년소녀에 대한 배려는 익히 작가 내면에 자리하고 있던 어린이에 대한 애정의 발로였던 것이다. 이러한 작가의 의식적 배려는 1935년 『진실일로』의 발표 이후 본격적으로 나타나기 시작한다.

우선 『일본 소국민문고』(전16권, 제1회본 「마음에 태양을 안고」)가 그 출발점이라 할 수 있다. 그리고 1936년 12월 『수줍은 클라라』(『주부의 친구』, 1937.1~3)를 연재함으로서 국어국자 문제에 대한 개혁적 의지를 실제에 적용하였다. 이른바 『수줍은 클라라』에서는 쉬운 한자를 사용하여, 후리가나를 없애고 읽기 쉬운 문장을 적극적으로 선보였다. 이렇게 자신감을 얻은 작가는 1938년 4월 이와나미에서 펴낸 『전쟁과 두 부인』의 「후기」에서 원칙적으로 후리가나를 폐지하자는 의견을 강하게 제시한다. 이후 이 주장은 6개월에 걸쳐 20편 이상의 찬반양론으로 엇갈려 신문과 잡지에 실릴 만큼 커다란 관심을 불러일으키게 된다. 「후리가나 폐지론과 그 비판」에는 그 반향이 수록되어 있는데, 작가는 이 글의 「후기」에서 "그 나라의 국어로 쓰여진 문장은 의무 교육을 받은 자라면 그 자체로 누구라도 읽을 수 있는 것이어야만 한다"80)고 하였다. 이른바 민

---

80) 山本有三 「『戰爭と二人の婦人』のあとがき」 山本有三全集 第十一卷, 新潮社, 1976, p.125

중에 대한 배려 차원에서 이루어진 양심적인 지식인의 목소리라 하겠다. 물론 작가의 아들 유이치에 대한 관심과 배려에서 시작된 면도 있다지만, 이러한 작가의 관심은 자연스럽게 국민의 국어운동으로 확산되었고, 어려운 한자 대신 쉬운 한자를, 상용한자와 신 가나사용법이라는 방향으로 흘러가게 된다.

메이지와 다이쇼, 이른바 개혁적이기보다 보수성향이 강했던 시대에 작자가 비능률적, 반민중적인 구습과 관습에 대항하는 것은 고독한 투쟁이었을 것이다. 예컨대 배운 자들의 전유물처럼 인식되던 서적이 민중들 곁으로 다가서는 일이었던만큼, 보이지 않는 방해 세력들도 적지 않았을 것이다. 그러나 작가의 진보적 개혁성향은 마지막까지 관철되는 완고함을 보이게 된다. 이러한 작가를 나메카와 미치오는 "일단 착수하면, 적당히 도중하차하지 않는 성실함이 이런 형태로 나타나고 있다. 거기에 말과 행동이 항상 통일되어 움직이고 있다. 이른바 언행일치에 철저했다. 착수하기 위해 일을 신중하게 도모하고, 일단 계획이 서면 단번에 대담하게 돌진해 가는 신조81)"를 가지고 있는 인물이라고 평한다. 이렇게 볼 때, 작가의 대중 곁으로 다가서려는 마음은 정의와 진실의 실천이라는 사회적 모순과 부조리에 대한 개혁의 목소리이자 문단에 대한 구조적 개혁의 요구였다고 말할 수도 있다.

여기서 작가의 국어국자 민주화 운동에 대한 활동을 좀더 구체적으로 살펴보기로 하자. 작가의 처녀작 1911년 『탄광』에는 袢纏股引, 爆発薬, 粉微塵, 嚊, 鑿 등 어려운 한자를 다수 사용하면서 그 옆에 후리가나를 붙여 두었음을 찾아볼 수 있다. 이는 당시로서는 어쩔 수 없는 조치였다고 생각한다. 사회적 분위기 자체가 후리가나를 붙여 어려운 한자를 사용하는 것이 전혀 이상하지 않았던 시대였기 때문이다. 이러한 후리가나에 본격적인 의의를 제기하고 국어국자에 대한 의견을 비치기 시작한 것은 1924년 「수줍은 클라라」의 집필부터이다.

예를 들면 "조금 전까지만 해도 구조해 달라는 아우성치던 소리가 해면

---

81) 滑川道夫 『山本有三讀本』, 學習研究社, 1959, p.276

을 뒤덮었었는데, 이젠 그 소리도 들리지 않습니다. 파도가 모든 것을 몽땅 삼켜버린 듯이 주변은 쥐 죽은 듯해 마치 공동묘지와 같았습니다.(つい、さっきまで、助けを求めて、わめききけんでいた声が、海面に漲っていたのに、すべてのものがことごこく波にのまれてしまったように、あたりはしんとして、まるで墓場のようでした)”82)와 같이, 어려운 한자는 거의 보이지 않고 가능한 한 쉬운 문체로 썼다는 것이다. 그 후, 1924년 4월 『전쟁과 두 부인』의 「후기」에서 「후리가나 폐지론」을 주창하게 되는데, 이 표기법에 입각해서 처음으로 집필한 작품이 『신편 길가의 돌』(「주부의 친구」, 1938)이다. 예컨대 초판 『길가의 돌』과는 달리 '路傍—ろぼう' '刺入む—さしこむ' '門松の心—かど松のしん' '門口—かど口'와 같이 한자를 가나로 풀어씀으로써, 작가 스스로 국어국자 민주화 운동을 실천해 보였던 것이다. 단순히 초판와 개정판의 「고이치」의 장에서만 나오는 한자 표기의 수를 비교해 보면, 총 한자 수는 초판 830개, 개정판 878개이다. 수치는 개정판이 조금 많지만, 실제 내용 초판 21페이지 개정판 35페이지임을 감안하면, 개정판의 한자 표기는 30%이상 줄었다는 결론이 나온다. 그것은 작가의 “어려운 한자를 후리가나로 읽을 수 있게 하므로 어려운 한자는 줄지 않게 되는데, 가능한 한 어려운 한자는 사용하지 않도록 하는 것이 중요하다”83)는 평소의 신념을 실천한 것과 다름없다. 물론 그 이전 1923년 『우미히코 야마히코』 무렵부터 문자를 가능한 한 쉽게 쓰기는 했지만, 본격적으로 구체화시켜 쓰기 시작한 것은 역시 1938년 「후리가나 폐지론」을 주창한 이후부터라고 해야할 것이다.

“훌륭한 문명국에서 그 나라 문자로 쓴 문장을 국민 대다수가 읽지 못하여 문장 옆에 또 다른 글자를 붙여주어야만 한다는 것은 문명국으로서 수치스런 일이 아닌가”84)라며, 후리가나를 '검은 벌레의 행렬' '루비라는 작은 벌레'로 비유하면서, 작가 나름대로 국어국자 민주화 운동에 깃발을

---

82) 山本有三 『心に太陽を持て』, 新潮文庫, 1981, p.13
83) 山本有三全集 第十一卷 「この本を出版するに当って」, 新潮社, 1976, p.129
84) 上掲書, p.125

올렸던 것이다. 그리고 루비를 달지 않으면 다음과 같은 효과가 있다고
주창했다.

　　　지금 언급했던 두 가지 점(한 국가의 국어로서의 존엄에도 관계되는
　　일이며, 문체의 혁신이라고 하는 문제에도 큰 관계가 있다) 외에도 다음
　　과 같은 몇 가지 이익이 있습니다.
　　　・어려운 문구와 취음자를 사용하지 않게 되니까 자연히 한자 제한이
　　　이루어지게 된다.
　　　・눈으로 보고 읽기 쉬울 뿐 아니라 귀로 듣기에도 알기 쉬운 문장이
　　　된다.
　　　・국어가 정화된다.
　　　・국민이 진심으로 국어를 사랑하게 된다. 물론 그밖에 경제상의 이익
　　　도 적지 않습니다.85)

　이와 같은 유조의 국어국자 민주화 운동에는 몇 가지 특징이 있다. 다
카하시 겐지의 주장86)을 토대로 정리해 보면 다음과 같다. 우선 한자가
2자 연속될 때에는 음독을 하고, 1자일 때는 훈독으로 한다는 원칙이다.
예를 들어 遠慮(えんりょ), 男子(だんし), 時代(じだい) 등은 음독을 하고, 涙(な
みだ), 数(かず), 薬(くすり), 店(みせ) 등은 훈독으로 한다는 것인데, 물론 예
외가 있긴 하지만 이 원칙은 한자의 읽는 방법을 단일화하는 하나의 합리
적인 방법이라고 할 수 있다. 그리고 두자가 연속되어도 음독하지 않는
경우에는 絵がき(えがき), 金もち(かねもち), まくら木(まくらぎ), 夕がた(ゆうがた) 등
으로 표기하여 구별한다는 것이다.
　다음은 오쿠리가나(送り仮名)87)를 활용하여, 잘못 읽는 것을 미연에
방지한다는 점이다. 예를 들면 教え方(おしえかた), 思い返す(おもいかえす),
取り締り(とりしまり) 등과 같은 표기이다. 또 하나는 한자의 약자를 사용함으

---

85) 上揭書, p.129
86) 高橋健二「山本有三の文体と表記法」,『近代文学感想講座』第十一卷, 角川書店, 1959,
　　p.302-311
87) 오쿠리가나(送り仮名)란 한자로 된 말을 분명하게 읽기 위하여 한자 밑에 받치는 가나(仮
　　名)이다. 예를 들면 오쿠루(送る)의 루(る)를 말한다.

로서 가능한 한 한자를 줄이고, 가나를 많이 사용한다는 점이다. 작가가 『신편 길가의 돌』의 출판사 『주부의 친구』에 특별히 주문하여, 약자의 활자로 인쇄하게 한 것도 이 때문이다. 예를 들면 値打ち(ねうち), 拳骨(げんこつ), 文字(もじ), 怪我(けが) 등과 같이, 가나가 많아서 읽기 어려워지는 것을 방지하기 위하여 방점을 붙여 가나로 쓰도록 한 것이다. 또한 동식물, 가축, 도구류 그리고 지명은 가타카나를 사용하고, 부사(더욱이, 정말로, 물론 등)도 가나로 쓴다는 원칙을 내세웠다. 여기서 犬(いぬ), 竹(たけ), 東京(とうきょう), 非常に(ひじょうに) 따위는 역시 예외가 되지만, 전체적으로 볼 때 그의 주장은 합리적이라고 할 수 있다.

이상에서 살펴본 바와 같이, 작가의 가나표기법은 한자를 기억해야 하는 부담감을 줄이고, 알기 쉽고, 읽기 쉬운 글자로 대체하여 소년소녀부터 어른에 이르기까지 대단한 호응을 얻었다. 또한 작가는 1946년 4월 『문자와 국민』에서 "사람들이 평등하게 알기 위해서는, 교육, 지식, 교양의 평균화를 도모하지 않으면 안 된다. 이를 도모하기 위해서는 그 기초를 이루는 문자와 말을 반드시 민중의 것으로 만들지 않으면 안 된다"[88]고 주장했다. 모름지기 국민 교육을 받은 사람이라면 누구나 읽을 수 있고, 쓸 수 있는 문자나 말이 아니면 안 된다는 것이다. 그리고 교과서는 물론, 법률, 공문서, 말단 조직의 회람판, 신문, 잡지, 단행본 모두 이런 문자와 말을 사용해야 한다고 주장하였다.

그는 또한 남북전쟁[89] 중에 발언했던 링컨의 명언(Government of the people by the people and for the people(국민의 정치, 국민에 의한 정치, 국민을 위한 정치)을 예로 들면서, 쉬운 말이면서도 사람들의 가슴에 파고들 수 있는 말이 중요함을 강조하였다. 이러한 사고는 작가 자신이 민중적이고 시민적이기에 가능하지 않았을까. 또한 이러한 일련

---

88) 山本有三「文字と國民」(『世界』, 1946.4) 山本有三全集 第十一卷, 新潮社, 1976, p.159
89) 남북전쟁(1861~1865) 미합중국의 내란. 노예제 대농장을 기반으로 한 남부 여러 주와 상공업이 번성하여 노예제에 반대하는 북부 여러 주의 이해의 대립에서 전쟁으로 발전. 북군의 승리로 노예 해방은 실현되었는데 흑인 차별문제가 남게 되었다.(大辭林, 三省堂, 1990)

의 실천주의가 장남 유이치에 대한 배려심에서 비롯되었건, 희곡 풍의 친숙함에서 비롯되었건, 분명한 것은 작가의 문체가 민중을 대상으로 한 표기법이었다는 점이며 이것이 작가의 기본적 사고였다는 점이다.

전후 1946년 국어 대중화를 위해 『국민의 국어운동연맹』을 결성함으로써, 그의 대중을 향한 국어국자 민주화 운동은 더한층 구체화된다. 1946년 10월 소년소녀 잡지 『은하(銀河)』의 창간을 비롯하여, 국어심의회 의원으로 추천되고 상용한자 주심위원회장으로 활약하면서, 「상용한자, 교육한자, 신가나(新仮名) 사용법」을 제정하였고, 참위원 의원 당시 『국립국어 연구소』90) 설립 등은 그의 빠뜨릴 수 없는 공적 중의 하나이다. 뒷날, 이리에 도시오(入江俊郎)는 「헌법 구어화와 야마모토 유조」91)에서 "국민의 국어운동의 멤버였던 유조가 구어화를 적극적으로 제창하여, 이를테면 헌법 '제1조, 천황은 일본 국민 지고의 총의에 기초하여 일본국 및 국민 통합의 상징이어야 한다'92)가 '제1조, 천황은 국가와 국민 통일의 상징으로서, 이 지위는 주권을 가진 국민의 의지로부터 부여받은 것이다'93)로 바뀌게 되었다"고 지적하면서, 이를 기초로 몇 번인가 수정을 거쳐 오늘날의 법문으로 확정되었다며 작가의 노력과 추진력을 인정한 바 있다.

또한 마쓰사카 다다노리(松阪忠則) 역시 「국어심의회와 야마모토 유조」94)에서 "상용한자표의 원안 작성이라는 괄목상대한 작업을 통해 오늘날 국어 정책의 기초를 완성했다"며 작가의 공적에 대해 언급하고 있다. 이러한 작가의 추진력은 그의 성격에서 비롯된 면도 있겠지만 역시 근본적으로는 소년소녀에 대한 애정이 있었기에 가능했을 것이다. 물론 여기

---

90) 국립국어연구소는 국어 및 언어생활에 관한 과학적 조사 연구를 행하고, 아울러 국어 공리화의 확실한 기초를 구축하는 것을 목적으로 한다. 1948년에 설치되었다.

91) 入江俊郎 「憲法國語化と山本有三」, 『近代文學鑑賞講座』 第十一卷(附錄), 角川書店, 1959, p.1-5

92) "第1條, 天皇ハ日本國民至高ノ總意ニ基キ日本國及其ノ國民統合ノ象徵タルベキコト"

93) "第1條、天皇は國家と國民統一の象徵であって、この地位は主權を有する國民意志からうけたものである"

94) 松坂忠則 「國語審議會と山本有三」 山本有三全集 第十一卷(附錄), 新潮社, 1976, p.5

에서 작가의 국어국자 민주화운동이 본격화되기 전, 이른바『살아있는 모든 것』,『진실일로』,『길가의 돌』이 집필되던 무렵에도 이러한 표기법에 대한 실천이 이루어지고 있었음을 간과해서는 안 된다. 이렇게 볼 때, 작가의 진실에 입각한 현실주의적 사고는 국어국자 민주화의 초석이 되었음은 물론, 그 근저에는 소년소녀들에 대한 애정이 자리하고 있었음을 볼 수 있다.

7) 현실주의적 휴머니즘

유조 문학에서 진실이라는 용어는 매우 중요한 의미를 갖는다.『생명의 관』,『동지들』에서 볼 수 있는 정의와 함께,『진실일로』,『혹』,『길가의 돌』에서 볼 수 있는 진실의 모습은 그의 문학에서 빼놓을 수 없는 용어이다.

정의감이 작가의 출신과 관련된 무사 정신에서 비롯되었다고 한다면, 진실은 사랑을 통해 생겨난 영혼이라고 말할 수 있다. 그 영혼이『진실일로』를 비롯한 여러 작품으로 내재·형상화되면서 독자들과 만나게 되는데, 특히『진실일로』는 어느 작품보다도 그러한 혼을 다양하게 그려냈다고 말할 수 있다. 이른바 두 아이를 건전하게 양육시키기 위해 금전등록기처럼 살지 않을 수 없었던 요시헤이의 운명, 자신의 사랑을 속이면서까지 가정에서 어머니로서 존재하고 싶지 않았던 무쓰코의 선택, 그들의 선택은 나름대로의 삶의 철학에 기초한 진실일로였던 셈이다. 그리고 고이치, 슈사쿠, 센키치의 소시민적 삶의 방식95) 또한 그들 나름대로의 진실일로였다. 이렇게 볼 때, 살아있는 모든 생물체는 나름대로의 자기 꼴에 맞추어 살아가게 마련인데 그 삶은 모두 개아에 기초한 진실일로인 것이다. 작가는 이러한 개별적 인간의 존재성을 대자연 속에서 살아가는 공동체 의식으로 표현하고 있다. 예컨대 대나무 뿌리가 서로 얽히고 설키면서

---

95) 하급 노동자 생활에서 터득한 인생관, 즉 자신의 인생을 자신의 현실 상황에 맞추어 수용하는 자세로 살아가고자 하는 마음이다.

서로를 지탱해 주듯이, 별들이 손을 서로 맞잡고 공중에서 떨어지지 않듯이, 상호 결속을 통한 공동체 사상을 강조했던 것이다.

작가에는 사회적 부조리의 고발이나 가난한 자들에 대한 비애와 체념 등, 정의와 진실에 기초한 다양한 삶의 현장을 작품으로 승화해냈다. 그것이 때로는 대립적 갈등의 형태로 나타나기도 하지만, 궁극적으로는 평면상에서 살아 숨쉬는 생명체의 공존 공생의 법칙을 벗어나지 않는다. 이른바 작품 하나 하나가 공동체라는 틀 속에 존재하면서도 실은 얽히지 않은 개아의 존중으로 인류의 보편성과 윤리성을 연출하고 있다. 이러한 작품의 방향과 맞물린 작가의 실제 생활도 그러한 공동의 틀에서 벗어나지 않았다. 이를테면『소국민문고』,「후리가나 폐지론」,「상용한자, 신가나 사용법」제정,『국립국어연구소』설립 등이 그것이다. 이러한 일련의 성과는 작가의 실천주의에 기초한 진실의 결정임에 틀림없다. 우리는 이러한 실천 정신과 진실의 철학, 여기에서 현실주의적 휴머니스트의 실체를 엿보게 된다.

4. 현실주의의 역설적 탐구

1) 서론

돌담 사이에는 흙이라고는 하나도 없다. 돌과 돌 사이에는 시멘트로 단단하게 고정되어 있다. 그럼에도 불구하고 이름 없는 풀은 약간의 빈 틈을 찾아 뿌리를 내리고 잎사귀를 피운다. 그런 상황 속에서도 살아가려고 기를 쓰는 것이다.[96]

위 인용문은『길가의 돌』의 내용으로 작가의 향일성을 단적으로 보여주는 문장이며 작가의 문학성을 이야기할 때 자주 인용되는 대목이다. 이는 작가의 향일성을 상징적으로 보여주는 동시에 그의 문학에서 일컬어지

---

96) 山本有三『路傍の石 162回』,「朝日新聞」, 1937.6.13

는 항일성의 성격을 분명히 하는 부분이기도 하다.

작가의 소년 시절이 순탄하지 못했던 것처럼 이 작품 역시 많은 우여곡절을 겪으며 변천에 변천을 거듭하였다. 이른바 1937년 1월부터 6월까지 167회에 걸쳐 도쿄·오사카 아사히신문에 연재된 초판, 1년 후인 1938년 10월 재차 『주부의 친구』지에 개정판, 그리고 전후에 마스서방(鱒書房)에서 『소설 길가의 돌 신편』이란 제목으로 단행본을 발행하기까지 약 10년간은 작가와 작품 모두 시련을 겪어야 했다. 그러한 시련 속 몸부림은 이 작품의 변천 과정에서 분명히 드러난다. 본 장에서는 먼저 작품이 어떠한 과정을 거쳐 현대판까지 나오게 되었는지 살펴보고, 그 변천 과정에서 볼 수 있는 작가의 창작 태도를 알아보고자 한다. 다음은 시대의 주인이 되려고 고군분투하는 주인공 고이치의 삶을 통하여 진정한 항일성이 어떤 것인지 그 실체를 현실주의적 측면에서 접근해 보고자 한다. 그리고 이 작품이 유조 문학에서 차지하는 범위와 중요성에 대해서 살펴보고 현실주의적 휴머니즘의 한복판에 자리하는 이유를 분석해 보기로 한다.

2) 작품의 변천 과정

앞에서 언급하였듯이 『길가의 돌』은 단번에 탄생한 작품이 아니다. 작품의 완성까지는 10년이란 세월이 흘러야 했다. 그 세월이 말해주듯이 시대의 변천과 함께, 작품도 숱한 우여곡절을 거쳐 변천에 변천을 거듭해야만 했다. 그런 만큼 이 작품이 완성되기까지 그 세월의 깊이를 이해하는 것은 중요할 수 있다. 왜냐하면 작품의 변천 과정에서 엿볼 수 있는 작가의 생생한 목소리와 일련의 저항 의식이 유조 문학에서 큰 틀로 작용하고 있다고 보기 때문이다.

『길가의 돌』의 초판은 1937년 1월부터 6월까지 도쿄·오사카 아사히신문에 연재되었다. 제1부로서 총 167회에 걸쳐 6개월간 발표되었다. 그리고 개정판이 장소를 바꿔 1938년 1월부터 『신편 길가의 돌』이란 제목으로 「주부의 친구」지에 발표되었고, 이어 1947년 3월 마스서방에서 단행본, 즉 현대판이 출간되었다. 단순한 산술적 시간으로는 10년이란 시간을 필요로 했다. 그렇다면 언제, 무슨 내용이 어떻게 바뀐 것일까? 먼저 이 작품의 세 유형, 즉 초판, 개정판, 현대판의 장(章)의 구성부터 대비해 보기로 하자.

◆ 「아사히신문」 연재본(초판)
　　(『길가의 돌』 제1부)
　　중학교 지망
　　실학
　　정신일도 하사불성
　　붉은 실
　　고이치
　　앞치마
　　잘못 든 길
　　도쿄
　　발분
　　쓰기노 선생
　　현상문
　　학교 소동
　　50전 은화
　　달님은 왜 떨어지지 않는가?
　　일해라 일해, 끊임없이 일을 해!
　　잠깐의 법사
　　의외의 손님
　　입사의 배후에
　　독립 자존
　　「성공의 친구」
　　(제1부 연재를 마치며)

◆ 「주부의 친구」 연재본
　　(이와나미판 전집, 개정판)
　　권두화(卷頭畵)를 대신해서
　　(제1부)
　　중학교 지망
　　그 날 밤의 말
　　실학
　　의지(意地)
　　붉은 실
　　고이치
　　선조와 가문
　　거듭되는 변화
　　앞치마
　　고용살이의 귀향
　　물가 폭등
　　도쿄
　　달마 선생님, 달마 선생님
　　간난신고(艱難辛苦)
　　변명으로 램프는 켜지 않는다.
　　쓰기노 선생
　　일본은 어디에 있는가?
　　학교
　　폭풍우가 지나가고
　　50전 은화
　　달님은 왜 떨어지지 않는가?
　　(팬을 놓는다)

◆ 『마스서방』 간행의 단행본(현대판)
　권두화를 대신해서
　중학교 지망
　그 날 밤의 말
　실학
　의지
　붉은 실
　고이치
　선조와 가문
　거듭되는 변화
　앞치마
　고용살이의 귀향
　물가 폭등
　도쿄
　달마 선생님, 달마 선생님
　간난신고
　변명으로 램프는 켜지 않는다.
　쓰기노 선생
　(팬을 놓는다) (후기)97)

이상에서처럼 초판, 개정판, 현대판의 장의 구성을 비교해 보면 내용
상의 차이점을 어느 정도 확인할 수 있다. 여기에서 눈에 띄는 대목은 개
정판과 현대판의 장의 구성이 거의 일치한다는 점이다. 이른바 현대판의
「실학」의 장에서 일부가 삭제되었다는 점과 마지막 끝나는 부분이 「쓰기
노 선생」이라는 점, 그리고 이후의 장은 실리지 않았음을 확인할 수가 있
다. 그렇다면 왜 작품은 초판, 개정판, 현대판으로 거듭나야 했으며, 내
용상으로 변천을 거듭하지 않으면 안되었던 것일까? 구체적으로 작품의
변천 과정을 살펴보자.

　그는 길가의 돌처럼 짓밟히고 내동댕이쳐졌다. 그는 길가의 돌처럼 먼

---

97) 山本有三全集 第九卷 『路傍の石』, 新潮社, 1976, p.442

지로 뒤범벅이 되었다. 그러나 시골 길가에 나뒹굴고 있던 자갈도 밀치고 차이는 사이 자신도 모르게 대도회지 한복판으로 밀려들지도 모르는 일이다. 끊임없이 짓밟히던 자갈도 어느새 지붕 위로 올라가 오가는 행인들을 내려다 볼 시기가 오지 않으란 법이 있겠는가. 또 어느 때는 창문 유리에 구멍을 뚫는 일이 생길지도 모르고, 어떤 때는 여성의 눈에 띄어 그녀의 손바닥 위로 올라가는 일이 생길지도 모른다. 하여튼 그의 마음은 돌처럼 견고하다. 그의 의지는 돌처럼 강하다. 그리고 그의 머리는 돌처럼 차가울지도 모른다.98)

주지하는 바와 같이, 위 인용문은 1937년 1월부터 6월까지 도쿄·오사카 아사히신문에 초판을 연재하기 전, 「작가의 말」이다. 여기에서 작가는 이 작품을 어떻게 구상하고 주인공 고이치의 모습을 어떻게 그려갈 것인지를 구체적이지는 않지만 충분히 암시하였다. 이 「작가의 말」은 1936년 12월 11일과 30일 두 번에 걸친 작품의 예고와 함께 실렸고, 동시에 "『길가의 돌』은 이전의 『여자의 일생』에 대한 『남자의 일생』이라고 할 수도 있는 작품이다. 수상(壽常) 5학년으로 등장하는 작중의 주인공이 세상의 역경을 헤치고 다소간의 성공의 길을 맞기까지의 인생 기록이며, 이것이야말로 전가정, 전부자(全父子), 남녀노소를 막론하고 깊이 읽지 않으면 안 되는 가정소설의 극치라고 생각한다"99)고 밝힘으로서, 이 작품의 방향을 분명히 하고 있다. 그리고 곧바로 이듬해 1937년 정월부터 연재에 들어갔고, 독자들의 반응은 이전의 장편 소설의 영향도 있었던 터라 예상대로 대단한 반향을 일으켰다. 이후 제1부의 연재를 마치면서 제2부는 현대를 다룰 생각이라는 짤막한 인사로 일찌감치 제2부를 예고하였던 것이다.

그러나 작가의 의지와 신문사의 적극적인 후원, 독자들의 전폭적인 기대에도 불구하고, 제2부는 1년이 지나도록 연재가 이루어지지 않았다. 결국 신문사에서 우물쭈물하는 사이 이따금씩 관심을 표명해 왔던 잡지

---

98) 山本有三 「作者の言葉」, 『東京·大板朝日新聞』, 1936.12.1, 12.30,(『路傍の石』豫告)
99) 東京·大阪朝日新聞, 1936.12.30

「주부의 친구」와 교섭이 이루어져, 작품은 「주부의 친구」로 무대를 옮기게 된다. 그렇다면 그 사이에 작가와 아사히신문사는 어떠한 사정이 있었던 것일까. 마스서방에서 출판된 단행본의 「후기」에서는 다음과 같이 적고 있다.

> 아사히신문에 이 작품의 제1부 연재를 마친 것은 1937년 6월이었다. 하지만 그 다음달 돌연 중일전쟁이 일어났고 군국주의 사상이 한층 더 고조되면서, 데라우치 내각이래 끊임없이 군부로부터 미움을 사왔던 아사히신문사로서는 아주 어려운 처지로 내몰렸던 것 같다. 그 때문일까. 나 같은 작가의 작품을 연재하는 것은 위험하다고 판단했는지, 자연히 뒤로 밀릴 수밖에 없었던 것 같다. 그래서 『길가의 돌』의 속편은 1년 이상 흘러도 게재할 수 있는 분위기가 조성되질 않았다.[100]

작가는 제1부에 이은 제2부가 아사히신문에 연재되지 못한 이유를 이렇게 들고 있다. 그리고 작자는 아사히신문사로부터 양해를 구하고 무대를 「주부의 친구」로 옮길 수밖에 없었던 이유를 설명하고 있다. 그런데 문제는 이 작품이 신문사에서 잡지사로 무대를 옮기면서 제1부의 연속으로서 제2부부터 연재되지 않았다는 점이다. 바꾸어 말해, 만약 이 작품이 제2부부터 연재되었다면 어떤 식으로든 제1부의 연속으로서 일관성 있는 작품으로 완성되었을 것이고, 그렇게 되면 이 작품의 운명도 작품성과는 별개로 어떤 식으로든 평가를 받았을 것이란 점이다. 그러나 작가는 『신편 길가의 돌』, 「머리말」에서 다음과 같이 밝히고 있다.

> 사실 이번에는 「제1부」 이어 「제2부」부터 쓰는 것이 당연하지만, 아사히신문에 발표한 「제1부」는 시간에 쫓기면서 원고를 썼기에 마음에 들지 않는 부분도 없지 않았습니다. 사실 지금 와서 보니까 책으로서 제대로 정돈되지 못한 느낌이 듭니다. 그런데 잡지 「주부의 친구」사와 상의한 결과, 이 기회에 「제1부」 전체에 걸쳐 손을 보아야겠다고 생각했습니다. 따라서 여기에 실리는 내용은 전에 발표한 것과 같은 내용도 있습니

---

100) 山本有三 『小說 路傍の石 新編』, 「あとがき」, 鱒書房, 1947.3

다만, 또 다른 장면도 나오게 될 것입니다. 제목에 「신편」이란 용어를 붙
인 것은 그러한 이유에서입니다.[101]

작가는 아사히신문에 제2부가 실리는 것이 사실상 불가능하게 되자,
자리를 옮기면서 처음 구상했던 대로 진척시키지 못했던 내용은 과감히
삭제하고, 반대로 미진했던 부분은 첨가하는 대대적인 수정을 가했던 것
이다. 그리고 1938년 1월부터 「주부의 친구」지에 『신편 길가의 돌』이란
새로운 제목으로 게재 발표하였다. 이는 작가의 작품에 대한 좀더 완벽성
을 가하기 위한 노력으로 이해할 수 있고, 앞에서 언급한 작가의 치밀한
성격에서 비롯된 결과로 볼 수도 있다.

그러나 이 개정판 역시 내무성의 사전 검열의 명령대로 또 다른 형태
의 첨삭을 가하지 않으면 안 되는 불행한 사태를 맞게 된다. 비극이라면
비극일 수밖에 없는 운명인데, 당시 시대 정황은 군국주의의 절정기로서
1938년 국가총동원법의 제정, 이듬해 국민징용령 공포, 제2차 세계대전
촉발 등, 그야말로 서슬 퍼런 시대였다. 당연히 작가들은 자신들의 목소
리를 낮출 수밖에 없었을 것이다. 결국 그러한 분위기는 작가들의 사상적
반발이나 글을 통한 반국가적 활동을 차단하는 방향으로 흘렀고, 이는 대
부분의 작가들에게 운신의 폭을 제한하는 요소로 작용하게 된다. 물론 유
조에게도 예외일 수는 없었다. 그러나 그는 당국의 지시대로 계속 집필할
수는 없다며 1940년 7월호를 끝으로 집필을 중단한다. 작가는 당시의
심경을 『신편 길가의 돌』, 「펜을 놓는다」에서 다음과 같이 밝히고 있다.

나날이 통제가 강화되고 있는 지금 같은 시대에서, 이 작품을 구상했
던 대로 쓴다고 한다면, 특히 이제부터의 부분에서는 불행한 사태를 불
러일으키기 쉽습니다. 그 불행을 피해가고자 소위 시대의 노선에 부합되
게끔 써야한다면 저는 중도에서 펜을 왜곡시키지 않으면 안 됩니다. 하
지만 저에게는 펜을 왜곡해서까지 집필할 용기는 없습니다. 자신의 작품
에 충실하려고 하면 시대 인식에서 멀어질 것 같은 원한을 남기고, 시대

---

101) 山本有三 『新編 路傍の石』, 「まへがき」, 「主婦の友」, 1938.11(第1回連載)

인식에 보조를 맞추려 들면 왜곡된 형태의 작품을 쓰지 않으면 안 됩니
다. 그렇다고 한다면 저로서는 단연코 자신의 펜을 놓는 수밖에 달리 길
이 없습니다.102)

후쿠다 기요토(福田清人, 1904~)가 「야마모토 문학의 매력」에서
"부정·불의가 지배하는 세상에서 작자의 결벽한 정의심은 반발한다. 그
신념은 타협을 허락하지 않고『길가의 돌』에서 볼 수 있듯이 타협을 떳떳
하게 받아들이지 않고 펜을 놓는다"103)고 지적하였듯이, 위 인용문은 작
가의 창작에 대한 기본적 태도와 철학을 엿볼 수 있는 대목이기에 충분하
다. 그 후 이와나미 서점에서 출판된『야마모토 유조 전집』에는『신편 길
가의 돌』이란 제목으로 한자가 훨씬 줄어든 정도로「주부의 친구」지상의
것과 같은 내용을 싣고 있다. 그리고 전후에 와서 비로소 중단된『신편
길가의 돌』은 단행본으로 출판되기에 이른다. 작가는 그 단행본「후기」
에서 출판의 의의를 이렇게 밝히고 있다. "다시 한번 출판했으면 하는 소
리가 여기저기에서 들려왔기" 때문에, "미완성 작품이긴 하지만, 이것은
이 나름대로 현재의 시중에 내놓아도 다소의 존재 이유는 있다"104)라고.
　이렇게 초판, 개정판, 현대판은 우여곡절 끝에 출간되었다. 작가는 펜
을 왜곡해서 현실과 타협할 수 없기에 주인공 고이치의 모습을 왜곡해서
그릴 수 없었고, 그래서 길가의 돌처럼 작품 자체를 내던지고 말았다. 이
러한 작가의 자세는 후쿠다 기요토의 언급처럼 세상의 불의에 반발하는
정의심과 다름없는 것이다.

---

102) 山本有三『新編 路傍の石』,「ペンを折る」(1940.6.20) 山本有三全集 第九卷, 新潮社,
　　 1976, p.357
103) 福田清人「山本有三の魅力」,『近代文學鑑賞講座』第十二卷, 角川書店, 1959, p.243.
104) 山本有三「『小說路傍の石新編』のあとがき」山本有三全集 第九卷『路傍の石』, 新潮社,
　　 1976, p.432

3) 초판과 개정판의 차이점

초판과 개정판은 내용면에서 많은 차이를 보이고 있다. 앞에서 살펴보았듯이 단순히 장의 구성만 보아도 어느 정도 그 차이점을 확인할 수 있는데, 여기에서 구체적으로 장 구성이 어떻게 변했는지 정리해 보기로 하자. 우선 주인공 고이치가 도쿄로 삶의 무대를 옮기기 직전까지의 장을 비교해 보면, 개정판에는 초판에 없는 「권두화를 대신해서」부터 시작함을 알 수 있다. 또한 초판의 「중학교 지망」은 개정판에서 「중학교 지망」과 「그 날 밤의 말」로 나누어지고, 「실학」→「실학」, 「정신일도 하사불성」→「의지」, 「붉은 실」→「붉은 실」, 「고이치」→「고이치」, 「앞치마」→「선조와 가문」, 「거듭되는 변화」, 「앞치마」, 「고용살이의 귀향」으로 본문이 4장으로 나누어졌음을 알 수 있다. 그리고 「잘못 든 길」이 「물가 폭등」이란 장으로 바뀌어 고이치가 도쿄로 출발하기 전까지의 내용상 상당 부분 수정이 가해졌음을 확인할 수 있다.

먼저 개정판은 '간식과 저금' 이야기가 나오면서 고이치의 생활고부터 거론된다. 그리고 초판의 「붉은 실」에서 오렌에게 접근해 보려는 저급한 인물 가긴(河銀)이 개정판에서는 삭제되고, 개정판에서 고이치의 아버지 쇼고의 위치를 에도 정신이 투철한 정체성이 분명한 인물로 묘사한 것은 큰 변화라 할 수 있다. 또한 중학교 진학 실패와 포목전 견습공 생활에는 변함이 없는데, 개정판에서 고이치와 사사건건 대립하는 동급생 미치오(道雄)를 등장시킨 것과 경색된 시대상을 부각시켜 물가 폭등과 불안한 사회상을 강조한 것이 특징적이다.

고이치가 도쿄로 출발하기 직전까지의 내용 중 가장 눈에 띄는 변화는 오렌의 죽음이다. 오렌은 초판에서 남편 쇼고에게 야스키치(泰吉)와의 관계를 의심받고 고민하다 자살하지만, 개정판에서는 야스키치와의 불륜 관계와 쇼고와의 불화보다 고이치의 어머니로서의 입장이 강조되고, 빚더미에 쓰러져 죽을 수밖에 없는 비참함이 강조되었다. 결국 「물가 폭등」까지를 보면, 초판은 주인공의 강한 의지와 오렌을 둘러싼 남정네의 치정에 얽힌 불화, 그리고 포목전 이세야의 일거리를 미끼로 노골적인 접근을 보이는 가긴의 부각이 돋보인다. 그러나 개정판은 고이치의 성장 중심으로 전개되면서 주인공과 직접적 관계가 없는 가긴이 삭제되고, 고이치의 저축, 오렌의 과로사, 선조의 이야기를 부각시킴으로서, 주인공에게 한층 강한 의지를 심어주는 내용으로 짜여졌다. 물론 개정판에서 오렌이 죽었을 때, 남편 쇼고가 나타나지 않고 고이치 혼자서 장례식을 치르는 대목도 같은 맥락에서 이해할 수 있다.

다음은 고이치가 도쿄를 향해 도망치는 장이다.

먼저 장의 변화를 살펴보면, 「도쿄」→「도쿄」, 「발분」→「달마 선생님, 달마 선생님」, 「간난신고」, 「문선 연습」→「변명으로 램프를 켜지 않는다」, 「쓰기노 선생」→「쓰기노 선생」, 「현상문」→「일본은 어디에 있는가?」, 「학교」, 「학교 소동」→「폭풍우가 지나고」, 「50전 은화」→「50전 은화」, 「달님은 왜 떨어지지 않는가」→「달님은 왜 떨어지지 않는가」로 바뀌었음을 볼 수 있다.

여기에는 먼저 주인공 고이치가 도쿄로 떠나는 장면이 확연히 다르다. 초판에서는 교야(京屋)란 인물이 등장하여 고이치를 도쿄로 데리고 가는 데 비해 개정판에서는 교야는 아예 등장하지 않고 고이치가 이세야를 도망치는 형식을 취한다. 그리고 초판에서는 고이치가 도쿄에서 아버지의 애인으로 보이는 스미에 집에서 도망치는데 비해 개정판에서는 지독한 처우를 받다가 쫓겨난다는 형식을 취한다. 또한 초판이나 개정판에서 장례식장을 찾아다니며 물건을 받아 되파는 수법으로 끼니를 연명하는 생활, 인쇄소 종업원 생활, 구로다와의 관계 등은 동일한데, 인쇄소에서의 처참한 대우를 생생히 묘사하여 주인공의 간난신고를 강조한 점은 개정판의 또 다른 특징이라 할 수 있다. 그리고 초판에 없는 지리 선생의 「일본은 어디에 있는가」란 주제의 강의를 통한 고이치의 현재와 미래에 대한 가능성의 제시도 특징적이다.

이상에서 초판과 개정판의 장의 구성을 대비해 보았는데 간단하게 요약하면 다음과 같다. 초판의 내용이 개정판에서는 「달님은 왜 떨어지지 않는가」에서 끝나버린다는 점. 그리고 초판에서 등장했던 인물을 개정판에서 삭제하고 새로운 인물을 등장시키면서, 내용적으로 고이치의 천애고아적 개념을 강조하면서 강한 이미지의 성장 소설로 이끌었다는 점이다. 따라서 초판에서 고이치의 이미지를 강조하는데 실패한 작가는, 개정판에서 고이치와 관계없는 인물들은 과감히 삭제하고 관련 인물들 중심으로 고이치의 이미지를 강조하는 방향으로 재편집하였던 것이다. 예컨대 어머니 오렌의 가난에 지친 죽음, 아버지의 방탕, 부자집 친구들을 등장시켜 고이치의 입장을 상대적으로 격하시킴으로서, 오히려 주인공을 돋보이게 하는 상대적 효과의 적용이다.

4) 초판과 개정판의 인물변화

초판과 개정판은 등장 인물의 이름만 바뀐 경우도 있지만, 인물 자체가 아예 삭제되거나 새로 등장한 인물도 확인할 수 있다. 먼저 초판과 개정판의 등장 인물을 비교해 보자.

> (초판) → (개정판)
> 아사타로(麻太郞) → 아키타로(秋太郞), 교조(鏡造) → 교조(京造), 사쿠지(咲二) → 사쿠지(作次), 야스키치(泰吉) → 야스키치(安吉), 구마카타(熊方) → 구로다(黑田), 오누히(おぬひ) → 오키누(おきぬ), 구미타 스미에(久美田住江) → 구미타 스미에(久美田すみえ), 교야(京屋) → ×, 가긴(河銀) → ×, × → 미치오(道雄)

초판과 개정판에서 같은 역할을 하는 인물과 인물명의 변화는 어떤 의미를 갖는 것일까? 여기에는 세 가지를 생각해 볼 수 있다. 첫째는 초판에서 개정판으로 가필 수정이 이루어진 만큼, 신선한 이미지를 부여하고자 등장 인물의 이름을 바꾸었다는 점이다. 둘째는 고이치 중심의 내용 전개를 위하여 인물의 가감이 불가피했다는 점이다. 셋째는 작가가 평소에 항상 주장했던 「상용 한자와 새로운 가나사용법」의 일환으로서 한자

보다는 히라가나를 어려운 한자보다는 쉬운 한자를 사용한다는 맥락에서 바꾸었다는 점이다.105) 즉, 첫째는 내용상에서 신선미를 부여하는 의미가 있고, 둘째는 근본적인 내용상 전환의 틀을 마련하는 계기가 되었으며, 셋째는 기술상에 새로움을 부여하는 효과를 얻었다고 할 수 있다. 물론 인물과 인물명의 변화가 작품성에 결정적인 역할을 했다고 단정할 수는 없지만, 분명한 것은 작가의 의지가 어디에 있느냐를 분명히 해 주었다는 점이다. 특히 이 작품에 한자보다 히라가나를, 한자를 사용하더라도 될 수 있는 한 쉬운 한자를 사용하려고 했던 작가의 의지가 깊이 반영되었음은 특기할 만 하다.

다음은 초판에 등장했다가 개정판에서 삭제된 인물들을 살펴보자. 여기에는 가긴과 교야가 있다. 가긴은 오렌에게 전셋집을 찾아주고 이세야의 바느질감을 알선해주면서 그녀에게 노골적으로 접근한다. 오렌은 그 무렵 보험회사 외판원이었던 남편 쇼고가 몇 년간 집을 비운 터라 그를 남편으로 생각지도 않던 참이었다. 그러니까 오렌 입장에서 보면 가긴은 친절한 사람임에 틀림없지만, 제3자 측에서 보면 가긴은 쇼고가 집을 비운 틈을 타 오렌에게 접근해 보려는 책략을 꾸미는 인물에 불가했던 것이다. 그녀는 야스키치로부터 고이치의 중학교 학자금 이야기가 불어져 나왔을 때, "가긴이 어떤 말을 하며 돌아다닐지 모른다"고 할 정도로, 가긴에 대해서 불신감이 컸었다. 이른바 가긴은 일감을 미끼로 오렌에게 흑심을 품고 접근하는 인물일 뿐, 고이치와는 전혀 무관하다. 따라서 교양 소설, 성장 소설로서 충실해야할 개정판에서 가긴을 부각시켜 내용을 분산시킬 이유는 없었으며, 오히려 내용을 주인공 중심으로 이끌려면 나머지 인물들에 대한 교통 정리가 불가피했다고 할 수 있다. 그런 의미에서 가긴의 삭제는 어쩔 수 없는 조치였다.

교야도 마찬가지이다. 초판에서 교야는 단순히 고이치를 도쿄로 이동

---

105) 예를 들면 등장 인물만 보더라도 교조(鏡造)→교조(京造), 사쿠지(咲二)→사쿠지(作次), 야스키치(泰吉)→야스키치(安吉), 구미타 스미에(久美田佳江)→구미타 스미에(久美田すみえ) 등과 같은 부분에서 그 예를 찾아볼 수 있다.

시켜주는 다리 역할을 맡는다. 그러나 개정판은 고이치의 강한 의지를 강조하기 위해 혼자서 도쿄로 도망치게 함으로서 교야의 존재성은 유명무실해지고 만다. 결국 가긴과 교야는 고이치의 고진감래에 초점을 맞춘 개정판에서 설자리를 잃어버린 셈이다.

그리고 초판에 등장하지 않는데 개정판에 등장하는 인물이다. 여기에는 미치오 한 명밖에 없다. 그런데 미치오는 고이치에게 대단히 중요한 인물이다. 이른바 고이치에게는 미치오가 질긴 상대자이면서 경쟁할 수밖에 없는 라이벌이었다.

> 미치오는 우리 반 반장으로서 공부도 잘했다. 양쪽 반을 합치면 고이치가 1등이지만 둘의 성적은 언제나 막상막하였다. (중략) 그들 가운데 『소년세계』를 구독하는 자는 미치오 뿐이었다. 게다가 미치오의 집은 그가 필요한 것은 무엇이든 사주기 때문에 그는 많은 책을 갖고 있었다. 따라서 이러한 점에서도 미치오와 가장 이야기가 잘 통할 수밖에 없는데, 그는 이상하게도 미치오와는 친해지지가 않았다. 미치오가 책을 빌려준다고 해도 그는 빌리지 않았다. 그리곤 미치오가 구입한 책은 대체로 이나바야(稻葉屋) 가게에서 모두 읽었다. 미치오 집은 의사 집안이라 여러 가지 점에서 서양 냄새가 났다.[106]

고이치의 미치오에 대한 라이벌 의식은 남달랐다. 이는 비단 학교 내에서만이 아닌. 집안 분위기에서도 상대적 반감을 지워버릴 수 없다. 점차 그러한 반감은 오기로 변해갔고, 그에게만큼은 아무 것도 질 수 없다는 라이벌이라기보다 정복해야할 대상으로 설정하기에 이른다. 그러나 철도 건널목 사건 이후, 아이들 세계에서 주도권을 잡은 고이치도 중학교 진학 실패로 의기소침해질 수밖에 없었고, 곧이어 시작된 고용살이는 고이치가 자존심을 내세울 자리를 송두리째 빼앗아 버렸다. 그 때부터 중학교에 다니는 미치오가 말을 걸어오면 묵묵부답으로 지나쳤고 남몰래 학교에 대한 동경만을 키워갔다. 이 같은 고이치의 가슴앓이는 미치오에 대

---

106) 山本有三全集 第九卷 『路傍の石』, 新潮社, 1976, p.27

한 단순한 라이벌 의식만이 아닌, 가난한 집에서 수용할 수밖에 없는 냉혹한 현실에 대한 자각과 다름없다.

따라서 개정판에서 등장한 미치오는 고이치에게 경쟁심뿐만이 아닌, 그에게 내면적 성숙의 계기를 만들어준 인물이라 할 수 있다. 물론 이러한 대립적 구도를 통한 경쟁심과 자아 발견은 당시 대다수 국민들에게 건전한 정신교육이라는 향도적 교양주의 측면도 없지 않았다. 예컨대 난세에 국가가 요구하는 국민정서 함양이란 계몽주의라 하겠는데, 현실에 대한 부정적 개념보다 근면과 성실의 요구로 국민적 역량을 집결시켜 가자는 계몽적 측면이 그렇다. 이는 곧 작가의 현실주의적 측면에서 작가의 자아 실천으로 이해할 수 있고, 이러한 자아가 고이치를 통하여 표출되었다고 말할 수 있다.

다음은 초판과 개정판 양쪽에 변동 없이 등장하는 인물이다. 여기에는 오렌, 쇼고, 고이치가 있다. 이 세 명의 움직임은 이 작품의 중심에 해당하는데, 이들의 움직임은 초판에서 개정판으로 바뀌면서 많은 부분에서 수정이 이루어졌다. 우선 오렌부터 살펴보기로 하자. 오렌은 상당히 의지가 강한 인물이다. 부모와 세간의 반대에도 불구하고 자신의 의지를 밀어붙여 쇼고와 결혼했다. 하지만 쇼고의 보험회사 일이 지방을 돌아다녀야 하는 탓에 결혼 후 둘의 사이는 점차 멀어지게 되고, 마침내 오렌은 쇼고와의 결혼을 후회하기에 이른다. 이후 그녀는 생활을 꾸려나가기 위해 처녀 시절에 배운 바느질을 할 수밖에 없었고 고이치와 둘이서 가난에 찌든 어려운 생활을 해야만 했다. 거기에 일을 미끼로 가긴이 접근해 오는 것을 비롯하여, 이나바야의 야스키치도 고이치 모자를 걱정하며 학자금을 보조해 주려 애쓴다. 그러나 오렌은 주변 사람들로부터 염문을 의식한 나머지 야스키치의 학자금 보조를 거절했고 힘겨운 생활고를 혼자서 떠맡기로 결심한다. 쇼고는 이와 같은 오렌과 야스키치의 관계를 이용해서 그녀가 입원했을 때 야스키치로부터 돈을 뜯어내려는 계략을 세운다. 하지만 오렌은 남편 쇼고의 저의를 알아차리고 자신만 없어지면 모든 것은 해결된다며 스스로 죽음의 길을 택한다. 이처럼 초판에서는 남정네들 사이에서 고뇌하는 오렌의 생활이 상당히 심도 있게 전개된다.

그러나 개정판의 오렌은 고이치 어머니로서의 입장이 두드러진다. 예를 들면 오렌의 가정 형편의 어려움을 부각시키면서 과로로 쓰러져 아들의 얼굴조차 분간하지 못한 채 숨을 거두는 장면이 그렇다. 한마디로 말하면 초판은 오렌이 쇼고, 야스키치, 가긴 사이에서 염문에 휘말리기 싫어 자살하고 마는데, 개정판은 여자로서 어머니로서 현실에 순종하는 가정의 희생자로서 강조되고 있다고 하겠다.

한편 쇼고는 어떠한가? 쇼고는 초판과 개정판에서 상당한 차이를 보이고 있다. 초판에서 쇼고의 존재는 처 오렌과 고이치에게 폐를 끼치고 가족을 곤경에 빠뜨리는 파렴치한 남자로 묘사되고 있다.

> 그는 아버지를 아버지로 생각하지 않았다. 아버지로 생각을 하고 안하고 간에, 근래 1, 2년은 아버지의 모습조차 본 적이 없다. 그로서는 '아버지'라는 말을 들어도 아버지의 얼굴을 떠올릴 수가 없을 정도로 아버지와는 멀어져 있었다. 아버지는 오래 전부터 그다지 집에 머무른 적이 없었다. 아버지는 보험 영업을 하기 위하여 대체로 밖으로만 돌아다녔다. 이따금씩 집으로 돌아오는 일이 있긴 하지만 밤늦게 돌아오니까 고이치는 집에 돌아왔는지 돌아오지 않았는지 알지 못했다.107)
>
> 우리 집 아버지는 아버지가 아니다. 가정을 괴롭히는 기계다. 어머니는 그 기계에 걸려 저렇게 되어 버렸다. 그리고 나 역시 이 기계에 몇 번이나 손이 감겼는지 모른다.108)

고이치는 아버지를 기계로 표현할 정도로 자신들을 괴롭히는 존재로 생각했다. 그러나 개정판은 초판과는 다르다. 쇼고에게는 조부로부터 받은 옛 집안의 관례, 풍습이 대단한 정신적 지주였다. 고이치에게 타인의 도움으로 중학교에 가서는 안 된다고 강조하고, 아라이 하쿠세키의 이야기를 들려주면서, "멍청이 같으니라구! 너는 언제 그런 농사꾼 같은 근성으로 영락해 버렸느냐." "너는 무사의 자식이 아니냐. 기개를 가져! 기개

---

107) 山本有三 『路傍の石』, 朝日新聞(8回), 1937.1.9
108) 上揭書, 朝日新聞 (161回), 1937.6.12

를!"109)이라 꾸짖는 대목은 그러한 정신의 표출에 다름 아니다. 하지만 쇼고는 자유민권사상이 팽배할 때 개인적 소송 패소, 사업의 실패를 통하여 "세상에서 무엇이 제일 무서운지 알고 있느냐. 무서운 것은 인간들이다. 입에 발린 소리를 하고 돌아다니는 인간"110)이라는 부정적 사고를 각인하게 된다. 이런 시각에서 보면, 쇼고나 오렌은 시대의 전환기를 넘지 못한 비극적 인간이며, 근대화 과정에서 시대를 대변하는 상징적 인물이라 할 수 있다.

주인공 고이치에 대해서는 초판과 개정판의 상이점이 그다지 보이지 않는다. 다만 고이치가 이세야에서 도쿄로 떠날 때, 초판에서는 교야를 따라 이동하는데 비해 개정판에서는 이세야를 도망쳐 혼자서 도쿄로 갔다는 사실. 그리고 초판에서는 도쿄의 아버지 애인 스미에의 집에서 화가 나 나가 버리는데 비해 개정판에서는 스미에에게 쫓겨난다는 점에서 차이가 난다. 그런데 개정판에서 고이치가 어머니를 생각하는 마음은 남다르다.

> 물론 고이치는 도쿄로 가고 싶었다. 아직 본 적이 없는 일본 최고의 대도시와 이세야는 비교할 것까지도 없었다. 그러나 그는 "그럼 도쿄로 가겠습니다"라는 말을 곧바로 꺼낼 수가 없었다. 그렇게 되면 어머니가 곤란해 할 것이란 것을 너무나 잘 알고 있었기 때문이다. 지금도 이렇게 곤란해하는데 자신이 가계를 뛰쳐나갈 경우 남겨진 어머니는 어떻게 될 것인지를 생각했다. 이세야에서 일거리를 거두어들이는 것은 두말할 것도 없고, 어떤 힘든 일을 떠맡길지도 모른다고 생각했다. (중략) 자신보다도 어머니 쪽이 훨씬 소중하다. '도쿄로 가야 한다'는 기분은 포기할 수 없지만, 결국 저울질을 해보면 '일본 제일의 수도'보다 '어머니' 쪽이 그에게는 훨씬 더 소중했다.111)

> 쌈지 안에는 50전 은화 한 닢이 들어 있는 듯 했다. 비록 50전에 불과한 돈일지라도 아들이 일을 시작해서 받아온 돈이라는 것을 생각하니, 이미 오렌의 눈에서 50전이 돈의 개념이 아니었다. 사람들의 손에서 손으로 지조 없이 옮겨다니는 천한 것이 아닌 고이치의 피의 결정체처럼

---

109) 山本有三全集 第九卷『路傍の石』, 新潮社, 1976, p.122
110) 上揭書, p.126
111) 上揭書, p.181

소중한 것으로 느껴졌다.112)

전자는 고이치가 도쿄로 떠나기 전 어머니를 걱정하는 대목이고, 후자는 고이치가 모처럼 집에 들러 어머니에게 그동안의 월급봉투를 내놓는 장면이다. 이러한 모자간의 애정은 오렌을 통해서도 잘 나타난다. 그렇다면 고이치의 인간적인 면이 강조된 이유는 무엇일까. 여기에는 두 가지를 생각할 수 있다. 하나는 성장 소설, 교양 소설의 저변에 흘러야만 할 윤리성 확보라는 차원에서 가족간의 유대가 필요했다는 점이다. 즉, 당시 사회적 격동기에 무조건적 성공과 출세라는 사회적 경직성에 일침을 가하고 도덕성 상실의 위험성을 일깨워주는 메시지가 담겨있다는 것이다. 다른 하나는 고이치에게 어머니의 '붉은 실'에 얽힌 끈기와 인내심을 심어줌으로서, 미래의 주인으로서 자리매김 하게끔 배려했다는 점이다. 예컨대 아버지의 무사적 기질도 마찬가지겠지만, 이러한 전세대의 고집스러움과 실패는 고이치가 시대의 주인으로 다시 태어나 자신의 목소리를 낼 수 있는 양식 역할을 하였다는 것이다.

또한 이나바야 서점 주인 야스키치가 초판에서 고이치 가정으로 깊숙이 들어와 쇼고, 오렌, 가긴과 함께 염문의 주인공이 되지만, 개정판에서는 고이치 집안과는 선을 긋고 우회적으로 행동하는 것이 눈에 띤다. 이를테면 개정판에서 고이치가 철교 건널목 침목 사건으로 누워 있을 때, 고이치 집을 찾은 야스키치가 1층에서 2층으로 올라가지 않고 병 문안만 마치고 곧바로 되돌아갈 정도였다. 하지만 고이치 입장에서 보면, 야스키치는 음지의 보호자였고, 쓰기노 선생과 함께 삶의 은인이자 마음의 지주였던 인물임에는 틀림없다.

이상에서 살펴보았듯이 작자가 『길가의 돌』의 재구성을 통하여 무엇을 의도하고 독자들에게 무엇을 전하려고 했는지는 분명히 나타난다. 간단히 정리하면, 초판이 작가의 의도와는 다른 쪽으로 진행되었다는 점과 그 빗나간 부분을 개정판에서 고이치 중심으로 재구성했다는 점이다. 이른바

---

112) 上揭書, p.175

이 작품을 통속적인 소설이 아닌 성장·교양 소설로 기획했던 작가의 의도가 뜻하지 않은 방향으로 전개되어 중단을 하였고, 개정판을 내게 되는데, 그 과정에서 고이치와 무관한 인물들은 삭제하고 주인공 중심으로 재구성했다는 것이다. 따라서 등장 인물들은 자연스럽게 어떤 의미에서건 고이치와 연계될 수밖에 없었고, 그러한 가운데 고이치는 시대의 주인으로서 위치를 굳히게 되고 자신의 목소리를 낼 수 있게 된다는 것이다.

5) 등장 인물을 통해 본 '자아'

① 작품의 시대적 배경

이 작품은 서구와의 전쟁은 커녕 러일전쟁조차 예상하지 못했던 19세기말 20세기초를 시대적 배경으로 설정하였다. 그리고 성장 소설로서 작가 자신의 유소년 시절의 경험을 살려 집필하였다. 예컨대 1894년 청일전쟁, 1904년 러일전쟁 등, 문명 개화와 자유 민권의 기운이 왕성했을 무렵, 사회 전체가 불안정하고 보수와 개혁이 첨예하게 대립했던 작가의 유소년 시절을 다루고 있다. 그렇다면 작자가 『길가의 돌』의 시대적 배경으로서 격동기를 선택한 이유는 어디에 있었던 것일까? 그리고 중학교 진학의 실패, 포목전의 종업원 생활, 그곳을 뛰쳐나와 잡지사에 투고하고 입선한다는 일련의 자전적 요소를 도입한 작자의 의도는 어디에 있을까?

우리는 여기에서 두 가지 정도를 생각할 수 있다. 하나는 메이지 시대의 불안정한 사회, 다사다난했던 시대를 배경으로 삼음으로서, 격동기를 슬기롭게 극복하는 인간, 즉 철저한 자아를 바탕으로 성공을 열어 가는 감동적 드라마의 구상을 생각할 수 있다. 그것은 난세를 극복하는 교양주의적 성장소설은 역시 인간의 의지와 인내심이 강조될 수밖에 없는 문명 개화와 자유 민권사상이 한창 고조되던 메이지 시대가 적절했다고 보기 때문이다. 다음은 격동기에 인간적 드라마를 통한 국민적 통합을 생각할 수 있다. 이른바 자본주의 체제에서 자유며 인권이란 이름 아래 점차 황폐화되어 가는 인간성 문제와 국민 정서를 추스르기 위한 구심점 역할이다.

구체적으로 작품을 통해서 그 시대성을 집어보기로 하자. 우선 고이치의 교육 환경과 가정 분위기에서 엿볼 수 있는 시대성이다. 고이치는 아버지 쇼고의 대까지 13대를 이어온 동네에서는 손꼽히는 가문에서 태어났다. 쇼고는 개혁과 개량을 극도로 싫어했던 조부로부터 교육을 받은 터라 구가의 관습과 전통을 대단히 소중히 생각하는 무사였다. 그리고 쇼고는 고이치에게 항상 무사의 아들로서 기개를 강조하였고, 그 정신을 살릴 것을 강요했다. 그러나 쇼고는 부친으로부터 상속을 물려받고 결혼을 했을 때, 후견인의 부정을 발견하고 소송을 제기하면서 삶의 내리막길을 감당하지 못하고 무너져 버린다. 자유며 민권이 무엇인지 개념조차 불투명한 시대113)에 쇼고의 소송은 상대방의 발빠른 움직임에 거액을 날리고 패소하고 말았던 것이다. 그리고 거듭되는 사업의 실패로 전재산을 날린 쇼고는 괘씸한 건 어디까지나 시대 추세고 세상이라며 인간과 세상에 대한 증오심을 태웠고, 마지막까지 부정적인 사고에서 탈피하질 못한 채 패인으로 추락하고 만다. 그 여파는 문학 소년이었던 고이치의 중학교 진학 불가로 이어졌고, 결국 남의 집 고용살이로까지 내몰게 된다. 학업보다 장사의 길이 훨씬 빠르고 안정된 직업이란 인식이 사회 저변에 깔려 있던 변혁기에, 고이치의 중학교 진학 불가는 당연한 일인지도 모른다. 그러나 고이치는 전세대 쇼고와는 다른 새로운 시대를 준비하고 있었다.

고이치는 책을 받았지만 그다지 고맙다는 생각은 들지 않았다. 표지를 열어 보아도 『소년 세계』처럼 권두화도 없고 삽화도 없어 재미있을 것 같지가 않았다. 그러나 『학문의 권장』이란 제목은 그의 당시 기분에 딱 들어맞았다. "하늘은 사람 위에 사람 만들지 않고 사람 아래 사람 만들지 않는다"는 첫머리가 어쩐지 어조가 좋았다. 의미는 잘 모르지만 학문적 열기로 불타고 있던 소년은 그 책 속으로 자신도 모르게 조금씩 조금씩

---

113) 작품에서는 당시 자유며 민권 사상을 다음과 같이 설명하고 있다. "당시의 큰 사상이었던 자유 민권의 주장이 그를 유혹한 부분도 컸었다. 이 지방은 일찍이 난폭한 현령이 있었기 때문에 민권 사상은 제법 광범위하게 퍼져 있었다. 그 지방 토박이들은 무엇이 자유며, 무엇이 민권인지 알고 있는 자는 거의 없었다. 다만 관헌에 반항하고 공무원들과 부딪혀 싸우는 것이 자유이며 민권인줄로만 알고 있었다."(『路傍の石』, 중에서)

빠져 들어갔다. (중략)

　"사람은 태어날 때는 빈부귀천의 구별이 없고, 다만 학문을 해서 책을
많이 접한 자는 귀인이 되고 부자가 된다. 그리고 배우지 못한 자는 가난
하게 되고 하인이 되기 마련이다"라는 구절에서는 감격한 나머지, 몇 번
이고 반복해서 읽었고, 어느새 암기해 버릴 정도가 되었다.114)

　고이치는 야스키치로부터 받은 후쿠자와 유키치(福澤諭吉, 1835~1901)
의 『학문의 권장』을 통하여 새로운 시대의 주인으로 태어나기 위한 준비
로 바빴다. 고이치는 중학교 진학의 실패, 포목전의 종업원 생활 등, 전
세대 쇼고와는 전혀 다른 삶을 준비하는 인물이다. 물론 여기에는 시대의
탈락자 쇼고를 통한 구시대 인물들에 대한 개혁과 정의, 그리고 새 시대
를 준비하는 고이치를 통한 성실과 인내심을 부각시키려는 의도가 있었
을 것이다. 또한 고이치 가정을 통하여 당시의 시민 의식과 사회적 부조
리에 대한 고발적 의미도 있었다고 본다.

　다음은 당시의 사회 정세로부터 엿볼 수 있는 시대성이다. 고이치가
이세야에서 종업원 생활을 시작한 후, 처음으로 휴가를 얻어 집을 찾던
날은 일본에서 기념비적인 날이었다. 즉 서구 강국과 대등한 조약을 맺은
날이었다. 조약 개정 운동은 1871년부터 있어왔지만, 좀처럼 생각대로
진행되지는 않았었는데, 우여곡절 끝내 마침내 외국인 거주지라는 존재
가 일본으로부터 사라지고 불평등한 관세율도 개정되기에 이르렀던 것이
다. 하지만 국가로서는 중대한 사건이지만 국민들 대부분은 아직 램프로
살아가던 시대였기에, 국가 대사에 관심을 갖고 있던 사람은 거의 없었던
시기였다. 고이치도 예외가 아니었다. 그는 이세야의 물품 부족이나 생사
(生絲) 가격이 하늘 높은 줄 모르고 치솟는 것도 무슨 연유인지 알 수가
없었고, 그저 격심한 변화, 물가 폭등, 국민의 정신적 동요가 없기만을
신께 빌 뿐이었다. 이는 당시 일본 국민 대부분의 마음이었을 것이다.

　작가는 이러한 사회적 사건을 도입하면서 당시 세간의 관심사, 시대
상황을 사실적으로 묘사하고 있다.

---

114) 上揭書, p.112

세상은 대단한 불경기였다. 특히 영일동맹이 발표되었을 때에는 약간 밝은 빛이 비치었다. 하지만 곧바로 먹구름이 몰려왔다. 최근 4, 5년 동안 국민은 어둡고 무거운 것에 억눌려 있었다.[115]

러시아는 북청 사변이란 이름을 빌어 만주로 출병했지만, 사변이 정리된 후에도 병력을 철수하지 않았다. 만주로부터 병력을 철수하지 않았을 뿐만 아니라, 그들은 그 탐욕의 손길을 조선으로 뻗쳐 무단으로 압록강 변에 포대를 건설했다. 일본으로부터 요동 반도를 환부시켜두면서 철면피로 그것을 가로채고, 이번에는 조선까지 삼키려 온 것이다. 이것이 러시아로서는 단순히 동양에 영토를 넓힐 것인지 아닌지의 문제이지만, 일본으로서는 생명선을 위협받는 일이다. 러시아의 이러한 횡포는 일본인 모두에게 분개심을 자아냈다. 고이치 같은 자도 적개심에 불타고 있었다.[116]
전쟁에 이기자 토지와 상금이 들어왔고 동시에 가공 전리품도 쏟아져 들어왔다. 국민은 승리감에 취해 있었다. 강화 조약에 불만을 외치면서 폭동을 일으킨 무리들도 있었지만, 역시 국민은 승리감에 취해 있었다. 술, 맥주의 소비량이 급증했다. 옷이 눈에 띄게 커지고 색상은 급격히 화려해졌다. 미쓰코시(三越) 포목전에서 호화로운 겐로쿠(元祿) 모양을 유행시킨 것은 정말이지 이 무렵이었다. 전쟁 전 외자 수입고는 민관 합쳐 불과 2억에 지나지 않았지만, 1907년에는 14억으로 치솟았다. 기업 열기는 엄청나 주식은 끊임없이 폭등했다. 사기만 하면 올랐기에 초보자가 주식에 손을 대는 경우도 엄청났다. 후카가와(深川) 근처의 어느 지배인은 20엔의 저축 채권으로 가네보(鐘紡)로 2만엔을 벌었다고 하는가 하면, 술집 마담이 도쿄 증권(東) 주식으로 10만엔을 먹었다는 따위의 소문이 더한층 사람들의 투기심을 불러일으켰다.[117]

이처럼 국민의 고통과 불만은 물론, 북청사변에서 일본군의 활약상, 러일전쟁이 일어난 이유와 당시의 혼란했던 사회상에 이르기까지 정치성이 짙은 내용까지 거침없이 그렸다. 이는 당시 상황을 생각할 때 결코 쉽지 않았을 텐데, 이처럼 지식인의 양심에 기댈 수밖에 없는 민감한 문제를 여

---

115) 上揭書, p.281
116) 上揭書, p.289
117) 上揭書, p.299

과없이 다룬 것은 여러 측면에서 의의가 크다 할 것이다. 특히 1906년부터 스트라이크의 표출, 전후 무질서한 일본의 생생한 고발을 통해 그 영향력을 기대하였다면 작가의 입지는 결코 자유롭지 못했을 것이다.

실제로 『길가의 돌』 집필 당시는 중일전쟁이 일어났고 군국주의 사상이 고조되면서 군부로부터 통제도 살벌한 시기였다. 작자의 「후기」에도 "끊임없이 군부로부터 미움을 사왔던 아사히신문사는 아주 어려운 처지로 내몰렸던 것 같다"118)고 적었듯이, 언론의 통제는 물론이고, 사방에서 일어나는 스트라이크를 군대가 출동해 진압하던 시대였다. 이러한 시기에 「달님은 왜 떨어지지 않는가」에서 사회주의자가 출현, 인간은 잘난 척하지만 모두 뿔뿔이 제멋대로가 아니냐는 비판적 견해는 위험부담이 없지 않았다는 것이다. 특히 사회주의자 도쿠지의 "우리들 역시 달님이나 별님처럼, 서로 손을 맞잡고 떨어지지 않도록 하지 않으면 안 된다"119)는 의미심장한 말투는, 당시 분위기로 볼 때, 문제가 될 수 있는 대목이라 하겠다. 기업체의 스트라이크가 한창이고 군국주의가 힘을 휘두르던 시기에, 노동자의 비극적 삶과 프롤레타리아의 단결을 주장하는 사회주의자의 등장은 지배 계급의 눈총을 사기에 충분했다는 이야기이다. 그러나 고이치는 도쿠지의 노동자 단결에 전적인 박수를 보내지는 않는다. 근본적으로 수긍을 못하는 것은 아니지만 뭔가 빠져있는 듯한 느낌에 전적으로 동조는 할 수 없었던 것이 고이치의 마음이었다.

유조 문학에서 사회주의자가 등장하는 작품은 적지 않다. 이와 관련하여 가장 문제가 되었던 작품은 『여자의 일생』과 『바람』이다. 특히 『여자의 일생』에서는 지하 활동을 하는 마사오의 행동으로, 작자가 당국에 검거되는 사건이 일어나기도 했다. 그러나 앞에서도 언급하였듯이 유조 문학은 프롤레타리아 문학과는 거리가 멀다는 점을 간과해서는 안 된다. 이는 사회주의적 사상을 고취시키거나 스트라이크를 선동하기보다 못가진 자들의 입장에서 그들의 인간적인 삶 그 자체를 놓고 어떻게 받아들일 것

---

118) 山本有三 「『小說路傍の石新編』のあとがき」 山本有三全集 第九卷 『路傍の石』, 新潮社, 1976, p.430
119) 山本有三全集 第九卷 『路傍の石』, 新潮社, 1976, p.350

인가에 비중을 두었기 때문이다. 이를테면『탄광』,『영아 죽이기』등에서 볼 수 있는 하층 민중의 체념,『생명의 관』,『쓰무라 교수』,『진실일로』등에서 볼 수 있는 진실일로적 삶을 이데올로기보다 먼저 생각해야 한다는 것이다. 여기에서 우리는 그의 문학의 방향성을 확인할 수 있다.

② 등장 인물의 개성과 자아

〈오렌〉

작품에서 오렌은 그다지 중요한 역할을 담당하지는 않지만 고이치에게는 커다란 영향을 끼친 인물이다. 쇼고와의 결혼이 결정된 후, 쇼고가 친척을 상대로 소송을 걸었을 때, 오렌의 아버지는 "소송 따위를 거는 인간은 견실한 일은 싫어하고 팔장만 끼고 빈둥거리며 살아갈 인간"이라며 그와의 결혼을 반대했었다. 오렌은 남들의 험담도 있었지만 도리상으로 약혼을 파기하고 싶지는 않기에, 간곡히 아버지를 설득시켜 쇼고와 결혼을 했다. 지금에야 당시 아버지 말이 뼈에 사무치도록 그립고, 삯바느질을 할 수밖에 없는 형편이지만, 어떻게 할 방법이 없다. 남편은 재판 때문에 집에 돌아오지 않고, 학교에 다니는 고이치만이 그녀의 유일한 희망이자 의지처였다. 그리고 돈이 없어 아들을 중학교에 못보내는 자신을 한탄하며 살려고 애써보지만, 결국 과로로 쓰러졌고 의식불명인 채 숨을 거두고 만다.

한 남자의 아내로서 한 집안의 어머니로서 현실을 수용할 수밖에 없었던 오렌의 생애. 이는 그녀의 외고집에서 비롯된 부분도 있지만, 쇼고라는 남편에 의해 희생된 측면이 컸다고 할 수 있다. 남성 우월주의가 팽배했던 사회적 분위기를 생각하면 오렌의 고투를 당연하게 받아들일 수도 있지만, 역시 시대의 희생자임에는 틀림없다. 이 같은 오렌의 모습은『영아 죽이기』의 아사의 체념과도 다르며,『여자의 일생』의 마사코의 제2의 출산이나『진실일로』의 시즈코의 삶과도 비교되는 특이한 면이 있다. 유조 문학에서 여자로서 어머니로서 이처럼 연약한 모습을 찾아보기는 힘든데, 여기에서 약한 어머니를 등장시킨 것은 주인공에게 더 강한 삶의 의지를 고취시키기 위함이 아니었을까. 이른바 고이치에게 전세대의 비참한 패배의 현장을 적나라하게 보여줌으로서, 그로 하여금 질기고 강한 생명력을 갖게 한다는 작품의 구도이다.

〈쇼고〉

쇼고의 존재성은 둘로 나누어 생각해 볼 수 있다. 하나는 고이치의 아버지와 가장으로서의 존재성이고, 다른 하나는 시대의 탈락자로서의 존재성이다. 먼저 가정에서의 쇼고의 존재는 오렌 입장에서 보면 아무런 의미가 없는 인물이다. 그녀는 남편이 술을 마시며 권하는 도쿄행에 침묵을 지킨다. 이는 먹고살기도 벅찬데 도쿄는 무슨 도쿄냐는 불만의 표출과 다름없다. 그러나 쇼고는 오렌과는 달리 아들에게는 아버지로서의 역할을 게을리 하지 않았다. 물론 직접적인 아버지로서의 역할을 생각하면 내세울 것이 없다. 하지만 조상과 집안 내력을 거론하며 사회를 상대로 자신의 잘못된 대응을 적나라하게 보여줌으로서, 고이치로 하여금 사회에 대한 냉정한 인식을 갖게 한다는 측면에서 쇼고의 존재성은 결코 작지만은 않다. 예컨대 쇼고가 전재산을 투자한 소송에서 패소하고, 세상 사람들에 대한 극도의 불신감으로 그 자신은 패인으로 전락하고 말지만, 자식에게만큼은 무사의 기개를 가지라고 호통치는 아버지로서의 존재성이다.

> "무엇보다도 아라이 하쿠세키(新井白石)를 생각해 보거라. 3천 량을 걸어찬 하쿠세키처럼 기개를 자져라! 남의 신세를 진다는 따위의 쫀쫀한 생각으로 출세한다는 건 어림도 없는 일이지. 우리 집은 옛날부터 남을 돌본 적은 있지만 남의 신세를 진 적은 없다는 걸 명심하거라."
> "……"
> "너는 그런 농부와는 출생 성분이 다르다는 걸 알아라. 걸근거리지 말아라. 좀더 대범한 자세를 보여야 한다. 그리고 더욱더 야무진 데가 없어서는 안 된다는 거 알겠나."120)

---

120) 上揭書, p.127

고이치에게 중학교 진학 실패는 충격이었지만, 인용문에서처럼 집안의 관례와 풍습을 강조한 쇼고의 당당한 자세는 그의 정신적 근간이 되었다. 이른바 중학교에 올라가지는 못했지만 아버지는 좌절이 아닌 자신감과 독립심을 심어주었다. 어쩌면 고이치가 이세야의 밑바닥 생활을 견딜 수 있었던 것도, 쓰라린 인쇄소의 문선공 시절을 극복할 수 있었던 것도, 따지고 보면 쇼고가 강조한 무사의 기개 덕분이라 할 수 있다. 그리고 쇼고의 인간적인 부분도 간과해서는 안될 것이다. 예컨대 쇼고가 오렌이 죽었을 때, 눈물 흘리며 한가정의 가장으로서 무책임했던 과거를 반성하는 대목인데, 이는 쇼고가 인간적이길 포기하지 않았음을 의미하기 때문이다. 하지만 쇼고는 아내의 장례식에도 참석할 수 없을 정도로 철저히 파괴되었고 가정에서나 사회적으로 완전히 설자리를 잃은 채 피폐한 인물로 나앉고 만다.

다음은 시대의 탈락자로서의 쇼고이다. 그는 가족과 사회로부터 버려진 비극적 인물이지만, 그것은 인간성 자체가 나쁘기 때문이라기보다 시대의 변화에 적응하지 못한 데서 오는 불가피한 귀결이다. 예컨대 쇼고가 한가정의 가장으로서 역할을 다하지 못했음은 사실이지만, 당시의 시대상과 연계해 생각해 보면 그의 행동이 그만의 잘못은 아니라는 점이다. 쇼고의 소송은 이세야의 다다스케(忠助)의 제안에 의한 것이고 자금을 빌려주고 이익을 챙기는 악덕업자의 꼬임에서 비롯된 측면이 많기 때문이다. 물론 여기에는 당대를 휩쓴 자유 민권 사상이란 시대적 상황을 간과 할 수는 없다. 그러나 막상 재판이 패소로 끝나자 누구 하나 쇼고를 위로하지 않았고 오히려 빌린 돈의 반환만을 재촉했다. 이후 쇼고의 사업은 실패를 거듭했고 전답과 집은 남에게 빼앗긴 채 빈 털털이가 되고 말았던 것이다. 결국 쇼고는 무사 출신의 기개를 잃지는 않았지만 사회로부터 버림받으며 철저하게 인간들을 증오하게 된다. 그리고 "괘씸한 것은 어디까지나 시대의 정세이고 세상이지, 그 외 아무 것도 아니다. 그는 세상을 저주하고 인간을 믿지 않았다. 이미 그에게 '사람을 보면 도둑놈으로 생각하라'는 말은 속담이 아닌 견고한 신앙이 되어 있었다."121)

당시 몰락 사족들이 가장 많이 택한 길은 상업이었다. 그 중 사업에 실패한 무사 출신들은 신정부를 저주하고, 인간과 사회를 저주하면서, 옛 사회에 대한 향수로부터 벗어나지 못한 채 불만을 품었던 게 사실이다. 물론 학교나 관청에서 근무한 사람보다 장사의 길을 택한 사람들의 명암은 더욱 분명했을 것이다. 이른바 같은 사족 출신이면서도 사업의 흥망에 따라 단번에 신귀족과 몰락이라는 수용하기 힘든 격을 창출했다는 것이다. 따라서 뼈대있는 가문 출신인 쇼고가 전환기를 극복하지 못하고, 비극적인 인물로 추락해 버린 것은, 비단 그만에 국한된 모습은 아니라고 할 수 있다. 이른바 쇼고의 몰락은 당시의 많은 몰락 사족의 실상을 상징적으로 보여주는 것이며, 또한 오렌과 마찬가지로 전세대의 철저한 패배를 통한 현세대 고이치의 건강한 삶을 열어준다는 작품의 구도로 이해할 수 있다.

〈고이치〉

　주인공 고이치에 대해서는 3단계로 나누어 생각해 볼 수 있다. 먼저 제1단계는 처음부터 「물가 폭등」까지인데, 여기에서는 고이치의 소년기로서 고향에서의 일련의 사건, 즉 중학교 진학 실패, 철교건널목 사건, 이세야의 종업원 생활, 어머니의 장례식 등이 주된 내용이다. 이른바 고이치가 이세야를 도망쳐 도쿄행 기차에 몸을 싣기까지, 학교, 친구, 가정과 관계가 깊으며, 그의 의지와는 무관하게 타인에 의해 좌우되는 삶이란 점이 특징이다. 또한 쓰라린 경험을 통하여 어리지만 자신의 현위치를 분명히 자각하는 시기이기도 하다. 예컨대 혈육하나 없는 세상에서 살아남아야만 한다는 절박감을 느끼며, 학교, 친구, 가정이란 1차적 사회로부터 자아를 확인함과 동시에 미래의 꿈을 키워 가는 단계라고 할 수 있다.

　제2단계는 「도쿄」에서 「달님은 왜 떨어지지 않는가」까지인데, 이 시기는 고이치의 시련기로서 지인 한 명 없는 도쿄에서의 분투기라고 할 수 있다. 아버지의 여자라고 여겨지는 구미타 스미에 집에서 식모와 다름없

---

121) 上揭書, p.134

는 혹독한 대우, 서생 구로다와의 인간 관계, 인쇄소 문선공 생활, 쓰기노 선생과의 재회 등이 주된 내용이다. 즉, 점차 사회인의 한사람으로 성장해 가는 과정이라 하겠는데, 그러한 과정에서 사회적 부조리에 눈뜨고 개인에서 사회로, 소아에서 대아로 삶의 범위를 넓혀 가는 2차적 생활의 시작기로 볼 수 있다. 여기에서 한가지 더 생각할 수 있는 것은 사회주의자와 관련한 고이치의 냉철함이다.

> 달님은 왜 떨어지지 않는가.
> 별님과 태양이 사이좋게 손에 손을 맞잡고 있기 때문이다.
> 그러니까 인간들도 하나되어 사이좋게 손을 맞잡지 않으면 안 된다.
> 그것은 알고 있다.
> 그런데, 왜 가난한 자들만 손을 잡으라고 하는 건가.
> 왜, 부자들은 예외이어야 하는가.
> 부자라 해도 인간이 아닌가.
> 부자 가운데에는 부정한 자도 많다.
> 그렇다고 가난한 자들 모두가 착한 자라고 단정할 수도 없다.
> 이처럼 생각하는 것은 내가 부자가 되고 싶어하기 때문일까?122)

가진 자를 비판하기도 하고, 못가진 자에게 분발을 촉구하는 고이치의 냉철함은 일목요연하다. 작자는 이 작품의 개정판 「팬을 놓는다」에서, "이 작품이 국책에 반하는 것이 아니라는 것을 나는 확신을 가지고 단언한다. 자본주의, 자유주의, 출세주의, 사회주의 등이 나타나지만, 그것을 어떻게 다루려는 것인지 작품을 읽어보면 누구든지 알 수 있다"123)고 언급한 적이 있다. 이는 작가의 의도가 어디에 있는지 사회주의적 분위기가 고이치의 길이 아니었다는 점을 충분히 암시하고 있다. 또한 이 단계는 도쿄에서 처음으로 자신만의 공간을 마련하기까지 간난신고를 겪는 시련기라고 말할 수도 있다.

　제3단계는 「일해라 일해, 끊임없이 일을 해」에서 마지막까지이다. 이

---

122) 上揭書, p.350
123) 上揭書, p.355

단계는 고이치의 현실 인식을 기반으로 활발한 사회 활동을 시작한 자립기라 할 수 있다.124) 인쇄소의 화재, 아버지의 귀가, 「성공의 친구」 잡지 출판 등, '시대의 주인'으로서의 역할이 주된 내용이다. 그리고 이 작품은 마지막으로 고이치와 쓰기노 선생이 재회하고 어떻게 살 것인가를 논하는 장면에서 중단된다.

> How to live?
> 선생님은 '어떻게 살 것인가'가 가장 중요하다고 하였다. 그러나 나 같은 사람에게는 '어떻게 해서 살 것인가'가 더욱더 중요한 문제가 아닌가. 결국 선생님은 선생님이고 나는 나일 뿐이다. 종국에 이르며 인간은 역시 개개인이다. 선생님과 나 역시 별개일 수밖에 없다.125)

이처럼 마지막 단계에서는 고이치가 사회적인 성공을 통하여 선생을 앞서가는 인상도 주긴 하지만, 이는 역시 주인공의 독립심과 삶의 의지를 강조하기 위함이지 선생을 앞지른 인간적 성숙으로 보기는 힘들다.

이상에서 고이치의 삶을 성장기, 시련기, 자립기로 나누어 살펴보았는데, 이 작품의 일관된 테마는 고이치의 의욕적인 삶과 끊임없는 도전 정신이다. 이른바 문명 개화, 조약 개정, 러일전쟁 등을 시대적 배경으로 삼으면서, 중학교 진학의 실패, 밑바닥 종업원 생활이란 개인적 어려움을 극복하고 시대의 주인으로서 자신의 목소리를 내기까지의 과정을 그리고 있다. 이렇게 볼 때, 이 작품에서 고이치의 위치는 독보적이며 작품의 모든 역량이 그에게 집중되어 있음은 확연히 들어난다.

〈쓰기노 선생과 구로다〉

고이치를 둘러싼 인물 중에서 중요한 인물은 쓰기노 선생과 구로다이다. 쓰기노 선생은 고이치가 소학교를 졸업하고 경제적인 이유로 중학교

---

124) 이 부분은 개정판에는 없는 내용이기 때문에 초판, 즉 아사히신문에 발표된 내용을 검토의 대상으로 삼았다.

125) 上揭書, p.425

진학을 못하게 되자, 친구인 야스키치에게 학자금을 부탁할 정도로 그에
게 각별한 관심을 보였다. 그리고 철교건널목 사건 직후, 고이치에게 꾸
짖는 대목은 쓰기노 선생의 인생관을 단적으로 엿볼 수 있다.

> 인간은 한번 죽어버리면 그것으로 그만이다. 아이카와 고이치란 인간
> 이 단 한 명밖에 없듯이 일생이라는 것도 단 한 번밖에 없다는 걸 명심해
> 라. (중략) 인생은 죽는 것이 아니다. 사는 것이다. 지금 세대들은 무엇
> 보다도 살지 않으면 안 된다. 자기 자신을 살려나가지 않으면 안된다. 오
> 직 하나밖에 없는 자신을 단 한번밖에 없는 일생을 진정 살리지 못한다
> 면, 인간으로서 태어난 보람이 없질 않은가.126)

개개인의 입장에서 보면 자신의 목숨보다 귀한 것은 없다. 따라서 스
스로의 삶을 훌륭하게 살아 가는 것보다 가치 있는 일은 없다. 이른바 유
조의 중편 『불석신명』이 참된 「석신명」의 의미를 가르쳐주듯이, 쓰기노
선생은 고이치에게 삶의 의미를 되새길 수 있는 계기를 제공해 주었다.
그런데 이처럼 정신적 지주로서 절대적이었던 쓰기노 선생이 고이치에
게 돌이킬 수 없는 실수를 저지르고 만다. 야스키치가 죽기 전, 고이치의
학비에 써달라며 쓰기노에게 맡겨둔 돈을 아내의 병원 치료비로 사용해
버렸던 것이다. 이 사실은 고이치에게는 단순한 쇼크 이상의 충격이자 절
망이었다. 그러나 한편으로는 믿었던 선생님의 부정, 친절했던 야스키치
의 죽음 등, 일련의 사건들은 문선공인 그에게 안타까움을 안겨주긴 했지
만, 인간적인 성숙을 다질 수 있는 계기였음도 부인할 수 없다. 예컨대
"세상은 이런 것이다. 너를 가르친 선생조차도 이런 일을 저지른다. 정말
로 난 너를 마주할 면목이 없다"127)고 말하는 선생님과 이제 자신은 괜
찮다며 오히려 선생님을 위로하는 스승과 제자의 인간적인 대화가 그렇
다. 그리고 한가지 더 간과할 수 없는 것은, 문학가 지망이란 이상을 접
을 수밖에 없었던 쓰기노 선생이나, 지식인으로서 자기 목소리를 내보지

---

126) 上揭書, p.108
127) 上揭書, p.323

못하고 죽어버린 인텔리 서적상 야스키치나, 모두 시대의 주인공으로 자리잡지 못한 패배자라는 사실이다. 물론 이러한 모습은 앞에서 언급한 오렌과 쇼고의 역할처럼 주인공을 크게 만들어가기 위한 하나의 과정으로 보아야하겠지만, 그들의 철저한 몰락과 좌절이 당대의 다양한 삶의 명암을 그대로 보여주는 것임에는 틀림없다.

다음은 구로다이다. 그는 스미에의 집에서 하숙을 하며, 풍자 만화를 그리는 인물이다. 작품에서는 그렇게 많이 등장하지는 않지만, 고이치가 가장 힘겨워할 때, 절대적인 힘을 실어주는 인물로서 주인공에게는 중요한 인물이다. 예를 들면 구로다의 "누군가로부터 걸어차이지 않으면 무언가에 짓눌리지 않으면 배 속에서 참된 소리가 나오지 않는다." "'시대의 주인'은 반드시 그러한 고통 속에서 생겨나는 법이다"128)고 언급하는 대목이다. 그리고 구로다의 신문 배달, 낫토(納豆)129) 판매와 같은 인생 편력은 고이치의 가슴을 찌르는 울림이 있었다. 특히 살아있는 그림, 목소리를 내는 그림을 그리려고 노력한 구로다의 의식은 불의와 타협하지 않는 정의감마저 느껴진다. 돈과 명예를 위해서라면 앞뒤 가리지 않는 시대에 '내가 시대의 주인이다'며 사회를 향해 포효하는 구로다의 의식은 배운 자의 참된 길임에 틀림없다. 끝까지 시대의 주인으로서 안정된 모습을 보여주지는 못했지만 구로다의 신의에 찬 삶은 고이치의 출세주의와는 다른 여유와 인간적인 그릇의 폭을 느끼게 한다.

가라키 준조는 이 작품의 구로다에 대해 언급하면서 "펀치를 그리는 구로다라는 인물을 좀더 앞으로 내세웠더라면 이 작품이 주는 갑갑함을 훨씬 덜어주었을 것이다"130)고 지적한 바 있다. 그러나 구로다가 고이치의 개인적 갑갑함을 들어주었을지는 모르지만 작품 전제의 갑갑함을 해결하기에는 미흡했다고 생각한다. 그것은 구로다의 여유와 삶의 폭이 전면에 부각되지 못했다는 지적과 산발적 출현으로 인한 어설픈 형상화로 끝나

---

128) 上揭書, p.244
129) 콩가공 식품의 하나이다. 삶은 콩에 순수배양 낫토균을 섞어 발효시킨 것으로써 끈적끈적하여 실처럼 늘어지므로 이토비키 낫토(糸引き納豆)라고도 한다.
130) 唐木順三「山本有三」, 『現代日本文學大系 44』, 筑摩書房, 1972, p.386

버렸다는 점에서 그 한계가 분명하기 때문이다. 하여튼 고이치에게 구로다가 던진 '간난신고' '고생을 스승으로 생각한다'는 일련의 말은 그의 삶에 정신적 양식이었음에 틀림없다. 이렇게 볼 때, 구로다 역시 쓰기노 선생과 함께 고이치의 정신적 지주이며, 앞에서 거론된 인물들과 마찬가지로 희생자로서 나란히 위치할 수 있는 인물일 것이다.

이상에서 『길가의 돌』을 등장 인물 중심으로 검토해 보았는데, 이를 요약해 보면 다음과 같다. 첫째는 성장·교양 소설이란 이유도 있겠지만 메시지 전달에 충실했다는 점이다. 그것은 다른 등장 인물이 모두 고이치를 중심으로 움직이고 있다는 점에서 그렇다. 예컨대 고이치 가족을 비롯한 쓰기노 선생과 구로다, 그리고 친구까지 모두 고이치가 보다 강하게 자랄 수 있게끔 채찍질하는 보조 출연자로서 존재한다는 사실이다. 또한 전세대 쇼고, 오렌, 노인, 쓰기노 선생, 야스키치, 구로다 등, 모든 인물들이 예외 없이 시대의 희생자로 묘사되고 있다는 점, 그리고 동일 세대, 즉 미치오, 교조, 아키타로, 오키누(おきぬ)까지도 고이치의 경쟁 상대자로 등장한다는 점에서 그렇다. 이는 다시 말해 고이치 근처에는 여유를 갖고 함께 울고 웃을 수 있는 인물이 한 명도 없음을 의미한다. 그래서일까 이 작품에는 시종일관 출세주의에 사로잡힌 고이치 한 명만이 살아있다는 느낌을 지워버릴 수가 없다. 아마도 이 작품이 갑갑하게 느껴지는 것은 이 때문일 것이다.

둘째는 주인공 고이치에게 여유가 없다는 점이다. 작품에서 고이치가 『학문의 권장』을 읽고 『소년세계』에 투고하면서 인격적 성장을 시도하기도 하지만 구체적이고 지속적이지 못하다. 그것은 작품 전체의 분위기가 자본주의의 한복판을 향해 급진하는 난세를 지나치게 강조했음을 의미한다. 바꾸어 말하면, 성공은 부자가 되는 길 뿐이라 믿고 안달하는 고이치에게 정신적 모럴이 침투할 공간이나 건강한 자아를 키워갈 공간을 허용하지 않았음을 뜻한다. 이는 작품이 고이치의 출세주의 일변도로 흘러버렸음의 반증이기도 하다. 이른바 주인공에게는 『파도』에서 볼 수 있는 인간사의 절대적 운명[131]을 인식하는 정도의 최소한의 공간도 찾아보기 어렵다. 그러니까 주인공이 실업가로서 성공했다손 치더라도 그가 느끼는 정신적 고독을 해소할 휴식처는 그 어디에도 없었던 것이다.

셋째는 주변 인물들은 철저하게 희생시켰다는 점이다. 주인공을 크게 만들기 위한 주변 인물들의 철저한 희생은 이 작품의 기본 구도이다. 따라서 주변 인물들을 통한 아기자기한 맛이나 자연적으로 어우러진 종합적인 미가 살아나질 못했다. 즉, 대지의 기운이라고 할까, 일본 정원의 단아함 같은 정제된 여유라고 할까, 인공적이면서도 서정적인 자연의 미가 자리하지 못했다는 것이다. 미야모토 유리코가 유조 문학을 놓고, "간절하게 작자의 의도를 독자들에게 들려주는 설명식 문장이기에 문학적 향기가 정말로 빈약하다"132)고 했듯이, 회화적이 못하기 때문에 작품 전체가 인간주의적 부분을 강조하지 못한 채, 기계가 윤활유 없이 뻑뻑하게 돌아가는 듯한 느낌마저 자아내게 한다. 이는 거대한 도심 한복판에 철골 콘크리트 고층 건물밖에 보이지 않는 갑갑함이며 최소한의 녹음이 그리워지는 여유와 정서에 목말라 하는 갈증이다. 이러한 분위기에서 고이치가 인간은 역시 개개인이며 선생님과 나 역시 별개일 수밖에 없다란 자기중심적 사고로 덧칠함은 당연하다 하겠다.

이상에서 살펴보았듯이, 이 작품은 『진실일로』에서 무쓰코, 요시헤이, 시즈코, 요시오. 스미다가 제 나름대로의 진실일로를 향해 살아가는 모습이나, 『파도』에서 고스케, 슈코 자매, 스스무가 모순을 통해 진실을 창출하는 과정과 비교해 볼 때, 좁은 폭에서 오는 갑갑함을 피할 길이 없다. 하지만 고이치의 정의와 성실, 그리고 간난신고가 격동기에 귀중한 모럴이었음은 부인할 수 없다. 이렇게 볼 때, 이 작품이 서정적이거나 회화적이지는 못했지만, 주인공을 현실주의적 입장에서 '시대의 주인'으로 내보내려 고뇌했다는 것은 평가의 대상이지 비판의 대상일 수 없다. 그것은 고이치를 통하여 난세를 정면에서 맞고 거기에서 미래를 열어가는 건전

---

131) 예컨대 전세대인 고스케의 모순을 현세대인 스스무가 자각하고 혁명을 일으켜 개혁하는 것이 아니라, 그 모순을 또다시 반복하는 것. 즉, 파도가 끊임없이 반복하듯이 인간사의 모순 역시 반복될 뿐이라고 하는 진리.

132) 宮本百合子 「山本有三氏の境地」, 『近代文學鑑賞講座』 第十二卷, 角川書店, 1959, p.278

한 모럴을 강조했기 때문이며, 그것이 사실상 당대에 가장 절실했던 국민 정서였다는 점에서 그렇다.

6) 현실주의와 향일성

주지하는 바와 같이 프랑스의 자연주의 문학이 일본에 들어오게 된 것은 메이지 30년대 졸라의 영향을 받은 오스기 덴카이(小杉天外), 나가이 가후(永井花風, 1879~1959)에 의해서였다. 서양의 자연주의가 인간과 사회 현실을 자연과학적 방법으로 관찰하며 허구를 배제하고 있는 그대로를 묘사해 가는 것을 주로 하였는데 비해 일본의 자연주의는 러일전쟁 이후 자본주의의 급성장과 더불어 근대화 과정에서 표출되는 봉건적 사회 분위기를 비판하고 인간의 본능세계를 묘사하려는 경향으로 나타났다. 따라서 추잡한 개인의 치부를 파헤치는 이른바 사회성과 맞물리면서 개혁적인 측면을 주장하지 못하고 개인적 사생활을 들추어내는 사소설 형식으로 발전해 갔던 것이다.

시마자키 도손의 『파괴』가 부락민 출신 우시마쓰를 주인공으로 내세워 아버지와의 약속을 깨고 자신의 출신성분을 밝히게 하면서도 사회적 문제를 이슈화하기보다 개인적 내면 문제로 처리했던 점이나 『봄』, 『집』, 『신생』 등이 자기 고백적인 부분에 철저했던 것은 그 좋은 예이다. 또한 다야마 가타이가 『이불』을 통하여 여제자에게 끌리는 중년 작가의 마음을 폭로한 것이나, 한 소학교 교사의 삶의 불행을 골똘히 응시한 『시골교사』가 철저하게 주관을 배제하고 평면묘사133)에 철저했던 예를 들 수 있다.

이러한 자연주의적 경향에 이상과 상상이 결여되었다고 반발한 작가군

---

133) 메이지 40년대에 다야마 가타이가 주장한 소설 묘사법으로서 "단지 작자의 주관을 가미하지 않을 뿐 아니라 객관의 사상(事象)에 대해서도 조금도 그 내부에 들어가지 않고, 그저 보고들은 대로 만져본 대로의 현상을 빠짐없이 그린다"는 것으로서 방관적 객관적 태도와 작중 인물 내면에 들어가지 않는 묘사의 평면성을 특징으로 한다.(大養廉 外2人 『日本文學史』, 桐原書店, 1987, p.135)

이 『탐미파』와 『여유파』이다. 탐미파는 자연주의의 개인적 치부 고발 차원에서 좀더 미적 세계를 묘사하여야만 한다며 향락적 방향으로 여성을 중심에 세웠고, 나쓰메 소세키와 모리 오가이는 "자아 문제로 고뇌하는 지식인의 세계"[134]와 "근대화 속에서 어떻게 일본적인 부분을 지켜낼 것인가를 테마"[135]로 서구에 대한 풍부한 지식을 바탕으로 많은 독자층을 형성하였다.

여기에 또 다른 반자연주의적 경향으로서 『시라카바파』를 들 수가 있다. 물질적으로 전혀 부족함 없이 성장한 학습원 출신 작가 무샤노코지 사네아쓰, 시가 나오야, 사토미 돈 등이 그 중심 멤버였다. 그들은 "러일전쟁 후 자본주의 사회가 한층 발전하면서 외국으로 식민지화가 진척되고 격심한 빈부의 차로 사회문제가 격화일로로 치닫고 있을 무렵 국가와 사회문제를 극히 낙관적으로 받아들이면서"[136] 이상주의와 인도주의에 기반을 둔 자아 존중을 강하게 주장하였다. 특히 무샤노코지 사네아쓰는 『한심한 짝사랑』, 『우정』, 『사랑과 죽음』 등을 통하여 '인간의 의지'를 강조하면서 인간성을 있는 그대로 긍정하는 것이 소중하다고 갈파하였다. 또한 시가 나오야도 『기노사키에서』, 『화해』, 『암야행로』 등을 통하여 인간과 자연의 조화를 강조하면서 긍정적인 자아의 세계관을 묘사하는데 심혈을 기울였다.

한편, 이러한 반자연주의적 입장에 현실주의자들은 반기를 든다. 예컨대 "현실을 이지적으로 받아들이고 기교적으로 표현하는 관학 출신의 엘리트들이 문단에 등장"[137]하면서 여성을 통한 탐미 문학이나 이상과 인도주의에 입각한 문학과는 달리 현실에 다양한 개아에 의한 일상 생활의 냉정한 관찰이 필요하다고 주장한다. 여기에는 크게 아쿠타가와 류노스케를 비롯한 기쿠치 간, 구메 마사오, 야마모토 유조 중심의 『신사조』 그룹과 와세다대학 출신 중심으로 이루어진 『기적파』가 있다. 아쿠타가와 류

---

134) 稻賀敬二・竹盛天雄 『簡明日本文學史』, 第一學習社, 1999, p.101
135) 大養廉 外2人 『日本文學史』, 桐原書店, 1987, p.127
136) 上揭書 p.143
137) 上揭書 p.148

노스케는 "나쓰메 소세키로부터 근대 개인주의를 축으로 한 인격주의를, 모리 오가이로부터 번역서를 통한 문체와 표현상의 영향을 받으면서, 『게사쿠 삼매』, 『지옥도』, 『봉교인의 죽음』 등을 통하여 자연주의적, 소시민적 현실이 잉태하는 모순과 대립을 예술로써 지양(止揚)하려고 하는 예술주의"138)로 문단의 지위를 굳히며, 1920년 이후 현실과 일상성에 눈을 돌려 예술주의 태도를 수정, 사소설과 프롤레타리아 문학에까지 관심을 비춰보긴 하지만, 결국 자신의 예술조차 회의적으로 보기에 이른다. 특히 쇼와 시대에 발표된 『갓파』, 『톱니바퀴』, 『어느 바보의 일생』 등에는 어두운 현실 인식에 의한 '몽롱한 불안'의 세계를 냉정하게 그려내고 있다.

또한 기쿠치 간은 『아버지 돌아오다』를 통하여 대중성을 확보하게 되는데, 이른바 가출했던 아버지가 돌아오자 큰아들 겐이치로가 "내게 아버지가 있다면 내가 어렸을 때부터 고생만 시킨 원수다"139)며 내쫓는데, 결국 초라하게 돌아서는 아버지를 보다 못한 큰아들이 뒤쫓아 나섬으로서 인정의 세계를 감싸안게 된다.

> 신지로 (떠나려는 아버지를 쫓아)괜찮다. 괜찮다니까.(현관으로 내려가
> 다가 엉덩방아를 찧는다.)
> 어머니 여보! 위험해요!
> 신지로 (아버지를 안아 일으키며)이제부터 가실 데라도 있으세요?
> 아버지 (아주 새침해서 앉은 채로)길가에서 객사하는데 집이 무슨 소용
> 이 있겠니……(혼자 말처럼)나도 이 집에 들어올 처지가 아니지
> 만, 나이를 먹고 기운이 없어지니까 자연히 고향으로 발길이 돌
> 아서더라.(중략) 돈 한 푼 없이 돌아왔으니 업신여기는 것도 당
> 연하지. 나도 쉰이 넘으니까 고향이 그리워져서 그래도 천이나
> 2천 목돈을 잡고 돌아와서 너희들에게 사죄를 하려고 했었는데
> 나일 먹으니까 일도 제대로 안 돼……(억지로 일어서며)그래 좋
> 다. 내 한 몸 어떻게 못하겠니.(처참한 표정으로 일어나 늙은
> 아내를 뒤돌아보고는 문을 열고 사라진다.(네 사람 잠시 말이

---

138) 渡邊靜夫 『日本大百科全書』, 小學館, 1994, p.201
139) 기쿠치 간/이경재 옮김 『어떤 사랑 이야기』, 小花, 1998, p.298

없다가)

어머니　(애원하듯)겐이치로!

오다네　오빠!(잠시 긴장된 시간이 흐른다.)

겐이치로　신! 가서 아버지를 모시고 오너라!(신지로 날아갈듯 문 밖으
　　　　　로 뛰어나간다. 세 사람 긴장된 모습으로 기다리고 있다. 신지
　　　　　로 창백한 표정으로 되돌아온다.)

신지로　남쪽으로 가는 길을 찾아봤는데 안 보여요. 북쪽 길을 찾아볼테
　　　　니까 형님 도와주세요!

겐이치로　(몹시 놀라며)뭐야? 보이지가 않아? 그럴 리가 있어!(형제
　　　　　둘이서 미친 듯이 뛰어나간다.)140)

　이처럼 비판을 타협으로 전환하면서 대중성을 확보하게 되는데, 기쿠
치 간은 "근대 개인주의 입장에서 잔존하는 봉건적인 것을 비판했으나 그
것은 어디까지나 다이쇼 시대를 살아가는 소시민의 생활을 보다 합리적
이고 보다 쾌적하게 만들기 위한 전제가 아니면 안되었고, 현실에 대한
비판의 이면에는 언제나 현실과의 타협이 준비되어 있었다. 이런 의미에
서 그는 현실주의자"141)였던 것이다. 그리고 『복수의 이야기』를 통하여
복수의 무의미함을 일깨웠고, 『은수를 넘어서』에서는 은혜와 복수를 초
월한 인간적 힘에 대한 공감을 노래하였다. 이러한 현실 긍정을 통한 소
시민의 문학적 대변인으로서 위치를 다진 그가 작품의 상품화에 성공했
던 것은 당연한 귀결일 수밖에 없다.

　그렇다면 유조 문학은 어떠한 측면에서 현실주의를 생각할 수 있을까?
그의 향일성과 연계해서 살펴보기로 하자. 유조 문학의 향일성은 밑바닥
삶의 원체험이나 민중에 대한 동정심 없이는 발원하기 어려운 부분인데,
다양한 체험을 했던 작가였기에 가능했다고 본다. 인생에서 피할 수 없는
운명이 주어진다면 그것을 숙명처럼 받아들이며 더 높은 곳을 향하고 싶
어하는 욕망이 향일성이다. 이는 유조 문학의 사상적 근간을 이루는 철학

---

140) 上揭書, p.303-304
141) 우스이 요시미/고재석·김환기 옮김 『일본 다이쇼문학사』, 동국대학교출판부, 2001.
　　　p.197

이다. 작가는 「독일의 3대 희곡가 소관」에서 다음과 같이 밝힌 적이 있다.

> 희곡 『파우스트』는 파우스트로 불리는 한 인간이 구하고, 방황하고, 죄를 범하고, 끊임없이 정진하며 나아가는 순례기(巡禮記)이다. 어떤 때는 처녀를 범하고, 어떤 때는 그 형을 죽이고, 또 어떤 때는 왕국에 객이 되고, 어떤 때는 새로운 나라를 건설하려고 노력한다. 그리고 최후에 장님으로 쓰러지기까지 수많은 일을 하였다. 그 중에는 거북한 일도 있었지만 영혼은 조용히 하늘로 옮겨진다. '좋은 인간은 암흑의 충동에 재촉되어' 악마와 손을 잡는 일은 있어도 결코 정도를 망각하는 일은 없다. '사람은 애쓰는 동안은 고민하기 마련'이지만, '누구라도 끊임없이 노력하는 자는' 결국 구출된다는 것이 테마이다.(축약하면 이렇지만 이 사상은 그의 80년간의 경험의 결정체이며, 이 희곡은 그의 일생의 생활이 만들어낸 것이다. 그러지 않고는 이런 보편적인 것은 생겨날 수 없다) 내용은 단순히 한 사람의 운명에 지나지 않지만, 그것은 결코 한 개인의 일만은 아니다. 파우스트가 추구하고 방황하고 범했던 부분은 모두 괴테 자신의 그것임과 동시에, 그 고뇌, 동경, 구원은 또한 보편적으로 만인에게 통하는 것이기도 하다.142)

이러한 운명적 삶을 통하여 무엇인가를 구하는 모습, 그것은 숙명적이면서 자연적인 길이다. 유조 문학에서 사회적 모순에 대한 비판과 고발은 현실에 대한 직접적 실천적 행동이 아닌 현실 수용이란 형태로 이루어진다. 예를 들면 『길가의 돌』의 고이치가 「물가 폭등」, 「달님은 왜 떨어지지 않는가」에서 사회적 모순과 사회주의 의식을 전적으로 수용하지 않고, 더 이상 사회적 문제로 발전되지 않길 바라는 것은 이러한 소시민 의식이 살아있음의 반증이다. 이러한 현실수용 의식은 점차 세상 속으로 스며들면서 마침내 주체 세력으로서 제 목소리를 내기에 이른다. 고이치가 현실주의에 입각하여 보여준 목소리는 그러한 숙명적 삶을 개아로 환원하여 보여준 목소리에 다름 아니다. 작가는 『길가의 돌』에서 쇼고의 사회적인 패배, 구로다의 시대 인식, 고이치의 출세주의 등, 모두를 소시민 각자의

---

142) 山本有三 「ドイツの三大戱曲家小觀」 山本有三全集 第十卷, 新潮社, 1976, p.287

삶으로 보았다. 그리고 세상을 소시민들이 어우러지는 대향연장으로 생각하였다. 바꾸어 말하면 인간은 각자의 한계를 인식하고 그 한계를 넘어서려는 희망으로 대자연에 순응하면서 살아야 한다는 가르침인 것이다.

　고이치가 숙명의 라이벌 미치오와 싸워 어떤 성공을 이룰 것인지 생각해보는 것은 흥미로운 일이다. 일종의 '부자가 되고 싶다'며 집착한 결과로서 『생명의 관』의 아리무라처럼 '패배의 장군'으로 남을지, 『진실일로』의 쓰무라처럼 '진실의 소인'으로 남을지, 『살아있는 모든 것』의 슈사쿠처럼 대자본가로 성장할지를 상상해 보는 것이다. 아마도 이 작품이 끝까지 집필되었다면 고이치가 사회적으로 실패하기보다 성공의 가능성이 높긴 하지만, 그렇다고 반드시 슈사쿠처럼 대자본가로 성장하리라고는 생각지 않는다. 그것은 이 작품의 의도가 처음부터 출세주의가 전부는 아니었고 어디까지나 현실주의에 입각한 등장 인물 모두의 소시민적 향일성에 초점을 두었다고 생각하기 때문이다. 물론 고이치 중심으로 움직이는 구도가 출세주의에 사로잡혔다는 생각을 떨쳐버릴 수는 없지만, 종국에는 모두가 어우러지는 공생 철학을 바탕으로 한 공동체 형성이라는 틀은 벗어나지 못했을 것이기 때문이다.

　기노쓰라유키(紀の貫之)는 『고킨슈(古今集)』의 서장에서 '살아있는 모든 것들은 노래를 부르게 된다'고 말하고 있습니다. 하지만 모든 생물이 정말로 노래를 읊는지 어떤지 저는 모릅니다. 그러나 어떤 형태를 취하고 있건 간에 이 세상에 살고 있는 모든 것은 어떠한 의미에서는 태양을 향해 손을 뻗고 있지 않은 것은 없다고 생각합니다. 나무 한 그루 풀 한 포기는 물론이고, 아메바와 같은 미생물에서 인간에 이르기까지 태양을 향해서 가능한 한 넓은 자리를 차지하려고 싸우고 있습니다. 아마도 물질적이든 정신적이든 빛을 찾는 것은 살아 있는 것들의 본성이 아닐까요. 그러나 보다 많은 빛을 차지하려한 결과, 어떤 것은 빛을 얻어 번성하고 어떤 것은 빛을 얻지 못하고 사라져 갑니다. (중략) 하지만 무성하게 하늘 높이 넓게 가지 뻗고 있는 나무는 지상에 큰 그림자를 드리운다 하여 그 가지를 잘라버려야만 하는 걸까요.[143]

---

143) 山本有三「作者の言葉」, 『東京·大板朝日新聞』, 1926.9.24(『生きとし生けるもの』の豫告)

위 인용문은 『살아있는 모든 것』이 도쿄·오사카 아사히신문에 연재되기 전 「작자의 말」이다. 이 작품의 도입부에는 어두운 탄광촌 생활을 구체적으로 그리고 있다. 어두운 갱내에서 태어난 슈사쿠가 숱한 어려움을 겪으면서도 광업회사 사장 겸 소네(曾根) 은행장이 되었다는 점과 그의 아들 나쓰키(夏樹)도 독자적으로 자신의 꿈을 찾아 노력한다는 내용을 담고 있다. 이른바 현실에 만족하지 않고 더 나은 곳을 향하여 끊임없이 도전한다는 것이다. 거기에 소네 은행의 월급쟁이를 등장시켜 자본가 나쓰키와 노동자 세이이치로라는 대립 구도를 만들어 낸다. 이른바 자본주의 체제 하에서 자본가와 노동자란 두 얼굴이 각자의 주어진 여건을 받아들이면서 살아간다는 구도로서 자본가는 자본가 나름대로 빛을 추구하고, 노동자는 노동자 나름대로의 빛을 찾아 삶을 엮어간다. 그리고 세이이치로의 동생은 좌익 활동을 하면서 미래를 열어가려는 희망적인 꿈을 포기하지 않는다. 이른바 등장인물 제각각은 자신의 위치에서 어떤 의미에서건 "태양을 향해 손을 뻗고 있지 않은 것은 없다"144)는 점을 강조하고 있다.

이러한 작품의 주제는 제1차 세계대전의 전승국이었던 일본의 자본주의 체재의 명암의 표출이기도 하다. 이른바 물질적 풍요와 그 이면에 희생자로 남을 수밖에 없는 못가진 자들의 피폐한 삶이란 양면이 그것을 말해준다. 그런데 유조 문학은 그러한 양면의 세계가 서로 얽히고 설키면서 평행선상에서 전개된다는 것이 특징이다. 『길가의 돌』에서 고이치가 현실의 '벽'을 인정하고 '艱難辛苦' '精神一到 何事不成'이란 격언을 떠올리며 난관을 극복하듯이, 슈사쿠 역시 갱 속에서 갱 밖의 삶을 실현시키려 몸부림쳤다. 예컨대 어두운 곳에서 빛이 비치는 삶을 꾸리고자 인고의 시간을 마다하지 않았다. 이처럼 향일성은 현실주의적 입장에서 개개인이 삶을 더 나은 곳으로 내보내는데 필요한 정신적 양식이며 자연의 법칙이다. 개개인의 삶은 다양하고 복잡하다. 그렇지만 전체적으로 보면 자연의 법칙 안에서 이동하는 것이며 생리적 현상과 다름없다. 그러니까 인간의 다

---

144) 上揭新聞, 1926.9.24.

양성을 수용할 수 있는 폭과 여유를 가진 자연은 생물 하나 하나에게 운명을 거절하지 않고 소시민 정신으로 살아가야 한다는 법칙을 가르쳐주고 있다는 것이다. 유조 문학의 근저에는 이러한 각자의 삶과 위치를 존중해 주는 현실주의적 소시민의 향일성이 흐르고 있다.

> 보렴!
> 도랑 속
> 아지랑이조차도
> 하나같이
> 하늘을 향하고 있지
>
> 돌아라 돌아
> 물레방아
> 밤이고 낮이고 쉬지 않고
> 오르락내리락 잘도
> 물을 퍼담고 쏟아내고
> 그 때마다 디딜방아 밟고 밟아
> 쿵덕 쿵덕
> 쌀을 하얗게 만들어 주네.145)

위 인용문은 유조 문학의 향일성을 거론할 때 자주 인용되는 문장인데, 전자는 1925년 3월 『여성』에 발표한 『눈(雪)』의 서문이고, 후자는 그 12장으로서 물레방아의 철학을 일러준 대목이다. 작가의 향일성은 『살아 있는 모든 것』, 『길가의 돌』, 『눈』에서만 적용되는 것은 아니다. 범위를 넓혀보면 『여자의 일생』에서 마사코의 제2의 출산, 『평온한 사람』의 안마사의 삶도 같은 맥락에서 이해할 수 있다. 이처럼 작가의 향일성은 인간의 다양한 삶에 여과없이 적용될 수 있고 실제로 그렇게 적용되었다. 이른바 양지에서 번성한 나무이건, 음지에서 쇠한 나무이건, 현재의 위치

---

145) 山本有三 『雪』第十二章 「めぐれめぐれ」(『女性』, 1925.3), 山本有三全集 第四卷, 新潮社, 1976, p.214

에서 더 많은 빛을 얻고자 노력하는 평면사의 향일성이 유조 문학에서는 하나의 큰 틀이었던 것이다.

이렇게 보면, 작가의 작품에 등장하는 사회주의자도 문제시될 이유가 없다. 앞에서 언급하였듯이, 작품에서 사회주의자는 어디까지나 보조 출연에 지나지 않고, 그 역시 살아가는 한 생물체의 개아적(個我的) 삶으로 생각하면 족하기 때문이다. 작가가 정부측에 불만을 터뜨린 것도 이러한 작품의 기본 구도를 이해해 주지 못하는 데서 비롯되었다. 이른바 줄기를 보지 못하고 가지에만 매달려 이러쿵저러쿵하는 것에 대한 불만이다. 여기에 대해 가라키 준조는 다음과 같이 밝힌 적이 있다.

> 『살아있는 모든 것』의 등장 인물은 모두 동일 평면상에서 손을 뻗치고 있다. 하늘을 지향하고 있다. 그것은 입체도 아니고 층도 아니다. 따라서 비발전적이며 비역사적이다. 관계하는 것은 일(一)과 타(他)의 상관이다. 유조는 이 관련의 실마리를 정애(情愛)로 추구한다. 그런데 정애의 세계는 사회의 역사 필연적인 기구를 추상하는 것이 보통이다. 『살아있는 모든 것』에서 광산 노동자, 하급 봉급생활자, 노동자 운동의 맹아 등을 다루고 있음에도, 그것에 대한 사회 역사적 비판은 조금도 나타나지 않는다. 우리들은 여기에서 역시 『형제』, 『우미히코 야마히코』, 『오이소(大磯)가 좋다』, 『아버지』 등에서 볼 수 있는 애정의 세계를 볼 수 있다.146)

그의 지적처럼, 작가가 구하고자 했던 모럴은 분명 프롤레타리아 문학과는 다른 것이었다. 다이쇼대학교 스기자키 도시오는 유조 문학이 프롤레타리아 문학과 보조를 맞추지 못한 이유로서 "그들과는 근본적으로 현실 인식의 차이를 보인다. 이른바 현실을 받아들이는 방법이 다르다. 유조 문학은 한발자국 물러선 입장을 취하면서 직접 투쟁이 아닌 포용하는 여유를 보여주었다"고 하였다. 그리고 "그 여유가 프롤레타리아 문학과는 달리 가진 자와 못가진 자가 함께 일구어 갈 수밖에 없는 보편적인 세계를 담아낼 수 있었다"고 하였다. 이러한 역설적 논리147)는 실은 물러선

---

146) 唐木順三 現代日本文學大系 44 『山本有三』, 筑摩書房, 1952, p.389
147) 예를 들면 『不惜身命』에서 주군을 위하여 '不惜身命'에서 '惜身命'의 경지를 깨닫는 과정.

은 물러선 것이 아닌 한발자국 전진한 것을 의미하는데, 유조 문학에서 이 같은 철학은 소시민의 삶이 빈부와 계층을 초월할 수 있는 여유로 작용하였고 교양적 모럴로 나타났다고 할 수 있다.

작가는 일생에 걸쳐 대나무를 좋아했다. 작가는 1946년 JOKA(현 NHK)에서 자신의 인생 철학을 이렇게 밝힌 적이 있다.

> 대나무는 무슨 일이 있어도 혼자 서 있는 경우가 없습니다. 자기 혼자만 살찌려 한다거나 높이 자라려 하지 않습니다. 그들은 언제나 한 가족이라고 할까, 한 형제자매라고 할까, 모두가 함께 공동 생활을 하고 있습니다. 그리고 땅 속에서 서로 단단히 손을 맞잡고 있습니다. 그들은 폭력에 의해 잘려지지 않는 한, 감정과 이해로 인하여 분열하는 그런 비열한 짓은 하지 않습니다. (중략) 대나무는 항상 하늘을 지향하는 것을 잊지 않지만, 그러나 겨울이 되어 많은 눈이 내렸을 때에는 말문을 닫습니다. 그들은 어쩔 수 없이 머리를 숙입니다. 그리고 눈이 쌓이면 쌓일수록 허리까지 굽히지 않으면 안됩니다. 머리를 땅에 처박아야만 합니다. 그러나 그들은 묵묵히 참습니다. 아무리 위에서 강하게 압박해 와도 이를 악물고 견디어냅니다. 어설픈 짓은 좀처럼 하지 않습니다. 눈은 언젠가는 반드시 그친다는 사실을 알고 있기 때문입니다.148)

앞에서 살펴보았듯이, 대나무처럼 살아가려는 소시민적 삶은 『길가의 돌』의 주인공의 삶과 다르지 않다. 예컨대 고이치에게 "인생은 죽는 것이 아니다. 사는 것이다"149)며 꾸짖는 쓰기노 선생은 작가 자신의 모습과 다름없지만 여기에서 나타난 삶의 의지는 향일성을 의미한다 할 수 있다. 이렇게 볼 때, 시련을 통한 시대의 주인으로 자리잡는 고이치의 도전 정

『평온한 사람』에서 평온한 사람이란 단순히 자유롭게 살아가는 사람이나 직업 없이 안일한 나날을 보내는 사람을 일컫는 것이 아니라 오히려 불교의 선에서 말하는 아무 것도 구할 것이 없는 담담히 깨달음의 길로 접어든 도인을 지칭한다는 것. 『서다』에서 "선다'는 것은 움직이지 않는 것이 아니다. 언뜻 움직이지 않는 것처럼 보이지만 실은 맹렬히 전속력으로 움직이고 있는 것이다. 최고조로 회전할 때 비로소 팽이는 서는 것이다"라는 팽이의 논리 등을 말한다.

148) 山本有三『竹』(NHK放送, 1945.1), 山本有三全集 第十一卷, 新潮社, 1976, p.181
149) 山本有三全集 第九卷『路傍の石』, 新潮社, 1976, p.108

신은 물론이고『살아있는 모든 것』,『마음에 태양을 안고』,『눈』,『대나무』에 나타난 진취적 의식도 향일성으로 감싸안기에 충분하다. 따라서 향일성은 유조 문학의 중심 모럴이면서 작품의 현실주의적 이미지를 가장 잘 대변해 주는 핵에 다름 아니며, 그러한 측면이 그의 문학의 현실주의적 휴머니즘의 근간임은 당연한 귀결이다.

제3장

현실의 초극과 휴머니즘

1

휴머니즘이란 일반적으로 인간을 존중하고 이를 속박하거나 억압하는 것으로부터 인간의 해방을 추구하는 사상에 이름 붙여진다. 그렇기 때문에 말의 뜻 또한 다양해서 인간주의, 인본주의, 인문주의, 인도주의 등의 용어로 번역되어 왔다. 휴머니즘의 중심을 이루는 인간성의 개념은 라틴어의 Humanitas에서 왔으며 이 말의 본래의 창시자는 키케로로 일컬어진다.1) 키케로는 인간이 고귀한 의미에서 인간으로 존재하기 위해서는 현실에서 인간이 무엇인가 하는 구체적인 지식의 뒷받침이 없으면 안 된다고 말한다. 즉, 휴머니즘에는 있는 그대로의 인간, 자연에서 인간을 허용하고 존중하고 오히려 자랑으로 삼을 수 있는 태도가 필수 불가결한 하나의 요소라고 말하고 있다.

휴머니즘이 처음으로 세계사적 의미를 획득하고 그 완전한 의미에서 하나의 사상적인 형태를 취하기에 이른 것은 르네상스 이후의 일이다. 르네상스 정신 운동이 지향한 것은 우선 인간의 해방이었는데, 중세 봉건제

---

1) 渡邊靜夫 『日本大百科全書』 19, 小學館, 1994, p.727

도의 비인간적인 압박으로부터 인간 그 자체를 구출하고 인간성을 그 본래의 면목으로까지 회복시키는 것이 르네상스 휴머니즘의 첫 번째 이자 최대의 안목이었다. 이후 휴머니즘은 인간 자유의 정신이라는 르네상스 정신에 토대를 두고 철학과 문학 등, 다양한 지향성을 가진 수많은 학자들에 의해 연구 발전되어왔던 것이 사실이다. 이를테면 휴머니즘의 실제적인 문제 해결 방법이라는 차원에서 라몬트 콜리스Lamont Corliss는 휴머니즘을 아카데믹 휴머니즘, 카톨릭 휴머니즘, 주관적 휴머니즘, 자연주의 휴머니즘으로 구분하였고, 멕 밀런 철학 사전에서는 휴머니즘을 마르크시즘, 실용주의, 개성주의 또는 정신주의, 실존주의 등으로 구분할 수 있다2)고 설명한다. 그리고 휴머니즘은 전제·봉건적 시대의 비인간적 위협에 대응하면서 르네상스 휴머니즘, 18세기 말엽의 휴머니즘, 사회주의 휴머니즘, 반 사회주의와 반 마르크스주의의 현대 휴머니즘, 그리고 실존주의적 휴머니즘 등의 양상으로3) 그 역사는 시대성과 사회성과 맞물리면서 다양한 변화를 거듭하여 왔다.

그렇다면 휴머니즘이 이렇게 다양한 지향성을 가지고 있음에도 불구하고 모두가 하나의 휴머니즘이란 용어로 인식되는 것은 무슨 이유에서일까. 여기에는 서로간에 공통점이 존재하기 때문이라고 볼 수 있는데, 『일본대백과전서』에서는 그 공통점을 인간성의 존중과 인간다움의 존중으로4) 설명하고 있다. 또한 에릭 프롬Erich Fromm은 그 공통점을 인류는 하나의 공동체라고 하는 신념5), 인간 존엄의 강조, 자기 자신을 성장 완성시키는 인간 능력에 대한 강조, 이성과 객관성 그리고 평화의 강조로 요약6)하고 있다. 필자는 여기에서 휴머니즘이라는 것을 박애주의나 서

---

2) Lamont Coliss, Humanism as a Philosophy, 朴英植 譯, 正音社, 1995, p.25(吳世榮 外 『휴머니즘 연구』, 서울대출판부, 1988, p.2 재인용)
3) 文德守 『現實과 휴머니즘 文學』, 成文閣, 1985, p.183
4) 渡邊靜夫 『日本大百科全書』 19, 小學館, 1994, p.726
5) 인간의 본성 속에서 우리들 모두로부터 공동으로 발견되지 않는 것은 하나도 없다고 하는 신념을 말한다.
6) Erich Fromm, on Disobedience and Other Essay, p.100(吳世榮 外 『휴머니즘 연구』, 서울대출판부, 1988, p.6 재인용)

구의 르네상스 정신은 물론, 사회주의 휴머니즘과 현대 반 마르크스주의 휴머니즘까지 염두에 두면서, 무엇보다도 에릭 프롬이 주장한 현실 속에서 자기 자신을 성장 완성시키는 인간 능력에 대한 강조와 반전·평화주의에 주목하여 왔다. 그리고 이에 입각해서 지금까지 유조 문학을 검토해 보았다. 특히 당대의 대표적인 『시라카바』와 프롤레타리아 문학을 수용하면서도 인간주의적 모럴(진실, 정의, 향일성, 윤리성 등)이란 독특한 현실주의적 측면에서 그의 문학을 검토해 보았다. 여기에서 다시 한번 그의 문학의 교통신호등처럼 존재할 수밖에 없는 인간주의적 모럴을 짚어 보면서 현실주의적 휴머니즘을 정리해 보고자 한다.

2

　일본에서 "휴머니즘이란 용어가 처음 적용된 것은 메이지 이후, 즉 근대에 들어와서"[7]라고 할 수 있다. 물론 앞에서 언급하였듯이 "휴머니즘이 인간을 둘러싼 특정의 태도, 인간 해방의 개념으로 해석한다면 메이지 이전에도 다양한 휴머니즘적 이론과 작품 그리고 이즘이 있고"[8], 멀리 거슬러 올라가면 고대나 중세는 물론 근세 무사 세계에서도 존재했다고 말할 수 있다. 다만 어느 시대나 인간 중심의 사상이 존재했겠지만 당대에 휴머니즘이란 용어가 사용되지 않았을 뿐이라는 것이다. 휴머니즘을 일목요연하게 이해할 수 있도록 정리하는 것은 그렇게 간단한 작업이 아니다. 그러나 여기에서는 근대 일본 문학에 있어서 휴머니즘의 성격을 본고의 취지와 결부시켜 간단하게나마 정리하면서 유조의 현실주의적 휴머니즘의 실체와 그 위치를 생각해 보기로 하자.

　근대 일본에 있어서 메이지 시대의 휴머니즘은 전 시대의 뿌리깊은 봉건 제도의 잔재와 절대주의로부터의 인간 해방의 요구에서 시작되었다고 할

---

7) 日本思想大系 17『ヒューマニズム』, 筑波書房, 1964, p.24
8) 上揭書, p.24

수 있다. 이는 크리스트교 내지 크리스트교도로부터 가르침을 받은 자들에 의해, 인간 내면에서 인간성의 자각과 인간성에 대한 주목, 즉 현실 사회의 재인식 등이 거론되면서 사회·계급적인 해방을 지향한 운동으로 발전해 왔던 것이다. 예를 들면 "기타무라 도코쿠(北村透谷, 1868~1894)와 같은 의식, 즉 메이지 헌법에 의해 무수한 반봉건적 구속 아래 놓여있던 인간의 자유, 자립, 권위를 내면성과 그것을 뒷받침해 주는 신에 의해서 구출하고, 지상에서 실현할 수 없는 인간의 민주주의적 자유를 자아 의식과 관념의 세계에서 확립하려고 했던"9) 사실을 들 수가 있다. 그리고 "기타무라 도코쿠로부터 강렬한 자극을 받은 기노시타 나오에(木下尚江, 1869~1937)가 1897년(메이지 30년대)에 들어와 지상에 노동자 계급과 사회주의에 의해 민주주의적 자유를 실현하려고"10) 노력하면서, 폐창(廢娼) 운동, 반전 운동에 협력한 것, 사회주의 소설 『히노하시라(日の柱)』, 『양인의 자유(良人の自由)』 등의 발표를 통한 자유의 외침도 같은 맥락에서 해석할 수 있다. 이렇게 볼 때, 그들의 개량 운동의 정신적 배경에는 르네상스 휴머니즘 성격이 강하게 배어난다고 말할 수 있다.

다이쇼 시대로 들어오면서 "사랑, 교양, 개성, 인도주의의 강조, 즉 자아의 확립과 자의식의 심화, 개인적 자유의 욕구라는 측면을 강조하고, 점차 개인 대 사회라는 어려운 문제에도 당면하기에 이른다."11) 좀더 구체적으로 말한다면 "『시라카바』파의 활동을 기축으로 했던 자아주의, 개성주의는 교양주의와 문화주의 방면12)으로 성립 발전하였고, 또한 『시라카바』파의 인도주의로서 민중예술, 노동문학의 동향과도 얽히고 설키면서 무샤노코지 사네아쓰, 아리시마 다케오, 미야모토 유리코에 의해 제각각의 방식으로 예리하게 나타나는 사회주의와의 관계를 통해 전개"13) 되기에 이른다. 또한 "자아주의와 교양주의는 여성 해방 측면도 메이지

---

9) 上揭書, p.27
10) 上揭書, p.30
11) 上揭書, p.30
12) 나쓰메 소세키, 아베 지로, 고미야 도요타카와 같은 작가들이 여기에 속한다고 하겠다.
13) 上揭書, p.30

시대의 사회주의자에서처럼, 사회적 해방의 요구로 집중되었던 것이 자아주의나 문화적 해방 측면으로도 진출하게 되어, 자유 교육 운동, '여명기'에 의한 사상, 문화의 제반 영역에 걸친 데모크라시 계몽 운동 등, 다이쇼 데모크라시에 힘입어 다방면으로 제각각의 구체적인 방향을 가지고 발전14)"하기 시작했다. 예컨대 이 시기는 다양한 지향성을 갖고 다양한 방향으로 발전해 간 르네상스 휴머니즘 이후의 양상과 비슷하다고 말할 수 있을 것이다.

한편, 『세계대백과사전』에서는 근대 휴머니즘이 "귀족적 휴머니즘, 시민적 휴머니즘을 거쳐 사회적 휴머니즘"15)에 이르고, 오늘날에는 "'수폭'과 '인공위성' 등의 첨단 기술에 의해서 인류 전체가 공포에 떨어야 하는 위기에 처해 있다. 따라서 지구상의 전인류는 인종, 종교, 국경, 사회 체재 등, 일체의 상이점을 초월해서 전쟁에 의한 절멸의 위기로부터 인류 스스로를 지키지 않으면 안 된다"16)고 하였다. 더욱이 그러기 위해서는 '인류는 하나다'라고 하는 공동체 의식과 평화 정신으로 무장한 '인류 휴머니즘'에 철저할 수밖에 없다고 설명하고 있다. 이른바 현대 휴머니즘의 양상에 대해서 언급한 대목인데 이는 일본뿐만이 아닌 전 세계가 공동으로 인식하고 숙고해야만 할 현대 휴머니즘의 과제와 다르지 않다.

유조 문학은 지금까지 고찰해 보았듯이, 현실 속에서 괴로워하며 투쟁하고 그 현실에서 살아남으려고 애쓰는 인간의 삶을 집중적으로 다루었다. 따라서 관념적이거나 비현실적 사고 체계는 작품으로부터 배제되고, 어디까지나 얻으려고 하는 이념과 철학이 현실과 밀접한 곳에 있었던 것이다. 하지만 유조의 휴머니즘도 다이쇼 시대의 『시라카바』적 자아와 개성주의, 그리고 이상주의적 측면이 다분히 존재하고, 근본적인 문학성 차원에서 보면 그러한 범주에서 일탈한 것으로 보기는 어렵다. 그것은 그의 문학이 추구했던 이상과 시라카바가 추구했던 이상이 근본적으로 출발을 달리한다고 보지 않기 때문이다.

---

14) 上揭書, p.38
15) 『世界大百科事典』18, 平凡社, 1968, p.761-762
16) 上揭書, p.762

그러나 유조 문학은 이상과 자아의 추구 이전에 현실주의적인 성격이 뚜렷하다는 점을 지적하지 않으면 안된다. 그것은 작가의 원체험에서 구축된 자아가 그의 문학에 근간을 이루고 있다고 생각하기에 그렇다. 또한 그러한 현실주의적 경향은 다이쇼 시대의 『시라카바』 작가들과는 태생적으로 다른 작가의 세계가 작품으로 되살아났음에 대한 반증이기도 한다. 그리고 『시라카바』적 냄새를 풍기면서도 현실에 중심을 둔 현실주의적이었다는 점은 그의 문학이 문단과는 별개의 독자적인 길을 걸었음을 의미하는 것이다. 이렇게 볼 때, 작가는 자신의 체험을 통한 자각에서 출발한 문학관을 근간으로 삼고, 다이쇼 시대의 어지러웠던 시대적 분위기를 직시하며 자신만의 독창적인 문학 세계를 열어갔다고 할 수 있다. 예컨대 이상을 강조하면서 현실을 외면하는 것이 아닌, 그렇다고 험악해지는 군국주의적 현실로부터 발을 빼는 전향주의자도 아닌, 현실 한복판에서 현실을 상대로 부딪치고 거기에서 살아갈 길을 모색하며 지켜야할 모럴을 지키려 고뇌했던 것이다.

3

필자는 여기에서 지금까지 살펴본 유조 문학을 크게 세 가지 측면에서 정리해 보고, 작가와 작품, 그리고 현실주의적 휴머니즘에 대해서 정리하고자 한다. 첫째는 향일성이다. 앞에서 살펴보았듯이 『길가의 돌』은 고이치의 포목전 견습공과 인쇄소의 문선공 시절을 사실적으로 묘사한 작품이다. 그러한 인고의 세월로 점철하는 주인공 고이치에게 구로다는 "네 정도의 나이에 고생을 하는 것은 정말로 좋은 일"이라며 고진감래의 철학을 일러준다. 그리고 그의 충언은 고이치가 정신적 육체적 한계에 부딪혀 괴로워할 때마다 정신적 힘으로 작용한다. 다시 말해 내일의 삶을 위해서 오늘의 고통은 참아야 한다는 논리인데 그의 문학은 기본적으로 이러한 정신을 강조하는데 소홀하지 않았다. 『살아있는 모든 것』의 주인공 슈사쿠가 석탄과 함께 살아가는 생활도 마찬가지이다.

> 슈사쿠 가족의 생활은 마치 수갱을 파는 것과 다름 없었다. 그들은 일을 하면 할수록 지면 바닥으로 가라앉을 뿐이었다. 아무리 벌어도 지상의 빛으로부터 멀어져 갈 뿐이었다. 이런 삶을 생각하자 슈사쿠는 이따금씩 눈물이 나왔다. 하지만 지면 바닥으로 내려가면 내려갈수록 그는 더한층 지상의 빛이 그리워졌다. 그 밝고 넓은 자유로운 빛을 어떻게 해서든 붙잡고 싶어 악착같이 일했다. 그러나 아무리 손을 펼쳐도, 아무리 발돋움을 해 보아도, 그 빛은 도저히 손이 닿을 거리에 있질 않았다. 그의 주위는 전후좌우 모두가 차가운 돌과 흙뿐이었다. 오르기에는 너무도 높은 절벽이었다.
>
> 수갱 작업에서는 8시간이 지나면 반드시 버키트가 내려온다. 그리고 그들을 지상으로 끌어올려 주지만, 그들의 생활에서는 언제 바키트가 내려올 것인지 전혀 기약할 수가 없다. 8시간은 고사하고 1년이 지나고 2년이 지나도, 아니 평생을 기다려도 바키트가 내려 올 것이라고는 기대할 수 없었다. 그는 막연히 지면 바닥에서 멀리 떨어져 있는 빛을 바라보고 있을 뿐이었다.17)

기약할 수 없는 미래에 대한 절망감은 『살아 있는 모든 것』의 슈사쿠나 『길가의 돌』의 고이치나 다르지 않다. 둘 모두 가정으로부터 혜택 받지 못한 나머지 어제, 오늘, 내일이 캄캄하기는 마찬가지였다. 우선 유조 문학의 몇몇 작품이 이처럼 암담한 시점에서 출발하였다는 점은 지적해 둘 필요가 있다. 그런데 문제는 이러한 암담한 현실을 당사자가 암담하게 받아들여 좌절하거나 고뇌하지 않는다는 데 있다. 오히려 좌절과 고뇌가 아닌 현실 그대로를 수용하면서 삶에 긍정적인 반전을 이루어 낸다는 점이다. 예컨대 고이치나 슈사쿠는 어둠에서 벗어나고자 남들 이상의 노력을 마다하지 않았고, 『여자의 일생』의 마사코나 『파도』의 스스무는 제2의 출산을 맞고자 몇 번이고 심호흡을 해야 했다. 그들의 삶에서는 상한선 없는 의지만이 존재했지 좌절이나 고뇌는 처음부터 존재하지 않았다.

---

17) 山本有三全集 第四卷 『生きとし生けるもの』, 新潮社, 1976, p.19

이러한 향일성은 작가의 작품에서 정도의 차이는 있겠지만 거의 모든 작품에서 짙게 베어나는 현상이다.

물론 이러한 의지의 표명이 유조 문학에서만 볼 수 있는 것은 아니다. 작가에게 많은 영향을 준 하프트 만의 『일출 전』, 『직공』에서도 찾아볼 수 있으며, 스트린드 베리의 『죽음의 무도』, 슈니쓰 레르의 『맹인 제로니모와 그 형』에서도 엿볼 수 있다. 이는 유조 문학의 교양주의적 성향에 독일을 비롯한 북구 문학의 영향이 적지 않았음을 단적으로 일러주는 부분이다. 물론 이 같은 의지의 강조는 어느 작가, 어느 시대를 막론하고 존재하기 마련인데 문제는 현실 세계에 바탕을 둔, 이른바 에릭 프롬이 언급한 현실에서 자기를 성장 완성시키는 능력과 의지가 있느냐 없느냐 하는 점이다. 다시 말해, 이것은 인간이 스스로의 힘으로 자신의 운명을 개척해 간다는 자아에 기초한 노력이 얼마나 구체적이냐 하는 문제이다.

이러한 의미에서 유조 문학, 특히 『살아있는 모든 것』, 『길가의 돌』이 보여준 운명에 대한 도전력은 시라카바가 보여준 자연과 운명에 대한 도전 이상의 강직함이 돋보인다. 이른바 슈사쿠와 고이치가 밑바닥 생활을 벗어나 발돋움하려 애쓰는 자세가 그렇다. 이것이 유조 문학의 향일성이다. 여기에는 철저한 고독[18]을 경험한 작가의 세계가 바탕을 이루고 있기에 더한층 힘이 실릴 수 있었을 것이다. 특히 고독과 좌절로부터 "인생은 죽는 것이 아니다. 사는 것이다." "오직 하나밖에 없는 자신을, 단 한 번밖에 없는 일생을 진정 살리지 못한다면, 인간으로서 태어난 보람이 없질 않은가"[19]란 의식, 그리고 "How to live 어떻게 살 것인가"를 생각해야만 한다는 논리는 유조 문학이 어디를 지향하고 있는지를 상징적으로 보여주는 대목이다.

『마음에 태양을 안고』[20]는 그러한 향일성을 단적으로 보여주고 있다.

---

18) 유조가 29살이 되던 해인 1916년 2월 중순 극단 전속작가를 집어치우고 도쿄로 돌아왔을 때 그를 반겨준 것은 유리코의 변심과 동료들의 철저한 외면뿐이었다. 그때부터 오로지 희곡 공부에만 열중하게 되는데 그는 그때의 고독감과 무력감을 한 권의 노트로 남기고 있다.

19) 山本有三全集 第九卷 『路傍の石』, 新潮社, 1976, p.181

〈마음에 태양을 안고〉

원작 : 체잘 프라이슈렌

번역 : 야마모토 유조

마음에 태양을 안고
폭풍우가 불어도 눈보라가 몰아쳐도
하늘에는 구름
땅에는 투쟁이 끊이질 않더라도!
마음에 태양을 안고
그러면 무엇이 밀려온들 두려울 것이 없질 않은가!
아무리 암울한 날이라 해도

그것이 밝게 해 준다!
입가에 노래를 달고
쾌활한 모습으로
매일 매일의 고통에
설령 걱정이 끊이질 않더라도!
입가에 노래를 달고
그러면 무엇이 밀려온들 두려울 것이 없질 않은가!
아무리 슬픈 날이라 해도
그것이 힘을 북돋워준다!

타인을 위해서도 말을 가지고
고뇌하고 괴로워하는 타인을 위해서도
그리고, 어떻게 이렇게 쾌활하게 있을 수 있을까!
그것을 이렇게 말한다!
입가에 노래를 달고
용기를 잃지 말아라!
마음에 태양을 안고
그러면 무엇이든 휙 날아가 버린다.

  마음에 태양을 안고, 입가에 노래를 달고, 현실의 역경을 극복하고 좀

---

20) 滑川道夫 『山本有三讀本』, 學習研究社, 1959, p.271-272

더 밝은 세계로 나가려고 하는 태도, 정신. 이는 확실히 자력으로 스스로의 운명을 개척해 가려는 자세임에 틀림없다. 또한 이 같은 향일성이 교양주의 테두리 안에 이루어지고 있음도 간과해서는 안 된다. 이른바 교양의 정의가 단순한 지식이 아닌, 인간이 그 소질을 정신적 전인적으로 개화시키고 발전시키기 위하여 배우고 익히는 학문이라고 한다면, 또한 교양 소설이 주인공의 여러 체험에 의한 자기 형성의 과정을 그린 것이라한다면,『살아있는 모든 것』슈사쿠와『길가의 돌』의 고이치는 교양주의에 충실했다는 것이다. 이렇게 볼 때 유조 문학의 향일성은 자기를 성장 완성시키는 인간 능력에 대한 강조라는 측면에서 인간적 모럴임에 틀림없고, 휴머니즘의 공통 분모에 가장 잘 부합되는 요소라고 할 수 있다.

4

둘째는 당대의 대변자로서 현실 참여 의식이다. 1910년 전후 일본 사회는 현실적으로 매우 어지러운 시기였다. 1910년「전후공황의 습격」,「일본 사회주의동맹 결성」,「제1회 메이데이」,「주식 대폭락」, 1911년「일본 농민조합 결성」,「일본 공산당 결성」등, 대변혁의 한복판에 있었다. 이러한 시기에 작가가『영아 죽이기』,『생명의 관』등을 통하여 사회적 부조리를 고발하고, 사회성이 짙은 작품을 발표한 것은 주목할 만한 일이다. 물론 만주사변[21) 중일전쟁[22) 태평양전쟁 등 군국주의가 맹위를 떨치고 있을 무렵, 작가의 장편 소설[23) 역시 그러한 사회성에 대한 고발과 비판

---

21) 만주사변: 1931년 9월 18일 심양(瀋陽) 북방의 유조구(柳條溝)에서 일본군이 만주선로를 폭파하고 그것을 중국군의 행위라고 속여 일으킨 중일간의 전쟁. 일본이 중국대륙을 군사적으로 침략하는 최초의 계기로 삼은 전쟁이다.(이희승『국어대사전』, 민중서림, 1981, p.1128)
22) 중일전쟁: 1937년 7월 7일 소위 노구교(蘆構橋) 사건을 꾸며서 일으킨 중국에 대한 일본의 침략전쟁. 일본이 우수한 군사력으로 각 철도와 연변의 중요도시를 침략하여 단번에 중국 전체를 석권하려 했으나, 중국의 항전으로 전쟁이 장기화되고 결국은 1941년 12월 8일 태평양전쟁으로 발전하게 된다.(이희승『국어대사전』, 민중서림, 1981, p.3427)

의 의미가 컸을 것이다. 예를 들면 『살아있는 모든 것』에서 가진 자와 못가진 자의 대립, 즉 제1차 세계대전 이후에 상승 기세를 몰고 갔던 자본주의의 양지와 그 이면 세계의 사실적 고발은 큰 의미를 갖는다. 작가의 작품에서는 이러한 시대성의 반영이 희곡 시대부터 소설 시대까지 일관되게 추진되었다. 예컨대 『탄광』에서 광부들의 희로애락24), 『오이소가 좋다』에서 두 형제의 기생 놀이, 『식모의 병』에 나타나는 식모의 행동25)이 그러한 시대성의 고발이다. 또한 『생명의 관』은 정의와 진실을 강조함과 동시에, 해변의 소규모 통조림 공장을 둘러싸고 일어나는 자본가의 압력과 사회적 부조리와 구조적 모순이 그렇다고 하겠다.

위 몇 작품에서도 엿볼 수 있듯이, 희곡 시대에는 못가진 자들의 밑바닥 삶과 자본주의 사회의 모순을 중심으로 시대성을 고발하고 있다. 그런데 소설 시대로 접어들면서 그의 문학은 노동자의 삶보다 이데올로기로 갈등을 겪는 가정이나 격동기 사회를 살아가는 건강한 인간상을 비중있게 다루고 있다. 이를테면 『진실일로』에서 실현성이 희박한 열없는 빛의 발명에 매달린 스미다, 가정을 버리고 사랑을 찾아 애인의 품으로 들어가는 무쓰코와 같은 근대적인 인물들이 등장하면서, 굳게 닫힌 전근대적 관념에 매스를 가했던 것이다. 이는 곧 전후의 탈가정 의식과 함께, 자유분방한 남녀의 자아 표출 등이 강조되는 또 다른 측면의 고발과 계몽 사상과 다름없다. 특히 『바람』, 『여자의 일생』에 이르러 작품에 사회주의자가 등장하면서 작가의 감옥행은 당시 작가의 작품 경향을 그대로 대변해 주고 있다. 물론 당시 다이쇼에서 쇼와 초기에 이르는 시기가 프롤레타리아 문학의 전성기이고 군국주의가 맹위를 떨친 시기임을 감안하면, 당국

---

23) 1926년 첫 장편 소설 『살아있는 모든 것』을 시작으로 1928년 『파도』, 1930년 『바람』, 1932년 『여자의 일생』, 1935년 『진실일로』, 1937년 『길가의 돌』 등, 거의 2년에 한편씩 발표한다.

24) 희곡 『탄광』과 『살아있는 모든 것』에서는 고향으로 돌아가고과 하는 쵸조(長三)의 모습, 갱내의 승강기 사고로 인한 광부들의 인명 사고, 돈주고 하룻밤 여자 사기, 파수꾼에 대한 불만, 광부들의 스트라이크 모의 등이 그려지고 있다.

25) 예를 들면 심부름을 갔다가 긴자(銀座)의 시세이도(資生堂)에서 아이스크림을 사 먹는 풍경 등이다.

의 조치가 전혀 수긍할 수 없는 것은 아니다. 그러나 유조 문학의 지향점이 정의와 진실을 기반으로 한 향일성이 근간이란 점을 간과한 채, 당국의 일방적인 요구는 작가로서도 침묵하기 힘들었을 것이다. 작가의 감옥행은 그러한 비합리성에 대한 반항이 아닐까.

물론 여기에서 유조 문학과 휴머니즘과 결부시키려는 점은 작품에 등장하는 노동자 삶이나 민중 해방 같은 사회주의 노선이 아니다. 그런 방향에 서라면 마르크스 휴머니즘 측면에서 살펴보는 편이 훨씬 효과적일 것이다. 여기에서는 어디까지나 당대의 시대성을 충분히 읽어내면서도 정의와 진실, 향일성에 충실한 작가와 작품의 인간주의에 초점을 맞추고 있다. 이미 작가 스스로 "전체를 보지 않고 단지 작중 한 인물의 사소한 대화 부분만을 트집잡아 난색을 표하는 것은 도대체 무슨 일인가"라고 불만을 토로했듯이, 작품의 방향이 사회주의 옹호에 있지 않음을 분명히 하고 있기 때문이다. 또한 그것은 후쿠다 기요토의 "부정·불의가 지배하는 세상에서 작자의 결벽한 정의심은 반발한다"는 지적에서도 충분히 증명된다.

작가의 현실 참여를 놓고 한가지 더 생각할 수 있는 것은 현실적인 문제를 제도권에서 해결하려고 했다는 점이다. 전후 참의원 의원으로 진출하여 국어 심의회의 상용한자 주심위원장이 되고, 『국민의 국어운동연맹』을 결성하여 「상용 한자표」와 「새로운 가나표기법」을 발표하고, 국민과 국가의 민주화·세계화를 위하여 노력했던 점은 중요한 의미를 갖는다. 앞에서 작가의 국어국자 민주화 운동이 어린이를 향한 애정에서 출발했다고 언급한 바 있다. 이는 다시 말해 작가의 어린이에 대한 애정을 현실 참여라는 차원에서 이해해야만 한다는 의미이다. 예를 들면 신쿄사로부터 『일본소국민문고』 전16권을 출간, 잡지 『은하』 창간, 『일본 소국민 문화협회』 결성, 『미타카 소국민문고』의 개설 등, 작가의 소년소녀에 대한 관심이 구호에 끝나지 않고 직접 실천되었다는 점에서 그렇다. 이 같은 작가의 소년소녀에 대한 배려는 향일성과 함께 실제로 슈사쿠, 요시오, 고이치 등 일련의 소설을 통하여 그대로 살아난다. 예컨대 비뚤어진 어린이든, 불우한 어린이든, 시간이 흐를수록 어른들의 격려와 주변의 보살핌으로 건강한 자아를 찾고 미래의 삶을 담보해 낸다는 점에서 그렇다.
작가는 태평양전쟁을 비판하면서 「『은하』의 머리말」에서 다음과 같이
밝힌 적이 있다.

> 대 우주에서 보면 지구는 한 알의 모래알에 지나지 않길 않습니까. 그
> 한 알의 모래알 위에서 어디를 얻었다 어디를 잃었다고 다투는 것이 무
> 슨 의미가 있는 것입니까. 인간이 지혜를 발휘한다면 우주를 환히 내다
> 볼 정도의 능력을 갖고 있음에도 불구하고, 피를 흘리며 서로 살생을 저
> 지르거나 땅을 차지하려는 것은 실로 어리석은 짓이 아닙니까. (중략)
> 마음을 크게 가져 주십시오. 세계 전체를, 인류 전체를, 전 우주를 두루
> 살필 수 있는 안목을 키워 주십시오. 그렇게 하면 인간이 제일 먼저 해야
> 만 할 일이 무엇인지 자연히 알게 될 겁니다. 만약 얽히고 설키는 일이라
> 도 있으면 하늘에 별들을 쳐다보아 주십시오. 그러면 별님들이 틀림없이
> 여러분들에게 힘을 부여해 줄 것이라 믿습니다.26)

『은하』를 통해 작가가 말하려고 했던 것은 반전·평화주의 그 자체였
다. 이른바 좁은 일본, 좁은 지구촌에서 무익한 전쟁이야말로 반드시 피
하지 않으면 안 된다는 점과 전쟁으로 상처받은 국민 정서를 추스릴 정신
운동을 일으켜야만 한다는 메시지였다. 따라서 작가가 서재를 박차고 일
어나 입법 기관으로 자리를 옮긴 것을 일부에서 부정적으로 보기도 하지
만, 현실주의자의 사회적 실천이란 측면에서 보면 작가의 정치적 투신이
반드시 비판의 대상일 수는 없다. 이러한 이상 실천 운동이 작가의 현실
주의적 휴머니즘이지 않을까.

5

셋째는 진실일로이다. 유조 문학에서 진실일로는 어느 특정 작품이나

---

26) 山本有三 「『銀河』のはじめに」(『銀河』, 1946.10 創刊號) 山本有三全集 第十一卷, 新潮
    社, 1976, p.170

한 시기에 한정해서 볼 수 있는 현상이 아니다. 희곡 시대에서 소설 시대에 이르기까지 일관되게 나타난 주제이다. 예를 들어 슈사쿠나 고이치가 출세주의를 지향하면서 성실, 정의, 향일성으로 일관하고 있다는 점,『진실일로』의 '진실의 소인' 쓰무라와『생명의 관』의 '정의의 용사' 아리무라의 삶이 그렇다. 그리고 장편『진실일로』에서 보여준 등장 인물의 개아에 기초한 삶은 유조 문학의 진실일로가 어떠한 성격인지를 분명히 해주고 있다. 특히 무쓰코와 요시헤이의 상반된 삶을 통하여 전근대적인 사고와 근대적 사고의 차이를 보여주면서, 당대의 사회성 고발과 인간의 개성 존중, 그리고 삶의 다양성을 진실이란 측면에서 접근했다는 것은 의미 깊은 일이다.

인간의 개성은 제각각이다. 따라서 살아가는 길 또한 다양하며 개성적일 수밖에 없다. 그 개아를 원칙적으로 존중한다는 것은 유조 문학의 하나의 큰 틀이며 규칙이다. 바꾸어 말하면 살아있는 모든 생물체는 나름대로의 철학으로 살아가려고 힘쓰는데 그의 문학은 그러한 다양한 삶의 종류를 나열해 보였다. 이른바 개아적 삶들이 진보적·생산적 방향으로 읽히고 설키면서도 질서있게 그려지고 있다. 예를 들면『여자의 일생』에서 마사코가 오랫동안 괴로워하다가 제2의 출산을 통해 마침내 자신의 삶을 찾아가는 부분이다. 여기에 대해서 나메카와 미치오는 "모파상의『여자의 일생』의 주인공 스잔느는 생활 환경에 희생되어 가는 나약함을 보이는데, 마사코는 몇 번씩이나 인생을 좌절하면서도 지성적으로 다시 일어나 강하게 살아간다"27)고 언급한 적이 있는데, 확실히 마사코 제2의 출산에는 향일성을 기초로 한 진실일로가 그대로 나타난다. 그리고『평온한 사람』과『서다』의 논리인 현실주의자의 이상의 경지 역시 그렇다. 물론 슈사쿠와 고이치가 어두운 시대를 상대로 고군분투하는 모습에도 진실일로는 살아있다. 이른바 헤르만 헷세의『수레바퀴 아래』에서 볼 수 있는 지옥의 세계28)와는 차원이 다른 팽이가 서는 힘, 그것이 진실일로임을 보여주고

---

27) 滑川道夫『山本有三讀本』, 學習硏究社, 1959, p.271
28) 어른들의 논리가 어린이들의 취미, 개성, 인격을 완전히 박탈하고 그들을 희생시키는 모

있다.

이와 같은 진실일로는 작가의 삶에서도 예외는 아니다. 1919년 하나코와 결혼한 작가는 부인과의 불화로 별거중일 때, 그녀에게 몇 통의 편지를 보낸 적이 있다. 그 편지글은 작가의 진실일로의 실체를 엿보기에 적격이라 하겠는데, 거기에서 작가는 "이 편지를 쓰지 않으면 윤리적으로 죽는다." 그리고 "이 편지는 정말이지 진심의 물방울이다"며, 이혼의 부당성을 갈파한 적이 있다. 이러한 진솔한 고백은 하나코 부인에게 선택의 길은 오직 한 길밖에 없음을 각인시켜 주었고, 마침내는 뜻대로 모든 것은 정리되었다. 결과적으로 보면 작가의 진실의 물방울이 승리한 셈인데 이러한 의지는 이후 작가의 단단한 삶의 철학으로 굳어지게 된다.

한편 작가의 진실일로는 정의라는 용어와 결부되면서 일련의 역사극 쪽으로도 발전을 하였다. 『사카자키 데하노카미』, 『동지들』, 『가몬과 시치로에몬』, 『사이고와 오쿠보』 등이 그것이다. 특히 충실히 사실(史實) 그대로를 살린 작품 『사이고와 오쿠보』에서 오쿠보가 원했던 구국적 차원의 애국심, 즉 한반도를 향한 정한론(征韓論)이 아닌 내치를 기하는 것이 더 중요하다는 주장은 지식인의 정의를 보는 것 같아 새롭다. 앞에서 언급하였듯이, 작가의 진실일로는 어느 특정한 작품에서만 볼 수 있는 제한적 모럴이 아니다. 처녀작 『탄광』에서부터 『평온한 사람』에 이르기까지 작품 저변에 깔려있는 실핏줄 같은 것이며, 이는 곧 한발자국 물러선 작가의 자아 성찰이기도 하다. 물론 이러한 진실일로가 작가의 현실주의적 휴머니즘의 중추 신경임은 말할 것도 없다.

6

지금까지 작가와 그의 문학의 현실주의적 휴머니즘을 세 갈래로 나누어 정리해 보았는데, 여기에서 작가의 교육적·반전적(反戰的) 태도와

습을 그리고 있다.

인간 존중 사상도 간과해서는 안 된다. 작가의 마지막 희곡『쌀 백 섬』은 메이지유신이란 혼란기에 상대적으로 파묻힐 수밖에 없었던 나가오카번 교육자 고바야시 도라사부로의 모습을 재현한 작품이다. 70년이 지난 전쟁의 틈 사이로 진술한 교육자의 목소리를 들려주었던 것이다. 군수물자를 만들라고 국민들을 호도하고 있을 때, 작가는 그에 못지 않게 인간을 길러내는 것이 중요하다며 고바야시의 교육론을 피력하였다. 태평양전쟁이 급물결을 타고 있을 때, 작가의 교육백년지대계(敎育百年之大計)의 주장은 그 자체가 이미 반전(反戰) 의식의 표명임에 틀림없다.

희곡『쌀 백 섬』은 고바야시의 '항상 전쟁터에 있다'는 정신을 강조한다. 그것은 항상 전쟁터에 있다는 의식으로 어떠한 고통과 시련도 견뎌야 한다는 호소문이다. 여기에는 전투적인 군국주의를 규탄하는 의미와 함께, 평화주의가 깊숙이 자리하고 있다. 예컨대 인물만 양성해 두면 아무리 망해 가는 나라도 반드시 회복시킬 수 있다는 소위 인물 양성론을 강조한 것이다. 이러한 반전·인간 존중 사상은 작가의 유일한 역사 소설『불석신명』에서도 그대로 나타난다. 여기서는 목숨(身命)을 아껴야하는 이유가 어디에 있는지를 일러주는 테마를 다루고 있다. 이 작품을 둘러싼 에피소드29)는 휴머니즘이 얼마나 인간의 마음을 움직일 수 있는지, 인간적인 것이 얼마나 큰 힘으로 작용할 수 있는지를 여실히 보여준 예라 하

---

29) 이 작품이 나오기 전, 유조의 친한 후배가 좌익 사상에 연루되어 감옥에서 복역 중이었는데, 정신적으로 너무 피곤하여 무의식중에 동지에게 불리한 진술을 하게 될까봐 두려워 자살을 기도했다고 한다. 하지만 자살로부터 목숨은 건졌는데, 작가는 이 젊은이가 죽지 않고 생각을 고쳐먹을 수 있게 하고픈 생각에서 이 소설을 썼다고 한다. 그 사건이 있은 후 청년이 훌륭하게 재기를 하고 사회에 큰 기여를 했음은 물론이고, 미군에게 붙잡혀 자살을 시도하려든 일본인 포로의 목숨까지도 구하게 되었다는 이야기이다. 이 소문은 1948년 1월호『신쵸』에 실은 노다 미쓰하루(野田光春)의 「포로 수기」에 적혀 있는데 내용인즉 다음과 같다. 〈나의 얼굴에서 자살을 직감한 미군 통역 장교는 눈물을 글썽이며 "부탁이네 노다 씨. 자네가 나쁜 게 아니야. 군벌이 나쁜 거지. 나를 곤란하게 만들지는 말아 주게. 마음을 단단히 먹어 주게"라며 나의 어깨를 도닥거려 주었다. 야마모토 유조의『不惜身命』을 어디에선가 찾아와 나의 침대 위에 살짝 놓고 "이 무사는 죽지 않았는데 역시 훌륭한 무사였다"고 가타카나로 적어 나를 격려해 주었다.〉(山本有三全集 第四卷『不惜身命』,「編集後記」, 新潮社, 1976, p.382)

겠다. 이처럼 작가의 휴머니즘은 『쌀 백 섬』과 『불석신명』에서처럼 인간 존중과 군국주의에 대한 비판, 반전·평화주의의 옹호 측면에서 해석해야 할 부분도 간과해서는 안된다.

7

이상에서 유조와 그의 문학을 여러 각도에서 휴머니즘과 연계시켜 고찰을 해 보았다. 여기에서 필자는 작가의 최후의 창작 『평온한 사람』과 『서다』를 되돌아보고자 한다. 왜냐하면 이 두 작품에는 작가의 오랜 작품 활동을 정리하는 메시지와 시대를 초월한 인간적 모럴이 살아 있다고 생각하기 때문이다. 평온한(無事)한 사람이란 단순히 자유롭게 살아가는 사람이나 직장 없이 안일한 나날을 보내는 한가로운 사람을 가리키는 것이 아니다. 오히려 자신만의 길을 향해 힘껏 달려가는 사람을 가리킨다. 이는 『서다』의 경지와도 같은 것이다. "팽이가 '선다'고 하는 것은 움직이지 않는 것이 아니다. 언뜻 움직이지 않는 것처럼 보이지만 실은 맹렬히 전속력으로 움직이고 있는 것이다. 최고조의 속도로 회전할 때 비로소 팽이는 서는 것이다. '선다'는 것은 활동의 절정"을 의미한다. 유조 문학의 지향점은 이처럼 팽이나 중심을 잡고 달리는 자전거의 논리로서 인간으로 말하면 끊임없는 노동의 철학이라고 할 수 있다. 그 절정에 도달하고자 그의 문학은 시종 몸부림쳤다. 바꾸어 말하면 작가의 문학은 혼란했던 전후의 사회적 안정을 우회적으로 호소했던 것이다.

앞에서 언급하였듯이 휴머니즘의 정의는 그 의미가 대단히 넓다. 그리고 복잡하게 얽히면서 다양한 방향으로 발전하였다. 따라서 메이지 시대의 후쿠자와 유키치―기타무라 도코쿠―기노시타 나오에를 중심으로 흘렀던 르네상스 휴머니즘, 다이쇼 시대의 『시라카바』파를 중심으로 추구된 인도주의, 자아주의, 개성주의, 그리고 쇼와 초기의 프롤레타리아 문학을 비롯한 일본 문학사에서 휴머니즘을 추구했던 작가는 헤아릴 수 없을 만큼 많다. 즉, 그것은 모든 이야기(物語)가 어떠한 의미에서건 인간에 의한, 인간을 위한, 인간의 이야기가 쓰여질 수밖에 없었다고 생각하기 때문이다. 하지만 유조 문학은 이상적 인간주의를 포함한 에릭 프롬의 휴머니즘의 공통분모를 분명하게 살렸다는 점에서 특기할 만하다. 예컨대 휴머니즘을 인간성의 강조와 자신의 힘에 의해 자아를 성장 완성시키는 인간의 잠재력으로 보았을 때, 작가와 작품의 향일성, 시대의 대변자로서의 현실 참여, 진실일로, 그리고 반전·인간 존중 사상은 작가만의 현실주의적 휴머니즘을 발견케 하기에 충분하다.

여기에서 마지막으로 작가가 세상을 떠난 후 발견된 「대나무」란 시를 인용하면서, 다시 한번 야마모토 유조 문학이 추구한 현실주의적 휴머니즘과 인간으로서 해야만 하는 일이 무엇인지 되돌아보면서 이 글을 마친다.

【대나무】

우리들은 정직하게 산다.
하늘을 향해서 정직하게 산다.

우리들의 삶은
공동 연체(連體)의 생활이다.
자기 혼자만 굵어지려고 하는
에고이스트는 하나도 없다.
우리들은 땅 속에서
서로 굳건히 손을 맞잡고
모두들 사이 좋게 뻗어 나간다.
손도끼에 잘려나가지 않는 한
이해와 감정 따위로는
절대 분열하지 않는다.

우리들의 배속은
텅 비었다. 일체가 공(空)이다.
그러나 조금도 적적하지 않다.

오히려 힘이 넘쳐 터질 것 같다.
공이란 아무 것도 없는 것이 아니다.
없는 것은 무엇 하나 없다는 것이다.

우리들은 지조를 지킨다.
빗줄기가 내리쳐도 바람이 몰아쳐도
봄이 오든 가을이 오든
오로지 푸르름이다.

하지만 폭설에는 두 손을 든다.
위에서 세차게 누를 땐
싫지만 허리를 굽히지 않으면 안 된다.
때로는 땅바닥에 머리까지 문지를 때도 있다.
하지만 우리들은 참아낸다.
눈은 반드시 그친다는 걸 알고 있기 때문이다.
그래서 기회를 봐서
짓누르고 있는 눈을 자력으로 털어 버리고
살며시 본래 모습으로 되돌아간다.
우리들은 한시도
하늘을 잊고 살지는 않는다.30)

---

30) 山本有三全集 第十二卷 『竹』, 新潮社, 1976, p.246

제2부
순문학의 현대적 미학 세계

제1장

반항과 순수의 일원화 그 '향일성'

1. 머리말

야마모토 유조(山本有三, 1887~1974)는 1912년 제일고등학교(一高)를 졸업하면서 이듬해 도쿄대학교 독문학과에 들어가 곧바로 게쓰모토 기요시(傑本淸, 新時代劇協會 감독) 등과 함께 독일 야외극을 도입, 일본 최초로 야외극을 개최하게 된다. 이후 슈니쓰 레르[1], 스트린드 베르[2]의 작품을 번역하면서 유럽 문학에 대한 관심은 한층 고조되는데 그러한 관심은 그의 문학 속에서 眞實, 正義, 向日性이란 주제로 나타난다. 특히 1921년 『맹인 제로니모와 그 형제(盲目ジェロニモとその兄弟)』의 번역 이후, 『형제』, 『우미히코 야마히코(海彦山彦)』와 같은 동화적 세계

---

1) Arthur Schnitzler, 오스트리아의 작가(1862~1931). 의학을 전공했으나 희곡 『아나톨(アナトール)』로 인정받으면서 문필가로 등장한다. 예리한 분석으로 애욕과 죽음을 그렸고 대화의 묘수로서 많은 작품을 남겼다. 주요 작품으로는 소설 『귤(みかん)』, 『사자는 말이 없다(死者に口なし)』, 『베아드리체의 벨(ベアトリーチエのベール)』 등이 있다.
2) August Strindberg, 스웨덴의 작가(1849~1912). 식모의 아들로 태어나 어두운 운명을 극복하고 고학을 통하여 입센과 나란히 북구의 세계적 문호가 된다. 주요 작품으로는 인생고의 경험을 살린 소설 『붉은 방(赤い部屋)』, 『지옥(地獄)』, 『아버지(父)』 등이 있다.

로 접근하면서 향일성3) 강한 작품을 추구했던 것은 특기할 만하다. 또한 그러한 향일성이 작가 자신의 긍정적 인생관에 기초해 작품 속 어린이를 통하여 구체적으로 그려졌음은 주지하는 바이다. 그러나 유조 문학은『시라카바(白樺)』,『신사조(新思潮)』,『미타문학(三田文學)』을 중심으로 한 화려한 다이쇼 문단사와 쇼와 초기 문단사로부터 소외되었다. 이른바 프롤레타리아 문학을 통한 현실참여나『시라카바』적 자아성찰을 통한 지적 유희 그 어느 쪽도 담아내지 못했기 때문이다. 정의와 진실에 기초한 향일성 추구는「회화성 부족」4)과 고답적인 벽을 넘지 못하는 결과를 낳았고 그것은 유조 문학의 한계로 지적되었다. 작가의 존재가 시대의 격랑에 스스로 몸을 던져 그 물살의 느낌을 자신과 작품 속에 옮겨놓는데 있다고 한다면 유조는 그 격랑에 스스로를 던졌다고 볼 수 없다. 오히려 시대의 조류를 외면한 채 인간의 보편·절대적 가치를 추구했다고 볼 수 있다. 즉, 정의와 진실에 기초한 향일성으로 현실 한 복판에 서려했던 것이다.

본고에서는 먼저 이러한 다이쇼·쇼와 초기 문단외곽에서 홀로서기를 시도했던 유조의 향일성을 살펴보고 그 향일성이 작품 속에서 어떻게 내재 형상화되었는지를 구체적으로 고찰해 보고자 한다. 특히 대표작『진실일로』,『파도』를 통한 비뚤어진 어린이상과『살아있는 모든 것(生きとし生けるもの)』,『길가의 돌(路傍の石)』을 통한 노력형 어린이상을 중심으로 고찰해 보고자 한다. 그리고 유조 문학이 작품을 발표하던 당대이후 비평의 대상에서 답보 상태를 벗어나지 못하는 이유와 문학상의 한계성에 대해서 검토해 보고자 한다.

---

3) 향일성의 사전적 의미는 "식물의 줄기, 가지, 잎 등이 햇볕의 광도가 강한 방향으로 자라는 성질"이다.(이희승『국어대사전』민중서림, 1982) 일명 해바라기성, 향광성이라고도 하는데, 필자는 야마모토 유조와 그의 문학이 인간세계의 모럴을 지키기 위하여 끊임없이 노력하는 모습을 향일성으로 보았고, 여기에는 개개인의 건강한 삶을 위한 노력과 혼탁한 사회에 대한 비판보다는 도전의식의 고취같은 진보적 개념도 포함된다.
4) 小林秀雄「『眞實一路』に廻って」小林秀雄全集 第四卷, 新潮社, 1978, p.136

2. 유조와 어린이

유조의 소년소녀들에 대한 배려는 여러 방면에서 진행되었다.

첫째, 소년소녀들을 위한 문고 설치이다. 유조가 잡지 『은하(銀河』(19 46)와 『일본 소국민문고(日本小國民文庫)』(전16권) 등을 통하여 소년소녀들에게 쏟은 관심은 남다르다. 특히 1926년 『소학독본과 동화독본(小學讀本と童話讀本)』을 통하여 아동 출판물에 대하여 관심을 보이기 시작하면서, 후일 자신의 집을 개조 『미타카 소국민 문고(ミタカ小國民文庫)』를 설치 개방한 사실은 그의 소년소녀들에 대한 관심이 일회성(一回性)이 아닌 시종일관된 사고였음을 말해준다.

둘째, 문학 속에서 나타나는 문체의 평이성이다. 그의 작품 중에는 『길가의 돌』처럼 한 소년의 성장을 중심으로 한 자아의 세계를 그려 소년소녀들을 독자층으로 삼은 작품이 적지 않다. 여기에서 작자는 어려운 한자 대신에 소년소녀들이 쉽게 이해할 수 있도록 쉬운 한자를 사용하고 그들의 대화체를 그대로 살렸다.

셋째, 일본어 개혁을 적극적으로 추진하였다. 유조는 1938년 4월 『전쟁과 두 부인(戰爭と二人の婦人)』의 「후기」에서 "그 나라의 국어로 쓰여진 문장은 교육을 받은 사람이라면 국민 누구나 그대로 읽을 수 있는 것이어야만 한다"[5]고 주장하였다. 그리고 "훌륭한 문명국에서 그 나라 문자로 쓴 문장을 국민 대다수가 읽지 못하여 문장 옆에 또 다른 글자를 붙여주어야만 한다는 것은 문명국으로서 창피한 일이 아닌가"[6]라고 밝히면서 그와 같은 폐단의 후리가나(振り仮名, 한자의 일본어 읽기 표기)를 없애면 다음과 같은 이익이 있다고 주장했다.

1. 한 나라의 국어로서의 존엄성에도 관련되는 것이며 문체의 혁신이라는 문제에도 큰 관련을 갖고 있다.

---

5) 山本有三「この本を出版するに当たって」山本有三全集 第十一卷, 新潮社, 1976, p.125
6) 上揭書, p.125.

  2. 어려운 문구와 取音字를 사용하지 않게 되니까 자체적으로 한자 제한
     을 실행하게 된다.
  3. 눈으로 보아 읽기 쉬울 뿐만이 아니라 귀로 들어서도 알기 쉬운 문장
     이 된다.
  4. 국어가 정화된다.
  5. 국민이 진심으로 국어를 사랑하게 된다.7)

  이 외에도 후리가나를 "검은 벌레의 행렬"8)이란 표현을 써가면서 후리
가나를 폐지하면 경제적인 이익 또한 적지 않을 것이라고 주장했고, "사람
들이 동등하게 알기 위해서는 교육, 지식, 교양의 평등화를 기하지 않으면
안 된다. 그리고 국민을 위하여 그 기초인 글자와 말을 반드시 민중의 것
으로 환원시키지 않으면 안 된다"9)며 후리가나 폐지와 쉬운 한자사용을
강력하게 주장했다. 이러한 유조의 일본어 개혁운동은 당시 6개월 이상
신문과 잡지에서 쟁점으로 다루어졌고 사회적으로 대단한 반향을 불러 일
으켰다. 그러한 개혁 작업은 후일 국회 참의원으로 진출하면서 더욱 강력
하게 추진된다. 소위 상용한자사용, 국립국어연구소 설치와 같은 사업을
제도권 안에서 선구적으로 추진하였던 것이다. 이와 같은 유조의 업적은
이리에 도시오(入江俊郎)의 「헌법구어화와 야마모토 유조(憲法口語化と
山本有三)」10)나 마쓰사카 다다노리(松坂忠則)의 「국어심의회와 야마모

---

7) 上揭書, p.129. "1、一國の國語としての尊嚴にも關係することですし、文體の革新という
   ような問題にも大きな關係を持っている。2、むずかしい文句やあて字を使はないようにな
   るから、おのずから漢字制限を實行することになる。3、目で見て讀みやすいばかりでなく
   耳で聞いても分りやすい文章になる。4、國語が淨化される。5、國民が心から國語を愛す
   るようになる。"
8) 上揭書, p.125.
9) 山本有三「文字と國民」山本有三全集 第十一卷, 新潮社, 1976, p.159.
10) 入江俊郎「憲法口語化と山本有三」近代文學鑑賞講座 第十一卷, 附錄, 角川書店, 1959,
    p.53에서 「國民의 國語運動의 멤버였던 有三는 口語化를 적극적으로 제창하였다. 예를
    들면 憲法 제1조 "天皇ハ日本國民至高ノ總意ニ基キ日本國及其ノ國民統合ノ象徵タルベキ
    コト"가 "天皇は國家と國民統一の象徵であって、この地位は主權を有する國民の意志から
    うけたものである"로 변했다」고 제창하면서 "이것이 기초가 되어 그 후 몇 단계인가 수정
    을 거쳐 현재의 法文으로 확정되었다"고 유조의 공적을 말한다.

토 유조」11)에 잘 나타나 있다. 어쨌든 유조의 일련의 개혁 작업은 작가 자신의 적극적인 추진력과 소년소녀들에 대한 애정없이는 불가능했을 것이다.

그렇다면 그러한 유조의 추진력과 어린이에 대한 애정은 어디에서 발로된 것일까. 필자는 여기에서 작가의 성장 배경에 주목하고 싶다. 유조의 청소년 시절은 자의식에 기초한 홀로서기로서 투쟁이자 발견이었다. 즉 아버지와의 불화, 학업의 도중하차, 검정고시, 희곡에의 몰두, 초혼실패, 하나코(華子) 부인과의 갈등으로 이어지는 우여곡절은 그로 하여금 좌절이 아닌 새로운 가능성과 도전의식을 고취시키는 계기들이었다.

> Einsam이라는 회색 구름이 주위를 완전히 쥐색으로 만들어 버렸다. 나 혼자만을 그 한가운데 세워둔 것 같았다. 나와 주위와는 완전히 단절되었다. 나의 의지와 주위의 의지의 세계와는 전혀 다른 세계이다. 지구와 달 이상으로 달랐다. 별개의 세계였다. Einsam Einsam Einsam!12)

예를 들면 여배우 유리코(八百子)의 변심으로 인한 혹심한 고독감을 위 인용문처럼 말하며 그 절망적 고독을 통하여 희곡 연구에만 몰두한 사실은 그 좋은 예이다. 또한 하나코 부인과의 불화로 별거 이혼소송을 맞으면서도 진실에 호소, 끝내 하나코 부인의 마음을 돌리게 한 사건 등, 일련의 현실적 난관 수습과정은 그의 삶의 철학이 긍정적, 현실화합적임을 짐작케 한다.

어떻든 유조의 철저한 자의식에 기초한 삶의 철학은 작품 속에서 여러 형태로 재현된다. 중요한 것은 그러한 작가의 향일적 요소가 작중인물 특

---

11) 松坂忠則「國語審議會と山本有三」近代文學鑑賞講座 第十一卷, 附錄, 角川書店, 1959, p.57에서 "常用漢字表의 原案作成이라는 큰 일을 하여 오늘날 國語政策의 기초를 만들었다"고 언급한다.

12) 長野賢『山本有三正伝 上卷』, 未來社, 1987, p.128. Einsam은 고독을 의미함.
"Einsamトイウ灰色ノ雲ガ周圍ヲ凡テ鼠色ニシテシマッテ、自分一人ヲソノ中ニ立タシメルヨウニシタ、自分ト周圍トハ全ク切リハナサレタモノニナッタ、自分ノ意志ト周圍ノ意志ノ世界トハ全ク異ッタ世界デアル、地球ト月トヨリモヨリ以上異ッタ、別ナ世界デアル、Einsam Einsam Einsam."

히 어린이들로 하여금 갈등을 겪게 하면서도 좌절로 내몰지 않고 어떻게 살아가야만 하는가에 대한 삶의 길을 제시해 주고 있다는 데 있다. 그 길은 후퇴가 아닌 진보이다. 혼탁한 사회에 대한 비판보다는 도전의식의 고취 형태를 취한다. 그것이 유조의 향일성이다. 그러한 작가의 향일성은 유럽 문학의 수용13)과 맞물리면서 작품을 통하여 다양하게 재생산된다. 즉 유조 문학에서 하프트 만 문학을 통한 대립구도와 개인이 아닌 민중이라는 집단을 주인공으로 삼는 과정, 스트린드 베르를 통한 운명수용적 태도의 도입과 현실 긍정적 사고, 슈니쓰 레르를 통한 인간의 참모습을 그리는 자세 등은 유럽 문학을 통하여 재생산된 것이라고 할 수 있다.

3. 유조 문학의 비뚤어진 어린이상

1) 『진실일로』의 요시오(義夫)

『진실일로』에서 요시오는 심한 가슴앓이를 한다. 아버지 요시헤이(義平)와 누나 시즈코(靜子)로부터 어머니 무쓰코(睦子)가 죽었다는 소리를 믿으면서 차가운 가정 분위기 속에서 살아간다. 요시오는 교내 기부금 분실 사고에 휘말렸을 때 자신의 결벽을 주장하지만 어른들은 믿어주지 않았고 그로 인한 어른들에 대한 불신감은 쌓여만 간다. 결국 가출을 일삼고 어머니가 살아있을지 모른다는 생각마저 하게 된다. 어른들은 거짓말만 한다는 관념이 요시오 내부에 고착화되고 그런 불신감은 구체적인 반항의 형태로 나타난다. 도둑질과 가출 심지어는 무쓰코가 생모라는 사실을 듣고서도 믿지를 않는다. 오히려 무쓰코가 애인 스미다(隅田) 집으로 들어갔

---

13) 유조의 유럽 문학 수용은 크게 3기로 나누어 생각할 수 있다. 1기는 1911년 제일고등학교 입학부터 도쿄대학교 독문과 졸업까지(하프트 만 중심). 2기는 도쿄대학교 졸업부터 1915년 극단 전속작가를 거쳐 연극에 대한 정신적 지향을 한층 더 높인 이른바 자복기(雌伏期)(스트린드 베리 중심). 3기는 1921년 「예술은 '드러내는' 것」의 발표부터 자신의 문학관 아래 활발한 작품활동을 하던 시기이다.(슈니쓰 레르 중심)

을 때에는 "어머니라고 하더니 역시 어머니가 아니었던 거야"14)라며 자신만의 세계에 담장을 친다. 그러나 학교에서 낙제하고 비행만 저지르는 요시오가 자신의 좌절과 불행의 늪을 뒤로하고 5,6학년대항 릴레이 경기에서 거듭나는 모습을 보여준다.

요시오는 누나가 지켜보고 있다는 사실을 전혀 몰랐다. '와아' '와아' 외쳐대는 소리가 멀리 폭풍우처럼 들려올 뿐이었다. 응원을 하고 있는 친구들의 얼굴은 물론, 주변으로 빽빽이 들어차 있는 구경꾼들조차도 일체 시야에 들어오지 않았다. 그의 앞에는 오로지 하얀 선이 있을 뿐이었다. 등뒤에서 인간의 거친 숨소리가 느껴졌다. '이 자식이!'하는 생각이 들었다. 그는 맹렬히 마지막 스퍼트를 냈다. 눈이 어지러울 정도로 가물거렸다. 달리고 있는 건지 정지해 있는 건지 자신으로서도 알 수가 없었다. 다만 온 몸이 붕붕 뜨면서 지면이 뒤쪽으로 뒤쪽으로 스쳐 지나가는 것이 느껴질 뿐이었다.15)

이러한 요시오의 질주는 지난날의 가슴앓이와 어른들에 대한 불신감을 정리하는 새로운 출발이며, 요시오 나름대로의 자기구축이자 좌절과 불행의 끝을 의미한다. 이는 또 다른 의미의 홀로서기라고도 하겠다.

2) 『파도』의 스스무

『파도』의 고스케(行介)는 제자 기누코(ぎぬ子)의 육체를 범했고 그 과실을 책임지고자 그녀와 결혼한다. 고스케로서는 그것이 기누코를 위한

---

14) 山本有三全集 第八卷 『眞實一路』, 新潮社, 1976, p.334
15) 上揭書, p.350-351. "義夫は姉の見ていることなどまるで知らなかった。「わあ!」,「わあ!」とわめいている聲がただ遠いあらしのように聞こえるだけで、應援している友の顔も、いや、サクのまわりにぎっしりつまっている見物すら、いっさい目にはいらなかった。彼の前にはひと筋の白い路があるだけだった。と、背なかに人間のあつい息を感じた。彼は「畜生」と思った。彼は猛烈なラスト・スパートを出した。彼は目がくらみそうになった。驅けているのか驅けていないのか自分にも分らなかった。ただ身體がふわりふわり浮いて地面がうしろへうしろへずれていくのが感じられるだけだった。"

최대한의 배려로 생각했기 때문이다. 그런데 처가 된 기누코는 불량학생과 가출을 했고 고스케는 자신의 지난날의 행동에 대해 책망한다. 얼마후 기누코는 자신의 행동을 후회하며 집으로 돌아왔지만 고스케의 고민은 증폭될 뿐이다. 그리고 기누코는 누구의 자식인지 알 수 없는 자식을 남기고 죽어버린다. 그 아이가 스스무(進)이다. 스스무는 중학교를 마치고 사춘기로 접어들면서 시무라(志村) 부인과 드라이브를 즐기며 연상의 여자와 연애를 하는 등, 아버지 고스케가 걸어왔던 잘못된 길을 그대로 답습한다. 한편, 고스케는 기누코의 부정을 되뇌이며 자신의 아들 스스무 앞에서 "아버지일지도 모르는 자신, 자식일지도 모르는 스스무"16)란 의식을 지워버리지 못한다. 따라서 고스케의 애정은 단락적 집착적인 모습에서 탈피하지 못했고 고민은 더해만 간다. 그런데 어느 날 문득 고스케가 자신과 똑같이 다리가 저려 절뚝거리는 것을 보고 스스무는 자신의 친아들이라고 좋아하다가, 의사로부터 유전이 아님을 전해듣고 심경에 큰 변화를 일으킨다. 즉, 자신의 아이든 타인의 아이든 문제되지 않는다며 지금까지의 소아적(小我的) 집착에서 벗어나 인간의 모습을 대아적(大我的)으로 자연섭리 속에 맡기는 여유를 보여준다.

이른바, 삶은 끊임없는 "과오, 방황, 사랑, 고통, 다툼을 반복하면서 마침내 피로에 지쳐 죽어간다"17)는 대아적 모습으로 스스로를 인도함과 동시에 삶을 파도에 비유하면서 스스무의 운명 역시 파도 위에 맡겨 버린다. 그러나 파도 위에 올려진 스스무의 지향점은 어두운 곳이 아니다. 『진실일로』의 요시오와 마찬가지로 양지(陽地)를 향하고 있다. 그러한 향일성은 고스케와 스스무가 바다로 뛰어드는 다정다감한 광경에서 엿볼 수 있다.

> 오늘도 그는 스스무와 수영 경기를 했다. 그리고 헉헉거리며 기분 좋게 패했다.
> "야아. 피곤하다!"(중략)

16) 山本有三全集 第五卷 『波』, 新潮社, 1976, p.125.
17) 上揭書, p.292.

  스스무은 근처의 모래를 퍼서는 고스케의 몸에다 마구 뿌렸다. 하늘을
쳐다보며 누워있던 고스케의 전신은 갈색 차 같은 가는 입자가 수북히
쌓이었다.
  "아버지. 이제 그만 할거죠?"
  "음."
  "난, 한번 더 들어 갈래요."18)

  자신이 걸어왔던 불행한 길을 아들이 되풀이하지 않도록 어른으로서의
몫을 다하는 고스케의 모습. 그것은 부자(父子)가 파도에 몸을 던지면서
대자연 속에서 자연스레 암시하고 수용하는 형태를 취한다. 해안으로 밀
려드는 "파도가 언젠가는 높은 암벽에 커다란 동굴을 만들어 내듯이 단순
히 같은 행동을 끊임없이 반복하는 것처럼 보이는 곳에서도 깊은 그 무엇
인가가 있다"19)고 하는 진실. 그 진실은 일시적이 아닌 지속적이며 돈오
(頓悟)가 아닌 점수(漸修)로서 밝은 곳을 향한 부단없는 행보이다. 즉,
개인이란 틀에서 탈피 우리라는 사회 속으로 고스케 자신은 물론 스스무
까지 그 대열로 인도하려는 노력. 그 끊임없는 노력의 도달점이 "깊은 그
무엇"의 속내일 것이다. 따라서 그러한 진실의 깨달음은 고스케로 하여금
스스무를 자신의 아들이냐 아니냐 라고 하는 편협한 사고에서 벗어나 "사
회의 아들, 인류의 아들, 우주의 아들"20)로 키우면 된다고 하는 의식으
로 반전(反轉)시킴은 당연하다. 이러한 의식의 끊임없는 반복은 대아적
차원의 공동체 속에서 전후(前後) 세대간의 교차적 연속적 그 무엇인가
를 우려내기 위한 몸부림에 다름 아니다. 즉 전후 세대 제나름대로의 향
일성이다.

------

18) 上掲書, p.300.「今日も彼は進と競泳をやった。そして小気味のいいほど負かされてへとへとになった。'や
   あ、疲れだ'(中略),　進は近所の砂を掘っては、むやみにそれを行介のからだの上になすりつけた。あお向
   けに横たわっている行介の全身は、しら茶のこまかい粒でうず高くおおわれてしまった。
     "おとうさん、もういいだろう"
     "うム"
     "ぼく、もう一度、海にはいるよ」
19) 上掲書, p.298.
20) 上掲書, p.257.

유조 작품에서 비뚤어진 어린이상은 위의 두 작품 외에도 희곡『쓰무라 교수』에서 쓰무라 교수의 전처로부터 태어난 도루(徹)의 편벽함, 그리고 성격은 다르지만 좌경의식에 빠져 부모와 대립, 결별하는『여자의 일생』의 반항아 마사오(允男)에서도 찾아볼 수 있다. 이러한 문학적 기조는 유조 문학의 또 다른 하나의 틀이라고 할 수 있는데, 분명한 것은 그의 문학 속에서 성장하는 비뚤어진 어린이들은 시간이 지날수록 어른스러워지고 자의식에 기초한 자신만의 길을 찾아 홀로서기를 시도한다는 사실이다. 이는 편협한 사고의 소유자가 아닌 넓은 포용력으로 개인-가족-사회-인류라고 하는 인간 공동체적 시각으로 발전시키는 개인의 향일성이며 인류 전체의 향일성으로 받아들일 수 있다.

4. 유조 문학의 노력형 어린이상

1)『살아있는 모든 것』의 슈사쿠(周作)

『살아있는 모든 것』은 유조의 처녀작『탄광(穴)』을 구체화시킨 작품이라고 할 수 있다. 주인공 슈사쿠는 광산 채탄부 아버지와 채탄 잡역부 어머니 사이에서 태어나 어두운 광산촌에서 어렵게 자란다. 슈사쿠의 성공 과정이 생략되기는 했지만 그는 탄광의 어둠을 뚫고 광산회사와 은행을 세우는 자본가로 성공한다. 그의 외동아들 나쓰키(夏樹) 역시 양지바른 곳에서 더 많은 햇볕이 비치는 곳을 찾아 분발한다. 한편 은행 월급쟁이 세이이치로(精一郎)는 동생의 학자금을 나쓰키에게 부탁할 수밖에 없는 가난한 인물로 등장, 작품은 자본가와 노동자라는 양자 대립구도를 취한다. 소위 자본주의 체재 속에서 자본가와 노동자가 공존할 수밖에 없는 운명적 밑그림을 통하여 양자 모두 그 나름대로의 빛을 향해 뛰고 있음을 보여준다. 즉, 자본가 나쓰키, 노동자 세이이치로 형제는 모두 나름대로의 빛을 향해 달리고 있다.

모든 생물은 어떤 형태를 하고 있던지 간에 이 세상에 살고 있는 것은 어떠한 의미에서건 태양을 향해 손을 뻗치지 않는 것은 없습니다. 나무 한 그루 풀 한 포기는 물론이거니와 아메바와 같은 미생물에서 인간에 이르기까지 태양을 향해 가능한 한 넓은 좌석을 차지하려고 싸우고 있습니다. 아마도 물질적이든 정신적이든 빛을 구하는 것이 살아있는 모든 것의 본성이 아닐까요. 그러나 서로간에 보다 많은 빛을 차지하려한 결과, 어떤 것은 빛을 얻어 번창하고 어떤 것은 그것을 얻지 못한 채 쇠퇴해 갑니다. (중략) 그렇지만 하늘 높이 넓게 가지를 늘어뜨리고 있는 큰 수목이 지상에 커다란 그림자를 드리운다고 해서 그 가지를 자르지 않으면 안 되는 것일까요.21)

위의 인용문은 『살아있는 모든 것』이 아사히(朝日)신문에 실리기 전 「작자의 말」이다. 여기에서 유조는 살아있는 모든 것이 육체적이든 정신적이든 반드시 어떤 의미에서 태양을 향해 손을 뻗치고 있다는 강한 향일성을 보여주고 있다. 이는 유조 문학의 또 다른 측면의 「진실일로」22)와도 상통하는 부분이다. 즉 작가의 다섯 번째 장편 『진실일로』에 등장하는 요시헤이(가족을 위하여 금전등록기처럼 성실하게 산 인물), 무쓰코(사랑하지 않는 요시헤이와의 결혼생활을 청산하고 사랑하는 스미다와 불행한 최후를 맞는 인물), 스미다(전기처럼 열이 없는 빛을 발명하고자 골몰하다 무쓰코와 동반 자살하는 인물), 그리고 시즈코와 요시오는 각자 나름대로의 진실일로라 믿는 홀로서기에 충실하다. 이러한 유조의 사상은 자연순응에 기초한 향일성이라 할 수 있는데 이는 유조 문학의 역설적 구조와 연계시켜 스기자키 도시오(杉崎俊夫)가 말한 '한 발자국 물러선'23)

---

21) 山本有三 「作者の言葉」(『朝日新聞』, 1926.9.24) "どんな形をしていようとも、この世に生きているものは、なんらかの意味において太陽に向かって手をのばしていないものはない。と思います。一木一草はもとよりアメーバのような微生物から人間に至るまで、太陽に対してできるだけ広い座席を取ろうとして争っています。おそらく物質的にも精神的にも光を求めることが生きとし生けるものの本性ではないでしょうか。しかしお互いにより多くの光をあびようとする結果は、あるものは光を得て栄え、あるものはそれを得られないで衰えてゆきます。(中略)けれとも天空に高く広く枝を張っている大木は、地上に大きなかげを作るからといってその枝を切り取らなければならないものでしょうか。"
22) 拙稿 「山本有三 문학의 '眞實'에 관한 考察」, 『日本學報 44集』, 2000.6, p.242 참조.
23) 스기자키 도시오(杉崎俊夫, 1929~1997)는 유조 문학의 정의, 진실, 향일성 강조는 그

성숙된 삶으로 해석해야 할 것이다.

2) 『길가의 돌』의 고이치

『길가의 돌』은 빈곤한 집안에서 태어난 고이치(吾一)가 열악한 환경에서도 좌절하지 않고 고군분투(孤軍奮鬪)하여 마침내 공장주로부터 성실함을 인정받고 자기 사업을 일으키기까지의 과정을 그리고 있다. 먼저 이 작품이 아사히 신문에 실리기 전 「작자의 말」을 살펴보면 작가의 의도는 물론 작품의 성격까지도 분명히 읽을 수 있다.

> 그는 길가의 돌처럼 짓밟히고 내동댕이 쳐졌다. 그는 길가의 돌처럼 먼지로 뒤범벅 되었다. 그러나 시골 길가에 나뒹굴고 있던 자갈도 밀치고 내차이는 사이 자신도 모르게 대도회지 한복판으로 밀려들지도 모르는 일이다. 끊임없이 짓밟히던 자갈도 어느새 지붕 위로 올라가 오가는 행인들을 내려다 볼 시기가 오지 않으란 법이 있겠는가. (중략) 어쨌든 그의 마음은 돌처럼 견고하다. 그의 의지는 돌처럼 강하다. 그리고 그의 머리는 돌처럼 차가울지도 모른다.[24]

위에서처럼 고이치는 길가의 돌처럼 이리저리 차이면서도 굴하지 않고 견고한 자아를 관철시키는 인물로 그려질 것임을 예고한다. 내용을 목차에 따라 3단계로 나누어 정리해 보면 다음과 같다. 1단계는 처음부터 「물가폭등」의 장까지이다. 여기에서는 고이치가 중학교 진학이 어려워지자 친구들과 목숨건 자존심 경쟁으로 철도 건널목에 매달렸다가 의식을 잃

의 문학이 현실로부터 한발자국 물러서(一歩さがって) 있었기 때문인데 그것은 물러선 것이 아니라 한발자국 진보한 것이라고 설명한다.

24) 『路傍の石』의 예고를 알린 「作者の言葉」(「朝日新聞」, 1936.12.11과 12.30) "彼は路傍の石のやうにはふり出された。彼は路傍の石のやうに蹴飛ばされた。彼は路傍の石のやうにホコリをかぶっていた。しかし田舎の道端にころがっていた小石も、蹴飛ばされ蹴飛ばされするうちに知らず知らず大都会の中心に蹴込まれて行くこともあるだろう。年中踏みつけられていた小石もいつのまにか屋根のうへにあがって、道行く人を見おろす時節が来ないとも限らない。(中略)とにかく、彼の心は石のやうに堅固だ。彼の意志は石のやうに強い。そして彼の頭は石のやうに冷たいかもしれない。"

고 돌아와 쓰기노(次野) 선생으로부터 꾸중을 듣는 내용, 이세야(伊勢屋)에서의 혹독한 종업원 생활, 그리고 아버지도 없는 가운데 혼자서 어머니의 장례식을 치뤄야 하는 고향에서의 소년기 간난(艱難)이 주된 내용이다. 고이치가 이세야를 탈출 도쿄행 기차에 몸을 싣기까지 학교와 친구, 가정과 깊은 관련으로 자신의 의도와는 별개로 타의에 의해 좌우되는 것이 특징이다. 몇 가지 잔혹하고도 충격적인 경험을 거치면서 정신적 지주의 상실과 함께 학교, 친구, 가정이라는 일차적 사회에서 자신의 위치를 깨닫고 사회로 첫걸음을 내딛는 준비기라고 할 수 있다. 2단계는 「도쿄」에서부터 「달님은 왜 떨어지지 않는가」라는 장까지로서 고이치의 시련기라고 할 수 있다. 도쿄의 한 인쇄소가 주무대인데 그곳에서의 비참한 대우, 구로다(黑田)와의 인간적 만남, 그 누구보다도 정직 성실했던 쓰기노 선생의 해고에 따른 불의에의 반발 등이 중심 내용이다. 여기에서는 고이치가 온갖 경험을 통하여 사회인으로서 조금씩 성장, 마침내 태어나 처음으로 자신의 작은 방을 마련하기까지의 간난신고를 그린 시련기라고 할 수 있다. 3단계는 「일하라 일해 끊임없이 일을 해」부터 마지막 장 「성공의 친구」까지이다. 여기에서는 고이치의 냉철한 현실인식을 통한 활발한 사회생활을 그리고 있으며, 인쇄소의 화재, 방탕한 아버지의 귀가, 인쇄소로부터 독립, 그리고 혼자서 『성공의 친구』라는 잡지를 만들기까지의 자립기이다. 또 정신적 지주 구로다가 말한 '시대의 주인'으로서 자신의 목소리를 내기 시작하는 시기이다.

필자는 여기에서 두 대목을 인용해 보기로 한다.

종종 세간에서는 다음 생에 태어나면 어떻게 하겠다고 하지만 인간은 한번 죽어버리면 그것으로 끝이다. 고이치라는 인물이 단 한 명밖에 없듯이 일생이란 것도 단 한번밖에 없는 것이다. (중략) 인생은 죽는 것이 아니라 사는 것이다. 지금부터는 우선 살아가지 않으면 안 된다. 자기 자신을 살리지 않으면 안 된다. 단 하나밖에 없는 자기를 단 한번밖에 없는 일생을 진정 살리지 못한다면 인간으로서 태어난 보람이 없질 않느냐.25)

---

25) 山本有三全集 第九卷 『路傍の石』, 新潮社, 1976, p.109. "よく世間ではこのつぎ生まれ変わっ

How to live?
　선생님은 「어떻게 살 것인가」가 가장 중요하다고 하였다. 그러나 나와 같은 사람에게는 「어떻게 해서 살아갈 것인가」가 더욱더 문제가 되는 것 아닌가. 결국 선생님은 선생님이고 나는 나일 뿐이다. 종국에 이르며 인간은 역시 개개인이다. 선생님과 나 역시 별개일 수밖에 없다.26)

　전자는 1단계에서 철도 건널목에 매달렸다가 쓰기노 선생으로부터 꾸중을 듣는 대목이고 후자는 3단계 자립기에 해당하는 부분으로서 냉엄한 현실 속에서 쓰기노 선생과 구로다의 교훈을 살려가는 전세대와는 다른 현세대 고이치의 독립성이 돋보이는 대목이다. 이상에서 알 수 있듯이 이 작품의 주테마는 고이치의 소년기-시련기-자립기를 통하여 하나밖에 없는 자신을 살려야만 한다는 향일성이다.

　이처럼 유조 문학은 비뚤어진 어린이상이든 노력형 어린이상이든 대부분이 어두운 환경을 극복하고 성실과 인내심으로 사회 한 복판에서 당당히 자신의 목소리를 내는 인물을 그린다. 즉, 비뚤어진 어린이는 불행한 과거를 밑거름으로 새로운 홀로서기를 시도하며 노력형 어린이는 처음부터 충실한 삶으로 현실 속에 뛰어든다. 특히 노력 끝에 자본가로서 입지를 굳힌 슈사쿠나 방탕한 아버지 쇼고(庄吾)를 내세워 기성 세대를 "가족을 괴롭히는 기계"27)로 규정하면서 복잡한 시대 속에 자신의 몸을 던지는 고이치는 유조 문학의 향일성을 상징적으로 대변한다 하겠다.

　한편 그러한 향일성은 어린이의 세계는 아니지만 『평온한 사람(無事の人)』에서 말하는 역설적 논리와도 일맥상통한다. 즉, "'평온한 사람'이란 단순히 자유롭게 살아가는 사람이나 직업없이 안일한 나날을 보내는 사람

てきた時にはなんて言うけれとも、人間は一度死んでしまったらそれっきりだ。愛川吾一ってものが一人しかないように一生ってものは一度しかないのだぜ。(中略)人生は死ぬことじゃない生きることだ。これからのものは何よりも生きなくてはいけない。自分自身を生かさなくってはいけない。たった一人しかない自分をたった一度しかない一生を、ほんとうに生かさなかったら、人間、生まれてきたかいがないじゃないか。"

26) 上掲書, p.Z25. "How to live? いかに生きるか'が第一だと先生はいった。しかし'いかにして生きるか'が、おれたちのやうなものにはもっと問題ではないのだろうか。先生はつひに先生だ。おれはおれだ。どん詰りのところへ行けば人間はやっぱり一人一人だ。先生のやうな人だって別別だ。"

27) 上掲書, p.416.

을 일컫는 것이 아니라"28) 불교의 선(禪)에서 말하는 "아무것도 구할 것이 없는 담담히 깨달음의 길로 접어든 도인"29)을 일컫듯이 유조 문학의 역설적 논리는 중요한 의미를 갖는다. 달리는 자전거의 안정된 모습이나 『불석신명(不惜身命)』에서 주인공 주조(十藏)가 주군을 위하여 '不惜身命'에서 '惜身命'의 경지를 깨닫는 과정, 그리고 팽이가 전속력을 다하여 돌아갈 때 비로소 '선다'는 논리나 『여자의 일생』에서 보여주는 '제2의 출산' 또한 같은 차원에서 해석해야 할 것이다. 그것은 마치 불교 문학에서 「無識」이 무식함이 아닌 더 이상 배울 것이 없는 식자(識者)를 일컫는 것과 같은 논리이다. 이 같은 역설적 논리를 통하여 작자는 문학을 결산했던 것이다. 그리고 『마음의 태양을 안고(心に太陽を持て)』30)에서 보여주는 고진감래(苦盡甘來)를 믿는 기다림의 철학 또한 그러한 문학적 향일성으로 해석해도 좋을 것이다.

그러나 유조 문학의 진실에 기초한 향일성은 당대 문학 성향과는 동떨어진 면이 있다. 소위 다이쇼, 쇼와 초기 문단에서 프롤레타리아 문학을 통한 현실참여와 『시라카바』, 『신사조』, 『미타문학』을 통한 지적 유희가 논의될 때 교양 소설류의 유조 문학은 그러한 시대적 요청을 담아내지 못했다. 그것이 당대 프롤레타리아 문학 측이나 『시라카바』를 비롯한 당대 문단 측에 합류할 수 없었던 가장 큰 이유일 것이다. 물론, 히라노 겐(平野謙)이 "예를 들면 『여자의 일생』의 첫 부분 머리말과 『암야행로』의 서두 부분 「겐사쿠의 추억(謙作の追憶)」을 비교해 볼 때 전자는 단순한 플롯의 복선에 지나지 않는데 반해 후자는 그 자체로서 완결된 예술성이 넘쳐흐른다"31)고 지적했던 것처럼 플롯상의 문제점도 거론할 수 있다. 그

---

28) 福田淸人編 『山本有三』, 淸水書院, 1967, p.200.
29) 高橋健二 『近代文學鑑賞講座 第12卷』, 角川書店, 1959, p.184.
30) 滑川道夫 『山本有三讀本』, 學習硏究社, 1959, p.271-272. "마음에 태양을 안고/ 폭풍우가 불어오든 눈발이 날리던/ 하늘에는 구름/ 지상에선 투쟁이 끊이질 않지만/ 마음에 태양을 안고/ 그러면 무엇이 걱정인가/ 아무리 어두운 날일지라도/ 그것이 밝혀줄 거야/ 입가에 노래를 안고/ 쾌활한 모습으로/ 하루하루의 고통에/ 설령 걱정이 끊이질 않더라도/ 입가에 노래를 안고/ 그러면 무엇이 걱정인가/ (중략)용기를 잃지 말라/ 마음에 태양을 안고/ 그러면 무엇이든 싹 사라진다."

리고 유조가 문단에서 평가받지 못한 이유로서 첫째, 소설가로서보다 희곡작가로 더 많이 알려졌다는 점. 둘째, 작품의 지나친 휴머니즘성. 셋째, 회화성의 부족과 문체의 평이성. 넷째, 작가에서 정치가로의 변신 등도 지적할 수 있을 것이다.[32]

그러나 위와 같은 지적 이면에 당대 기쿠치 간(菊池寬), 미야모토 유리코(宮本百合子) 등 동료 작가들의 호평이 있었음도 간과해서는 안 된다. 즉, 기쿠치 칸은 『살아있는 모든 것』이 신문에 실렸을 때 "신문소설 이래 이 정도의 철저한 준비와 함축성 있는 소설은 소세키(漱石) 사후(死後) 처음이라고 해도 과언이 아니다"[33]고 평했고, 미야모토는 "설명식 문장의 이해하기 쉬운"[34] 것이 장점이라며 유조 문학을 평가했다. 그리고 앞에서 살펴보았듯이 그의 문학에는 정의와 진실에 기초한 향일성이 항상 살아 숨쉰다. 비록 그가 다이쇼·쇼와 시대의 격랑에 몸을 던져 그 물살의 느낌을 농짙게 우려내지는 못했지만 인간의 소중한 모럴을 시종일관 지키려 노력했다. 그러했기에 문단이란 제도권 밖에서도 떳떳했고 홀로 설 수 있었다. 오늘날 현실은 점점 더 향일성이며 휴머니즘이란 용어가 진부하게 들리는 양상으로 변하고 있다. 감각적 유희를 추구하는 글이 살아남는 시대로 급변하고 있다. 그러나 복잡한 도심 속 절제와 균형감각으로 우리를 지켜줄 신호등 같은 모럴, 그것은 인간 근본에서 일탈하는 사회적 분위기가 고조되면 고조될수록 절실할 수밖에 없다. 즉, 보편·절대적 가치는 점점 더 소중할 수밖에 없다. 그 신호등이자 보편·절대적 가치가 유조 문학이라면 오늘날 그의 문학은 좀더 읽혀지고 평가되어도 좋지 않을까?

---

31) 平野謙 『昭和文學史』, 筑摩書房, 1985, p.159.
32) 拙稿 「山本有三 문학의 '眞實'에 관한 考察」, 『日本學報 44集』, 2000.6, p.246-247.
33) 菊池寬 「『生きとし生けるもの』を読む」, 『生きとし生けるもの』, 新潮社, 1955, p.217.
34) 宮本百合子 「山本有三氏の境地」 近代日本文学鑑賞講座 第十一巻, 角川書店, 1959, p.279.

5. 맺음말

　이상에서 살펴보았듯이 유조 문학의 어린이상은 비뚤어진 형태든 노력하는 형태든 모두 좌절하는 모습이 아니다. 어려운 상황을 현명하게 인내심과 성실함으로 맞서는 노력형 어린이상은 물론이고 도둑질과 비행으로 얼룩진 비뚤어진 어린이상 또한 끝내는 홀로서기의 강한 의지를 보여준다. 그러한 의지는 유조 자신의 간난신고에서 반전(反轉)된 것이며 "'선다'는 것은 움직이지 않는 것이 아니다. 언뜻 움직이지 않는 것처럼 보이지만 실은 맹렬히 전 속력으로 움직이고 있는 것이다. 최고조로 회전할 때 비로소 팽이는 서는 것이다"35)라는 팽이의 논리, 그것이 유조 문학이 지향한 향일성이다. 다이쇼·쇼와의 혼란한 격동기를 생각할 때 이러한 긍정적 사고에 기초한 향일적 사회분위기 조성은 그 어느 때보다도 절실했을 것이다. 프롤레타리아 문학의 전성기를 거치면서 노동자의 목소리가 커져가고 화려함과 지적 유희가 요구되던 시기에 유조 문학은 한 발자국 물러서서 인간적 모럴에 접근하고자 하였고 그것이 작중 어린이상을 통한 향일성으로 나타났다고 하겠다. 이러한 향일성이 당시 문단의 중심, 즉 『시리카바』, 『미타문학』, 『신사조』 그리고 프롤레타리아 문학 측에 합류할 수 없었던 한계라고 할 수 있겠다. 하지만 격동기 문단외곽에서 인간적 모럴로 홀로서기를 시도했던 유조 문학은 인간사에 적지 않은 영향을 끼쳤고 또 끼칠 것이다. 그런 측면에서 오늘날 그의 문학은 좀더 읽혀지고 평가되어도 좋을 것이다.

---

35) 山本有三全集 第十一卷 「すわり」, 新潮社, 1976, p.56

참고문헌

* 텍스트로는『山本有三全集』(新潮社, 1976) 제1, 4, 5, 7, 8, 9, 11권을 사용
  하였다.

大久保典夫 外 3人,,『現代日本文學史』, 笠間書院, 1989.
片岡良一,『大正文學硏究・昭和文學序說』, 中央公論社, 1979.
小林秀雄,『小林秀雄全集』第4卷, 新潮社, 1978.
高橋健二編,『山本有三』近代文學鑑賞講座19, 角川書店, 1959.
永野賢,『山本有三正伝』上卷, 未來社, 1987.
日本兒童文學學會編,『日本兒童文學槪論』, 東京書籍, 1993.
早川正信,『山本有三の世界 比較文學的考察』, 和泉書院, 1987.
平野謙,『昭和文學史』, 筑摩書房, 1985.
福田淸人・今村忠純,『山本有三 人と作品』Century Book34, 淸水書院, 1967.
滑川道夫編,『山本有三讀本 その生涯と作品』, 學習硏究社, 1959.
橫田正知編,『山本有三』日本文學アルバム22, 筑摩書房, 1958.

제2장

진실의 탐구와 통합의 향연

1. 머리말

유조의 삶과 문학을 통하여 끊임없이 되뇌일 수밖에 없는 용어가 있다면 진실, 정의, 향일성을 들 수 있을 것이다. 처녀작 『탄광』(「가부키(歌舞伎)」 1911)으로 시작한 유조의 작품활동은 다이쇼 시대를 통한 희곡시대와 쇼와 시대의 소설시대를 거쳐 훗날 참의원 의원으로 진출하기까지 시종 일관 위 세 용어와 함께 하였다. 『시라카바』, 『미타문학』, 『신사조』를 중심으로 한 화려한 다이쇼 문단사를 생각할 때 기쿠치 간과 함께 제3차 『신사조』[1]를 출범시킨 유조의 문단사적 위치는 미미하다 할 수밖에 없

---

1) 제1차 『신사조』는 오사나이 가오루(小山內薰)에 의해서 1907년 창간되어 유럽 근대극 운동과 근대 희곡 연구 중심으로 이루어졌다. 제2차 『신사조』는 1910년 다니자키 준이치로(谷崎潤一郎), 고토 스미에(後藤末雄, 1886~1967), 와쓰지 데쓰로(和辻哲郎) 등에 의해 동인잡지로 창간되어 탐미주의 작가 다니자키 준이치로가 등장하는 계기가 되었다. 제3차 『신사조』는 도쿄 대학교에 재학중이던 야마모토 유조, 산구 마코토(山宮允), 도요시마 요시오(豊島与志雄), 쓰치야 분메이(土屋文明), 나루세 세이치(成瀬正一), 아쿠타가와 류노스케, 구메 마사오(久米正雄), 마쓰오카 유즈루(松岡讓), 사노 분메이(佐野文夫), 그리고 교토 대학교 기쿠치 간을 포함해서 10명이 1914년에 창간하여 1915년 9월까지 이어졌다. 제4차 『신사조』는 나루세 세이치, 아쿠타가와 류노스케, 구메 마사오, 마쓰오카 유즈루, 기

다. 이는 문단이란 제도권 안에서 펼친 제일고등학교 동급생들의 활동과는 반대로 당시 유행했던 극단의 전속작가로서 홀로 서기를 고집한 유조의 삶의 철학에서 그 이유를 찾을 수 있다. 그렇다면 왜 유조는 문단이란 현실을 외면하고 문단외곽에서 홀로서기를 시도하였을까. 그리고 그 홀로 설 수 있었던 힘은 어디에서 나왔을까. 그의 삶과 작품은 앞에 언급한 세 용어를 통하여 그 근본적 의문에 답해준다.

지금까지 유조에 대한 연구는 작가의 작품활동 당시의 몇몇 동료작가에 의한 종합적 비평2)을 제외하고는 거의 답보상태를 벗어나지 못하고 있다. 이는 그의 경력이 말해주듯이 문단을 떠나 국회라는 제도권으로 흡수되면서 작품활동을 그만둔 탓도 있겠지만 그보다 더 근본적인 이유는 그의 문학적 성향이 당시 일본사회 속에서 신선함 내지는 지적 유희를 담아내지 못했기 때문이라고 하겠다. 이렇듯 유조 문학이 회화성이 부족하고3) 마치 기성세대에서 즐겨 찾을 듯한 고답적 성향이 강함은 이미 지적된 바 있으며 유조 문학의 한계임에는 틀림없다. 물론 작가는 태생적으로 자신이 몸담고 있는 시대와 현실의 증언자로서 그 격랑에 몸을 던져 물살의 움직임을 자신의 삶과 작품 속에 그대로 옮겨놓는 존재이다. 그런 의미에서 볼 때 유조는 다이쇼·쇼와 시대의 격랑 속으로 스스로를 던졌다고는 보기 힘들다.

그러나 시대의 조류에 상관없이 문단외곽에서 나름대로 인간의 보편·절대적 가치를 추구한 유조 문학을 당대의 몇몇 동료작가들의 비평으로 만족해야만 하는가. 필자는 이러한 근본적인 물음을 던지면서 유조 문학의 정체성을 고찰해 보고자 한다. 특히 다이쇼 희곡시대4)의 대표작 『생

쿠치 간 5명이 1916년 2월에 창간한다. 일반적으로 『신사조』라고 하면 제4차를 일컫는다.(三好行雄 『日本文學全史5 近代』, 學燈社, 1979, p.482)
2) 山宮允 「『日の出前』の山本有三」, 『近代文學鑑賞講座』 第十二卷, 角川書店, 1959, p.253. 滑川道夫編 『山本有三讀本』, 學習研究社, 1959, 외에 미야모토 유리코(宮本百合子), 기쿠치 간(菊池寬), 이마무라 다다노리(今村忠純) 등의 논문이 있다.
3) 小林秀雄 「『真実一路』を廻って」, 『小林秀雄全集』 第四卷, 新潮社, 1978, p.136
4) 희곡시대란 제일고등학교 시절 발표한 처녀작 『탄광』부터 장편소설 『살아있는 모든 것』(1926)을 발표하기 전까지를 말하며, 소설시대는 『살아있는 모든 것』에서 『길가의 돌

명의 관』과 『쓰무라 교수』, 쇼와 소설 시대의 대표작 『진실일로』와 『여자
의 일생』 속에 진실이 어떻게 내재 형상화되고 있는지, 그리고 그 진실의
참모습을 통하여 유조 문학의 문단사적 위치는 재고될 수 없는지를 고찰
해 보고자 한다.

2. 유조와 진실

　유조 문학에서 보여주는 '진실'은 어떻게 작가의 내면 속으로 자리매김
하게 되었을까. 필자는 그 동기를 여인들로부터 찾고 싶다. 즉 유조가 하
나코 부인과 결혼하기 전 세 여인을 통하여 나름대로 확고한 인생관을 구
축하였다고 보기 때문이다. 소위 첫사랑인 종자매 관계였던 스즈키 다키,
미녀 여배우 기노시타 유리코 그리고 초혼 실패로 끝난 가네마루 데루코
이다. 특히 유리코와의 사랑은 유조에게 혹독한 고독감을 안겨준 사건[5]
이라고 할 수 있다. 유조는 그녀의 변심을 알았을 때 그 때 기분을
"Einsam이라는 회색 구름이 주위를 완전히 쥐색으로 만들어 버렸다. 나
혼자만을 그 한가운데 세워둔 것 같았다. 나와 주위와는 완전히 단절되어
버렸다. 나의 의지와 주위의 의지의 세계와는 전혀 다른 세계이다. 지구
와 달 이상으로 달랐다. 별개의 세계였다. Einsam Einsam Einsam
!"[6]이라고 말한다. 그러나 유조는 이 고독과 절망을 진정한 자신을 발견
하는 계기로 삼았다. 즉 삶이 '무엇을'이 아닌 '어떻게'이어야만 한다는 진
실 앞에 모든 직책을 집어던지고 오로지 희곡 연구(스트린드 베리, 슈니
쓰 레르, 하프트 만)에만 몰두하기에 이른다. 그러나 유리코와의 그러한

(1938)까지를 말한다. 이 시대 구분은 필자 나름대로의 구분이다.

5) 유조와 유리코는 「신시대극협회(新時代劇協會)」의 공연을 통해 처음 만났고, 유리코는 유
　조가 1915년 11월 신파삼각동맹 극단 전속작가가 되어 1916년 1월부터 큐슈지방 순례를
　떠난 사이 그와의 관계를 정리한다.

6) 유조의 일기식 수기 참조(長野賢『山本有三正伝 上巻』, 未來社, 1987, p.128. Einsam은
　고독을 의미함)

세속적 경험의 쓰라림이 채 가시기도 전에 유조는 가네마루 데루코와 결혼을 하게 되고 결과는 일주일만에 파경으로 끝난다. 아마도 명문가 부자집에 대한 상대적 빈곤에서 오는 위축감, 그로 인한 자신의 최소한의 자존심인 결벽·완벽주의가 무력화될 것을 우려했기 때문은 아닐까. 돈도 명예도 없는 그렇다고 동료들처럼 문학적 유명세도 타지 못한 자신의 초라함에 백기를 든 것은 아닐까. 어쨌든 유조는 유복한 가문 출신의 데루코를 감당할 수 없었던 것 같다. 이후 노모(老母)의 권고에 못이겨 올린 초혼의 부당함을 비판하면서 의리와 인정에 희생되기보다는 스스로가 확신하는 진실된 길을 믿는 삶이 우선한다는 인생관을 보여준다.

이처럼 여인을 통한 쓰라린 경험에서 얻은 진실은 1919년 열살 아래의 하나코 부인과 결혼을 하면서 그 정체를 더욱더 선명하게 드러낸다. 결혼 후 유조의 완벽·결벽주의7)에 식상한 하나코 부인이 별거를 선언, 이혼절차를 밟고 있을 때 유조는 다음과 같은 편지를 띄운다.

> 나는 당신에게 이 편지를 써야할 충분한 의무가 있다. (중략) 나는 이 편지를 쓰지 않으면 윤리적으로 죽기 때문이다. 이 편지를 쓰는 것은 내가 사는 길일뿐만 아니라 동시에 당신도 살아남는 길이라고 믿는다. 나의 편지는 인격의 발로로서 항상 진실에 근거해서 쓴다. 이 편지는 정말이지 진심의 물방울이다. 그리고 아마도 내 일생에서 이 편지는 가장 진실이 담긴 것 중의 하나라고 믿는다. 나는 이 편지를 진실에 호소하며 쓴다. 순수 그 자체의 마음으로 당신을 대한다. 당신 또한 그렇게 진실로 이 편지를 받아주길 바란다.8)

이와 같은 편지를 몇 차례 받은 하나코 부인은 그 뜻을 '신의 의지'로

---

7) 하나코 부인은 유조의 생활상을 다음과 같이 밝힌다. "밤도 낮도 없다. 철야든 늦잠이든 하고 싶은대로 한다. 하루 두끼인데 시간은 들쑥날쑥이다. 이불은 늘 깔아 놓았고, 자신은 자면서 책을 읽힌다. 마음에 들지 않으면 뭐든지 화를 낸다. 이런 식으로 24시간 요구해대는데 참을 자가 있겠는가. 눈내린 뒤 진흙길에 빠져 발조차 뺄 수 없는 수렁이었다."(長野賢 『山本有三正伝 上卷』, 未來社, 1962, p.208)

8) 1919년 5월 10일 유조가 하나코 부인 앞으로 보낸 편지글. (長野賢 『山本有三正伝 上卷』, 未來社, 1987, p.28)

받아들여 화해하기에 이른다. 유조 내면에 자리잡고 있는 진실의 정체를 단적으로 말해주는 대목이라고 하겠는데 이러한 유조의 진실에 호소하는 인생관은 일생동안 일관된다. 그리고 그의 작품 속에서 제각기 양상을 달리하며 전개된다.

3. 희곡과 진실

1) 『생명의 관』과 진실

1915년 도쿄제국대학 독문과를 졸업한 유조는 신파 3각동맹에서 무샤노코지 사네아쓰의 『두 마음』의 무대감독을 맡았고, 이어 스트린드 베르(August Strindberg)의 『죽음의 무도』 번역, 슈니쓰 레르(Arthur Schmitzler)에 대한 연구 등을 통하여 극작가로서의 활동하였다. 그러나 그런 활동은 단락적이었고 당시 유조로서는 제일고등학교 동료들의 『신사조』파를 중심으로 한 두드러진 작품 활동9)을 지켜보면서 상대적 비애감을 느낄 수밖에 없었다. 그런 상황 속에서 전술하였듯이 유조는 오사나이 가오루, 나가타 히데오(長田秀雄)와 친분 관계가 있는 여배우 기노시타 유리코를 만나게 된다. 미인 여배우와의 만남, 그리고 그녀의 변심은 유조의 삶에 일대 전환점으로 작용한다. 다시 말해 그녀의 변심은 유조로 하여금 문단으로부터 멀어지게 하였고 한편으로는 대아적 자아를 확립할 수 있는 결정적 계기로 작용하게 된다. 친구와 사회로부터의 단절감에서 오는 철저한 고독을 통하여 그 자신을 냉철히 성찰할 수 있는 계기를 마련하였으며 그 결과 성숙된 자아를 확립하였던 것이다. 1920년

---

9) 즉 기쿠치 간의 『옥상의 광인(屋上の狂人)』(1916), 『바다의 용자(海の勇者)』(1916), 『아버지 돌아오다(父歸る)』(1917), 『다다나오경 행장기(忠直卿行狀記)』(1918), 『도주로의 사랑(藤十郎の戀)』(1919), 『진주부인(眞珠夫人)』, 아쿠타가와 류노스케의 『라쇼몽(羅生門)』(1915), 『코(鼻)』(1916), 『지옥도(地獄變)』 등이다.

3막 극『생명의 관』은 이러한 유조의 내면 세계를 상징적으로 보여준 작품이라 하겠다.

어느날 영국 이리스 상사로부터 직접 대량의 통조림을 주문받은 주인공 아리무라(有村)는 동업 중개업자로부터 비합법적 수단으로 그것을 방해받는다. 그로 인해 아리무라의 공장은 질 좋은 제품을 보내게 될 경우 파산할 수밖에 없는 공경에 빠져든다. 동생 긴지로(金次郞)는 그 곤경을 탈출하기 위해서는 암수 구별 없이 값싼 2등품 게를 사용해야만 한다고 주장한다. 그러나 아리무라는 "상인의 본분은 계약을 지키는 것"10)이라며 약속대로 1등품 게만 사용한다. 그 결과 공장은 빚더미에 앉게 되고 아리무라는 통조림 공장을 남의 손에 넘기고 만다. 무딜 정도로 정직한 아리무라는 아무리 작은 일이라도 '진실의 소인'이란 신념을 망각하는 일이 없다. 끝내 집도 공장도 모두 잃어버린 아리무라 일가족은 해질 무렵 사하린 근처에서 일몰 광경을 지켜보며 조용히 패배자의 용기를 즐긴다.

> 긴지로 불교에서는 善因善果, 惡因惡果라고 하지만 오늘날 세상은 착한 일을 한 사람이 반드시 좋아지지는 않는다. 또 나쁜 짓을 한 자가 오히려 잘되는 경우가 얼마든지 있다. 그리고 올바르게 사는 자가 멍청하단 생각이 든다.
>
> 히키다 그렇지. 우리들은 그러한 불합리한 경우를 종종 목격하긴 하지.
>
> 긴지로 한 남자가 어느 백치여인을 덮쳤는데 그 남자는 조금도 처벌받지 않는다. 지금 세상은 증거만 없으면 어떤 짓을 해도 상관없는 것 같다. 이대로라면 능수능란하게 나쁜 짓을 하는 자는 불어나고 정직하게 살아가는 자는 사라져 버릴 겁니다
>
> 히키다 그렇다고 해서 정직함을 포기하는 것은 말도 안 되는 거지요. 정직하게 살아가면 손해보는 일이 많을 지도 모릅니다. 그러나 이곳 사람들은 부정한 이들이 저지르는 악랄한 짓은 못할 겁니다. 또한 부정한 자가 정의의 용사가 될 수는 없습니다. 정당한 일을 한다는 것은 꿈에도 생각할 수 없는 일이지요. 부도덕가는 거짓말은 할 수 있겠지만 단호히 이루어야 할 일을 이룬다는 귀

---

10) 山本有三全集 第一卷『生命の冠』, 新潮社, 1976, p.165

중한 용기는 못가지는 법이지요. 이런 의미에서 정직한 자는 가
장 핵심적 일을 한다고 할 수 있습니다.11)

　　노인의 간호를 위해서 찾아온 히키다와 긴지로 간에 이루어지는 이 대
화는 '진실'의 실체를 상징적으로 보여주는 대목이다. 히키다의 "좋은 결
과가 나오기 때문에 좋은 일을 하는 것이 아니고 나쁜 결과가 나오기 때
문에 나쁜 일을 하지 않는 것이 아니다. 결과에 상관없이 인간은 해야만
하는 일을 반드시 하지 않으면 안 되는 것"12)이란 말은 다름 아닌 진실
된 삶 그 자체를 의미한다. 즉 삶이 '무엇을'이 아닌 '어떻게'이어야 한다
는 가르침이다.

2) 『쓰무라 교수』와 진실

　　『생명의 관』에서 보여준 유조의 신념은 3막 극 『쓰무라 교수』(「제국문
학」1919)의 주인공 쓰무라를 통해서도 찾아볼 수 있다. 하나코 부인과
의 결혼직전에 쓰여진 이 작품에는 쓰무라와 그 제자 구로카와(黑川)의
대화에서 진실의 성격이 드러난다. 처를 사랑할 수 없는 구로카와는 어느
날 이혼을 상담하기 위하여 쓰무라 스승을 찾고 조언을 구한다.

구로카와　아닙니다. 처에게는 특별히 아무런 결점이 없습니다.
쓰무라　그렇다면 서로 마음이 안 맞는다는 것인가?
구로카와　한마디로 말씀드리면 그렇습니다. 저는 도저히 사랑할 수가
　　　　　없습니다.
쓰무라　오늘날의 결혼은 모르는 사람들이 하룻밤 사이에 붙어버리니까
　　　　　그렇게 금방 헤어지는 것도 이상할 것은 없지. 오히려 함께 하
　　　　　는 쪽이 훨씬 이상할 정도이지만 그러나 자네처럼 교육을 받은
　　　　　자가 마음이 맞지 않다고 이혼하는 것은 나로서는 찬성을 못하
　　　　　겠네.

---

11) 上揭書, p.187
12) 上揭書, p.188

> 구로카와　이혼이 죄악이라는 것은 저도 충분히 알고 있습니다. 그러나
> 　　사랑하지 않는 여자를 사랑하는 것처럼 행동하며 살아가는 것은
> 　　더 큰 죄악이라고 생각합니다. 저로서는 도저히 거짓말을 할 수
> 　　가 없습니다.
> 쓰무라　자네는 야비한 데가 있는 것 같군.13)

그러나 쓰무라는 성격 차이로 헤어진다는 것에 반대하며 여느 기성세대와 별반 차이 없는 시각에서 제자를 꾸짖는다. 이에 구로카와는 "일단 하나가 된 이상, 설령 본질적으로 서로 안 맞는데도 헤어져서는 안 되는 겁니까. 사랑하지도 않고 사랑 받지도 못하는 자가 일생을 무의미하게 질질 끌고가는 것이 과연 정당한 일"14)이냐며 반론을 제기한다. 사실 그 반론은 쓰무라 자신이 처와 이혼할 지 모르는 상황에서 하고 싶었던 말이었다. 결국 이혼은 한 여인을 죽이는 일이라고 늘 생각하고 있던 쓰무라가 제자 구로카와로부터 "자신의 진실을 따르자니 상대에게 해가 되고, 그렇다고 해가 안 되게 하자니 일생동안 자신에게 거짓말할 수밖에 없다"15)는 얘기를 듣고, 그 자신의 결혼생활에 대한 진실을 되물을 수밖에 없게 된다. 즉 진실을 놓고 갈등에 휩싸인다.

그 갈등은 "성현은 무엇을 하든 남에게 방해가 안 되는데 내가 하는 일은 왜 남에게 방해가 되는 건가. 왜 허위가 되는 건가. 나는 신명을 다 바치려 하는데 왜 악마와 악수를 해야만 하는 건가. 알 수가 없다"16)는 형태로 표현되고 있다. 결국 쓰무라는 위선적 성인으로 존경받기보다는 '진실의 소인'으로서 생활하고 싶다는 소박한 바램을 갖기에 이른다. '진실의 소인'으로서 살려고 하는 쓰무라의 신념, 그것은 아리무라의 "인간은 해야만 하는 것을 반드시 하지 않으면 안 되는 것"17)과 같은 신념이며 진실이다.

---

13) 山本有三全集 第一卷『津村教授』, 新潮社, 1976, p.55
14) 上揭書, p.57
15) 上揭書, p.57
16) 上揭書, p.79
17) 山本有三全集 第一卷『生命の冠』, 新潮社, 1976, p.188

이러한 작가의 진실에의 집착은 사회악을 바라보는 작가 나름대로의 삶의 철학이라고도 할 수 있다. 다시 말해 진실과 그 진실에 반하는 현실 속 부조리에의 반항이라고 하겠다. 특히 그러한 반항을 통한 진실에의 접근은 『생명의 관』과 『쓰무라 교수』에서 주인공 아리무라와 쓰무라를 통해서 잘 우려냈다고 할 수 있다. 즉 아리무라를 사회의 모순에 반항하며 정의와 진실을 지킨 '패군의 장군'이라고 한다면 쓰무라는 신에 맹세코 부끄럽지 않은 진실을 지킨 '진실의 소인'이라고 할 수 있을 것이다. 모순된 사회 속에서 두 주인공 모두 무언가 잃은 것 같긴 하지만 실제론 인간에게 있어서 가장 고귀한 모럴, 즉 진실을 최후까지 지킨 것이다. 이는 인간으로서 최고의 가치관을 지킨 것이라고 하겠다. 이러한 논리는 다른 희곡작품에서도 엿볼 수가 있다. 즉 단막극 『영아 죽이기』, 『사카자키 데하노가미(坂崎出羽守)』, 『동지들』에서 보여주는 작중 여인과 정의파 무사들의 현실수용 과정을 통하여 재생산되는 인간본성의 진솔한 모습도 아리무라와 쓰무라의 인간성과 일맥상통하는 것이라고 하겠다.

4. 소설과 진실

1) 『진실일로』와 진실

유조는 쇼와 시대의 개막과 함께 본격적으로 소설을 쓰기 시작했다. 『진실일로』(1935)는 유조의 창작력 절정기 작품으로서 장편소설로는 다섯 번째[18]에 해당한다. 유조가 중편 『불석신명』(1934)에서 '惜身命'의 중요성을 역설적으로 선보이고, 『혹』(1934)을 통해서 하층 민중이 선택할 수밖에 없는 삶을 작품화한 직후였다. 먼저 유조가 희곡에서 소설로

---

18) 유조의 장편소설은 『살아있는 모든 것』(「朝日新聞」, 1926) 『波』(「朝日新聞」, 1928), 『風』(「朝日新聞」, 1930), 『女の一生』(「朝日新聞」, 1932), 『眞實一路』(「主婦の友」, 1935), 『路傍の石』(「朝日新聞」, 1939)이 있다.

장르이동을 시도한 이유부터 간단하게 살펴보기로 하자.

유조의 희곡에서 소설로의 장르이동은 두 가지 측면에서 생각할 수 있다.19)

첫째는 내적 요소로서 주제의 일관성이다. 유조의 희곡 작품은 하층민의 이해와 동정으로부터 나온 작품(『탄광』, 『영아 죽이기』), 무사정신을 살리면서 정의와 인간미를 표현한 작품(『사카자키 데하노가미』, 『동지들』, 『가몬과 시치로에몬』), 그리고 전술한 진실일로적 작품(『쓰무라 교수』, 『생명의 관』)으로 나눌 수 있다. 이는 소설작품에도 마찬가지로 적용할 수 있다. 이 일관된 창작 의식을 유조는 "소재가 희곡적이기 때문에 희곡으로, 소설적이기 때문에 소설로 하는 것이 아니다. 단지 작가가 대상을 희곡적으로 보았기 때문에 희곡으로 하는 것이 좋고, 소설적으로 보기 때문에 소설로 하는 편이 좋다는 것일 뿐"20)이라고 말하고 있다. 이는 다시 말해 예술이란 외부의 것을 받아들여 자기 쪽에서 충분히 소화시켜, 자기 것으로 재창조해 내는 것이다. 따라서 당시 가라키 준조(唐木順三)의 "유조는 희곡에의 한계에 부딪혀 소설로 전향할 수밖에 없었다"21)는 논리는 유조의 창작태도와는 상반되는 주장이 아닐 수 없다. 유조 내면에는 소설에의 가능성은 희곡시대에도 존재했으며 소설시대를 맞아서도 희곡에의 가능성은 늘 열려 있었던 것이다.

둘째로는 외적 요소로서 시대적 요소와 유조의 주변환경이다. 극작가가 소설가보다 혜택받지 못함은 예나 지금이나 별반 차이가 없겠지만 보기 위한 희곡보다는 읽기 위한 소설이 상품성이 있는 것은 사실이다. 따라서 희곡작가가 소설가보다 상대적으로 여유가 없었을 것이다. 거기에 전술하였듯이 동료 도요시마 요시오, 기쿠치 간, 구메 마사오, 아쿠타가와 류노스케 등이 「신사조」파로서 화려한 활동으로 출세가도에 들어선 것과는 대조적으로 뚜렷이 무엇 하나 내세울 것 없는 유조의 상대적 소외

---

19) 拙稿「戲曲から小說へ」, 國文學試論 第13号, 大正大大學院文學硏究科, 1997, p.89
20) 山本有三「藝術は「あらわれ」なり」(『人間』, 1921) 山本有三全集 第十卷, 新潮社, 1976, p.10
21) 唐木順三「山本有三」, 『現代日本文學大系 44』, 築摩書房, 1972, p.388

감은 짐작하기 어렵지 않다. 그러한 심적 압박감과 넉넉하지 못했던 경제적 사정 즉 생활고22)는 현실적으로 소설을 쓰게 한 결정적 이유로 작용했다고 할 수 있겠다. 때마침 쇼와시대로 접어들면서 기쿠치 간의 소개23)로 아사히신문에 첫 장편소설『살아있는 모든 것』을 싣게 된 것은 천만다행이었으며 유조의 일생을 돌아볼 때 그것은 소설가로서 발전을 이루는 획기적 사건이 아닐 수 없다.

이상에서처럼 유조의 희곡에서 소설로의 장르전환은 내적 측면과 외적 측면으로 나누어 생각할 수 있는데 필자는 전자에 무게를 두면서 희곡에서처럼 소설작품에서도 진실의 정체에 접근해 보고자 한다.

전술하였듯이『진실일로』는 유조의 창작력이 절정에 달했을 때 발표된 작품이다. 그리고 이 작품은 희곡시대의 진실일로적 작품『생명의 관』과 『쓰무라 교수』의 연장선상에서 그려진 작품이라 하겠다. 다시 말해 희곡이라는 틀 속에서 충분히 표현할 수 없었던 인간 내면세계를 산문을 통하여 충분히 그릴 수 있었다는 측면에서, 좀더 구체성을 띤 진실의 실체에 접근할 수 있었다는 것이다.

어느 날 요시오는 교실에서 분실된 기부금을 훔친 혐의로 어른들(담임선생, 아버지 요시헤이, 누나 시즈코)로부터 의심을 받는다. 자신의 결벽을 주장하지만 믿어주는 사람은 한 명도 없다. 이후 요시오의 어른들에 대한 불신감은 더해만 갔고 마침내는 죽었다고 말해온 어머니마저 살아 있을 지 모른다고 생각한다.

시즈코는 약혼자가 갑자기 약혼파기를 선언, 당황한 나머지 외삼촌 스코를 찾아 자초지종을 묻는다. 그리고 스코로부터 사실은 요시헤이는 시즈코의 實父가 아니라는 사실과 함께, 요시헤이와 무쓰코의 결혼부터 이

---

22) 하나코 부인과의 결혼(1919), 장남 유이치(有一)의 탄생(1921), 가옥 신축(1926) 등으로 인하여 경제적으로 어려웠던 시기였다.

23) "내가 신문에 소설을 싣게 된 것은 기쿠치 군(菊池君)이 뒤에서 힘써준 덕분이다. 아마도 『제2의 키스』를 아사히신문에 싣던 무렵이라고 생각되는데, 기쿠치 군은 당시 아사히 학예부장이었던 도기 젠마로(土岐善麿) 군에게 야마모토에게 소설을 쓰게 하라고 권함과 동시에, 내게도 써라 써라고 권했었다." 山本有三「人間菊池」山本有三 全集 第十一卷, 新潮社, 1976, p.215

혼까지의 경과를 세세히 듣게 된다. 요시헤이는 무쓰코의 부친으로부터 학자금 일부를 지원받았다. 은인인 무쓰코 부친으로부터 딸과의 결혼을 제의 받았을 때 이미 무쓰코에게는 애인이 있었고 임신을 했었다. 그리고 무쓰코의 애인이 병으로 급사하자 요시헤이는 의리상 무쓰코와 결혼을 할 수밖에 없었다. 그 태내의 아이가 지금의 시즈코다. 그러나 얼마 후 결국 무쓰코는 요시헤이를 "인간으로서 훌륭하다는 것은 인정하지만 도저히 좋은 감정이 생기지 않는"24) 인물이라며 그와의 사이에서 생긴 요시오를 남기고 이혼이란 길을 당당히 선택했다. 그와 같은 상황에서도 요시헤이는 아버지로서의 역할에 최선을 다했으며 더욱이 시즈코의 약혼파기 이야기가 부상했을 때 시즈코의 實父가 악질병이 아닌 단독(丹毒)으로 죽었다고 항변하며 약혼파기를 막기 위하여 동분서주했다 라는 이야기를 전해들은 시즈코는 20년간 친아버지가 아닌 요시헤이의 사랑에 감동할 뿐이다. 그리고 요시헤이는 갑작스런 천식으로 죽게되는데 이미 죽음을 예견했든지 자신의 지난 삶을 반성 참회하는 유언장을 남긴다.

한편 요시헤이의 죽음으로 무쓰코는 집으로 들어와 요시오에게 자신이 친어머니라는 사실을 밝히며 정을 쏟지만 요시오는 그 사실을 믿으려 들지 않는다. 결국 무쓰코는 전기처럼 열이 없는 빛을 발명하려고 골몰하고 있는 애인 스미다와 동거하게 되고, 끝내는 연구에 실패한 스미다와 함께 자살해 버리고 만다. 그리고 시즈코는 독신으로 남아 아버지가 못다한 가장으로서 요시오를 돌보며 살 것을 결심하고, 요시오는 친어머니를 거부하고 5,6학년 대항 달리기에서 홀로서기를 결심한다.

여기에서 필자는 진실이란 측면에서 전반부의 클라이막스라고 할 수 있는 요시헤이의 유언과 후반부의 클라이막스라고 할 수 있는 무쓰코의 유언 내용을 인용해 보기로 한다.

회사로부터나 세상으로부터 솔직한 인간으로서 상당한 신용을 얻었습니다. 사실 나는 단 한번도 또한 단 한푼도 틀린 적이 없습니다. 남들에

---

24) 山本有三全集 第八卷 『眞實一路』, 新潮社, 1976, p.129

게는 말하지 않지만 이는 저의 자랑이었습니다. 그것은 금전상 장부상에
서만이 아니고 실제 인생에 있어서도 틀리거나 비뚤어진 일은 한번도 한
적이 없다는 자부심을 늘 마음 한구석에 갖고 있었습니다. 그런데 (중
략) 인간이 인간으로서 살지 못했다는 것만큼 부끄러운 것은 없습니다.
인간이 인간답게 살지 못했다는 것, 금전등록기와 같은 생활밖에 못했다
는 것은 인간으로서 더 이상의 치욕은 없다고 생각합니다. (중략) 자신
에게 떳떳이 산다는 것은 조금이라도 이기주의적으로 산다든가 자기 마
음대로 산다고 하는 의미는 아닙니다. 자신 스스로에게 충실히 살지 못
했다는 것입니다. 좀더 알기 쉽게 이야기하면 거짓 삶을 살았다는 것입
니다.25)

　우리 두 사람의 몸은 부디 같이 묻어 주세요. 스미다는 바른 사람입니
다. 그렇기 때문에 죽었습니다. 이 사실만은 꼭 글로 남기고 죽고 싶었습
니다.26)

전자 요시헤이의 유언에서 볼 수 있듯이 그는 사회적인 신용이나 가족
에의 헌신 측면에서 교과서적인 삶을 산 인물이며 죽기 전까지 비뚤어지
거나 잘못한 일이 한번도 없는 외관적으로 완벽한 삶을 산 인물이다. 그
러나 인생에 있어서 가장 중요한 부분에서 잘못을 인정하고 참회하고 있
다. 즉 의리를 중시한 나머지 받아들일 수밖에 없었던 무쓰코와의 결혼
그리고 실패. 그것을 인정하며 진정 자신에게 떳떳치 못했던 지난 삶을
반성 참회하고 있다. 그러나 요시헤이가 진실된 삶을 살지 못했다고 누가
말할 수 있을까.

한편 후자 무쓰코의 유언은 어떠한가. "사랑하지 않는 사람과의 사이에
서 자식을 낳는다는 것은 죄악"27)이다. 여자는 사랑하는 남자와 함께 사
는 것이라고 생각하는 무쓰코 자신만의 당당한 길. 그 길이 비록 이혼으
로 불행한 죽음으로 이어지긴 했지만 그녀 자신은 걷고 싶었던 길을 마음
껏 선택했던 근대적 개방형 여인이었다. 세간으로부터 정숙치 못하다는

---

25) 山本有三全集 第八卷 『眞實一路』, 新潮社, 1976, p.193
26) 上揭書, p.343
27) 上揭書, p.128

비난이 쏟아져도 애정 없는 사람과는 함께 할 수 없다며 진정한 사랑을 찾아 스미다와 함께 한 무쓰코의 삶. 그것은 또 다른 의미의 진실일로이다. 물론 여기에는 자본주의 체제 속에서 경제적으로 자유롭지 못했던 무쓰코가 10년간 요시헤이와 같이 살 수 밖에 없는 현실비판 측면도 없지 않다. 또 시즈코의 "도대체 어머니가 이렇게 된 것은 어머니 혼자만의 죄인가"[28]란 말은 독자들로 하여금 여자의 운명, 즉 사랑, 결혼, 가정에 대한 예리한 문제제기라고도 할 수 있다. 어쨌든 양친 없는 시즈코가 양친 없는 요시오를 위하여 선택한 희생적 삶이나 자신의 발명에 최선을 다한 스미다의 불행한 최후, 반항에서 향일적 홀로서기를 시작한 요시오의 삶은 모두 진실일로였음에 틀림없다. 이렇게 볼 때 『진실일로』에 등장하는 작중인물은 결과적으로 윤택한 길을 향유한 이는 단 한 명도 존재하지 않는다. 모두 불행으로 끝났으며 새로이 시작하려는 삶 역시 아름답게 보이지만 고독한 선택인 것이다. 그러나 등장인물 개개인은 자신이 믿는 진실된 길에 몸을 던졌고 매진하였다. 즉 진실일로였다.

2) 『여자의 일생』과 진실

『진실일로』에서 보여준 작중인물 개개인의 진실일로는 장편 『여자의 일생』에서도 뚜렷이 찾아볼 수 있다. 이 작품은 주인공 마사코의 삶을 제1부와 제2부로 나누어 그렸는데 전자에는 한 남자를 만나 여자로서의 출산을 후자에는 가정에서 탈피 사회적으로 거듭나는 제2의 출산을 그리고 있다.

제1부에서 마사코의 파란만장한 삶은 여고시절 마음에 둔 남자친구 쇼지로를 사이에 두고 마사코와 유미코 사이에 벌어지는 삼각관계부터 전개된다. 사건은 일단 쇼지로와 유미코가 약혼을 함으로써 일단락 되는데 마사코로서는 그 충격으로부터 좀처럼 벗어나질 못한다. 그러나 마사코는 "결혼이 그렇게 멍청한 짓이라고는 생각하지 않지만 세상사람들이 생

---

28) 上揭書, p.344

각하는 것처럼 인생에서 대사라고도 생각지 않는다. 그냥 살아가는 과정의 한 사건에 지나지 않는다"[29]는 사고전환을 통하여 마음의 평정을 되찾는다. 그리고 여고를 졸업하고 의학 전문학교로 진학, 그곳 의학연구실에서 둘의 결혼식을 맞는다. 그리고 수년 후 신주쿠(新宿)에서 유미코가 우연히 애기를 등에 업고 가는 모습을 보고 "저 모습이 결혼생활의 선물인가. 친구의 애인을 빼앗으면서까지 취하고 싶었던 것인가"[30]란 생각을 하며 오히려 자신이 승자가 된 듯한 기분에 젖어든다. 그러나 인체실험을 거듭하면서 마사코는 "지금까지 고급 학술연구를 하고 있는 자신이야말로 유미코보다 우수하다고 자부했었는데 갑자기 나락으로 추락하는 듯한 기분"[31]으로 빠져든다. 그런 와중에 마사코는 우연히 오시마(大島)에서 만난 독일어 선생 구조(公莊)와 의외로 쉽게 관계를 맺고 임신을 하게 된다. 그러나 구조는 앓아 누워있는 처가 있어 결혼은커녕 태내의 애기마저 낙태할 것을 권고한다. 하지만 마사코는 윤리적 책임을 지겠다며 사생아의 출산을 결심한다. 소위 제1의 출산이다.

제2부에서는 마사코가 아들 마사오를 돌보며 동네 산부인과에 취직하게 된다. 그런데 어느 날 우연히 낙태수술을 하러온 유미코의 수술을 담당할 수밖에 없었는데 그것을 이유로 유치장 신세를 지게 된다. 곧바로 구조의 덕택으로 풀려나긴 했지만 직장을 잃은 마사코의 생활은 위협받게 되고 결국 구조의 처가 병으로 죽은 다음 둘은 결혼을 하게 된다. 그렇게 마사코는 보통여성들의 길로 접어들었고 20년 가까운 세월을 한가정의 어머니로서 한 남자의 아내로서 가정을 지킨다. 그러나 마사오가 고교 2학년으로 접어들면서 집안은 불안해지기 시작한다. 마사오가 계급투쟁의 대열에 끼어 지하운동을 시작했기 때문이다. 결국 아버지 구조는 아들의 좌익운동으로 병이 악화해 끝내 숨져버리고 마사코는 아들을 구해보려고 동분서주한다. 그러나 마사코는 더 이상 아들에게 집착해도 얻을

---

29) 山本有三全集 第七卷 『女の一生』, 新潮社, 1976, p.127
30) 上揭書, p.145
31) 上揭書, p.163

것이 없음을 깨닫게 되고 영화 『언덕을 넘어서』[32]를 본 후, 당당히 사회에서 다시 태어나고자 결심한다. 즉 산부인과 간판을 내걸고 제2의 인생을 출발한다. 소위 제2의 출산이다.

필자는 여기에서 제1의 출산 장면과 제2의 출산 장면을 인용해 보고자 한다.

국법을 범하는 것이 두렵다기보다는 태내에 싹튼 생명을 고사시킨다는 것이 무서운 것이다. 단지 결혼하지 않는다는 이유만으로 태어나야할 생명을 지워버리는 것은 임신한 자로서 이보다 더 큰 죄는 없다. 비록 저토록 부실한 남자의 씨라고는 하지만 자신의 피도 섞여있는 것이다. 그것을 함부로 매장시켜버리는 것은 정말이지 불쌍한 일이다. 그런 생각을 하자 그녀는 까닭없이 '어머니'가 되고 싶었다. (중략) 좋다. 자신은 굴욕을 당하더라도 새 생명을 태어나게 하지 않으면 안 된다. 그것은 임신한 자의 의무이며 책임이 아닌가.[33]

"나. 드디어 결심했어."
"결심이라니. 무슨 결심."
"나. 원래 하던 일 다시 시작하려고 해. 오랫동안 손을 놓았기 때문에 상당히 잊어먹었고 요즘 새로운 학설을 익히지는 않았지만 조금 공부하면 남들만큼은 할 수 있을 것 같애.
"하지만, 너 그렇게까지 안 해도……"
"아니. 이것은 전에도 한번 생각한 적이 있었어. (중략) 마사오가 저렇게 되어버려 맥이 빠져버렸지만 지금처럼 멍하니 있다간 나 역시 『언덕을 넘어서』의 어머니처럼 되어버리잖아. 진정한 어머니는 언덕을 넘어서 양로원으로 가는 것이 아니고 훨씬 더 큰 언덕을 넘지 않으면 안 된다

---

32) 어머니가 식모도 없는 집에서 4명의 장난꾸러기들의 식사며 뒷바라지로 숨돌릴 틈도 없이 바쁜 나날을 보낸다. 그렇게 키운 자식들이 차남은 형무소로 다른 자식들은 제각각 결혼을 해 분가를 한다. 그리고 어머니는 전혀 돌아볼 생각을 않는다. 어머니는 남편을 떠나보내고 자식들로부터 버림받아 갈 곳도 기댈 곳도 없이 결국 양로원 신세를 지게 된다. 그리고 그곳에서 맥없이 마루 걸레질을 하고 있는데 형기(刑期)를 마치고 출소한 차남이 약간의 돈을 벌어 어머니를 찾아와 데리고 간다. (작품 속 영화내용 요약)

33) 山本有三全集 第七卷 『女の一生』, 新潮社, 1976, p.242

고 생각해."34)

　전자는 마사코가 사랑-이별-고독이라는 틀 속에서 방황하다 예기치 않은 불륜에 휩싸여 사생아를 낳기로 결심하는 제1편 마지막 부분이다. 말하자면 불행을 낳으려는 마사코의 체념과 반항이 동시에 서려있는 복잡한 출산의 결정이다. 즉 그녀는 철저한 고독과 체념 끝에 나름대로의 자아에 근거해서 세상에 자신의 분신을 내보내려 하는 것이다. 그것은 그녀 자신의 굴곡의 삶을 수용하는 긍정적 자아정립이라고도 할 수 있다. 물론 당시 산업사회가 본 궤도에 오르면서 산아제한, 낙태용인의 논의가 활발히 이루어 질 때 생명에 대한 고귀성을 담보해 내려는 의도가 없지는 않다. 그리고 그러한 문제제기를 통하여 사회적 부조리에 대항하려는 작가의 의도도 엿보인다. 그러나 그보다도 이러한 마사코의 체념 서린 출산결정은 출산 그 자체의 의미보다 더 큰 무엇인가를 우려내기 위한 작업이라는 것이다. 즉 마사코는 여자로서의 성숙에 이어 사회적으로 무엇인가를 짊어져야 할 과제를 떠 안은 셈이다.

　후자는 마사코가 영화『언덕을 넘어서』처럼 비참한 어머니상을 단호히 거부하고 사회적으로 다시 태어날 것을 결심하는 대목이다. 마사코는 구조와의 정식 결혼을 통하여 경제적 정신적으로 자유로워지면서 남편과 자식에 대한 헌신적 삶을 산다. 덕택으로 마사코 일가족은 중류가정의 전형적인 평온 그 자체를 만끽한다. 그러나 마사오의 좌익운동은 평온했던 가정을 급변하게 만들었다. 마사오의 지하운동 가담, 그로 인한 구조의 죽음은 마사코로 하여금 홀로서기를 강요하게 된다. 그리고 그 홀로서기는 사회와의 정면돌파라는 생산적 자아성취의 모색이다. 여기에는 나메카와 미치오(滑川道夫)가 언급했듯이 "모파상의『여자의 일생』주인공 스잔느는 생활 환경에 꺾여버리는 나약함이 있는데 마사코에게는 인생의 고비를 몇 번씩이나 넘기면서도 지성적인 자세로 삶을 살아가는"35) 강인

---

34) 上揭書, p.445
35) 滑川道夫『山本有三讀本』, 學習研究社, 1959, p.271

한 모습이 존재한다.

이러한 마사코의 모습은『진실일로』의 등장인물 요시헤이, 무쓰코, 시즈코의 삶과 다르지 않으며 자신의 진실일로를 믿는 당찬 선택임에 틀림없다. 그리고 마사코는 제2의 출산을 통하여 진정 자신과 가족으로부터 자유로워질 수 있었고 마사코는 요시헤이가 자기 자신에게 떳떳이 살고 싶었던 그런 세상에 우뚝 설 수 있었다. 이렇게 볼 때 소설『진실일로』, 『여자의 일생』에서 보여준 진실일로는『생명의 관』,『쓰무라 교수』의 주인공 아리무라와 쓰무라의 진실이 구체적으로 확대 재편된 것이라고 할 수 있다. 이러한 진실은 다른 장편소설에서도 찾아 볼 수 있다. 즉『파도』의 슈코(襲子)는 무쓰코의 삶과 비슷한 자유방임주자로서 의리로 인하여 자신의 삶을 침해받길 거부하고,『길가의 돌』의 주인공 고이치(吾一)는 불의와 타협하지 않고 사회주의에 경도되지 않는 모습으로 나름대로의 진실일로적 삶을 꾸려간다. 이처럼 유조의 희곡시대부터 소설시대까지 진실이란 용어는 늘 작품 속에서 일관된 테마로 다루어졌음을 알 수 있다.

그렇다면 왜 유조 문학은 일관된 주제의 작품성을 갖고 있는데도 불구하고 문단 내적 위치를 확보하지 못했을까. 한때『살아있는 모든 것』을 아사히신문에 발표했을 때 기쿠치 간으로부터 "신문 소설이래 이 정도의 철저한 준비와 함축성 있는 소설은 나쓰메 소세키 사후 처음이라 해도 과언이 아니다"[36]란 호평을 받고, 미야모토 유리코가 지적하였듯이 쉽게 읽혀지는 소설로 대중성을 확보했음에도 불구하고, 문단사에서 평가받지 못한 이유는 어디에 있을까. 필자는 그 이유를 네 가지로 정리해 보고자 한다.

첫째, 소설가로서보다 희곡작가로서 더 많이 알려졌다는 점이다. 전술하였듯이 희곡작가보다 소설가가 대중성을 확보했고, 당시 희곡무대에 인기 소설작품을 각색해 올린 것이 대부분이었음을 상기하면 희곡작가의

---

36) 菊池寬「『生きとし生けるもの』を讀む」山本有三『生きとし生けるもの』, 新潮社, 1955,
　　p.217

존재성은 상대적으로 미미할 수밖에 없다. 더구나 다이쇼 시대 『시라카바』, 『미타문학』, 『신사조』파를 중심으로 한 화려한 작품들을 의식할 때 히트작을 내지 못한 희곡 작가의 유명세란 현실적으로 어려웠음에 틀림없다. 물론 쇼와 시대로 접어들면서 2년에 한 편씩 장편소설을 발표하긴 하지만 이미 그에게 붙여진 희곡 작가란 칭호를 떼기에는 역부족이었다.

둘째, 작품의 지나친 휴머니즘성이다. 다시 말해 다이쇼 시대 독자들은 급격한 시대변화의 조류를 타고 새로운 것을 끊임없이 갈구하였다. 그러나 유조 문학은 다니자키 준이치로가 추구한 탐미성이나 프로 문학에서 보여주는 강도 높은 비판의식이 보조 테마가 아닌 주테마로 설정되지 못한데 따른 짜릿함을 상실했다는 것이다. 즉 유조가 추구한 정의, 진실, 향일성이란 코드는 당시 독자들의 관심을 사로잡기에는 너무 평이한 주제였다고 하겠다.

셋째, 회화성의 부족과 문체의 평이함이다. 전술하였듯이 회화성의 부족과 문체의 평이성은 고바야시 히데오와 미야모토 유리코도 지적한 부분이다. 당시 아쿠타가와의 작품이나 기쿠치 간의 작품을 보면 어려운 한자의 사용빈도가 두드러진다. 이는 당시 작품을 접하는 독자층의 문화적 수준을 말해주는 부분이기도 한데, 평이한 유조 문학은 그러한 독자층과 비평가들의 눈에 부정적으로 비추어졌음에 틀림없다.

넷째, 문학가에서 정치가로의 변신이다. 희곡작가로 출발하여 쇼와 시대로 접어들기까지 거의 희곡만을 발표한 유조가 여섯 번째 장편소설 『길가의 돌』(1939)을 발표하고 참의원의원으로 진출한 것은 독자들에게나 비평가들에게 부정적으로 받아들여졌을 것이다. 그리고 희곡작가–소설가–정치가란 이동이 유조 문학의 작품성과는 상관없이 그의 문학가로서의 존재성을 희석시키는 요인으로 작용했음에 틀림없다.

그러나 위와 같은 지적 이면에는 앞서 살펴본 바와 같이 분명한 진실일로적 가치가 살아 숨쉰다. 유조 문학에는 복잡한 도시 한복판 질서를 위해 필수 불가결한 교통신호등처럼 인간이 지켜내야만 할 절대적 가치가 존재한다. 그는 다이쇼·쇼와 시대의 격랑에 몸을 던져 그 물살의 움직임을 농짙게 우려내지는 못했지만 인간의 소중한 모럴을 시종일관 지키려 노력했다. 그러했기에 문단이란 제도권 밖에서도 떳떳했고 홀로 설 수 있었다. 그것은 그가 작품 속에서 끊임없이 보여준 자기 자신에게 부끄럽지 않게 살려고 노력하는 바로 그 모습이다. 그런 교통신호등 같은 모럴을 지켜낸 유조 문학을 오늘날 과소 평가해서는 안될 것이다.

5. 맺음말

이상에서 볼 수 있듯이 유조의 진실은 그의 삶과 작품 어느 곳을 막론하고 관통하고 있다. 인간의 개성은 제각각이다. 때문에 선택하며 살아가는 길 또한 다양하고 개성적일 수밖에 없다. 따라서 개개인이 선택한 길은 그 나름대로의 진실일로이다. 그러한 진실일로는 작품 속에서『생명의 관』의 '패군의 장군' 아리무라,『쓰무라 교수』의 '진실의 소인' 쓰무라,『진실일로』의 죽은 자 살아남은 자 모두의 나름대로의 선택,『여자의 일생』의 마사코의 제2의 출산으로 형상화됨을 볼 수 있다. 뿐만이 아니다. 희곡에서 소설에 이르기까지 유조 작품에 등장하는 인물들은 제각기 자신이 믿고있는 삶의 철학에 기초해서 진실일로에 충실하다. 따라서 진실일로는 적극적, 진보적, 생산적이기에 강한 향일성을 동반한다. 이는 유조 문학에서 하나의 큰 틀이며 규칙이다. 이러한 문학적 기조는 유조로 하여금 문단이란 제도권 밖에서 홀로 설 수 있게 한 원천이다. 또한 이러한 작가의 삶의 철학은 훗날 문학가의 길을 접고 의정활동을 통화여「국립국어연구소」를 설립,「국어국자(國語國字) 민주화 운동」,「상용한자 제정」과 같은 실질적인 개혁의 주체로 설 수 있게 했다. 즉 대나무의 절개 같은 삶의 철학을 바탕으로 "'선다'는 것은 움직이지 않는 것이 아니다. 언뜻 움직이지 않는 것처럼 보이지만 실은 맹렬히 전 속력으로 움직이고 있는 것이다. 최고조로 회전할 때 비로소 팽이는 서는 것이며 '선다'는 것은 활동의 절정"37)이라는 역설적 논리, 그것이 작가의 진실일로였고 그의 문학이었다.

참고문헌

* 텍스트로는 『山本有三全集』(新潮社, 1976) 제1, 7, 8, 9, 10, 11권을 사용하였다.

滑川道夫編 『山本有三讀本 その生涯と作品』, 學習研究社, 1959.

横田正知編 『山本有三』日本文學アルバム22, 筑摩書房, 1958.

高橋健二編 『山本有三』近代文學鑑賞講座19, 角川書店, 1959.

福田清人・今村忠純 『山本有三 人と作品』Century Book34, 清水書院, 1967.

早川正信 『山本有三の世界 比較文學的考察』, 和泉書院, 1987.

永野賢 『山本有三正伝』上卷, 未來社, 1987.

小林秀雄 『小林秀雄全集』第4卷, 新潮社, 1978.

片岡良一 『大正文學研究・昭和文學序說』, 中央公論社, 1979.

---

37) 「서다」『新潮』, 1925.(山本有三全集 第10卷, 新潮社, 1976, p.148)

야마모토 유조 연보

1887년(1세)

7월 27일 도치기현(栃木縣) 시모쓰가군(都賀郡) 도치기읍에서 아버지 겐키치(元吉)와 어머니 나카(なか) 사이에서 장남으로 태어났다. 본명은 유조(勇造). 2년전에 태어났던 누나는 요절했기에 형제는 없다. 아버지 겐키치는 우쓰노미야(宇都宮)의 하급 무사로서 메이지유신 후에는 오다와라(小田原) 재판소 서기를 지냈고 유조가 출생할 무렵에는 포목전을 운영하고 있었다. 어머니 나카는 같은 군 미부읍(壬生町)의 스즈키 고스케(鈴木幸助)의 여인이다. 유조는 생후 21일째 밤 의사로부터 죽음이 선고될 정도로 선천적으로 허약하였고 그가 펜 네임을 사용하기 시작한 것은 1914년이었다.

1892년(5세)

식모와 함께 새로 생긴 도치기 유치원을 2년간 다닐 정도로 유조의 집안은 중류 가정이었다.

1894년(7세)

4월 도치기읍에서 설립한 도치기 소학교에 입학하였고 학교 성적은 늘 상위권이었다. 어머니가 연극을 좋아했기 때문에 자주 연극을 보게 된다.

1898년(11세)

3월 도치기 소학교를 졸업한다. 소학년 때 이미 『헤이케모노가타리(平家物語)』에 흥미를 느낀다. 4월 도치기 고등소학교에 입학한다. 아버지의 명령으로 한학숙에 다니면서 『사서(四書)』, 『일본 외사(外史)』등 소독(素讀)을 배운다. 그리고 『소년세계』를 애독한다. 이와야 사자나미(巖谷小波, 1870~1933), 에미 스이인(江見水陰, 1896~1934) 등의 서적을 탐독하면서 작문에 흥미를 느낀다.

1902년(15세)

3월 고등소학교를 졸업한다. 4월말 아버지의 주선으로 도쿄 아사쿠사(淺草) 고마가타초(駒刑町)의 포목전 이세후쿠(伊勢服)의 종업원으로 내몰린다. 그곳에서 별로 도움이 안 된다는 이유로 창고 담당지기로 내몰리게 되는데 그곳에서 여러 분야의 책을 읽게 된다.

1903년(16세)

3월 마침내 상인의 생활에 더 이상 견딜 수 없어 포목전을 도망쳐 고향 도치기로 돌아온다. 공부를 하고 싶다고 양친에게 애원했지만 아버지 겐키치는 학교에서 공부를 하게되면 건방져 못쓴다며 집안의 포목전을 거들게 한다. 그 무렵, 짧은 기간동안 죽백회(竹柏會)에 입회하여 신파 와카(和歌)를 시도하였고 『중학 세계』, 『만조보(万朝報)』에 투고 당선되곤 한다. 『문장세계』에도 단문이 당선되곤 하였다.

1905년(18세)

1월 몇 번인가 아버지와의 충돌 끝에, 어머니의 주선으로 마침내 도쿄로 상경, 간다(神田)의 세이소쿠(正則) 영어학교 예비교를 다니게 된다. 영어와 중학교 보통과목을 초보부터 배우게 된다. 가네코 군엔(金子薰園)을 찾아갔지만 공부를 위해 작가(作歌)는 포기하였다.

1906년(19세)

도쿄 중학교 보결 시험을 치르고 5학년 급으로 편입한다. 이 당시 생활은 소품 「된장국」에서 자세히 묘사하고 있다.

1907년(20세)

징병 검사에서 극도의 근시안으로 병종(丙種)을 받고 군입대를 면제받는다. 3월 도쿄중학교를 졸업한다. 7월 고등학교 입학 시험을 치르고 제6고등학교에 합격한다. 그때 아버지가 처음으로 기뻐했는데 9월 56세로 세상을 떠나 어쩔 수 없이 입학을 포기하고 재차 고향의 포목전을 맡을 수밖에 없게 된다.

1908년(21세)

7월 가사 일을 도우면서 틈틈이 수험 공부에 매진 제일고등학교 입학 시험을 치르게 된다. 그러나 학과 시험에서 합격했지만 감기를 이유로 체력 검정에서 불합격 처리된다. 재검사를 원했지만 받아들여지지 않았다.

1909년(22세)

7월 가업에 전념하다가 3번째로 고등학교 입학 시험을 치렀고 드디어 제일고등학교 문과에 입학한다. 같은 반에 고노에 후미마로(近衛文麿), 쓰치야 분메이(土屋文明), 도요시마 요시오(豊島与志雄) 등이 있었다.

1910년(23세)

어느 독일 선생의 비상식적인 채점에 의해 같은 학년 10여명과 학년 진급에서 낙제된다. 8월 아시오(足尾) 광산을 둘러보았고 처녀작 『탄광』을 집필한다. 이 작품은 가와무라 가료(川村花菱)에게 보여준다. 9월 신학년도부터 아쿠타가와 류노스케(芥川龍之介), 기쿠치 간(菊池寬), 구메 마사오(久米正雄), 마쓰오카 유즈루(松岡讓) 등과 같은 반에서 공부하게 된다.

1911년(24세)

2월 처녀작 『탄광』이 도쿄 배우학교 생도들에 의해 우시고메(牛込) 가구라자카(神樂坂) 연예관에서 처음으로 공연된다. 또한 이 작품은 이하라세이 세이엔(伊原青青園) 주간의 『가부키(歌舞伎)』 3월호에 야마모토 센가(山本染瓦)란 이름으로 게재된다. 그 후 『탄광』이 아이산카이(愛山會)라는 극단에 의해 나고야 미소노좌(御園座)에서 상연되지만 무단 상연이었기에 극단 측에 강하게 항의한다. 이 무렵 학교는 근성으로 다니고 연극 공연 구경에 심취한다. 이전에는 제법 학구파였으나 독일어에서 낙제된 이후부터는 학과에 열의를 갖지 못하고 여름에 북해도 가라후토(樺太, 사할린)로 여행, 『생명의 관』을 집필하는 계기를 만든다. 하코다테(函館)에서 순회 공연 중이던 신파 배우 이노우에 마사오(井上正夫)와 친분을 쌓게 된다.

1912년(25세)

6월 제일고등학교 2년 수료하고, 9월 도쿄제국대학 독일문학 선과(選科)에 입학한다.

1913년(26세)

어머니가 도쿄로 상경하여 혼고(本鄕) 고마고메(駒込) 신메이초(神明町)에서 함께 가정을 꾸린다. 이노우에 마사오, 신시대극 협회의 무대 감독 게쓰모토 기요시(傑本淸) 등과 공동으로 11월 1일 다바타(田端)에서 일본 최초의 야외

극을 개최하고, 이즈미 교카(泉鏡花)의 『고쿄쿠(紅玉)』를 상연한다. 이즈미 교카, 오사나이 가오루(小山內薰) 등 300여명이 이 극을 관람하였다. 잡지에 독일 야외극의 소개를 「み·ゆ·生」란 이름으로 싣는다.

1914년(27세)

2월 도요시마 요시오, 아쿠타가와 류노스케, 기쿠치 간, 구메 마사오 등과 함께 제3차 『신사조(新思潮)』를 일으킨다. 창간호에 「시마무라 호게쓰(島村抱月) 선생에게 예술좌의 『바다의 부인』을 보고」를, 4월호에 3막극『요도미구라(定見藏)』을 발표하였다. 고교 검정시험에 합격하고 도쿄대학교 본과생이 된다. 학자금 궁핍으로 같은 고향 선배 가인(歌人) 한다 료헤이(半田良平)의 소개로 하프트 만의 희곡『일출 전』의 줄거리를 내고 35엔을 받아 생활비로 충당한다. 12월『제국 대학』에 희곡『석산(蔓珠沙華)』을 발표한다.

1915년(28세)

7월 도쿄대학교 독문과를 졸업한다. 졸업 논문은 「하프트 만의 희곡『직공』의 형식에 대해서」였다. 9월 이노우에 마사오를 아사쿠사에 출연시키는 중간 역할을 한다. 그리고 오쿠니좌(御國座)의 제1회 공연으로서『탑 위의 비밀』이란 연쇄극의 각본을 쓰는데 의견 불일치로 1개월만에 물러났다. 아키즈키 게이타로(秋月桂太郎)·가와카미 사다얏코(川上貞奴)·기타무라 로쿠로(喜多村綠郎)의 신파삼각동맹에서 극단 전속 작가가 된다. 그리고 신토미좌(新富座)에서 무샤노코지 사네아쓰의『두 마음』을 무대 감독한다.

1916년(29세)

신파삼각동맹의 오사카(大阪) 큐슈(九州)지방 순회 공연에 동행했지만 막내 생활에 염증을 느끼고 전속 작가직을 내놓고 도쿄로 돌아온다. 자신의 무력함을 통감하고 정진을 결의, 오카모토 이치타로(岡本市太郎)로부터 10개월 분의 생활비를 빌어 오로지 연극 공부에만 몰두한다. 스트린드 베리의 희곡『죽음의 무도』를 번역하여 무샤노코지 사네아쓰(武者小路實篤)의 소개로 낙양당(洛陽堂)에서 출판한다.

1917년(30세)

3월 무대 협회의 무대 감독이 되고 아카사카(赤坂) 로얄관에서 무샤노코지 사

네아쓰의 『그 여동생』을 연출한다. 6월 스트린드 베리의 「『푸른 책』에서」를 번역한다. 가네마루 데루코(金丸てる子)와 결혼했지만 곧바로 합의 이혼하였다. 가을부터 와세다대학교 독일어 강사로 출강한다.

1918년(31세)

12월 2막극 『쓰무라 교수』를 탈고한다.

1919년(32세)

도요시마 요시오의 소개로 2월 『쓰무라 교수』를 『제국 문학』에 발표했지만 전혀 세간의 관심을 끌지 못하고 묵살된다. 3월 영문학자 혼다 마스지로(本田增次郎)의 장녀 혼다 하나코와 결혼한다. 7월 『신사조선(新思潮選)』에 스트린드 베리의 『청서(靑書)』를 번역하여 싣는다. 여름 휴가를 이용하여 단막극 『영아 죽이기』를 집필했지만 발표할 장소가 없어 전전긍긍한다. 11월 『생명의 관』을 탈고한다.

1920년(33세)

1월 『생명의 관』을 『인간』에 발표하고, 2월 이노우에 마사오 일단이 메이지좌(明治座)에서 처음으로 공연함으로서 극작가로서의 존재를 인정받는다. 3월 『생명의 관』과 『쓰무라 교수』를 합친 희곡집 『생명의 관』을 신쵸사로부터 출판하면서 최초의 작품집을 선보인다. 6월 『영아 죽이기』를 불교잡지 『제일의(第一義)』에, 9월 『어머니』를 『인간』에 발표한다. 10월 『욕생(欲生)』을 총문각(叢文閣)에서 출판한다.

1921년(34세)

5월 「문예 잡감」을 『인간』에 발표한다. 사와다 쇼지로(澤田正二郎)가 처음으로 검극이 아닌 『영아 죽이기』를 오사카 로카좌(浪花座)에서 상연한다. 그리고 기쿠치 간, 구메 마사오, 오카모토 기도, 나카무라 기치조(中村吉藏) 등과 함께 만든 극작가협회 창립기념 강연회에서 「사실과 진실」이란 제목으로 강연한다. 슈니쓰 레르의 단편 『맹인 제로니모와 그 형』, 『죽은 자는 말이 없다』 등을 번역한다. 여름방학 때 제6대 오노에 기쿠고로(尾上菊五郎)의 의뢰로 『사카자키 데하노가미』를 집필하고 9월 『신소설』에 발표한다. 10월 장남 유이치(有一)가 탄생한다.

1922년(35세)

스트린드 베리 단막극 『노련한 여인』, 슈니쓰 레르의 단편 『정부(情婦) 죽이기』 등을 번역하였다. 9월 『지만연기(指鬘緣起)』를 『개조』에 발표하고, 10월 로카좌에서 처음으로 상연한다. 역시 10월에 소품 『형제』를 『신소설』에 싣는다. 7월 개조사로부터 『야마모토 유조 희곡집』을 출간한다. 9월 역시 개조사로부터 구스야마 마사오(楠山正雄)와 공동으로 『슈니쓰 레르 선집』을 출간한다. 그리고 인쇄는 원작자에게 보낸다.

1923년(36세)

3월 와세다대학교 강사를 사임하고 「국립극장에 대해서」를 써 국립극장의 필요성을 제창한다. 4월 『동지들』을 『개조』에, 8월 『우미히코 야마히코』를 『여성』에 각각 발표한다. 스트린드 베리의 이름에 대하여 5월과 7월 두 차례에 걸쳐 『문예 춘추』에 소견을 발표한다. 9월 1일 관동대지진으로 연극 잡지가 전멸하여 극작가협회 주체로 『연극 신조』 간행을 기획하게 된다. 거기에서 1년간 편집 주간으로 추대된다.

1924년(37세)

1월 『연극 신조』를 신조사로부터 창간하고 편집장이 된다. 1월 『본존』을 『매일』에, 6월 『구마가이렌쇼보(熊谷蓮生坊)』를 『개조』에, 9월 『스사노의 목숨』을 『부녀계(婦女界)』에, 10월 『오이소가 좋다』를 『신조』에, 10월 『식모의 병』을 『연극 신조』에 발표한다. 1월 『동지들』을 신쵸사로부터 출간한다. 4월 『우미히코 야마히코』를 모리타 간야(守田勘彌) 사와무라 소노스케(澤村宗之助)가 오쿠니좌(大國座)에서 처음으로 공연한다. 상영 중에 사와무라 소노스케가 죽어 「슈노스케를 기린다」를 썼다. 3월 『영아 죽이기』를 쇼치쿠(松竹)가 노무라 호테이(野村芳亭) 감독, 사쓰키 노부코(五月信子) 주연으로 영화화하였다. 오사나이 가오루의 쓰키지(築地) 소극장이 번역극을 주로 하고 창작극을 배제한데 대해 『연극 신조』 7, 8월호에서 창작극을 주장한다. 또한 같은 잡지에 「문학과 수출입」을 쓰고 일본 문학의 해외 소개를 제창했다. 7월 고메고마 신메이초에서 이치카야(市ヶ谷)로 이사한다. 「독일의 3대 희곡가 소관」을 『문예 강좌』에 싣는다.

1925년(38세)

3월 시나리오 『눈(雪)』을 『여성』에, 9월 『아버지』를 『개조』에 발표한다. 3월 『동지들』을 기쿠고로(菊五郎)와 초대 나카무라 기치에몬(中村吉右衛門)이 분열한 후 첫 만남에서 호가쿠좌(邦樂座)에서 처음으로 공연한다. 쇼치쿠 시네마에서 제작한 영화 『사카자키 데하노가미』가 희곡 『사카자키 데하노가미』의 저작권을 침해했다는 이유로 극작가협회의 후원을 얻어 오타니 다케지로(大谷竹次郎) 쇼치쿠 사장을 소송했다가 화해한다. 쇼치쿠의 배상금은 저작권법 개정 운동에 사용하는 조건으로 극작가협회에 기부한다. 장녀 도모코(朋子)가 태어난다.

1926년(39세)

1월 『소학독본과 동화독본』을 『문예 춘추』에 내면서 아동 출판에 관심을 보이기 시작한다. 동월 기치죠지(吉祥寺)에 신축한 집으로 이사한다. 2월 『구마가 이렌쇼보』를 춘양당으로부터 출판한다. 3월 감상집 『도상(途上)』, 8월 슈니쓰 레르의 『정부 죽이기』를 신쵸사로부터 출판한다. 6월 『가몬과 시치로에몬』을 『문예 춘추』에 발표한다. 9월부터 처음으로 소설을 쓰기 시작하면서 장편 『살아있는 모든 것』을 도쿄・오사카 아사히신문에 연재한다. 기쿠치 간, 아쿠타가와 류노스케와 함께 극작가협회와 소설가협회를 통합시켜 문예가협회를 만든다.

1927년(40세)

4월 『살아있는 모든 것』을 문예춘추사로부터 간행한다. 4월 『아버지』를 도쿄 중앙방송국에서 방송한다. 5월 『사이고와 오쿠보』를 『문예 춘추』에, 11월 『안개 속』을 『킹』에 발표한다. 9월 소품 『된장국』을 『대조화(大調和)』에, 9월 『소인국』을 도쿄 아사히신문에 각각 발표한다. 아쿠타가와 류노스케 추도호에 「아쿠타가와 군의 희곡」을 『문예 춘추』에 싣는다. 10월 『사이고와 오쿠보』를 개조사에서 간행한다.

1928년(41세)

7월부터 12월까지 두 번째 장편소설 『파도』를 도쿄・오사카 아사히신문에 연재한다. 5월 『안개 속』을 도쿄 중앙방송국에서 방송한다. 6월 『사이고와 오쿠보』가 오사카 나카좌(中座)에서 지쓰카와 엔쟈쿠(實川延若), 나카무라 후쿠스케(中村福助)에 의해 처음으로 공연된다. 12월 3년 기쿠코(鞠子)가 탄생한다.

1929년(42세)

2월 『파도』가 아사히신문사로부터간행된다. 10월 슈니쓰 레르의 『맹인 제로니모과 그 형』을 번역 각색한 『맹인의 동생』을 『강담(講談)구락부』에 발표한다. 12월 적리(赤痢) 증상으로 게이오(慶応)병원에 입원한다.

1930년(43세)

1월부터 3월까지 『여인애사』를 『부녀계』에, 10월부터 이듬해 3월까지 세 번째 장편소설 『바람』을 도쿄·오사카 아사히신문에 연재한다. 소설 속의 신병 교육 문제로 도쿄 헌병대로 호출된다. 10월 『파도』를 아와나미(岩波) 문고판으로 출간한다.

1931년(44세)

2월 「우리들 주장의 근본 요지—주로 저작권법 중 교과서의 무단 수록에 대해서」를 도쿄 아사히신문에 싣는다. 마침내 저작권법의 개정이 일어나고 문예가 협회의 수정 의견은 거의 채택된다. 2월 『여인애사』를 『사육(四六)서원』에서 출간한다. 3월 『야마모토 유조 전집』을 개조사로부터 간행한다. 『아이 역(子役)』과 『쵸코렛』을 『개조』 12월호에 발표한다.

1932년(45세)

3월 메이지대학교 문예과가 창설되면서 초대 학과장이 된다. 10월부터 네 번째 장편소설 『여자의 일생』을 도쿄·오사카 아사히신문에 연재한다. 12월 『바람』을 아사히신문에서 간행한다.

1933년(46세)

6월 초순 공산당에 자금을 제공한 혐의로 돌연 검거되어 『여자의 일생』의 연재를 중단한다. 석방 후, 11월 『여자의 일생』의 「어머니의 사랑」을 중앙공론사로부터 출판한다. 초판 인쇄는 문예과 학생의 육영자금으로서 전액 메이지 대학에 기부한다.

1934년(47세)

『불석신명』을 『킹』 1, 2월호에 발표한다. 2월 「나오키(直木) 군의 최후」를 쓴다. 12월 『혹』을 『개조』에 발표한다. 11월 쇼치쿠(松竹)가 『살아있는 모든 것』을 영화화하였다.

1935년(48세)

1월부터 다섯 번째 장편소설 『진실일로』를 『주부의 친구』에 연재한다. 소년소녀들을 위한 『일본 소국민문고』를 신쵸사로부터 내기로 하고, 먼저 제1회본으로서 『마음에 태양을 안고』를 간행한다. 과로와 불면증으로 3번째 뇌빈혈로 쓰러졌지만 『진실일로』의 연재는 중단하지 않았다. 정부 내각으로부터 저작권 심사회 위원으로 위촉받는다. 7월 단편집 『혹』을 개조사로부터 간행한다.

1936년(49세)

1월 안구출혈을 일으킨다. 11월 『진실일로』를 신쵸사에서 간행하고 저작권심의회 위원을 사임한다. 역시 1월 『수줍은 클라라』를 집필하면서 국어국자에 대한 문제를 강하게 제기한다. 2월부터 12월까지 『여인애사』를 신쓰키지(新築地) 극단이 쓰키지 소극장에서 처음으로 공연한다. 12월 「검사의 논고와 『여자의 일생』」이란 감상을 아사히신문에 싣는다. 미타카(三鷹)로 이사를 한다.

1937년(50세)

1월부터 3월까지 『수줍은 클라라』를 『주부의 친구』에 발표한다. 안질로 메이지대학교 문예과 학과장을 사직한다. 1월부터 6월까지 여섯 번째 장편소설 『길가의 돌』을 도쿄·오사카 아사히신문에 연재한다. 2월 결정판 현대일본소설전집 26권에 『여자의 일생』이 수록된 『야마모토 유조 집』을 아트리어사로부터 출간하고 인쇄는 전액 메이지대학교 문예과에 기부한다. 5월 교토 미나미좌(南座)에서 신문에 연재 중인 『길가의 돌』을 하나야기 쇼타로(花柳章太郎) 신파가 공연한다. 제1차 고노에 후미마로 내각의 성립에 즈음해서 「고노에 후미마로 공(公)을 말한다」를 요미우리신문에 발표한다. 6월 부인 하나코와 교토, 나라 지역 사찰을 둘러본다.

1938년(51세)

1월부터 3월까지 『스토 부인』을 『주부의 친구』에 발표한다. 4월 『수줍은 클라라』와 『스토 부인』을 수록한 『전쟁과 두 부인』을 이와나미 서점에서 간행한다. 그 「후기」에 '원칙적으로 후리가나를 폐지해야한다'는 의견을 발표하여 큰 반향을 불러일으킨다. 12월 「후리가나 폐지론과 그 비판」을 백수사(白水社)로부터 출판한다.『신편 길가의 돌』를『주부의 친구』로 자리를 옮겨 연재한다.

1939년(52세)

1월 22, 23일『진실일로』를 NHK로부터 방송한다. 2월 독일어 역『파도』가 영국, 덴마크 등지에서 중역으로 출판된다. 7월『불석신명』을 창원사(創元社)로부터 출간한다. 11월『야마모토 유조』전10권이 이와나미 서점으로부터 나오기 시작한다. 12월 문부성으로부터 「일본어 교과용도서 조사위원」으로 임명된다. 국어협회로부터 고노에 후미마로 회장 명의의 감사장을 받는다.

1940년(53세)

3월 점자본『파도』와『불석신명』이 간행된다. 7월『신편 길가의 돌』집필을 중단하고, 그 이유를 「펜을 놓는다」란 제목으로『주부의 친구』에 싣는다. 12월 다이쇼익찬회 고노에 후미마로 총재로부터 중앙협력회의 직역대표로 지명된다.

1941년(54세)

1월 「문자와 국민」을 NHK에서 방송한다. 3월 「문자와 국민」을『문예춘추』에 발표하고 「가나(假名)의 개정안에 대해서」를 오사카 · 도쿄 아사히신문 학예란에 발표한다. 2월『야마모토집』을 완결하고 7월 제국예술원 회원으로 추대된다. 7월 13일 어머니 나카 83세로 세상을 뜬다.(고향 도치기시에 안장) 8월 단행본『신편 길가의 돌』을 이와나미서점으로부터 출간한다. 11월『3대 명작집 · 야마모토 유조 집』을 가와데(河出) 서방에서 출간한다.

1942년(55세)

2월 일본소국민문화협회를 개회한다. 5월 「숨겨진 선각자 고바야시 도라사부로(小林虎三郞)」를 NHK에서 방송한다. 7월 자택에 「미타카 소국민문고」를 개원하고 근처 소년소녀를 위하여 장서를 개방한다.

1943년(56세)

희곡『쌀 백 섬』을『주부의 친구』1, 2월호에 발표하고, 6월 신쵸사로부터 간행한다. 그리고 이 작품을 도쿄극장에서 이노우에 마사오가 처음으로 공연한다. 7월 오사카 다카이다(高井田)에서 일본 최고(最古)의 벽화를 구경하고 그

방면에 연구를 하게 된다.

1944(57세)

7월 태평양전쟁이 급박하게 진행되면서 「미타카 소국민문고」를 폐쇄한다. 그리고 차녀와 3녀를 데리고 만일의 사태에 대비해 고향 도치기로 소개한다. 아동 도서 2000여권을 미타카시와 도치기시 소학교에 기증한다.

1945년(58세)

아베 요시시게(安部能成), 시가 나오야, 무샤노코지 사네아쓰, 와쓰지 데쓰로(和辻哲郎), 다나카 고타로(田中耕太郎), 다니카와 데쓰조(谷川徹三) 등과 3년회를 조직한다. 12월 15일 고노에 후미마로를 자살 전야에 만난다. 12월 안도 마사쓰구(安藤正次, 1878~1952)를 소장으로 영입하고 미타카 국어연구소를 자택 내에 설치한다.

1946년(59세)

1월 「대나무」를 NHK에서 방송한다. 역시 1월 국어민주화를 지향하고 「국민의 국어운동연맹」을 결성한다. 4월 국어심의회 위원으로 추대되고 상용한자주심위원장에 선출된다. 5월 귀족원 의원으로 칙선되어 무소속으로 자리를 얻는다. 9월 『바람』 완결판이 신쵸사로에서 출간된다. 소녀소녀 잡지 『은하』가 유조의 편집으로 신쵸사에서 출간된다. 11월 새로운 헌법발포에 맞춰 「전쟁방기와 일본」을 아사히신문에 싣는다. 11월 국어심의회는 「상용한자표」, 「새로운 가나사용법」을 발표한다. 12월 오모리로 이사를 한다.

1947년(60세)

3월 현대판 『길가의 돌』을 마스서방(鱒書房)에서 출판한다. 4월 참의원의원 선거에서 전국구로 입후보 40만여표로 당선된다. 다나카 고타로, 사토 나오타케(佐藤尚武) 등과 함께 원내에 불편부당회파(不偏不党會派)로서 녹풍회(綠風會)를 결성한다. 6월 참의원 문화위원장으로 추대된다. 6월 『야마모토 유조문고』 전11권을 신쵸사에서 출간한다. 고다 로한(幸田露伴)의 죽음을 기리고 장의 의장으로서 추도사를 한다.

1948년(61년)

1월 기쿠치 간의 죽음에 즈음해서 10월 「인간 기쿠치 간」을 『별책 문예춘추』

에 싣는다. 7월 참의원 문화위원장을 사임한다. 12월 진력했던 국립국어연구소가 개설된다.

1949년(62세)

4월 중편소설 『평온한 사람』을 『신쵸(新潮)』에 발표한다. 11월 「문화의 날 이야기」를 NHK에서 방송한다.

1950년(63세)

3월부터 9월까지 문부위원장을 역임한다. 5월 문화재보호법안을 양원에서 통과시킨다.

1951년(64세)

3월 소학교용 국어교과서 『중학 국어』 14권을 『일본서방』에서 간행한다. 12월 미타카 자택을 국어연구실 분실로 제공한다.

1952년(65세)

4월 『파도』를 쇼치쿠에서 영화화한다. 7월 유네스코 일본위원회 위원으로 추대된다. 10월 정창원 보물 참관을 위해 나라(奈良)에 간다.

1953년(66세)

3월 중학교용 교과서 전 6권의 편집을 마친다. 4월 『동지들』이 가부키좌에서 마쓰모토 고지로(松本幸四郎) 나카무라 간자부로(中村勘三郎) 등에 의해 공연된다. 5월 참의원의원 임기 만료로 국회를 떠나고 유네스코 위원도 물러난다. 하나코 부인과 큐슈지방을 여행한다. 12월 유가하라(湯河原)로 이사한다. 2월 『야마모토 작품집』 전 5권을 도쿄 창원사에서 발간한다.

1954년(67세)

2월 칸사이(關西) 지방을 여행한다. 3월 『진실일로』를 쇼치쿠가 재차 영화화한다. 4월 『야마모토 유조 문고』 전 7권이 중앙공론사에서 간행된다. 6월 고분과 유적지 조사차 나라와 큐슈 방면을 둘러본다.

1955년(68세)

1월 『여자의 일생』을 쇼치쿠에서 나카무라 노보루(中村登) 감독으로 영화화한다. 2월『살아있는 모든 것』을 닛카쓰(日活)가 재차 영화화한다. 3월『길가의 돌』을 쇼치쿠가 재차 영화화한다. 10월 하나코 부인과 이세(伊勢), 고베(神戶), 야마구치(山口), 교토를 여행한다. 10월『쇼와문학전집·속 야마모토 유조집』이 가도카와(角川) 서점에서 간행된다.

1956년(69세)

3월『신편 일본 소국민문고』전12권을 발행하기 시작한다. 9월 미타카 자택을 도쿄도에 기부한다. 10월 미국 미시간대학의 초청을 받고 하나코 부인과 도미 연말에 귀국한다.

1957년(70세)

1월「미국과 직선」을 아사히신문에 발표하고, NHK와 미국대사관 라디오·텔레비전 코너에서「아메리카 잡감」을 방송한다. 1월 문예가 협회로부터 고희 축하를 받게 된다.

1958년(71세)

1월 미타카 자택이 도쿄도에 의해「유조 청소년문고」로 명명되어 개관된다. 11월 미타카시의 명예시민으로 추대된다. 12월『일본문학 앨범 야마모토 유조』가 자쿠마(筑摩)서방으로부터 출간되고,『현대국민문학전집 야마모토 유조집』이 가도카와 서점에서 출간된다.

1959년(72세)

3월 국립국어연구소 창립 10주년 기념식에서 인사를 한다. 3월『근대문학감상강좌·야마모토 유조』를 가도카와 서점에서 출간한다.

1960년(73세)

5월 도치기시 명예시민으로 추대된다. 11월「문화의 날이 정해지기까지」를 아사히신문에 싣는다. 11월 도쿄 국세청으로부터 우에노(上野) 정양헌(精養軒)에서 모범 납세자로 표창을 받는다. 5월『길가의 돌』이 도호(東寶)에서 3번째로 영화화된다.

1961년(74세)

1월 NHK 교육 TV「일본의 문학, 야마모토 유조」에 출연한다. 6월「국어문제와 그 주변」이란 주제로 상용한자표 작성 당시의 사정을 마이니치신문에 발표한다. 2월 『인생론 독본·야마모토 유조』를 가도카와 서점에서 발행한다. 일본 아동문예가 협회로부터 표창장을 받는다.

1962년(75세)

8월 도치기현 기누가와(きぬ川) 학원장 이시하라 노보루(石原登, 봄에 기쿠치간 상을 받음)를 방문한다.

1963년(76세)

1월 일본 교육 텔레비전 「남편과 아내의 기록」에 출연한다. 『단카(短歌) 연구』 9월호 좌담회 「문명 단카의 비밀을 캔다」에 쓰치야 분메이(土屋文明)와 출석한다.

1964년(77세)

5월 NHK 텔레비전 「슈사쿠(周作)」에서 게스트로 출연한다. 6월 『길가의 돌』 4번째로 도에이(東映)에서 영화화된다. 7월 아스카(飛鳥), 요시노(吉野), 이세(伊勢) 등을 순례한다. 11월 우에노 국립박물관 강당의 『일본 근대문학관 문고』 개설 기념식에서 강연한다.

1965년(78세)

2월 「기원절(紀元節)과 조화의 정신」을 아사히신문에 발표한다. 3월 『일본문학·야마모토 유조』를 중앙공론사에서 간행하고, 그 월보에 아베 도모지(阿部知二)와의 대담 「문학과 연극」을 싣는다. 11월 문화훈장을 받는다. 그리고 11월 16일 고노에 후미마로 공 20주년 추도회 발기인으로 참가한다.

1966년(79세)

1월 「어머니에 대한 추억」을 마이니치신문에 발표한다. 1월 신파(新派)가 『맹인 동생』을 신바시(新橋) 연무장에서 공연한다. 나고야(名古屋) NHK 제작 『길가의 돌』을 종합텔레비전에서 방영한다.

1967년(80세)

2월 『야마모토 유조 자선집』이 집영사(集英社)에서 간행된다. 4월 문예가 협회로부터 명예회원으로 추대된다.

1968년(81세)

1월 「두려움을 잊어버린 일본인」을 도치기신문에 발표한다. 8월 칼라판 『일본문학전집·야마모토 유조』를 가와데(河出)서방에서 출간한다.

1969년(82세)

3월 금혼식을 맞이한다. 6월 이세신궁(伊勢神宮)을 순례한다. 8월 『일본문학·야마모토 유조 집』을 신쵸사에서 간행하고, 그 월보에 「공(からっぽ)」이란 수상적 수필을 싣는다.

1970년(83세)

5월 현대일본문학의 『야마모토 유조 집』을 간행한다. 11월 「사토 나오타케(佐藤尙武)와 녹풍회」를 「국제시평」에 기고한다. 노인성 기관지확장 병으로 각혈 두 번 입원한다.

1971년(84세)

11월부터 12월까지 『진실일로』를 TBS 텔레비전에서 방영한다.

1972년(85세)

2월 근대문학관 고문으로 추대된다. 11월 일본 펜클럽 주최 〔일본문화연구 국제회의〕 개회식에서 일본측 내빈 대표로 연설한다.

1973년(86세)

4월부터 5월까지 『탁류』를 마이니치 신문에 발표한다. 8월 『일본근대문학대계·구보타 만타로(久保田万太郎)·야마모토 유조 집』을 가도카와 서점에서 간행한다.

1974년(87세)

1월 발작으로 언어장애를 일으켰고 국립 아타미(熱海) 병원에 입원한다. 1월 11일 오후 5시 뇌경색 급성심부전으로 세상을 떠난다. 고인의 뜻에 따라 장례식을 치르지 않고 13일 오다하라 시영 화장터에서 화장이 치러졌다. 3월 10일 긴류지(近龍寺)에서 49재를 겸한 매골식이 이루어졌다.

참 고 문 헌

☆　전집 및 단행본

『山本有三全集』全十二卷(新潮社, 昭51-52)

　　第一卷: 生命の冠・坂崎出羽守・穴・津村敎授・嬰兒殺し・女親・淀見藏・蔓珠沙華

　　第二卷: 同志の人々・海彦山彦・本尊・熊谷蓮生坊・指鬘緣起・スサノオノミコト・

　　　　　　大磯 がよい・女中の病氣・父親・西鄕と大久保・嘉門と七郎右衛門

　　第三卷 霧の中・盲目の弟・女人哀詞・米百俵(付・隱れたる先覺者小林虎三郎)

　　第四卷 生きとし生けるもの・兄弟・雪・子役・チョコレート・不情身命・こぶ

　　第五卷 波・はにかみやのクララ・ストウ夫人

　　第六卷 風

　　第七卷 女の一生

　　第八卷 眞實一路

　　第九卷 路傍の石

　　第十卷 隨筆・評論 (一)

　　第十一卷 〃・〃 (二)

　　第十二卷 無事の人・濁流・短歌・俳句・草稿・著書目錄・參考文獻・年譜

『無事』全一卷(ほるぽ出版, 昭47・12)

『山本有三集』新潮日本文學11(新潮社, 昭44・8)

『山本有三・菊池寬集』現代日本文學大系44(筑摩書房, 昭47・10)

『山本有三集』日本現代文學全集23(講談社, 昭44・1)

『山本有三集』日本文學全集27(集英社, 昭41・9)

『山本有三・久保田萬太郎集』日本現代文學大系41(角川書店, 昭48・8)

『山本有三・菊池寬』現代日本文學館19(文藝春秋, 昭42・4)

『山本有三・倉田百三』日本現代文學全集46(改造社, 昭4)

山本有三『新選山本有三』(改造社, 昭3・11)

滑川道夫編『山本有三讀本—その生涯と作品』(學習研究社, 昭34・7)

橫田正知編『山本有三』日本文學アルバム22(筑摩書房, 昭33・12)

高橋健二編『山本有三』近代文學鑑賞講座19(角川書店, 昭34・3)

筑摩現代文學大系25『山本有三集』(筑摩書房, 昭56・12)

朴英植『ヒューマニズム硏究』正音社, 1978

福田淸人・今村忠純『山本有三』Century Book34(淸水書院, 昭42・10)
新潮日本文學アルバム33『山本有三』(新潮社, 昭61・7)
永野賢『山本有三正傳』上卷(未來社, 昭62・7)
早川正信『山本有三の世界―比較文學的硏究』(和泉書院, 昭62・10)
現代日本思想大系17『ヒューマニズム』(筑摩書房, 昭39・3)
會田雄次『ヨロッパ・ヒューマニズムの限界』(新潮社, 昭41・9)
市古貞次・三好行雄『日本文學全史』近・現代篇(學燈社, 昭53・6)
市古貞次・三好行雄『日本文學全史』現代編(學燈社, 昭53・6)
紅野敏郎外3人『明治の文學』近代文學史1(有斐閣, 1979)
    〃   『大正の文學』近代文學史2(有斐閣, 1979)
大久保典夫外3人『現代日本文學史』(笠間書院, 1989)
片岡良一『大正文學硏究・昭和文學序說』(中央公論社, 昭54・7)
小林秀雄『小林秀雄全集』第四卷「作家の顔(新潮社, 昭53・8)
日本兒童文學學會編『日本兒童文學槪論』(東京書籍, 1993)
鳥越信『日本兒童文學』(建常社, 1995)
西本鷄介『文學のなかの子ども』(小學館, 1984)
西本鷄介『子どもの本の作家たち』(東京書籍, 昭58・8)
高橋健二『ドイツ文學散步』(新潮社, 昭29・7)
河竹登志夫『近代演劇の展開』(NHK市民大學叢書11, 昭57・3)
桑原三郎・千葉俊二編『日本兒童文學名作集上.下』(岩波書店, 1994.3)
扇田昭彦『日本現代演劇』(岩波書店, 1995.1)
西部邁『知識人の生態』(PHP硏究所, 1996.11)
渡辺一夫『ヒューマニズム考』(講談社現代新書, 昭48・10)
韓一涉『ドイツ戲曲の理解』(西江大出版部, 1995.12)
Erich Fromm『自由からの逃避』(池景子譯, 弘新出版, 1988)
Erich Fromm『ヒューマニズム硏究』(朴映植譯, 正音社, 1995)
ソウル大學人文科學硏究所編『ヒューマニズム硏究』(ソウル大學出版部, 1988)
文德守『現實とヒューマニズム文學』(成文閣, 1985.12)
中村光夫『明治文學史』(筑摩書房, 1963)
臼井吉見『大正文學史』(筑摩書房, 1963)
平野謙『昭和文學史』(筑摩書房, 1963)
吳學榮『戲曲論』(高麗苑, 1992)
小林茂夫『プロレタリア文學の作家たち』(新日本出版, 1988.10)

Jesn Paul Sartre『文學とは何か』(金鵬九譯文藝出版, 1989.11)
Jesn Paul Sartre『實存主義はヒューマニズムである』(王嗣英譯, 淸河出版, 1993.6)
Jesn Paul Sartre『『知識人のための辯明』(ゾヨンフン譯, ハンマダン, 1998)
毛利三彌外４人『ストリンドベリ名作集』(白水社, 1975.8)
筑摩現代文學大系27『廣津和郎・菊池寛集』(筑摩書房, 昭56・12)
ドナルド・キーン『日本文學史』近・現代編6, 7, 8(中央公論社, 1992)
日本學硏究所編『日本學 11』(東國大學校出版部, 1992.8)
三好行雄・祖父江昭二編『近代文學評論大系五, 六, 七卷』(角川書店, 昭56・10)
日本文學硏究資料刊行編『大正文學』(有精堂, 昭56・10)
日本文學硏究資料刊行編『兒童文學』(有精堂, 昭56・10)
吉田精一・久松潛一『日本文學史』近代一, 二(至文党, 昭50・11)
尙學圖書言語硏究所編『國語國文學手帖』(小學館, 1990.5)
日本近代文學館編『日本近代文學大事典』(講談社, 1990.6)
李在徹『世界兒童文學辭典』(啓蒙社, 1989.6)
『日本國語大辭典』(「小學館」昭和19・3)
松村明編『大辭林』(三省堂, 1990.3)
新村出編『廣辭苑』(岩波書店, 昭57・10)
渡辺靜夫『日本大百科全書』(小學館, 1994)
下中邦彦『世界大百科事典』(平凡社, 1968)
기쿠치 간/이경재 옮김『어떤 사랑 이야기』(小花, 1998)
나카무라 미쓰오/고재석・김환기 옮김『일본 메이지문학사』(동국대학교출판부, 2001)
우스이 요시미/고재석・김환기 옮김『일본 다이쇼문학사』(동국대학교출판부, 2001)
히라노 겐/고재석・김환기 옮김『일본 쇼와문학사』(동국대학교출판부, 2001)
무샤노코지 사네아쓰 지음・김환기 옮김『한심한 짝사랑』(小花, 1998)

☆ 논문 및 해설

宮本百合子/山本有三氏の境地(角川版『近代文學鑑賞講座12卷』及び筑摩版『現代日
　　　　本文學大系44』に付錄として收錄)
菊池寛/『生きとし生けるもの』を讀む(東京・大阪朝日新聞, 昭2・5)及び新潮文庫版
　　　　『生きとし生けるもの』に收錄
西谷道子/『路傍の石』編(「立教大學日本文學十六號」, 昭41・6)
今村忠純/山本有三おぼえがき(「立教大學日本文學十九號」, 昭42・11)
福田淸人/山本有三の文學と文體(「國文學解釋と鑑賞」, 昭25・3)

片岡良一/山本有三氏に於ける根本の問題(『大正文學研究，昭和文學の序說　第八卷』，昭54・7）

小林秀雄/『眞實一路』を廻って(『小林秀雄全集第四卷』，昭53・8）

早川正信/Arthur　Schnitzlerと山本有三(『山本有三の世界』に收錄，和泉書院，昭62・10）

早川正信/芥川龍之介の未定稿戲曲「女親」の材源(『山本有三の世界』に收錄，和泉書店院，昭62・10）

星新一/山本有三『米百俵』(『祖父・小金井良精の記』，河出書房新社，昭49・2）

高橋健二/山本有三の人と作品(角川版『近代文學鑑賞講座12卷』，昭34・3收錄)

荒正人/山本文學の意味『角川版『近代文學鑑賞講座12卷』，昭34・3收錄)

唐木順三/山本有三(『現代日本文學大系44』筑摩書房，昭47・10)

阿部知二/解說(新潮文庫『無事の人』新潮社，昭29・6）

福田清人/解說(新潮文庫『彼』新潮社，昭29・9）

山本健吉/解說(『日本現代文學全集55卷』講談社，昭36・12)

小松伸六/人と文學(『現代文學大系26卷』筑摩書房，昭39・1）

河盛好藏/解說(新潮文庫『路傍の石』改版，新潮社，昭40・10)

荒正人/作家と作品(『日本文學全集27卷』集英社，昭41・9）

高橋健二/解說(角川文庫『眞實一路』改版，角川書店，昭43・2）

手塚富雄/解說(『新潮日本文學11卷』新潮社，昭44・8）

高橋健二/解說(『日本近代文學大系41卷』角川書店，昭48・8）

永野朋子「山本有三檢印」，『とっておきのもの，とっておきの話』YANASE LIFE，藝神出版社，1997)

☆ 월보

新潮社版『定本版・山本有三全集』月報

　第一卷　早川正信「三つめの『女親』」，松川俊尋「資料・座付作者の頃」(昭52・2）

　第二卷　關口二郎「思い出す二晩の會合」，今村忠純「山本戲曲の展開」(昭51・10)

　第三卷　中野好夫「山本有三先生を偲ぶ」，星新一「『米百俵』とその時代」(昭51・2）

　第四卷　土岐善麿『戲曲から長編小說へ──『生きとし生けるもの』の由來記」，永野賢「有三聞き書き──昭和三十年前後の談話の筆錄より」(昭52・1）

　第五卷　福田清人「山本さんの片影」，山本有三「手紙──回想2」(昭51・9）

　第六卷　杉森久英「山本先生と陽明文庫」，平林文雄「有三資料の探索」(昭51・11)

　第七卷　土屋文明「山本有三と私，おもに學生時代のこと」，小松伸六「向日性の作

家，山本有三」(昭51・8)

第八卷　河盛好藏「平易に分りやすく」，永野賢「有三の手紙」，山本有三「色紙──
　　　　回想1」(昭51・7)

第九卷　桑原月穂「山本先生と栃本──その幼年時代」，高橋健二「有三の翻譯につい
　　　　て」(昭51・6)

第十卷　吉野源三郎「山本さんと私」，大木直太郎「恩師追憶」(昭52・3)

第十一卷　松坂忠則「山本先生と國語問題」，永野朋子「心に殘る言葉」(昭52・4)

第十二卷　谷川徹三「三年會のこと」，高橋健二「おわびなど」(昭52・5)

現代日本文學館19『菊池寛・山本有三』月報，文藝春秋(昭42・4)

日本近代文學大系41『久保田萬太郎・山本有三』月報，角川書店(昭48・8)

新潮日本文學11『山本有三』月報，新潮社(昭44・8)

現代日本文學大系44『山本有三・菊池寬集』月報，筑摩書房(昭47・10)

찾 아 보 기 - 인명

〈ㄱ〉

가네마루 데루코 61, 73, 74, 76, 345, 346, 369
가네코 군엔 40, 44, 366
가라키 준조 19, 177, 250, 289, 300, 352
가몬과 시치로에몬 116, 164, 171, 175, 176, 178, 179, 180, 317, 352, 371
가와무라 가료 50, 51, 126, 367
가와무라 즈이켄 35
가와바타 야스나리 20
가와카미 사다얏코 58, 67, 109, 150, 169
가타오카 뎃페이 160
게쓰모토 기요시 54, 65, 66, 325
고노에 후미마로 43, 154, 215, 367, 373, 375, 378
고다 로한 375
고바야시 다키지 193, 217
고바야시 도라사부로 140, 142, 318, 374
고바야시 히데오 20, 252, 361
고토 류노스케 43
괴테 131
구라하라 고레히토 193, 217
구로다 기요타카 172
구메 마사오 19, 52, 55, 99, 110, 154, 185, 186, 188, 293, 352, 367, 368, 369
구보타 만타로 379
구스야마 마사오 110, 370
구조 히사타다 168
기노시타 나오에 306, 319
기노시타 유리코 59, 61, 65, 232, 345, 347
기쿠치 간 18, 19, 52, 55, 99, 110, 144, 154, 176, 185, 186, 187, 188, 189, 190, 293, 340, 343, 352, 353, 367, 368, 369, 371, 375
기타무라 도코쿠 306, 319
기타무라 로쿠로 58, 67, 109, 150, 169
기타하라 하쿠슈 232
긴자 87

〈ㄴ〉

나가노 마사루 46
나가이 가후 292
나가타 히데오 347
나루세 세이이치 55, 188
나메카와 미치오 18, 359
나베야마 사다치카 159, 193
나쓰메 소세키 16, 18, 188, 293, 294, 360

찾 아 보 기 – 용어

〈ㄱ〉

가나표기법 228, 257, 314
가라후토 367
가부키 50, 51, 126
가부키좌 44, 195, 376
가정부의 병 170
간난신고(艱難辛苦) 36, 337, 341
감각주의 16
강화조약 280
개성주의 304, 306, 319
개아 75, 77, 79, 165, 166, 260,
  293, 300, 316
개인주의 294, 295
개혁적 사고 101
개혁주의자 214
객관적 사실 117, 124
검정고시 57
겐로쿠(元祿) 무사 36, 179
겐지모노가타리 16
격동기 177, 185, 205, 276, 277,
  341
결벽주의 79, 346
계급사회 219, 221
계급의식 222
계급적 반역 159
계급투쟁 216, 357
계급투쟁과 예술운동 216
계몽주의 273, 307

고군분투 336
고마가타초 37, 38
고마고메 44
고육지책 163
고이시카와 66
고진감래 272, 339
고킨슈 297
공무합체 168
공산당 193, 217, 372
공산주의자 159
공통 분모 22
관동대지진 184, 225, 370
교양소설 19, 23, 31, 271, 276, 277,
  290
교양주의 16, 128, 192, 214, 215,
  246, 251, 277, 306, 312
교양주의적 모럴 17
교양주의적 성격 142, 248
교양주의적 자아 22
교양주의적 휴머니즘 248
구마가이렌쇼보 170, 175, 370, 371
구조적 모순 184, 210, 313
국립국어연구소 102, 106, 260, 328,
  362, 376, 377
국어국자 362
국어심의회위원 102, 328, 375
국어운동연맹 258
군국주의 103, 105, 142, 143, 194,
  214, 281, 312, 313, 318, 319

〈ㅊ〉

〈ㅋ〉

저자 소개

김환기(金煥基, 1964 ~)

- 경북 문경 출생
- 동국대학교 문과대학 일어일문학과 졸업
- 일본 다이쇼(大正)대학 대학원 문학연구과 석·박사과정 수료(문학박사)
- 동국대, 고려대, 성신여대 강사 역임
- 현재 동국대학교 일본학연구소 연구원
- 주요 저서·역서
  『한심한 짝사랑』(小花, 1998)
  『암야행로』상·하(아름다운 세상, 1999)
  『재일 한국인 문학』 공저 (솔, 2001)
  『일본 메이지 문학사』 공역 (동국대 출판부, 2001)
  『일본 다이쇼 문학사』 공역 (동국대 출판부, 2001)
  『일본 쇼와 문학사』 공역 (동국대 출판부, 2001)

야마모토 유조의 문학과 휴머니즘

◆ 인쇄 2001년 12월 10일 ◆ 발행 2001년 12월 20일
◆ 저자 김환기   ◆ 발행인 이대현
◆ 편집 이은희·김민영·정봉구 ◆ 표지디자인 장재호
◆ 발행처 역락출판사 / 서울 성동구 성수2가 3동 277-17
　　　　성수아카데미타워 319호(우 133-123)
◆ TEL 대표·영업 3409-2058 편집부 3409-2060 팩스 3409-2059
◆ 전자우편 yk3888@kornet.net / youkrack@hanmail.net
◆ 등록 1999년 4월 19일 제2-2803호
◆ 정가 18,000원
◆ ISBN 89-5556-123-7-93830

  * 잘못된 책은 교환해 드립니다.